I0902182

THANK YOU BYE was born out of a need to put down what I experienced over the last five years. Although it gives the impression of a denunciatory veil being lifted, it is simply a record of my personal experience.

My intention with these hundreds of photographs is to capture the absurd, crazy and little-known world of modelling.

Through an unedited souvenir album of my time spent in fashion, the result is THANK YOU BYE, named after the phrase uttered by casting directors when we finish walking in front of them.

It recounts my moments of sadness, my anxieties, my unease, my questions, but also our laughter, our travels, our complicity and our mutual support.

Five years, during which I fought not to lose myself, thrown at the age of 18 at a speed I found hard to manage into a dimension that wasn't my own.

I'd like to kiss all the models who 'pose' in this book and who, without realising it, helped to make this project a reality.

What you hold in your hands is nothing less than the last chance to prove to myself that I was still worth something. Once you've turned the last page, you'll know that I've resigned and can finally say that I'm happy.

Clémentine B.

FOREWORD

Hours of waiting, sitting on the floor, one on top of the other in a white light corridor.

Waiting creates excitement, hope and dreams that turn into anger, humiliation and disappointment.

The casting team arrives. We smile at them, forgetting that we hated them a second ago, and we look for their eyes in an attempt to please them.

We line up and one by one, we parade in a heavy silence, scrutinised by the glances of the other models. Three piles in front of the casting director:

"Yes, no, maybe".

"It's my turn.

I walk, it lasts 7 seconds.

Left pile, what does that mean?

Thank you bye."

Thank you, goodbye.

Despite the myths that this profession likes to perpetuate, we are not always indifferent. Often seen as mere objects designed to promote a garment or, conversely, as rich, beautiful and famous stars, the truth about models is stereotyped. The stage for self-expression, which is reserved for us, is virtually non-existent.

That's why this is not a book about fashion but about the joy of the backstage, the secrets of make-up or the underbelly of a clothing collection.

It's simply a book for those of us who have lived through hard times that have lacerated our brains before giving way to a detachment that has proved necessary and even vital for some of us.

We've lived in this absurd and funny world for years, so the desire to see these photos showing our reality somewhere is essential. THANK YOU BYE is for those who romanticize the world of models, who are curious and perhaps interested in this strange profession, revealed here with a great deal of visual truth, authenticity and poetry.

THANK YOU BYE is a slice of life punctuated by euphoric or terrible phases expressed through hundreds of photographs. Through the lens of the camera, we see what we experienced, we feel what we felt.

Each image has been scanned to emphasise the transparency and truth of the moods of embarrassment, insecurity, judgement and expectation, but also of strong friendship and self-mockery. The same is true of the post-its transcribing Clémentine's telephone notes at moments of stress, anxiety or anguish.

During fashion week, the models are pinned to a 'board', a table filled with 10x15 cm photos of their faces and bodies. Over the course of this long month, the 'polas' of the validated models are put on a main board, and for the others it's off to the bin.

These photos are a two-dimensional representation of what we are: living people in 3 dimensions, who feel, think and love with their minds, and eat, walk and sleep with their bodies.

This 10x15 format is the basis for the images that follow. It is a reminder of the framework that is imposed on us, which frustrates, obsesses and unfortunately sometimes starves some of us.

The models open up to Clémentine's uninhibited lens, and let go of the pressure of permanent representation by smiling, screaming, dancing and literally getting naked...

I would even go so far as to say that all the photographs in THANK YOU BYE combine to create a 4th dimension, that of a community of human beings who give their bodies, their images and their personalities wholeheartedly to the good judgement of a handful of people in search of validation.

Mariam de Vinzelle

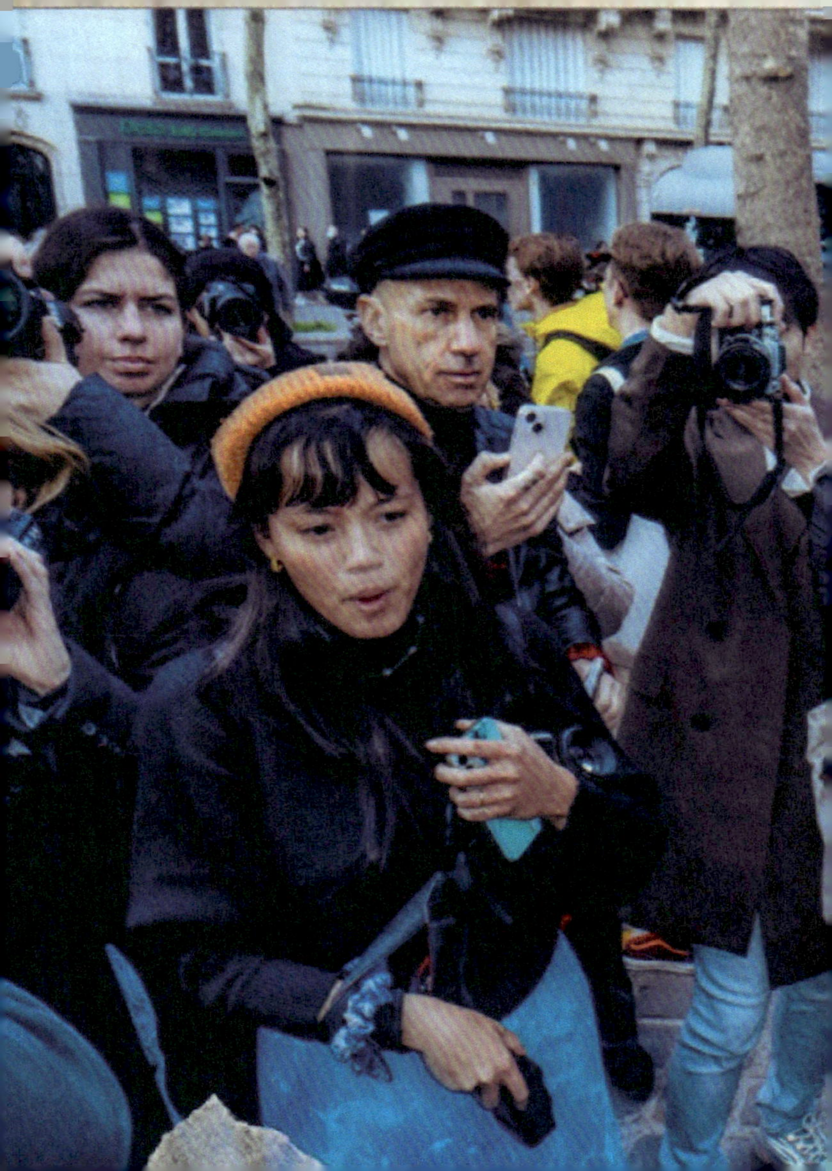

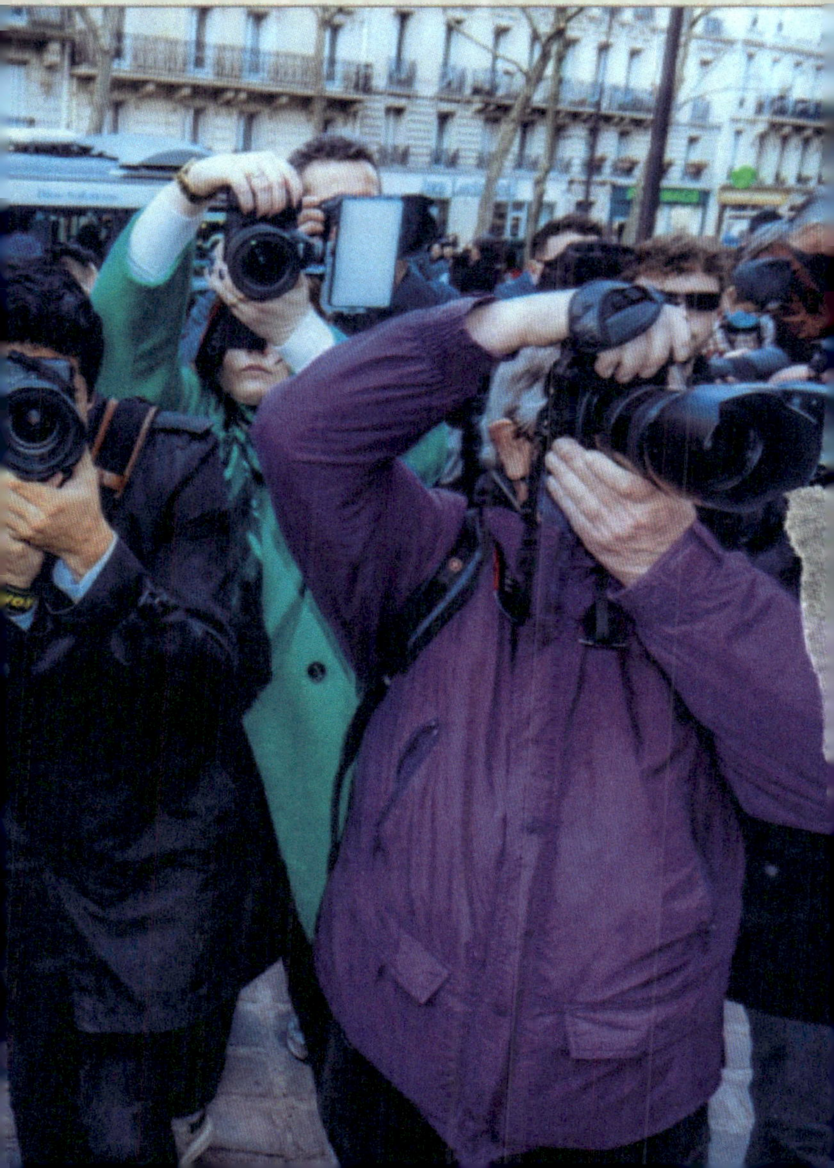

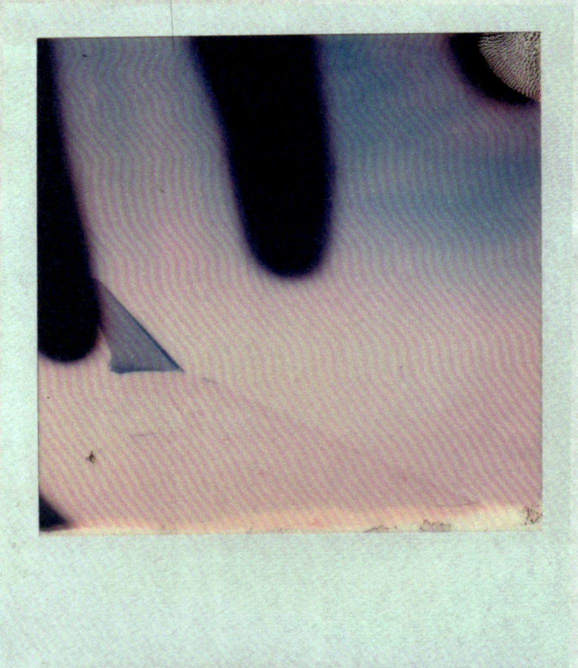

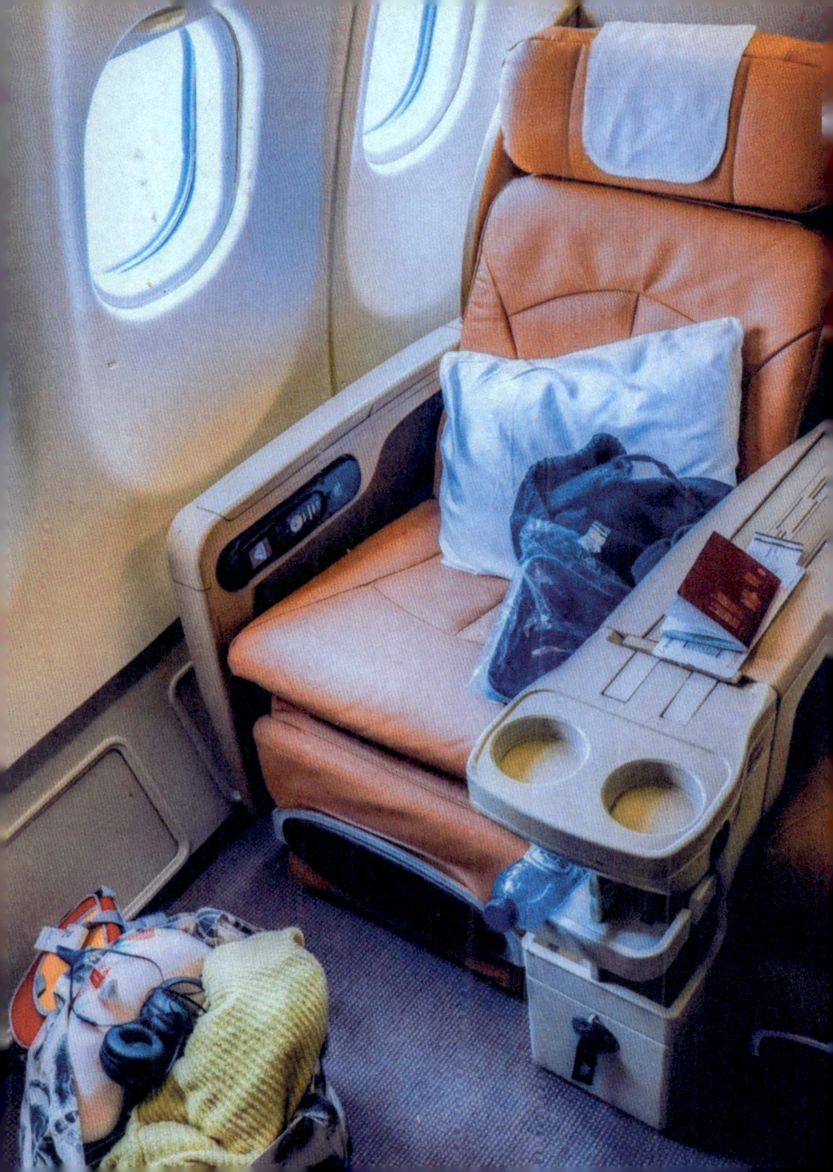

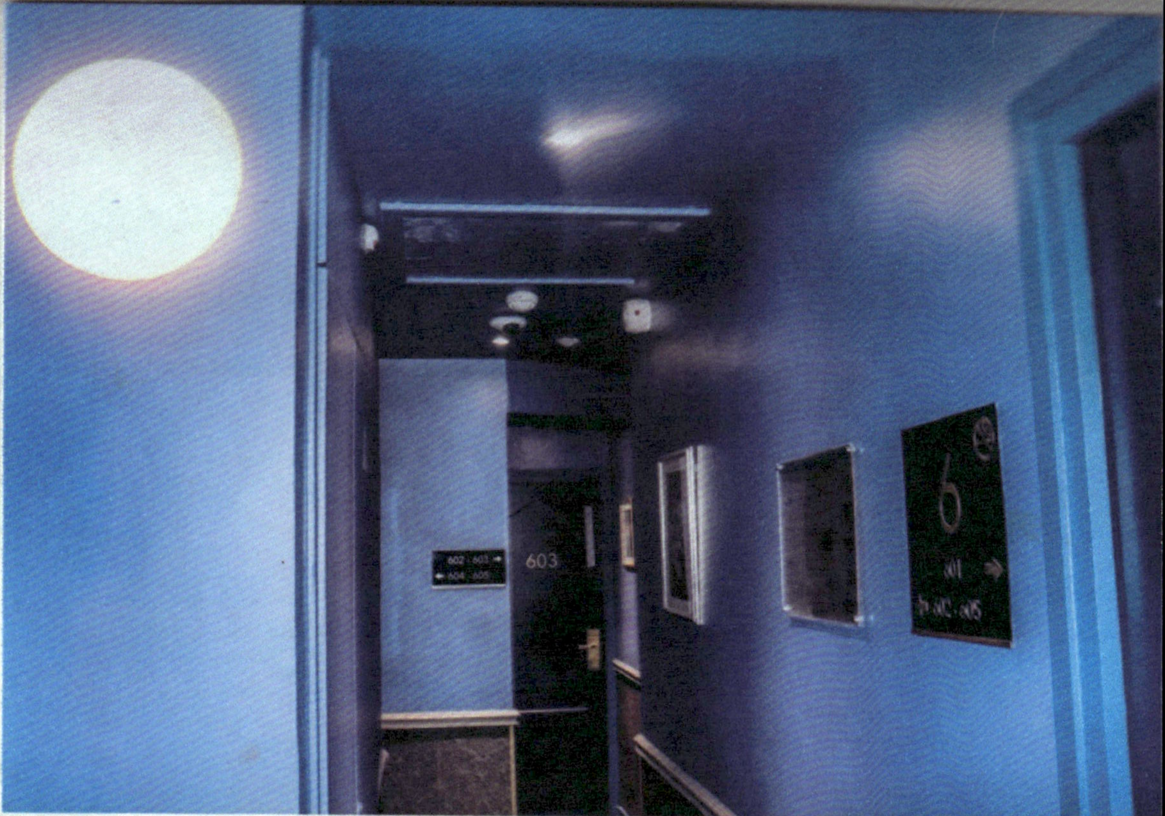
6
601
603
602 · 603
604 · 605

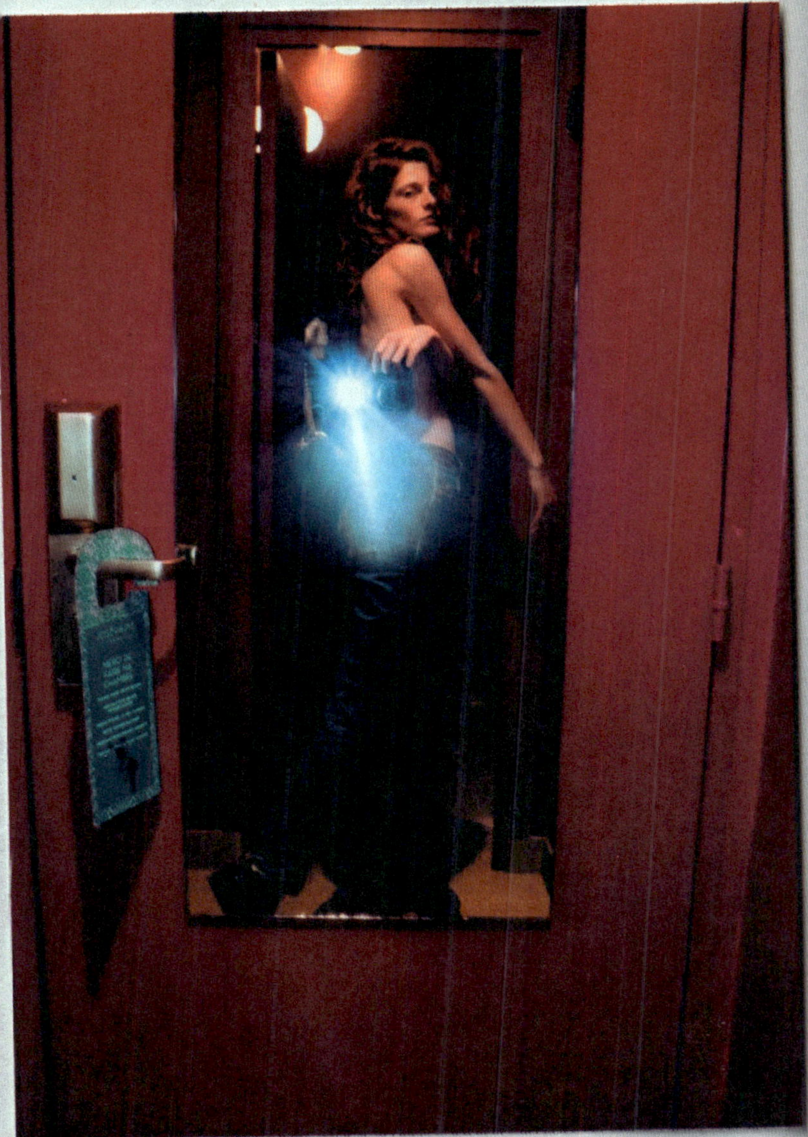

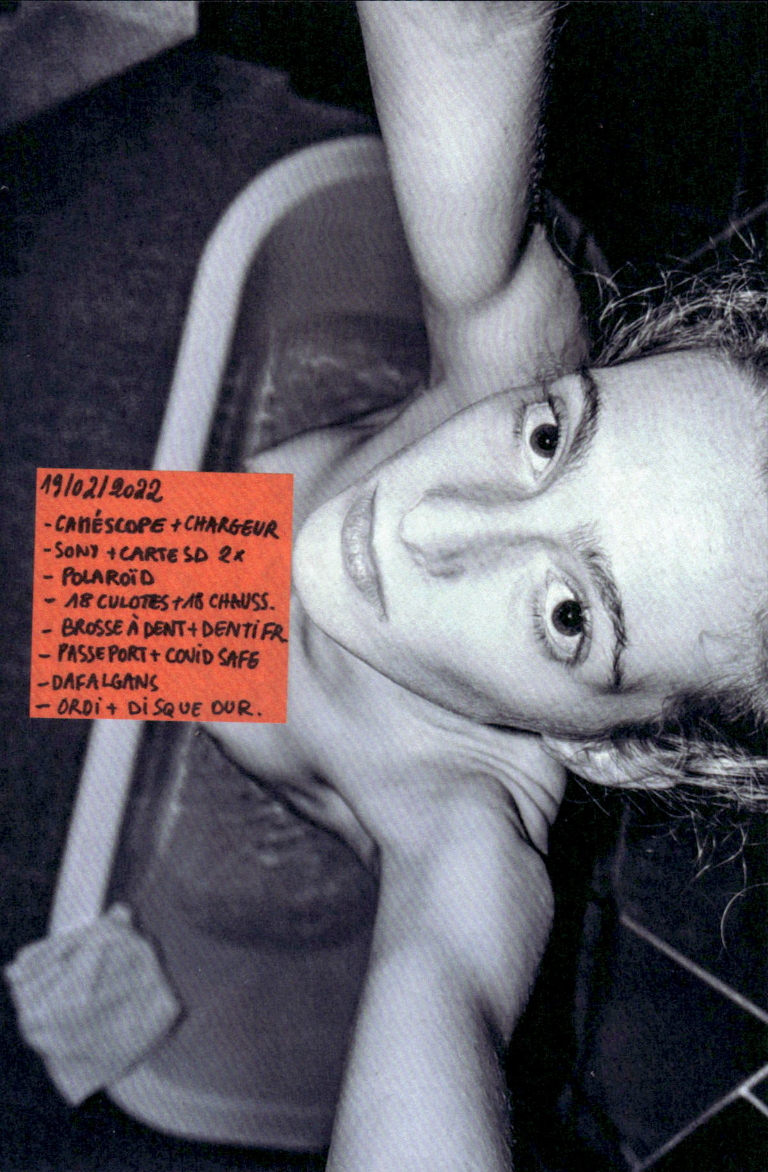
19/02/2022
- CAMÉSCOPE + CHARGEUR
- SONY + CARTE SD 2x
- POLAROÏD
- 18 CULOTES + 18 CHAUSS.
- BROSSE À DENT + DENTIFR
- PASSEPORT + COVID SAFE
- DAFALGANS
- ORDI + DISQUE DUR.

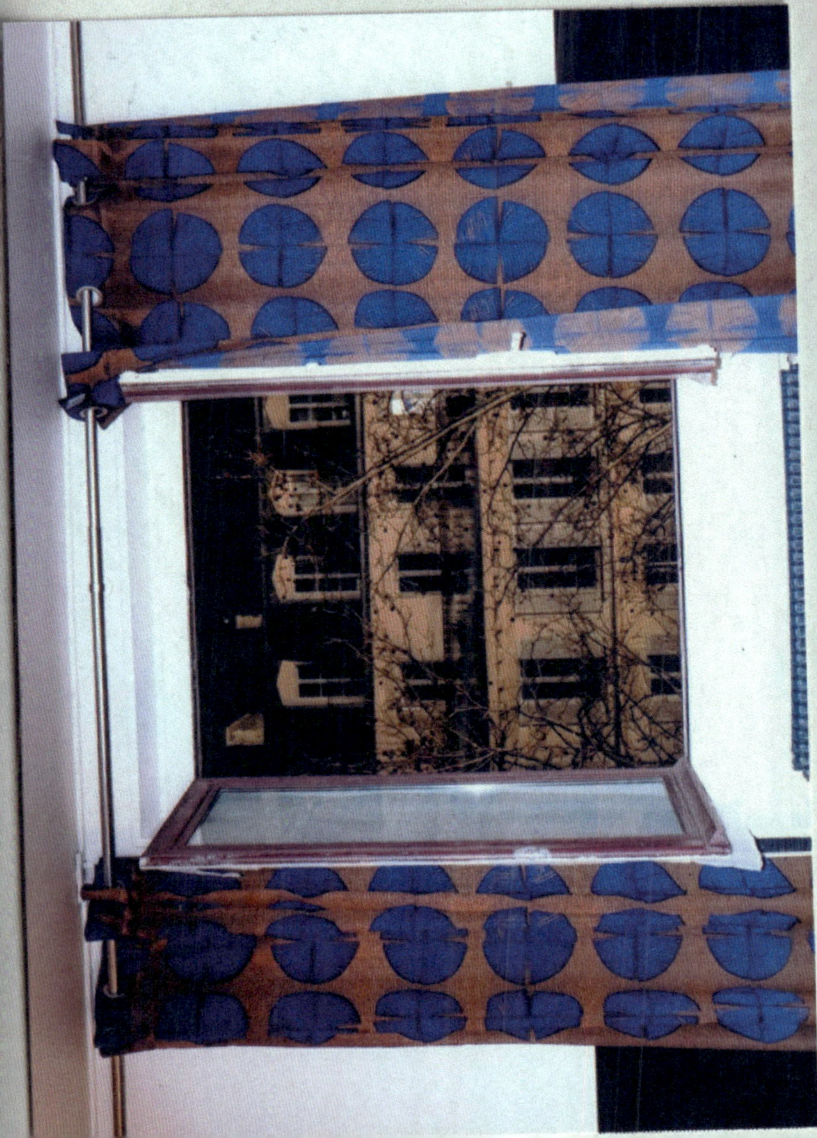

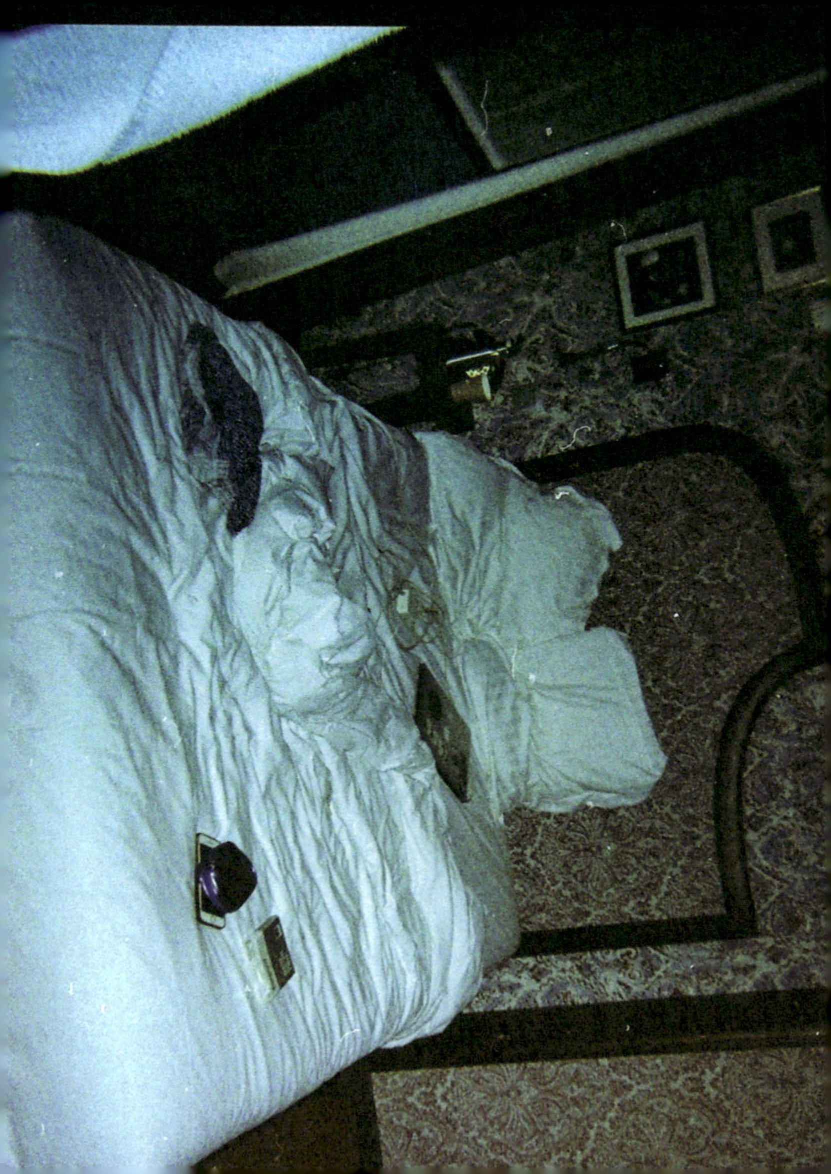

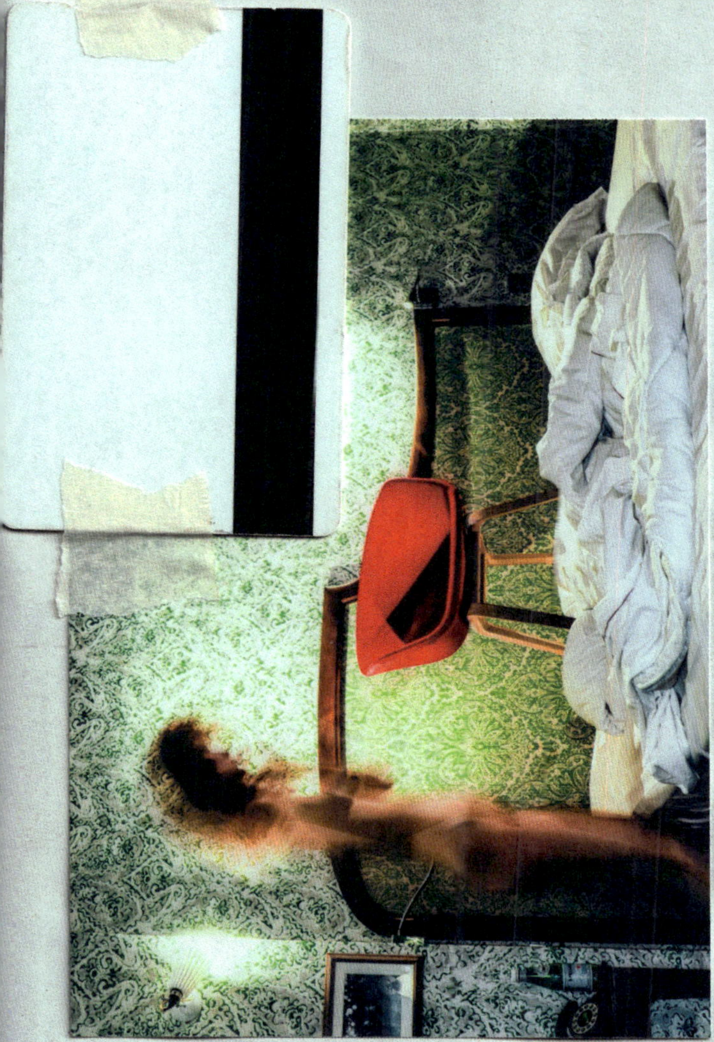

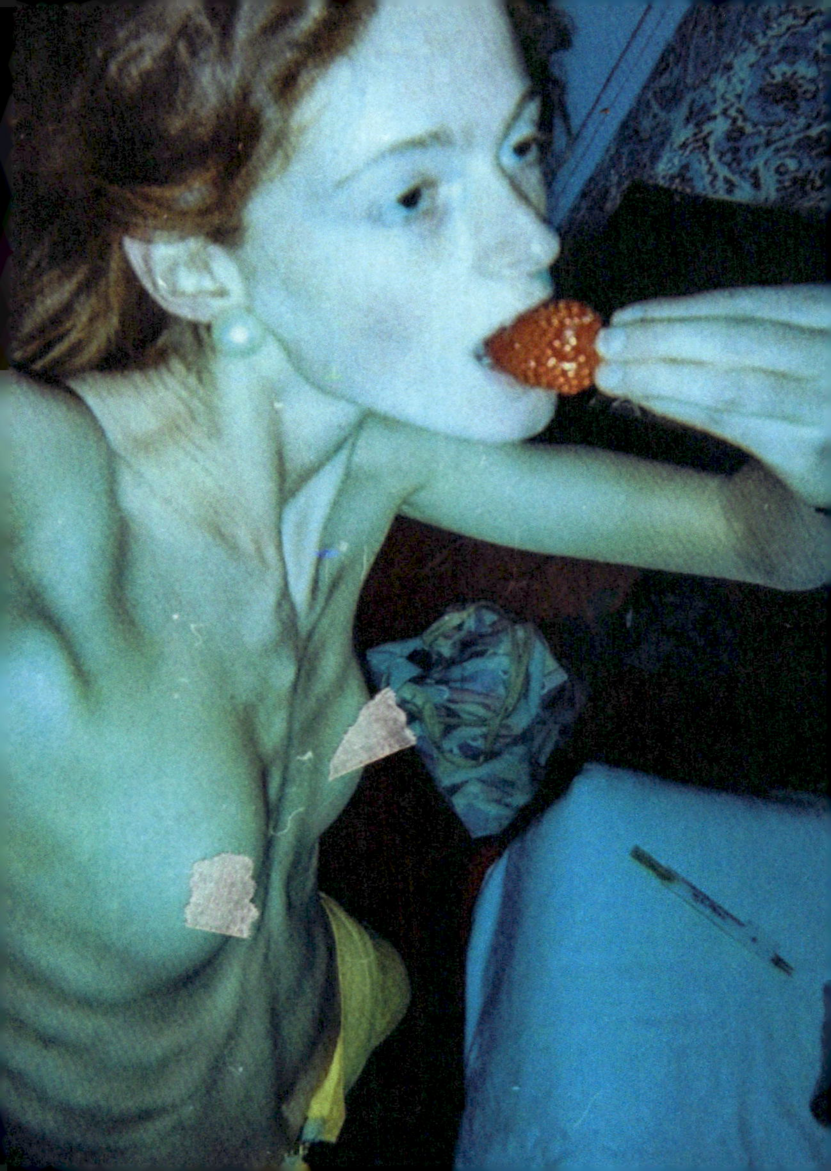

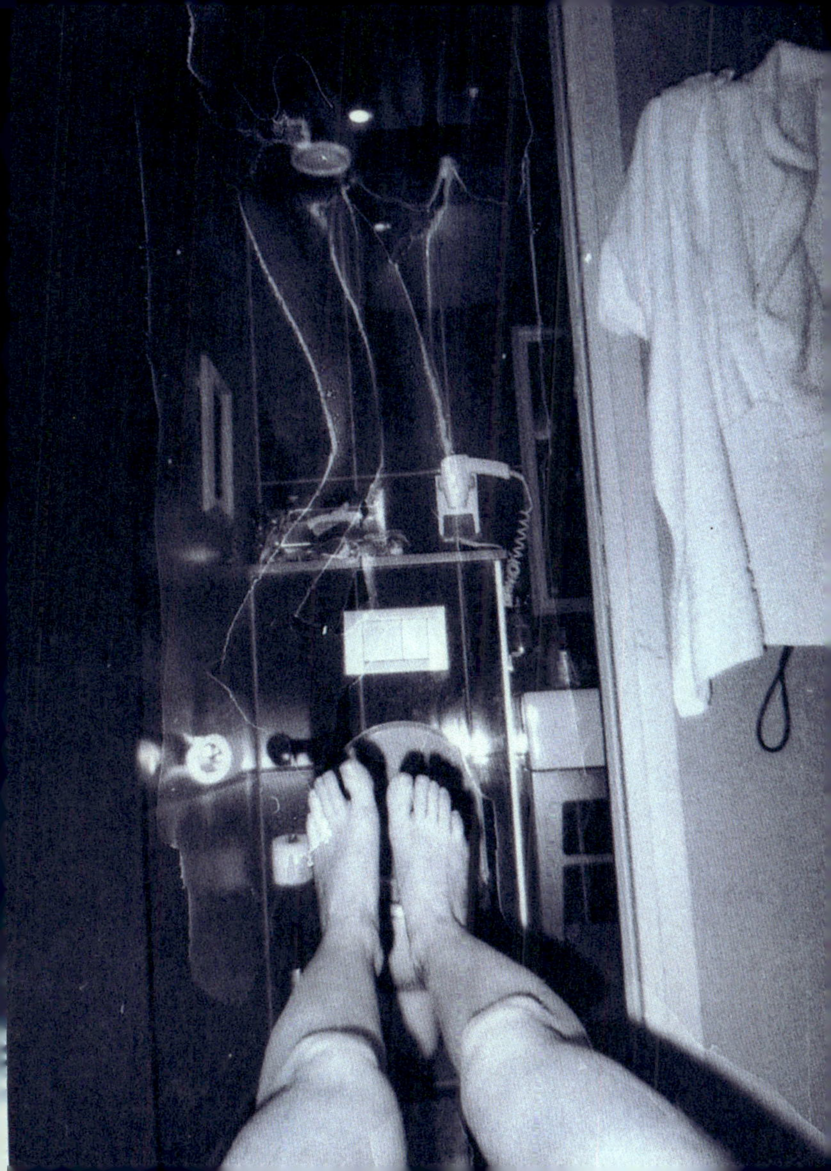

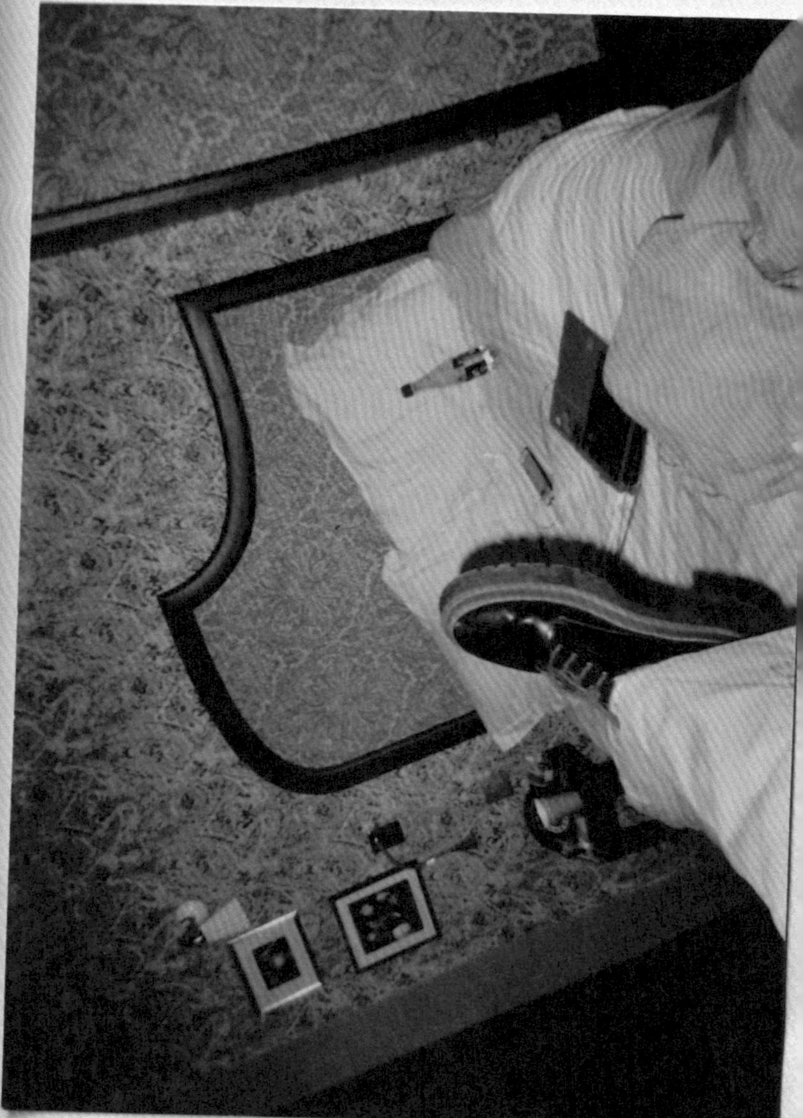

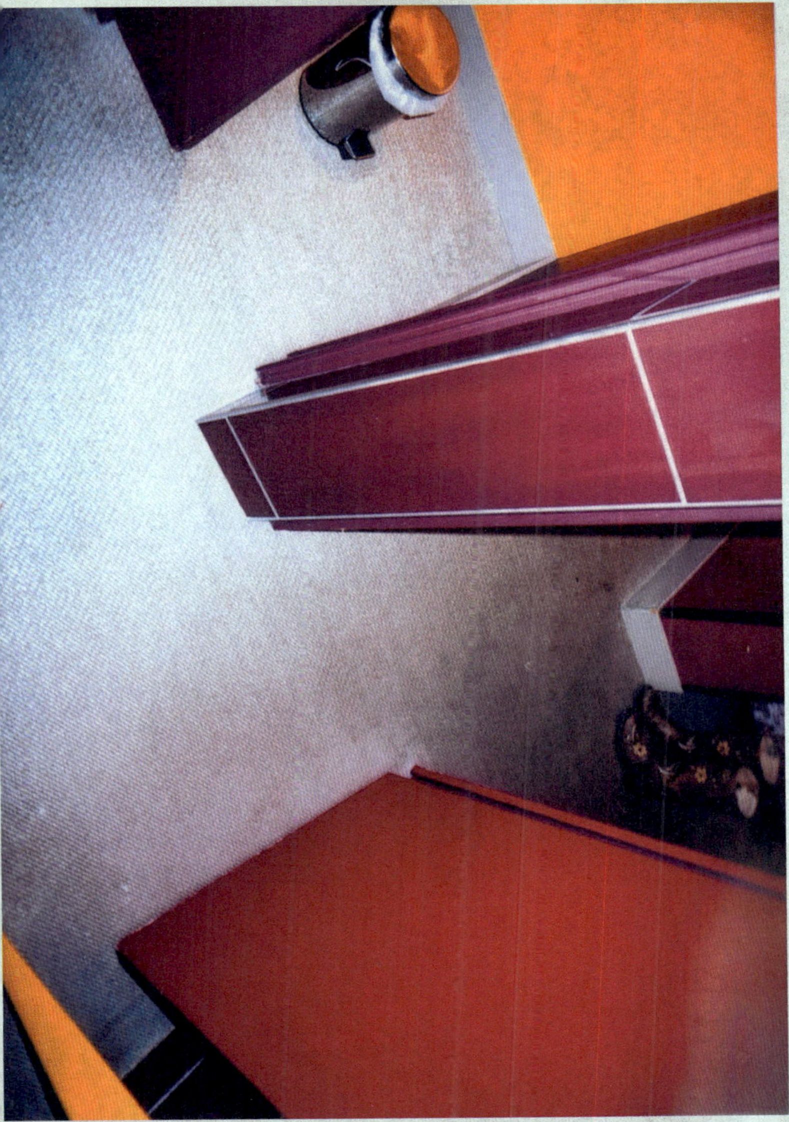

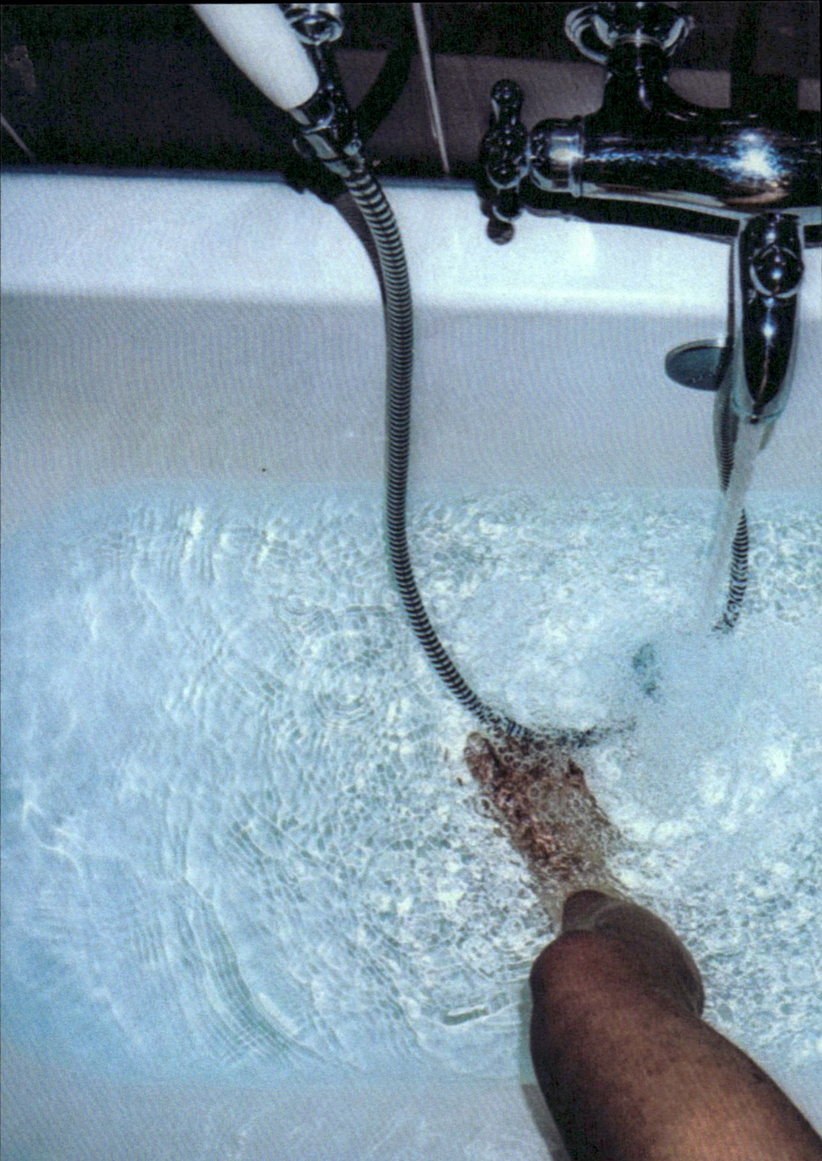

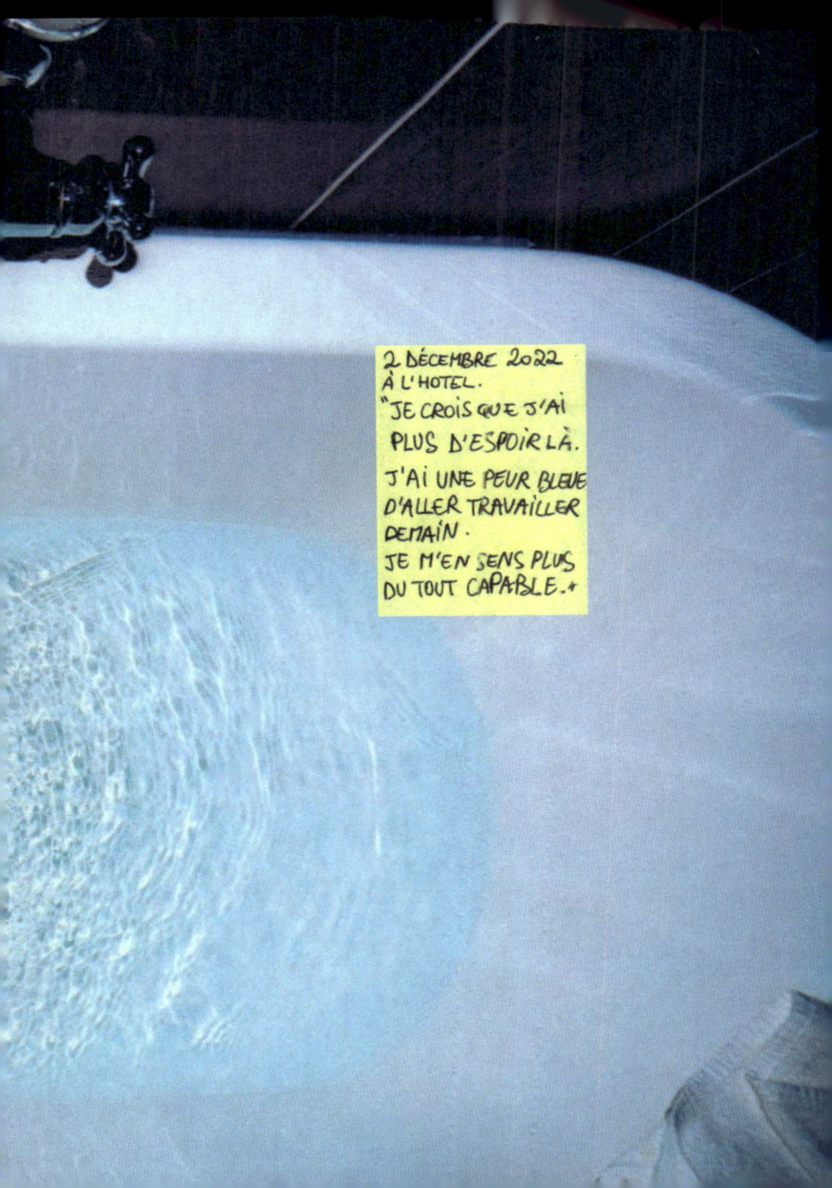
2 DÉCEMBRE 2022
À L'HOTEL.
"JE CROIS QUE J'AI
PLUS D'ESPOIR LÀ.
J'AI UNE PEUR BLEUE
D'ALLER TRAVAILLER
DEMAIN.
JE M'EN SENS PLUS
DU TOUT CAPABLE."

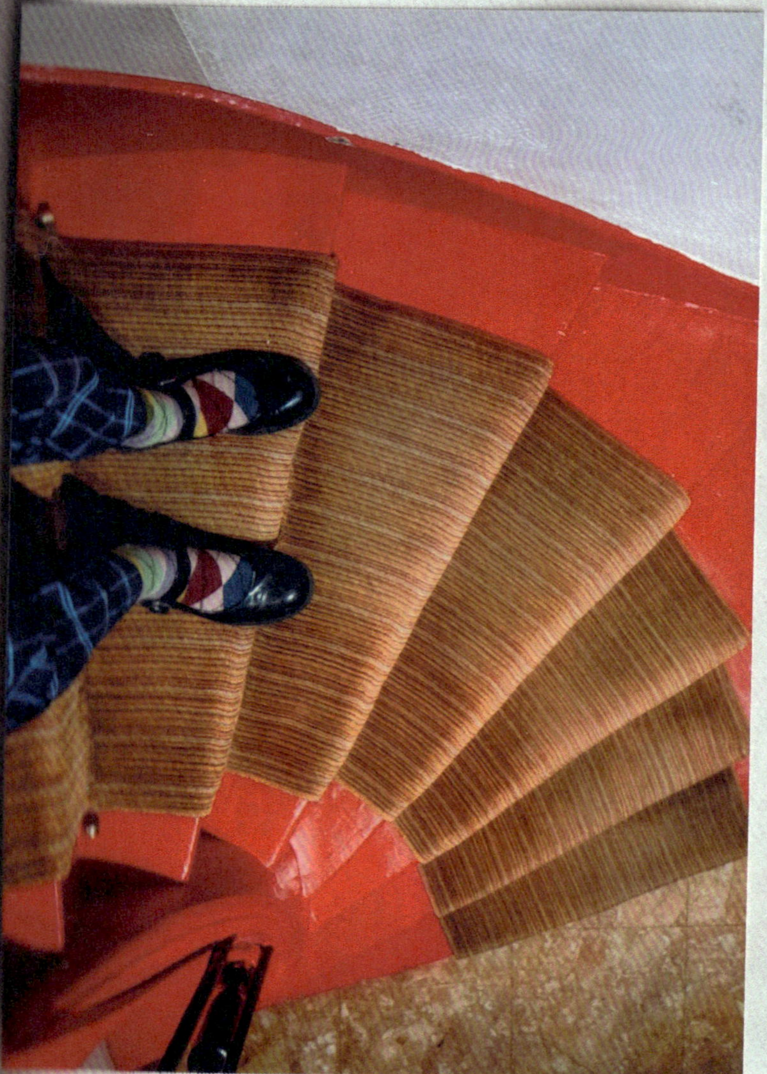

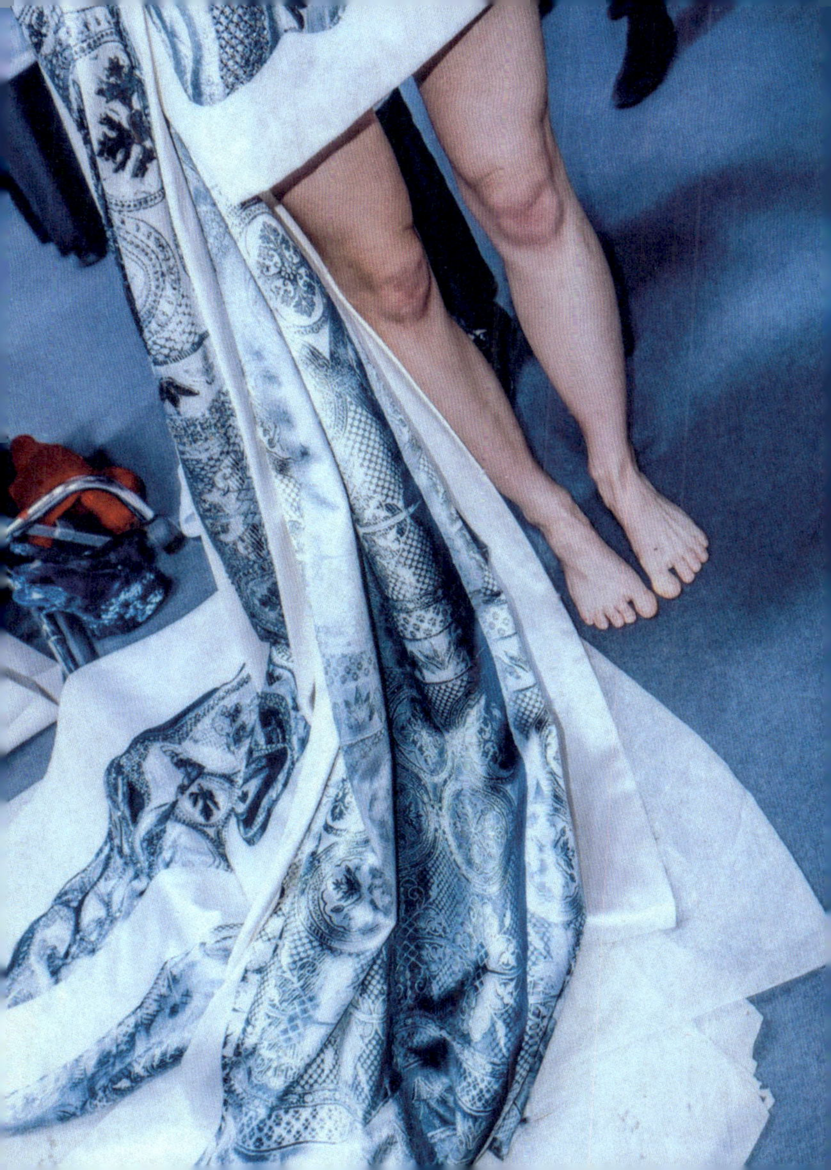

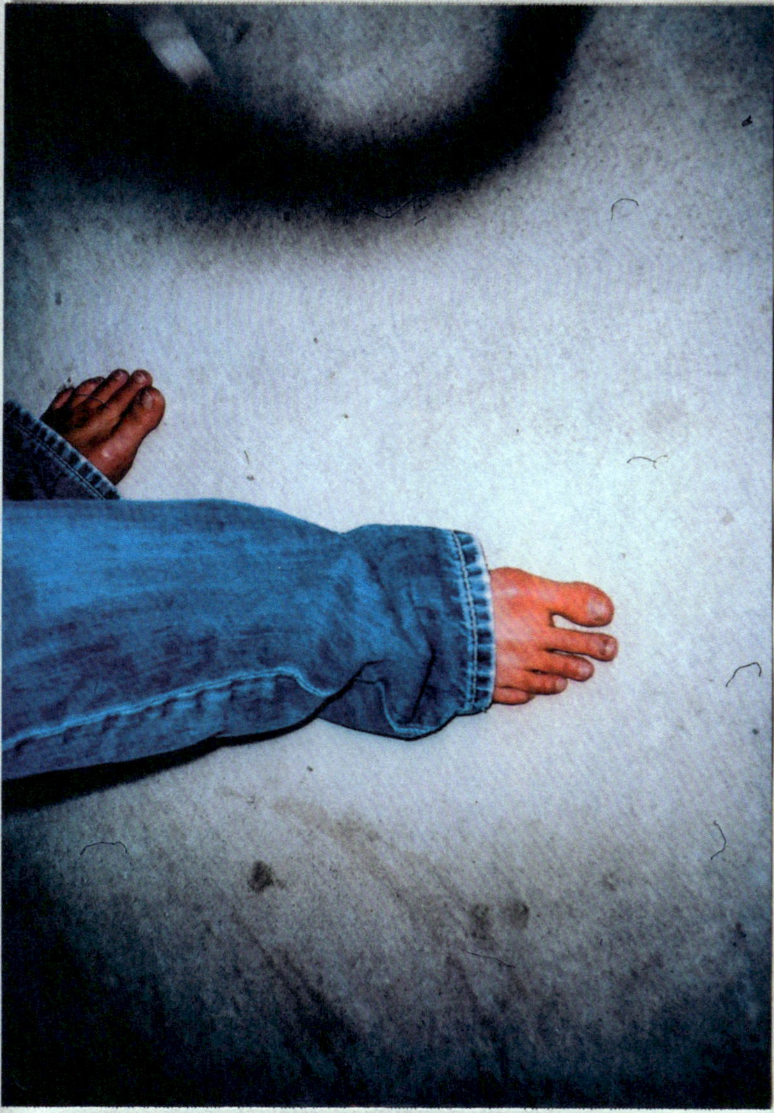

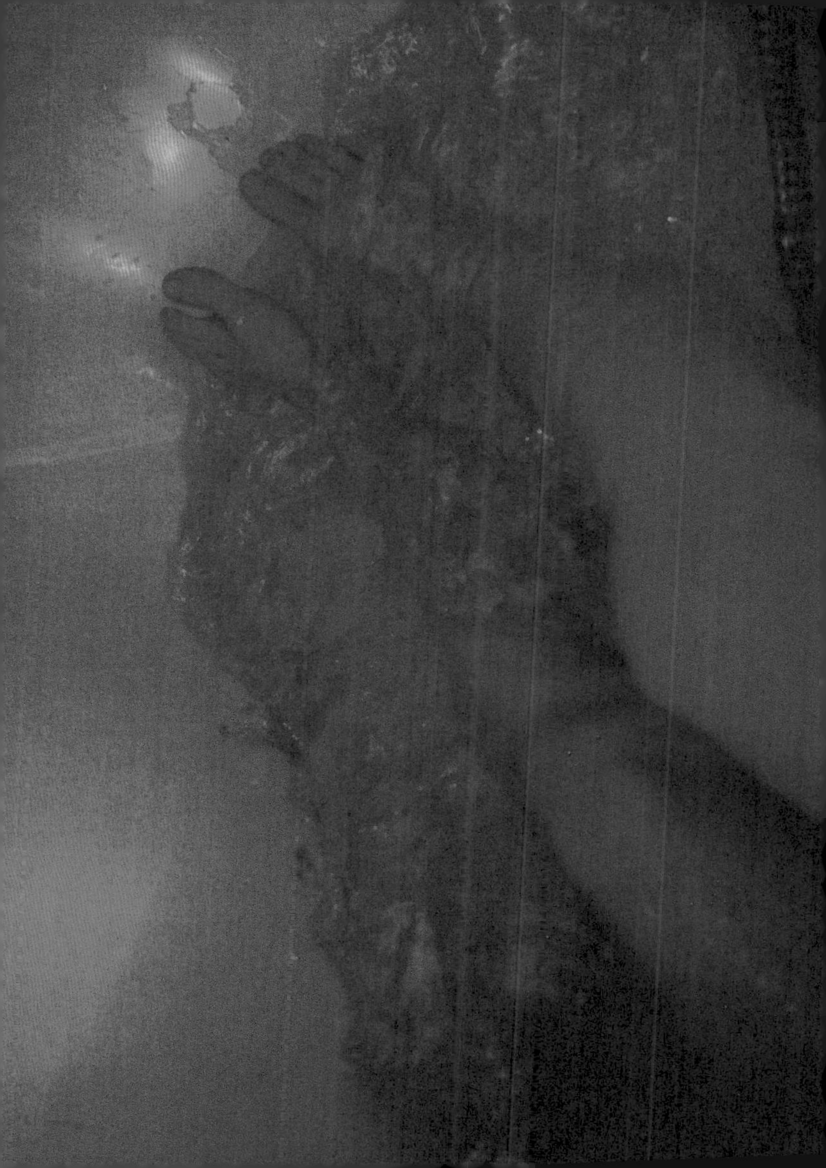

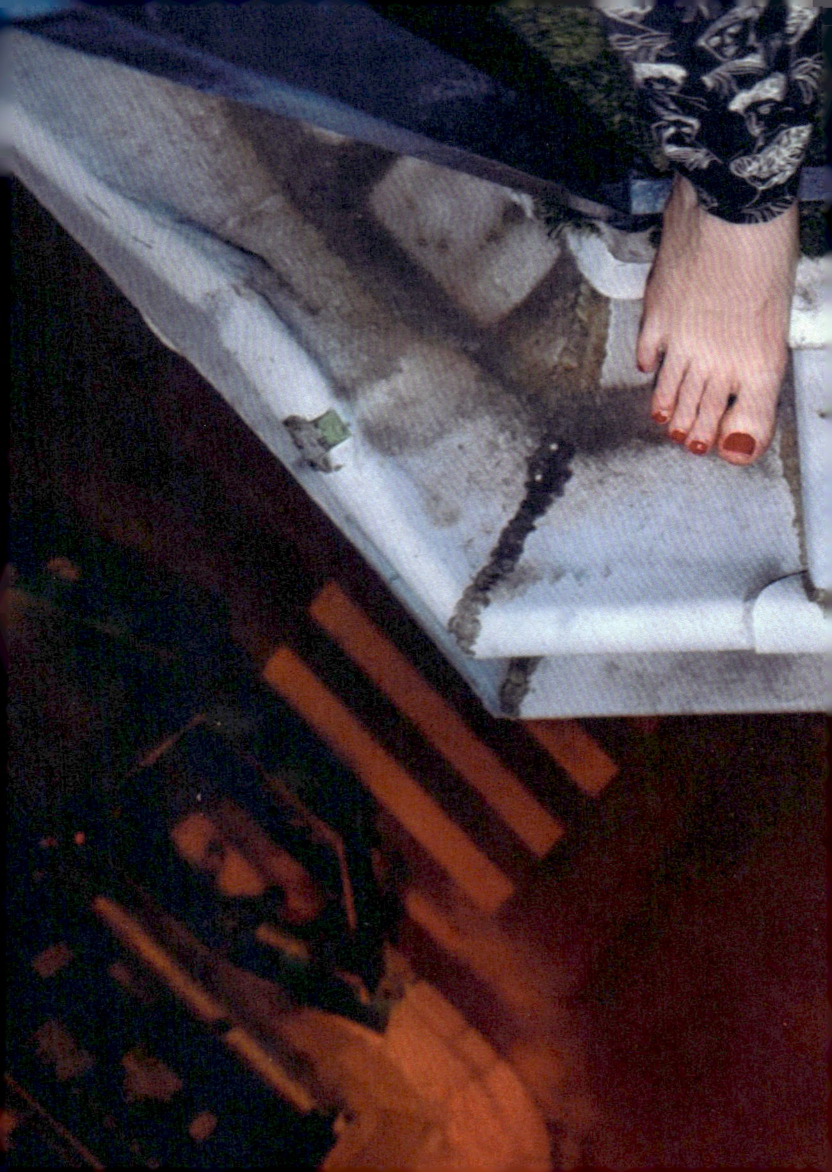

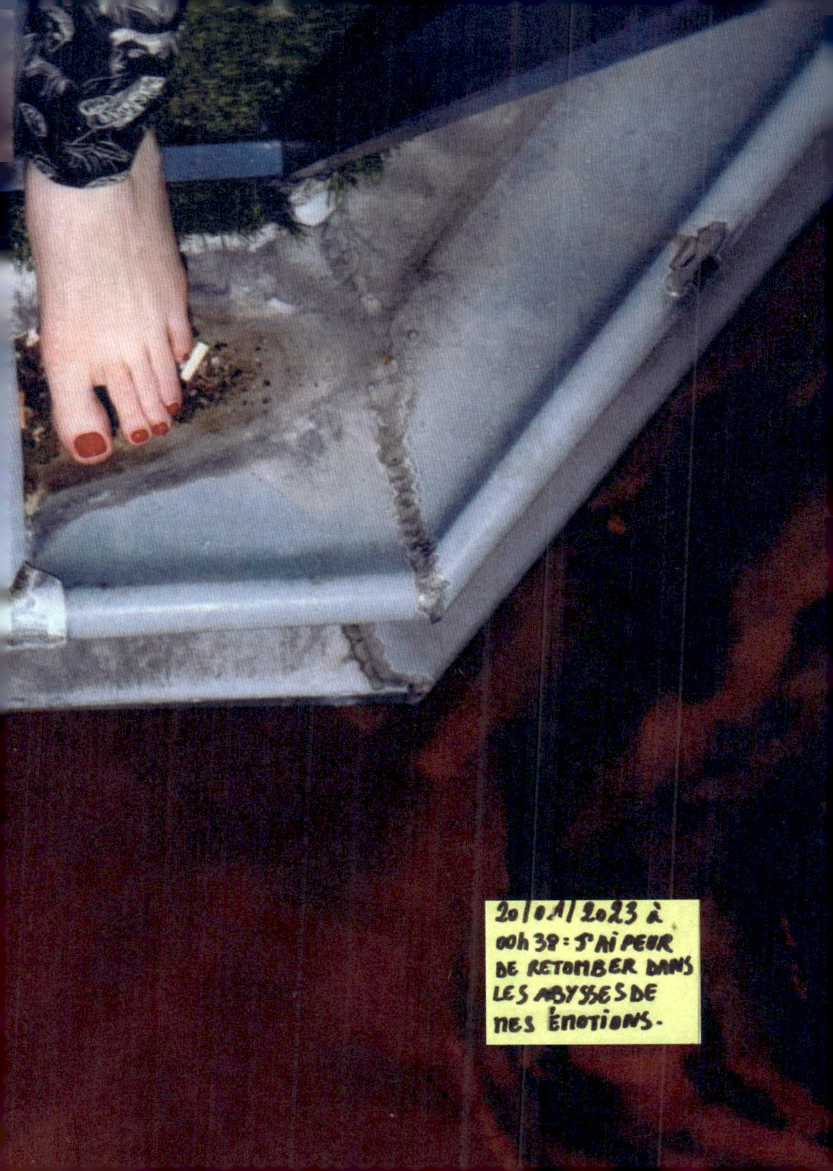
20/01/2023 à
00h38 : J'AI PEUR
DE RETOMBER DANS
LES ABYSSES DE
MES ÉMOTIONS.

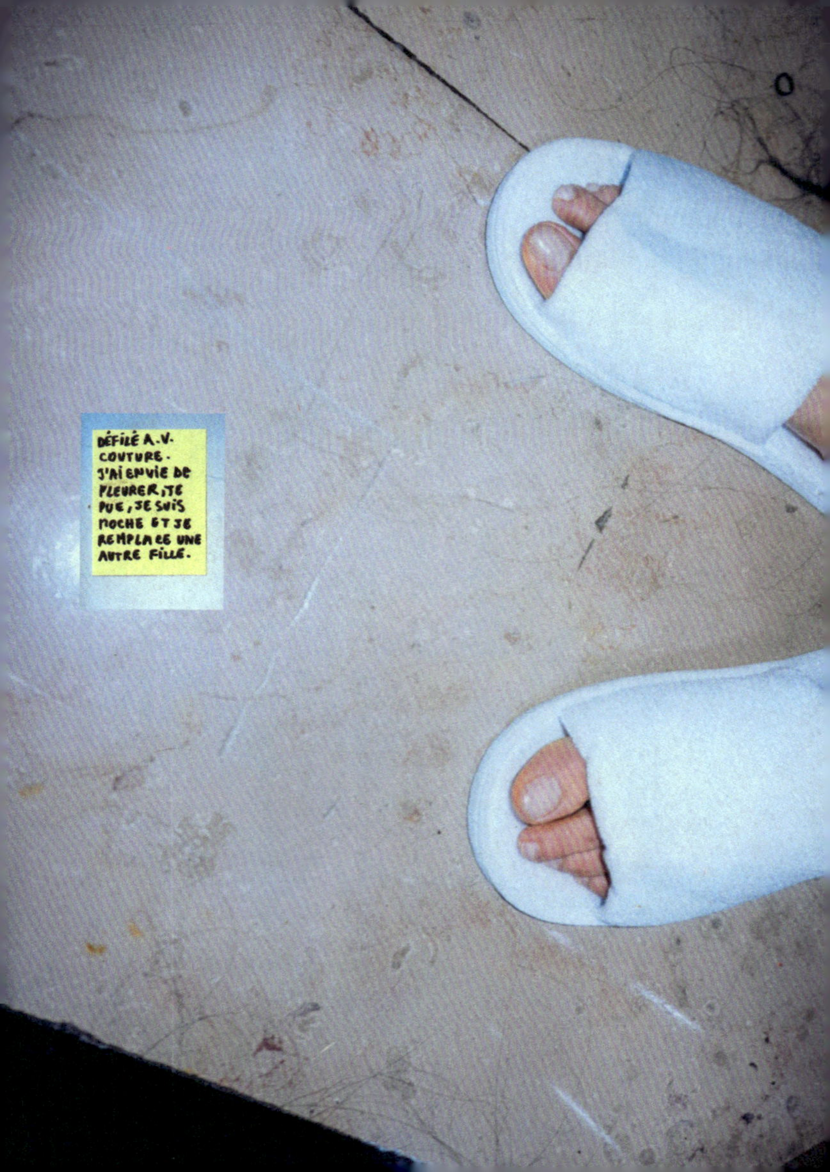
DÉFILÉ A.V.
COUTURE.
J'AI ENVIE DE
PLEURER, JE
PUE, JE SUIS
MOCHE ET JE
REMPLACE UNE
AUTRE FILLE.

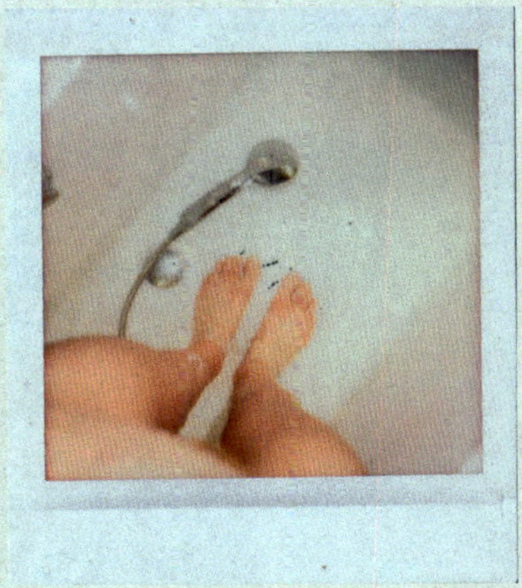

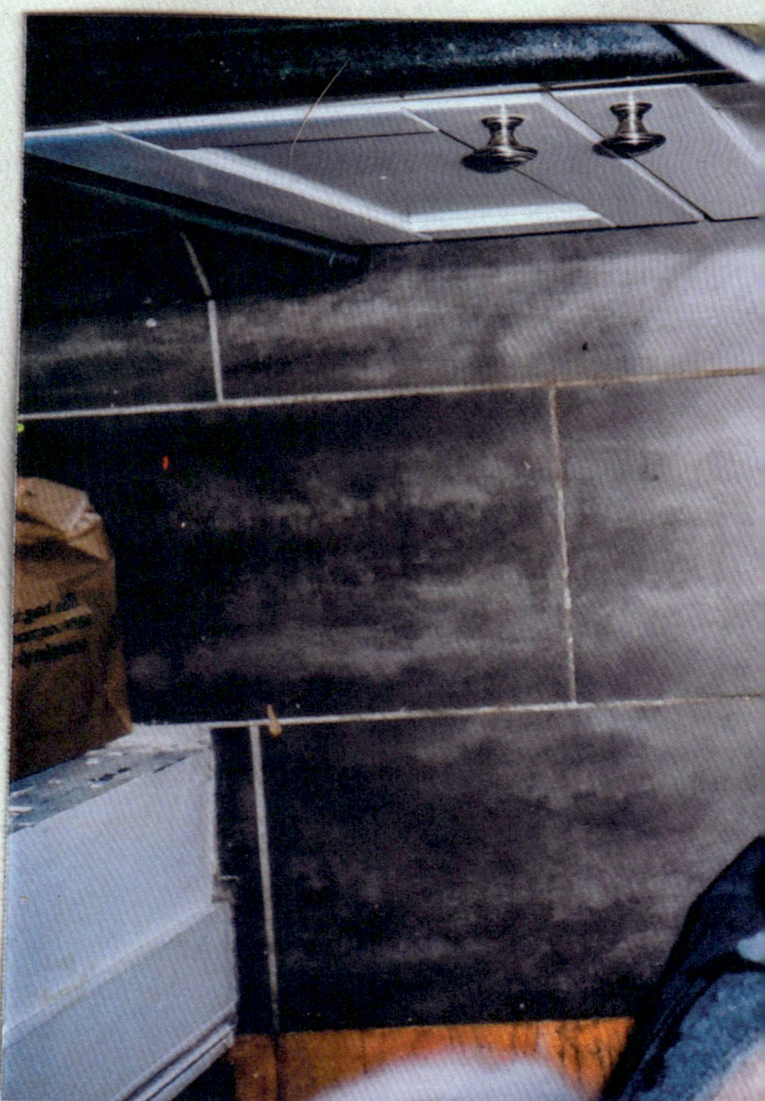

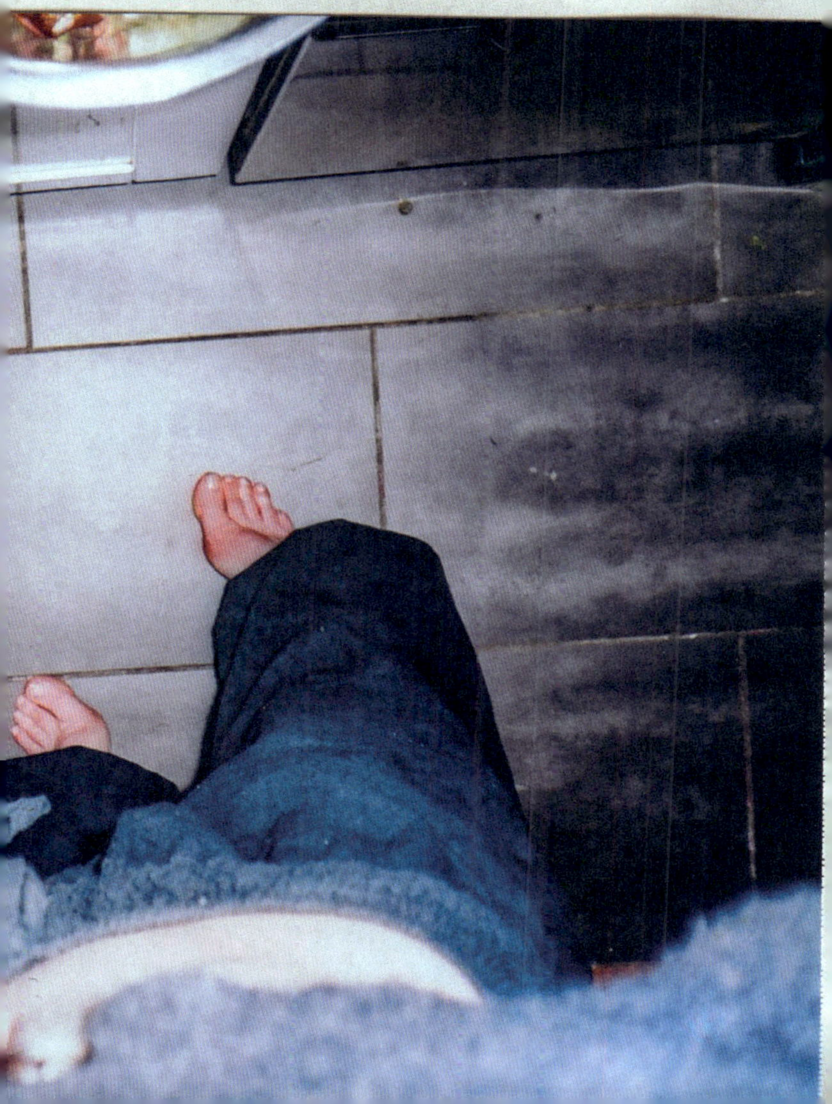

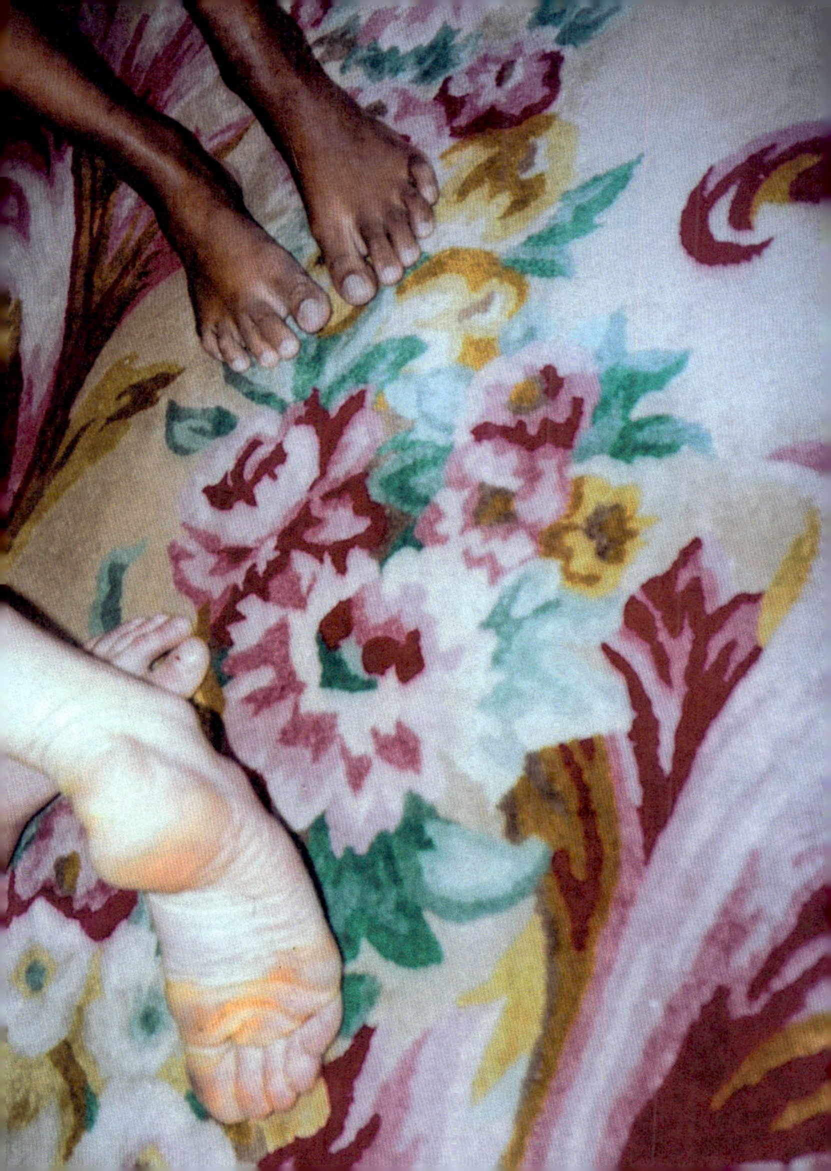

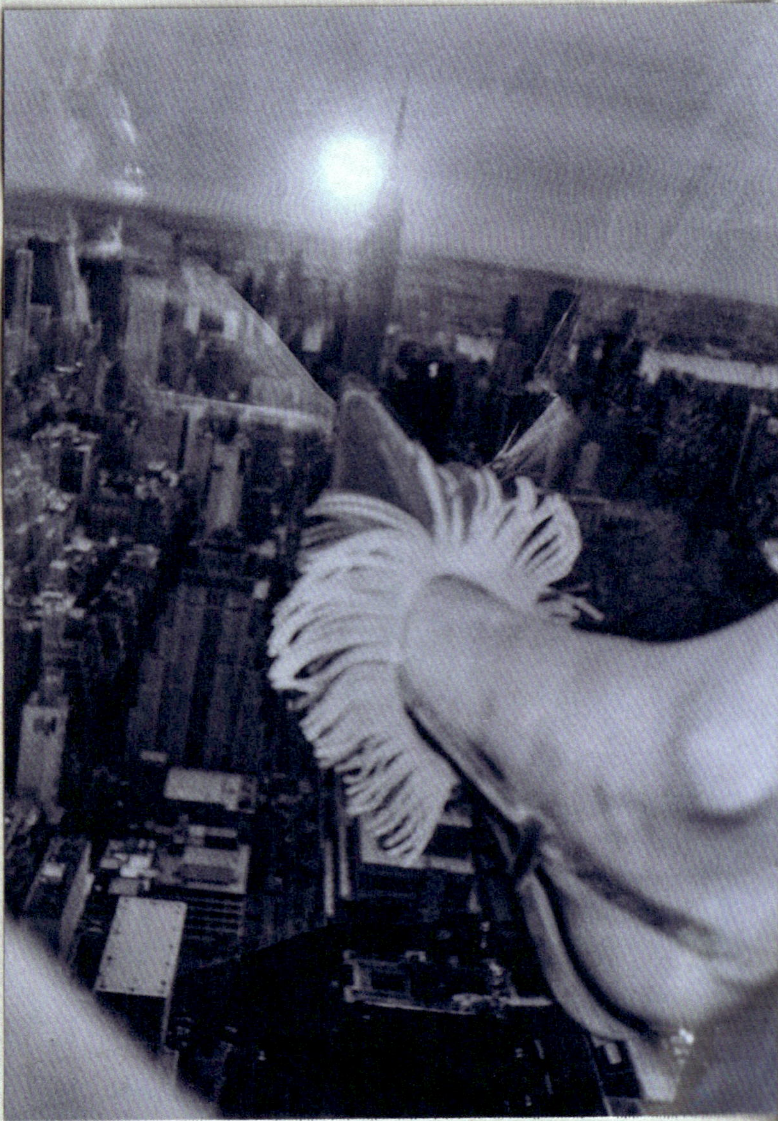

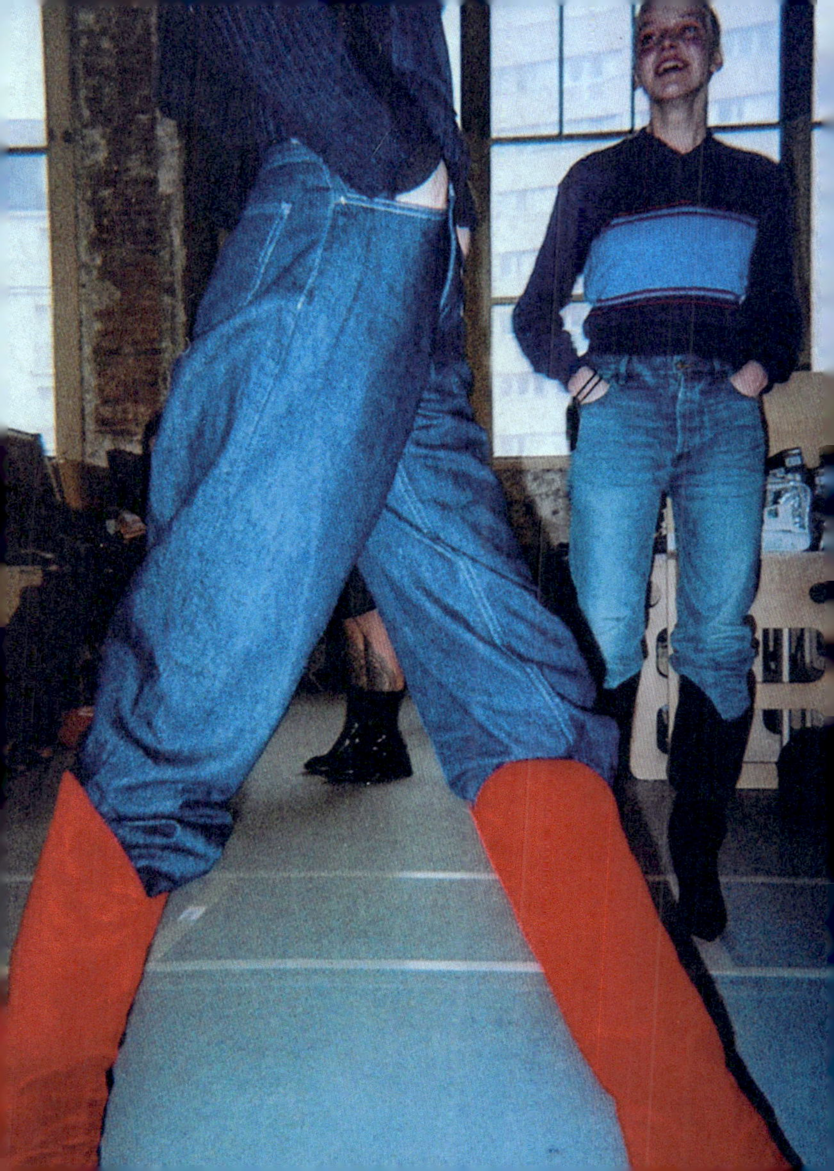

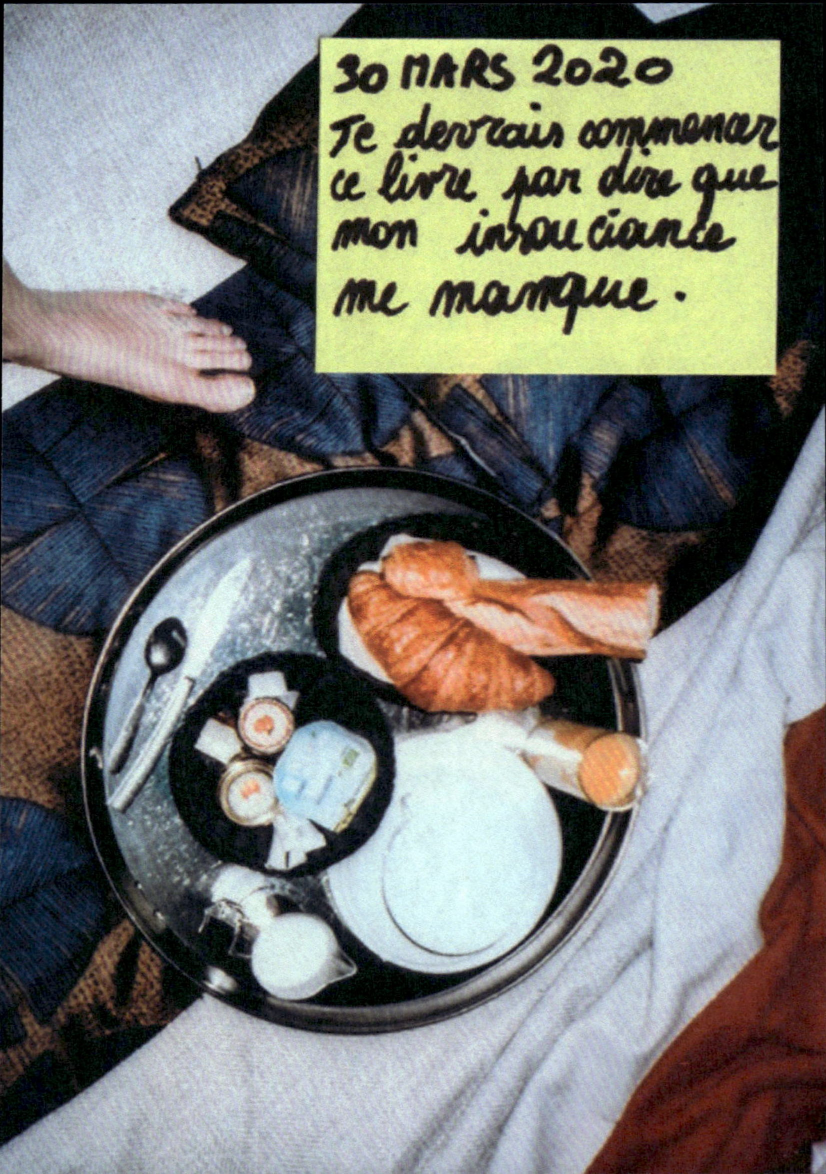
30 MARS 2020
Je devrais commencer ce livre par dire que mon insouciance me manque.

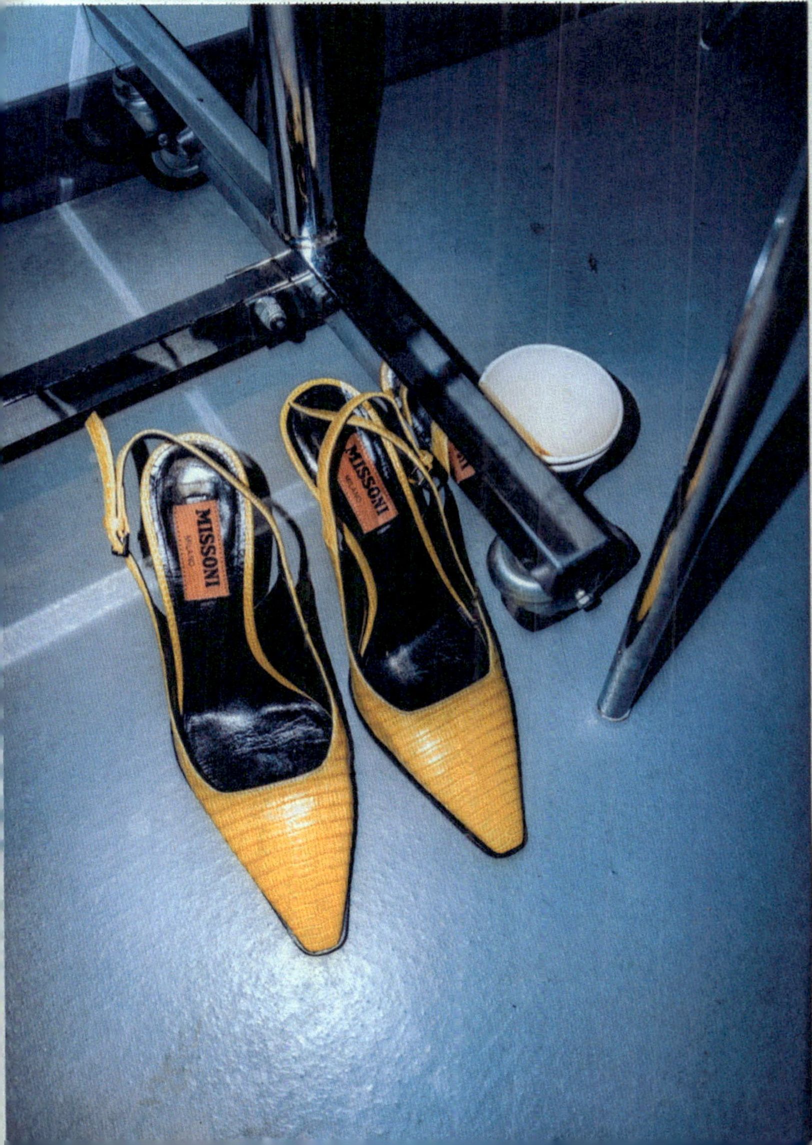
MISSONI
MISSONI

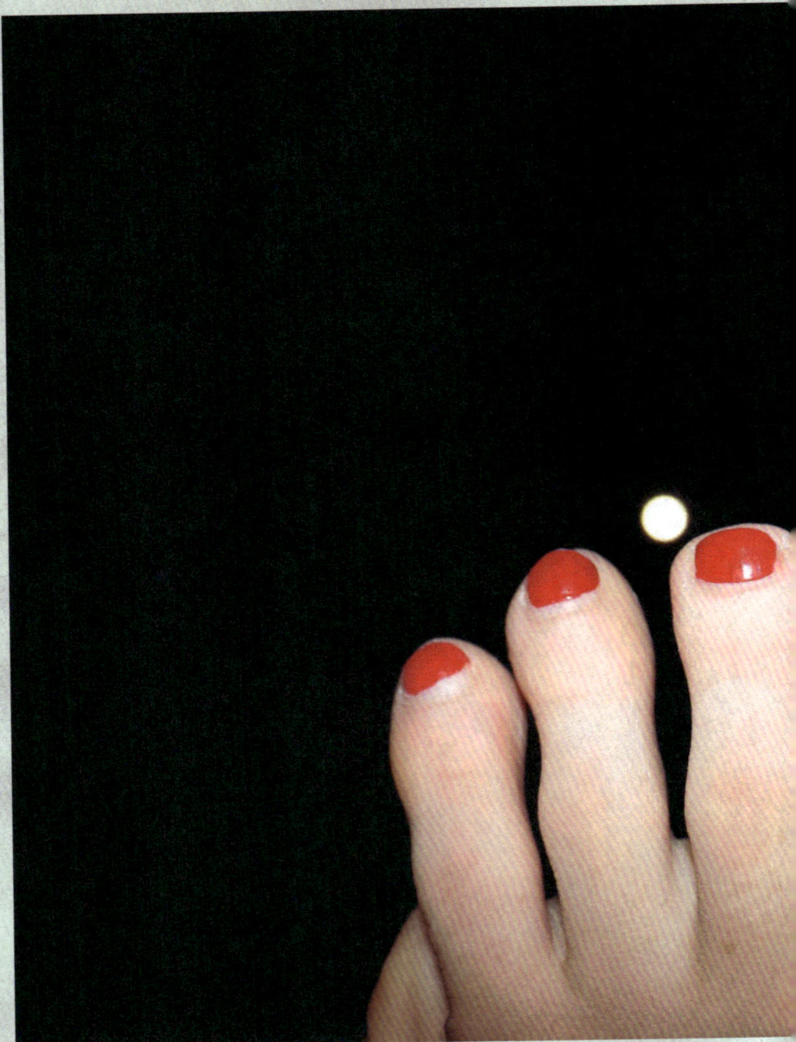

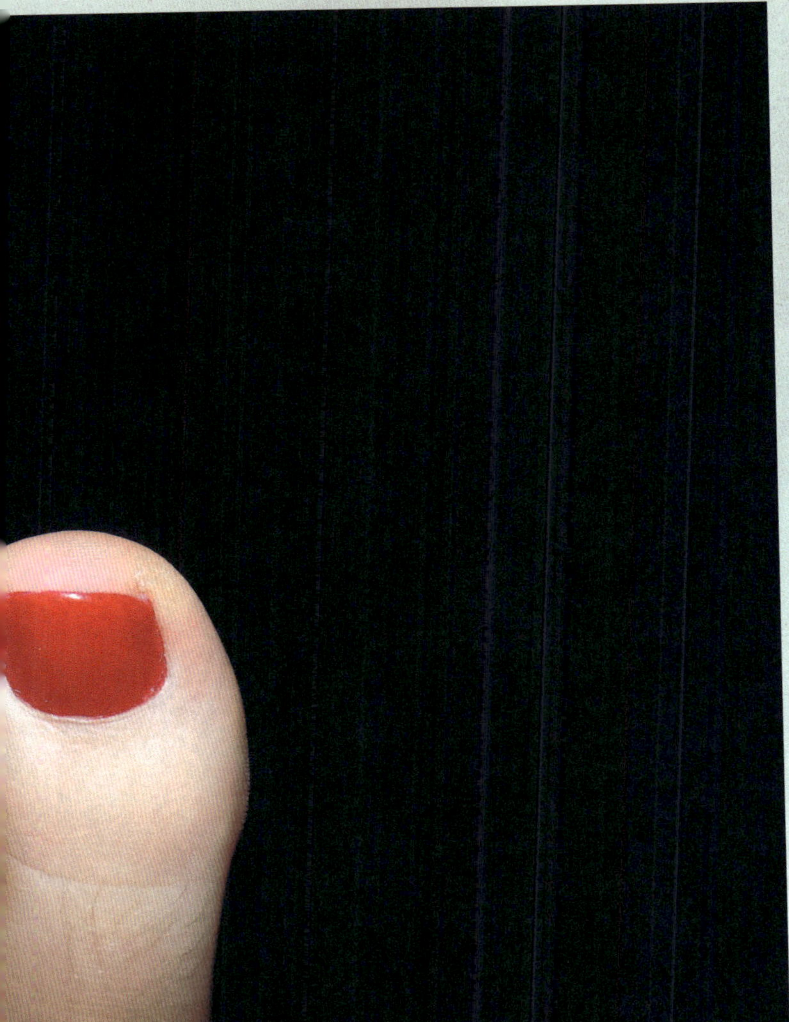

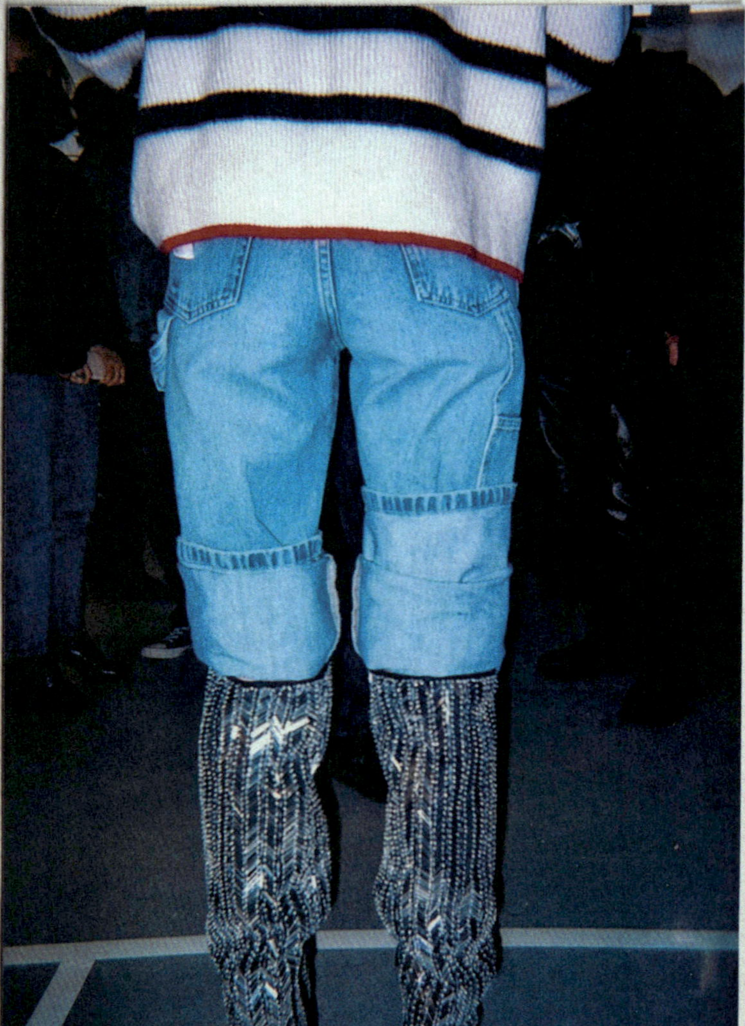

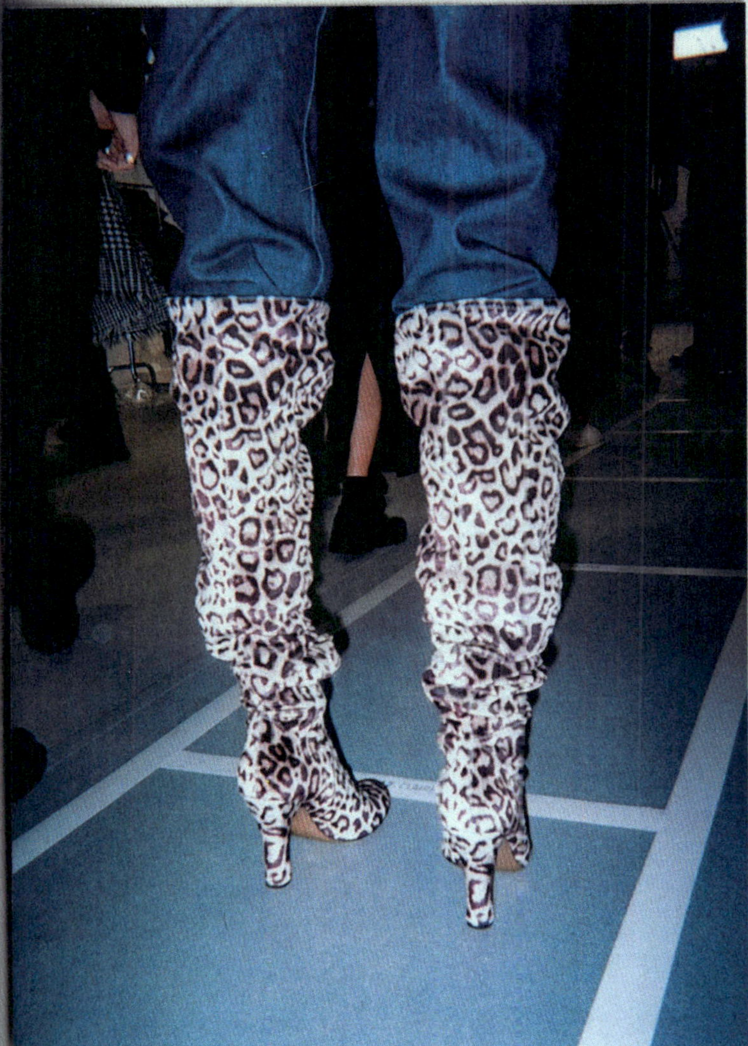

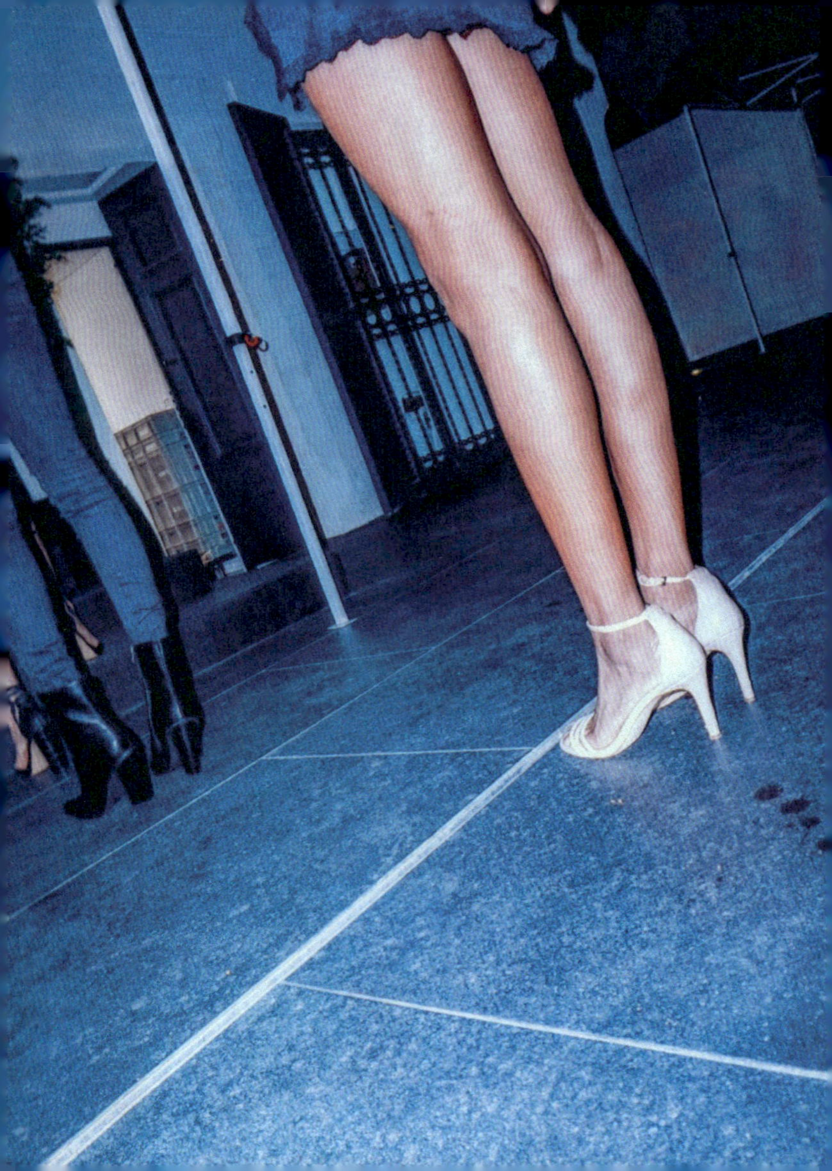

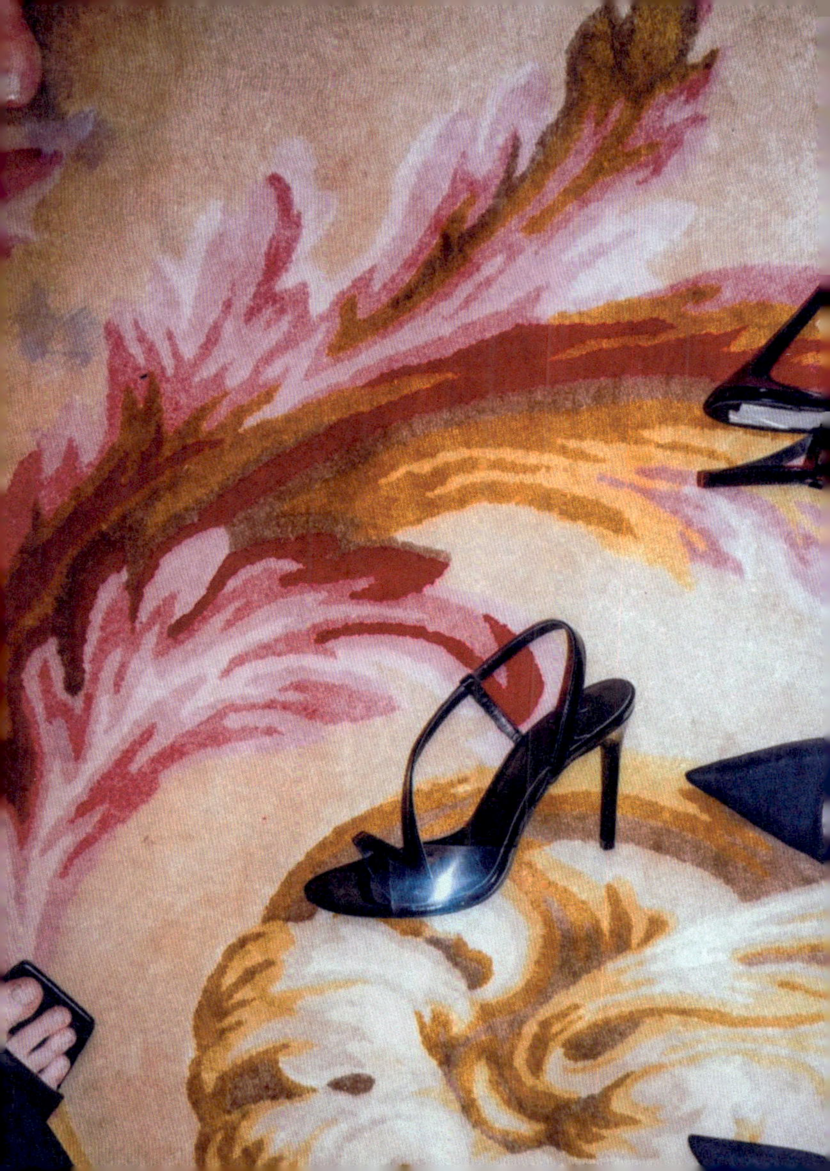

À LA MAISON
13/02/2022
JE VIENS D'APPRENDRE
QU'IL FAUT QUE JE
PARTE 3 JOURS À NY.
CRISE DE PLEURS, MAIS
ÇA VA ALLER.
J'AI L'IMPRESSI
QU'ON M'ARRACHE
À MA VIE.
UPDATE : 15/02/2022.
JE SUIS EN TRAIN DE
RENTRER DU MAROC, J'
AI PASSÉ UNE TROP BELLE
DAY. ÇA Y EST J'AI
SHOOTÉ POUR ZARA... "À

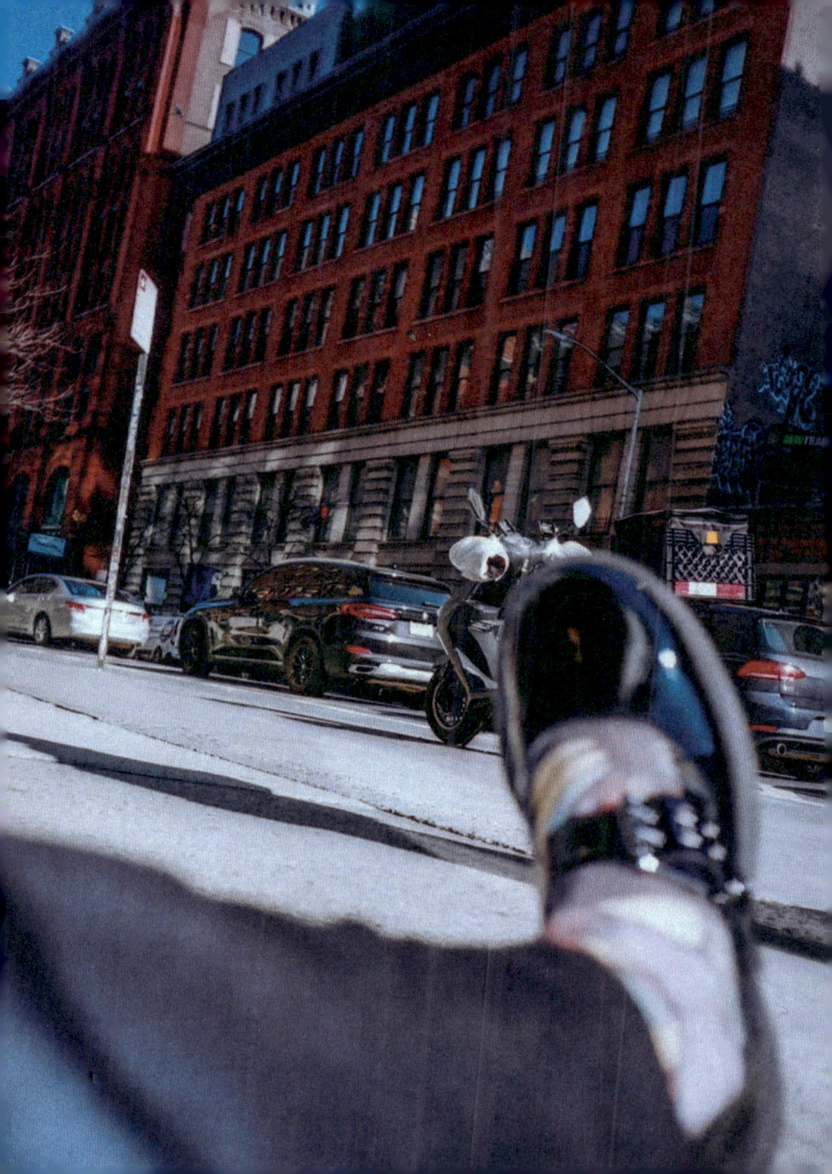

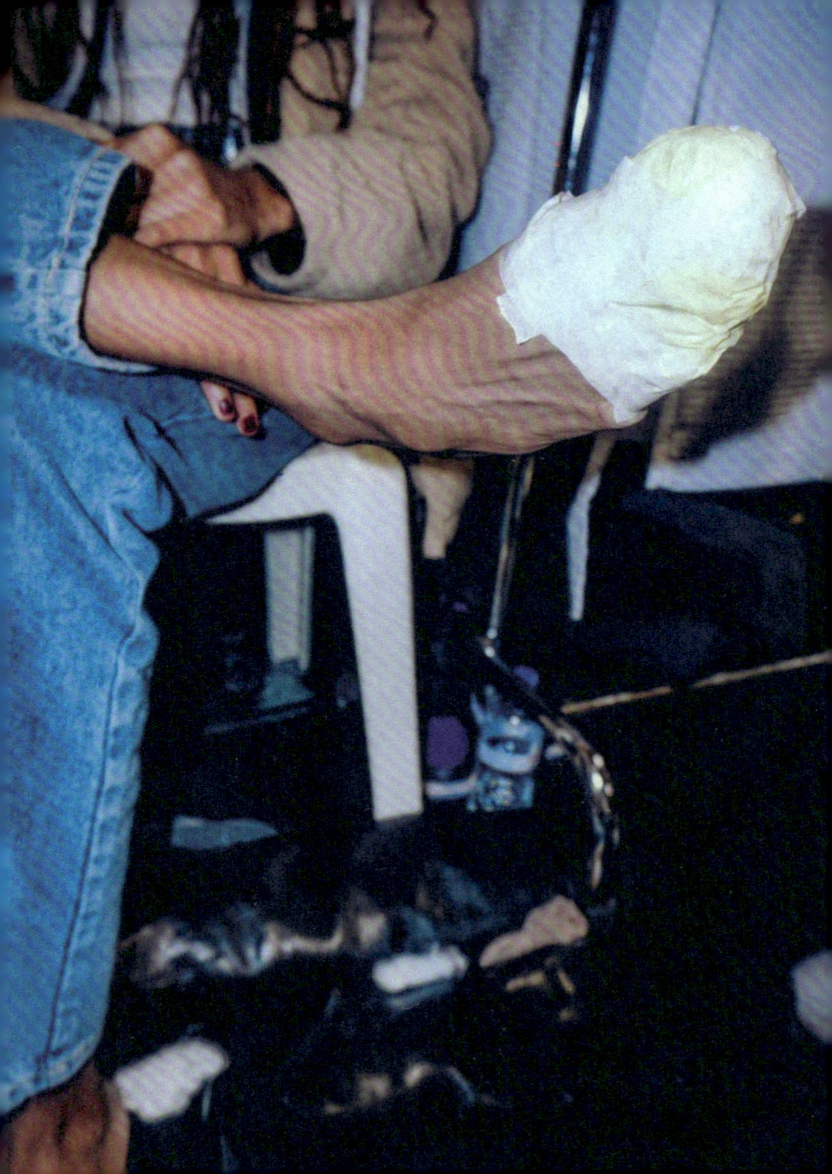

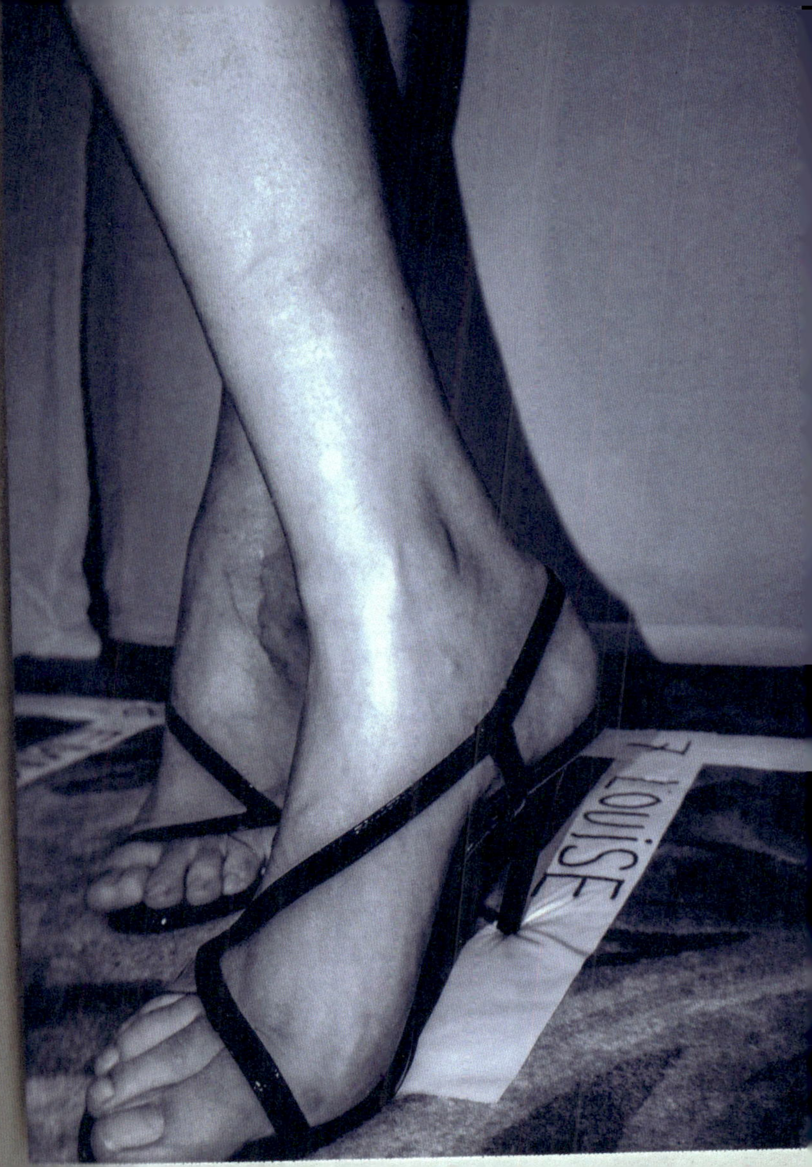
LOUISE

J'AIME PAS LES MODÈLES
DE TOUTE FAÇON J'AIME
PLUS PERSONNE. JE VEUX
PARTIR, RENTRER À LA
MONTAGNE.
COMBIEN DE TEMPS JE VAIS
ENCORE DEVOIR ATTENDRE LÀ
COMME SI J'AVAIS RIEN À
FAIRE D'AUTRE. OÙ EST LE SENS

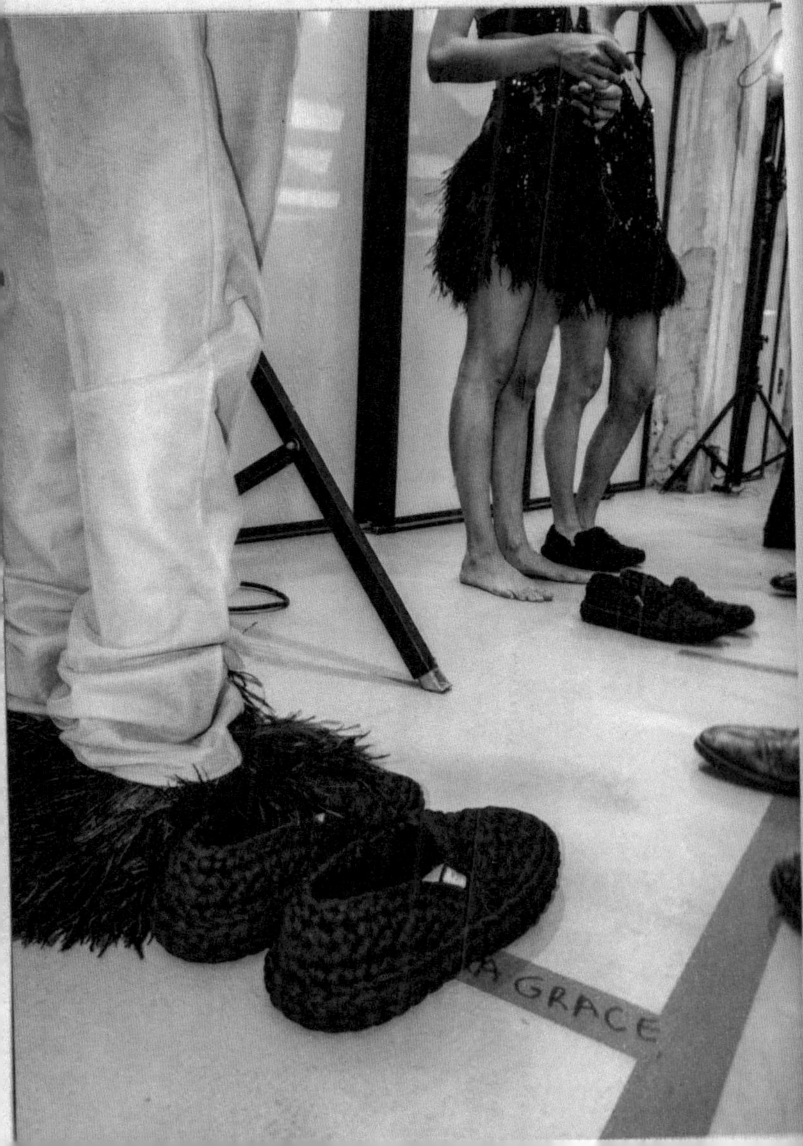
A GRACE

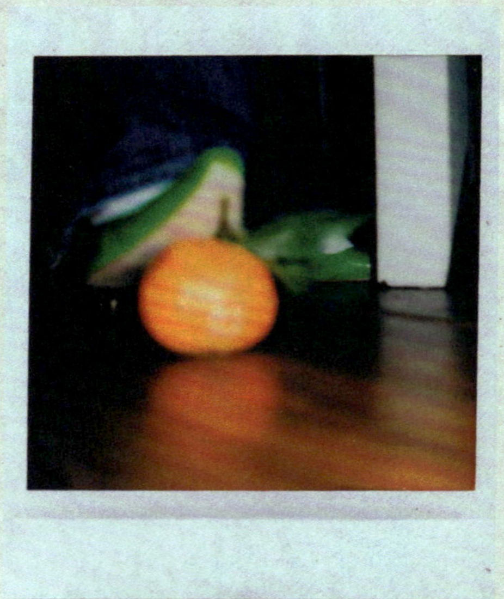

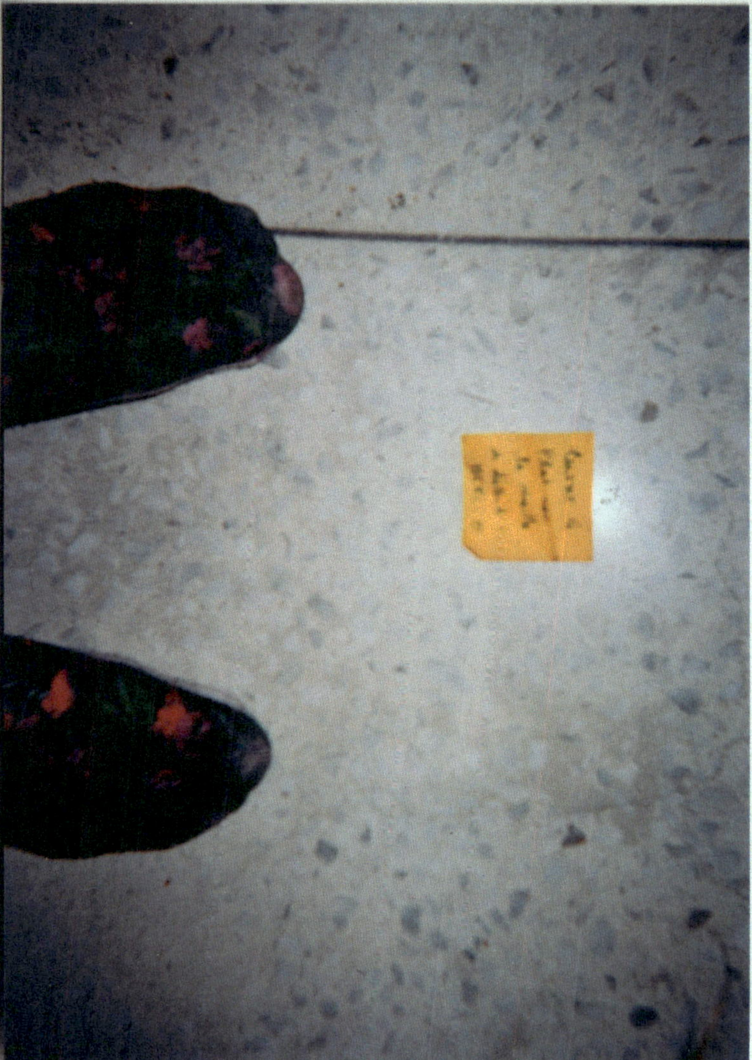

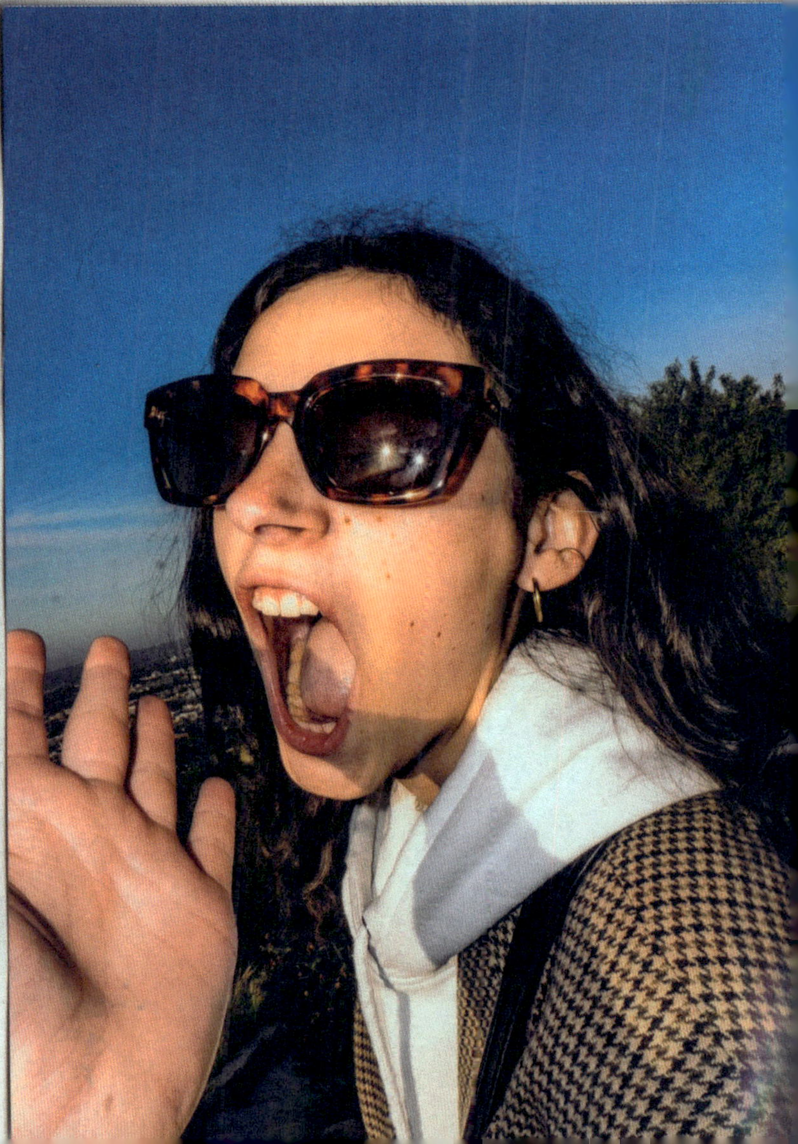

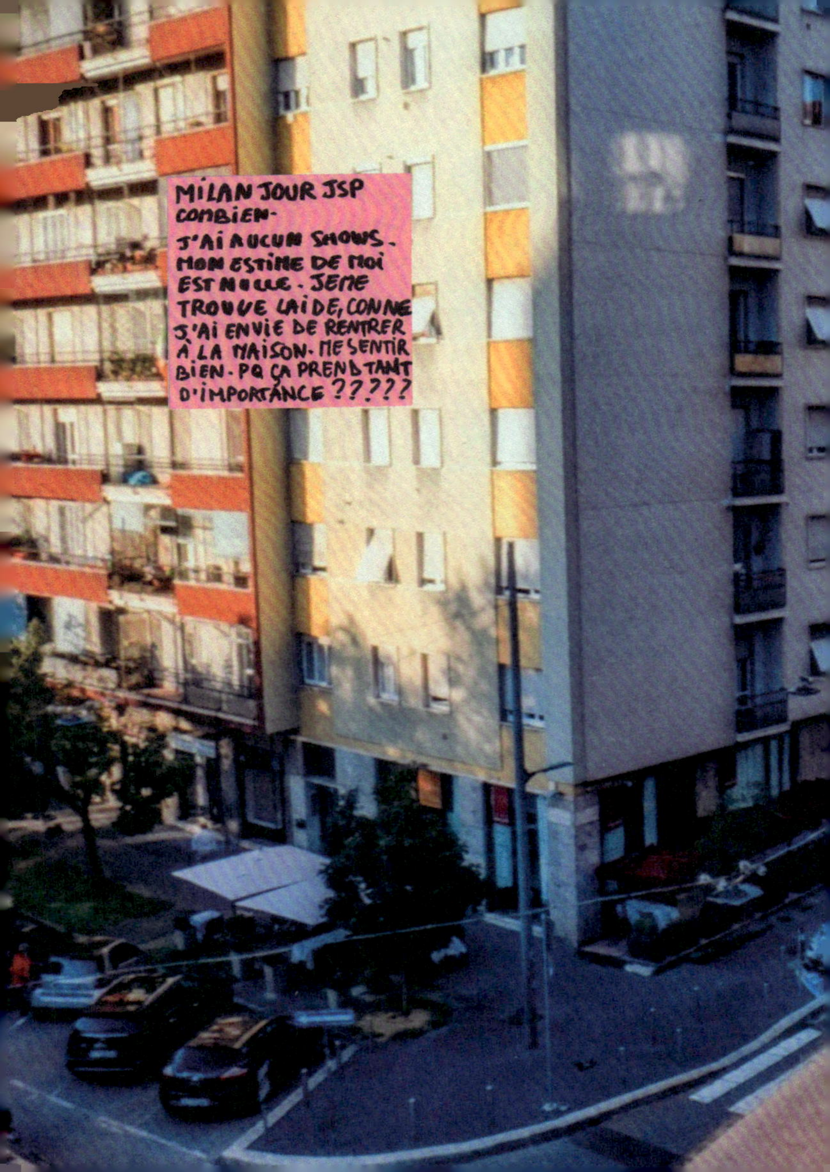

MILAN JOUR JSP
COMBIEN-
J'AI AUCUN SHOWS.
MON ESTIME DE MOI
EST NULLE. JEME
TROUVE LAIDE, CONNE
J'AI ENVIE DE RENTRER
À LA MAISON. ME SENTIR
BIEN. PQ ÇA PREND TANT
D'IMPORTANCE ?????

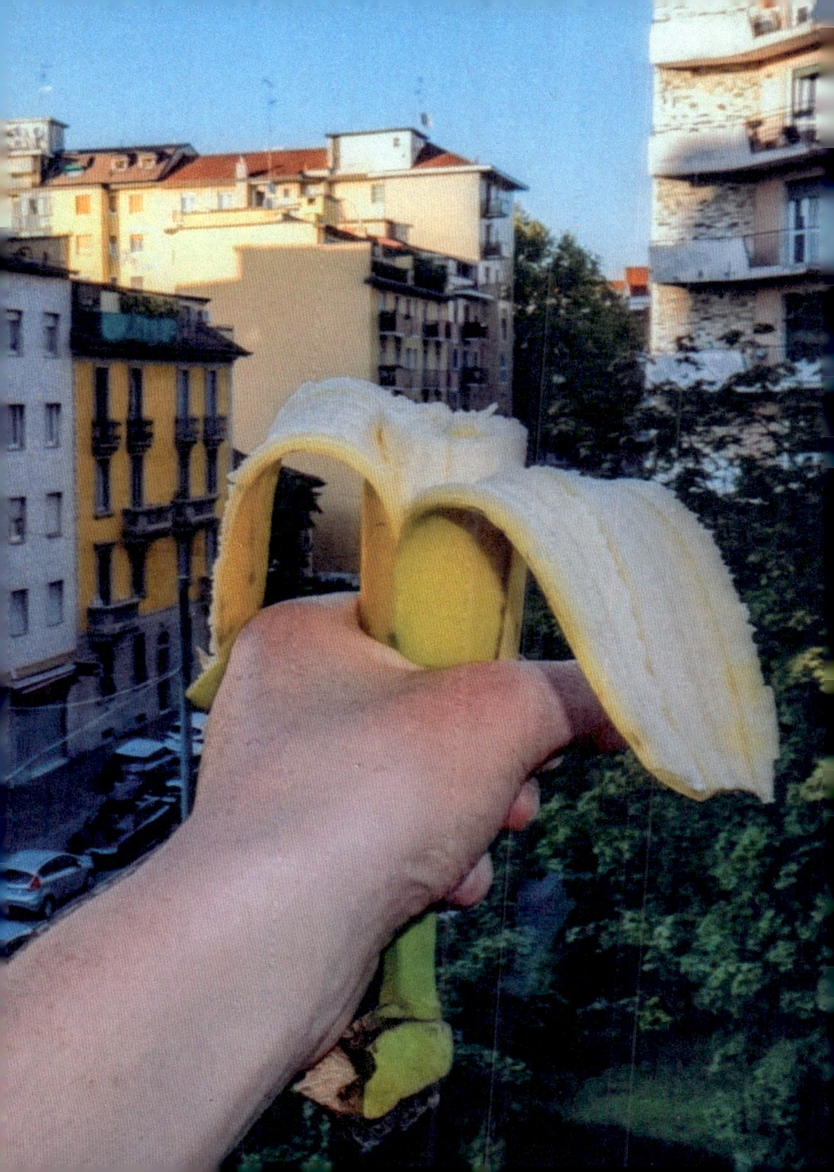

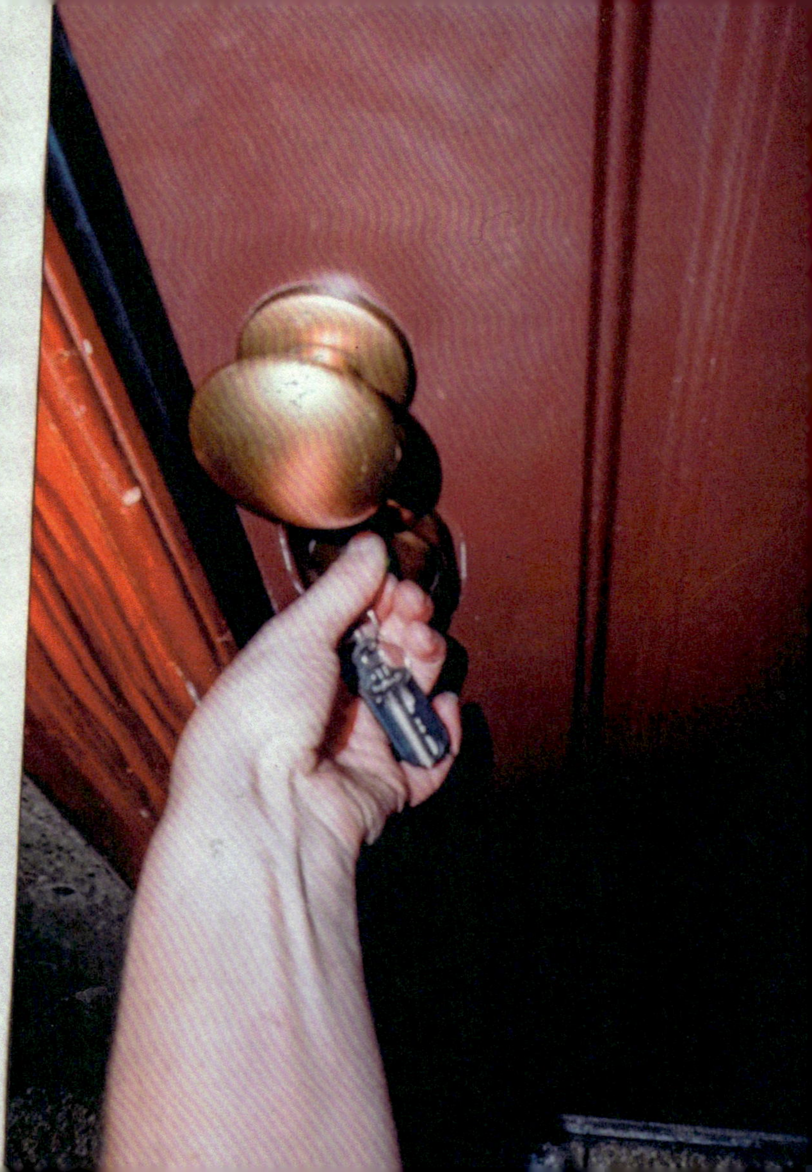

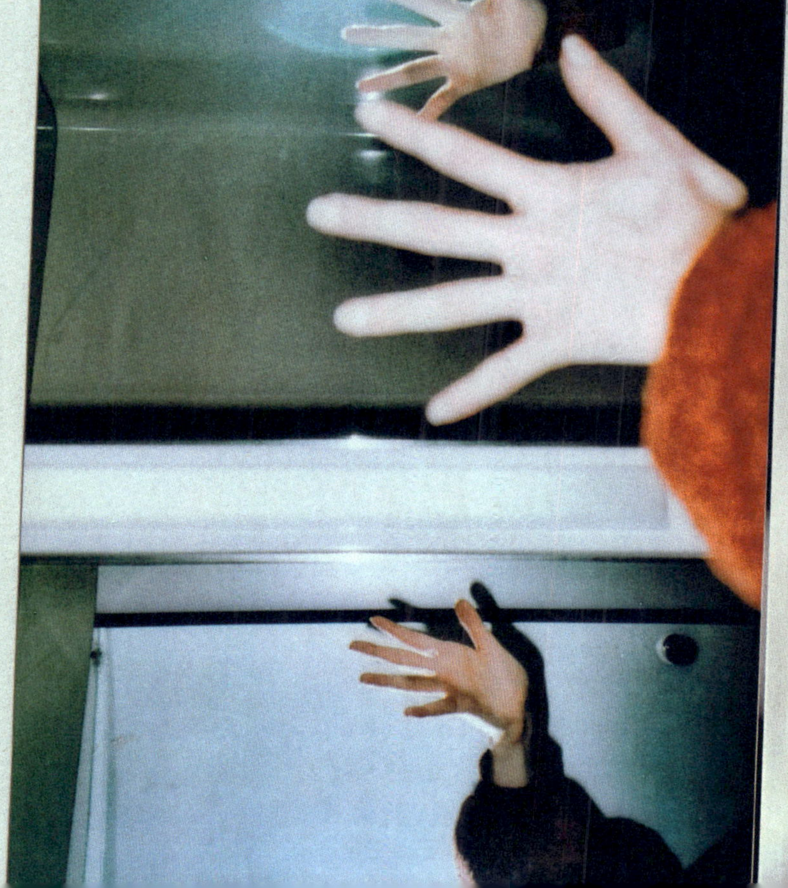

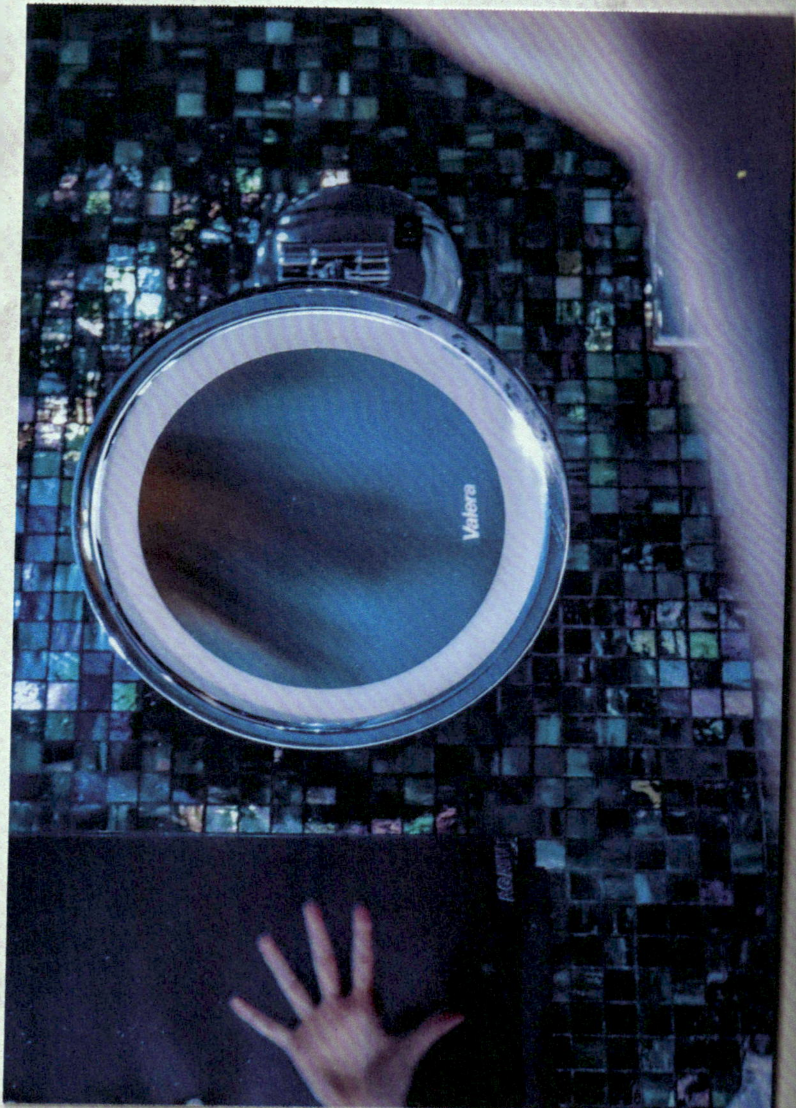
Valera

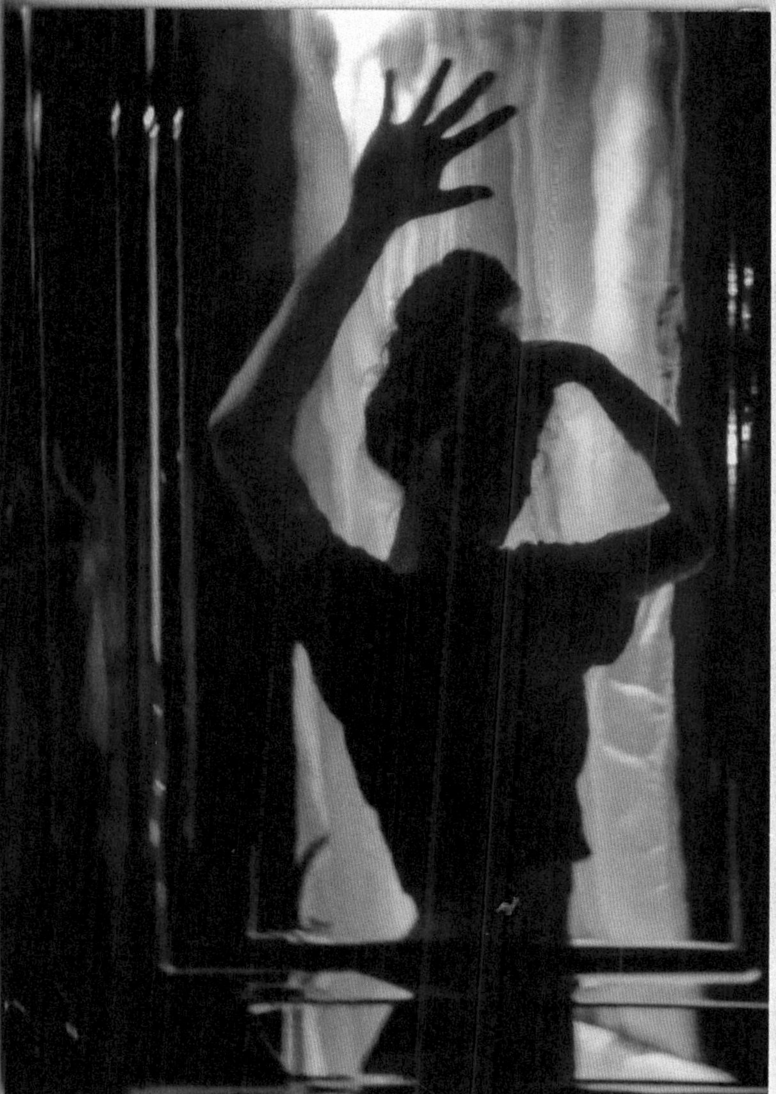

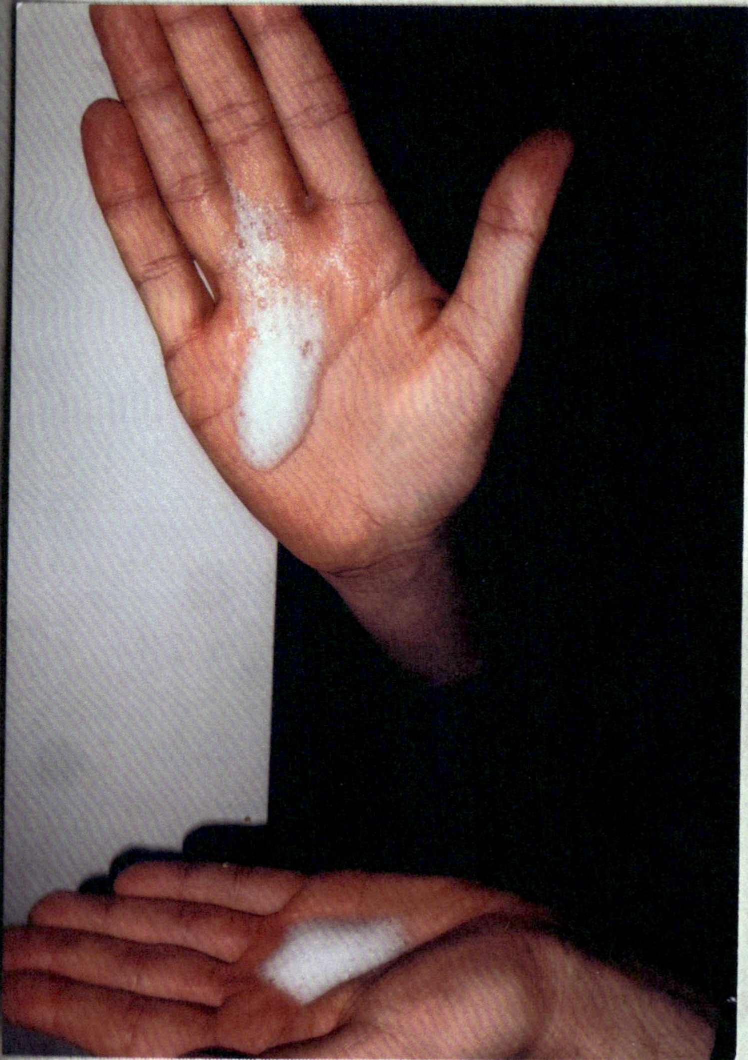

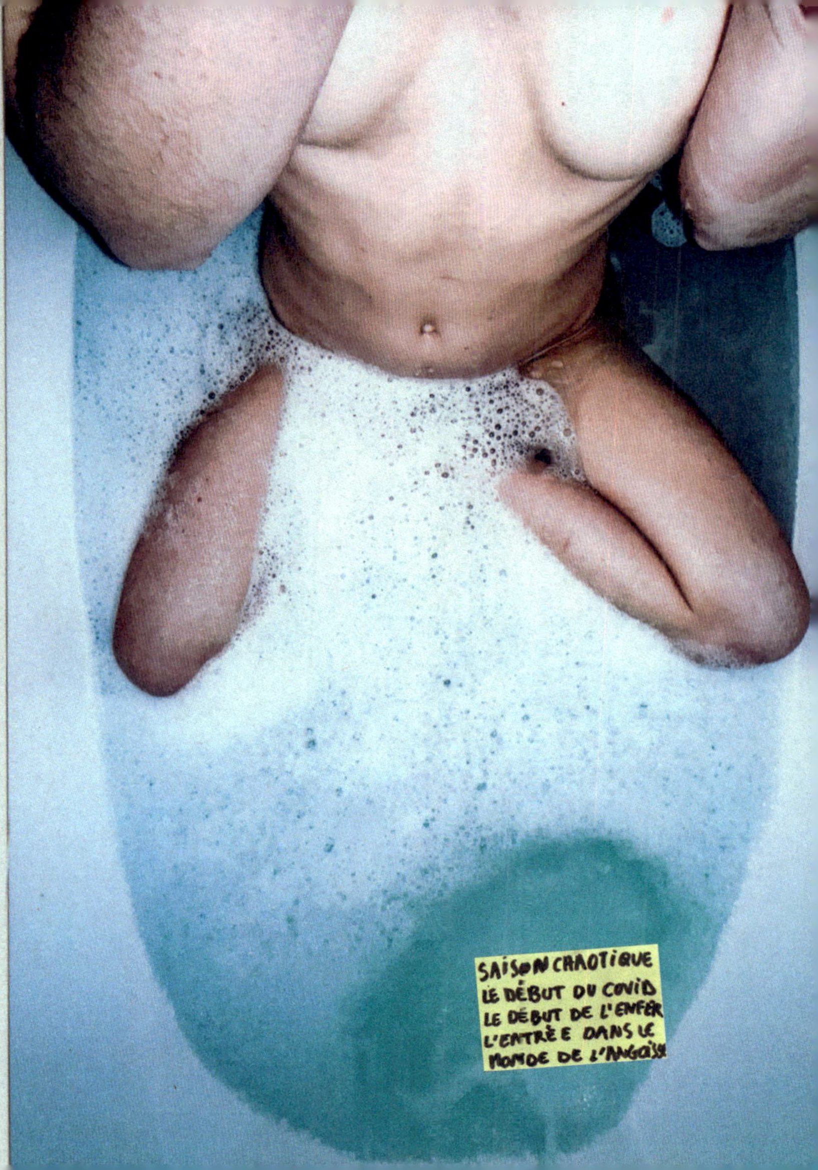
SAISON CHAOTIQUE
LE DÉBUT DU COVID
LE DÉBUT DE L'ENFER
L'ENTRÈE DANS LE
MONDE DE L'ANGOISSE

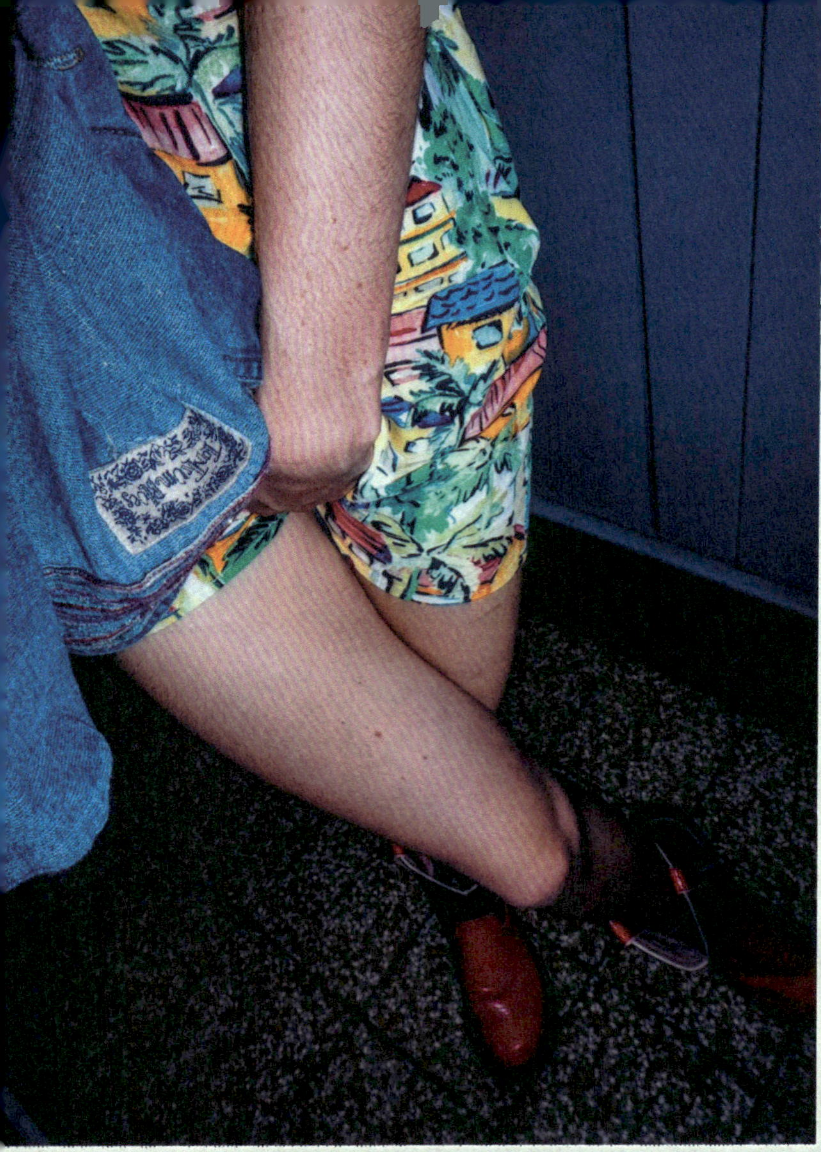

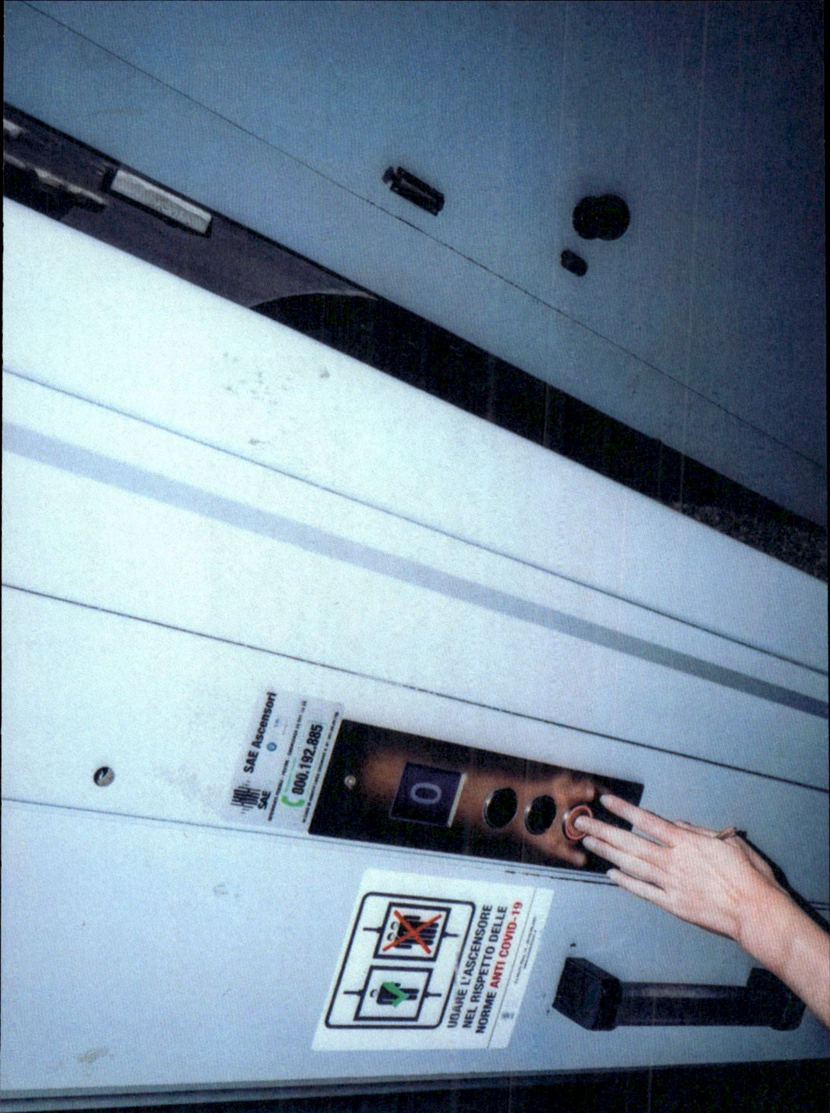
SAE Ascensori
000.192.885
UDARE L'ASCENSORE
NEL RISPETTO DELLE
NORME ANTI COVID-19

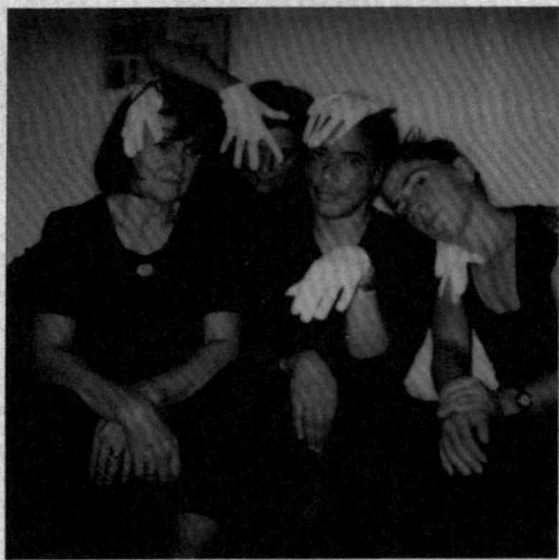

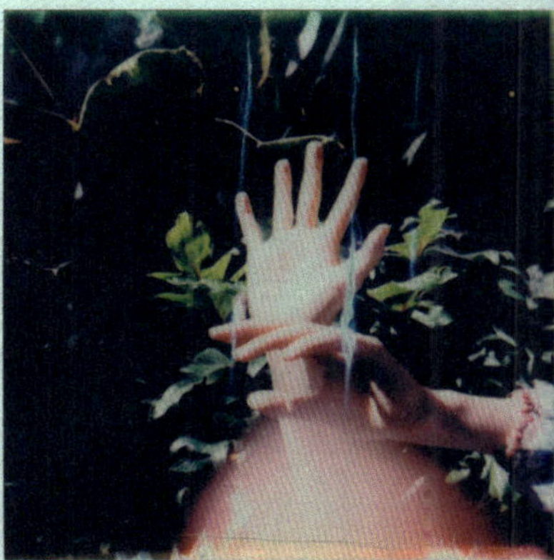

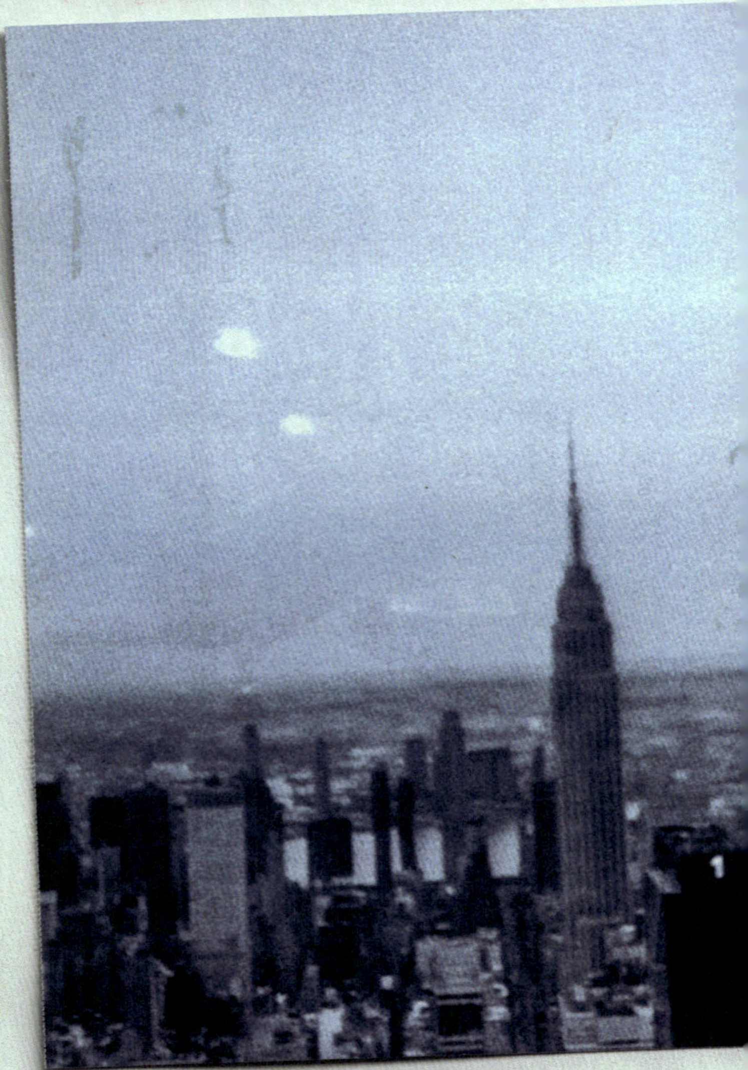
1

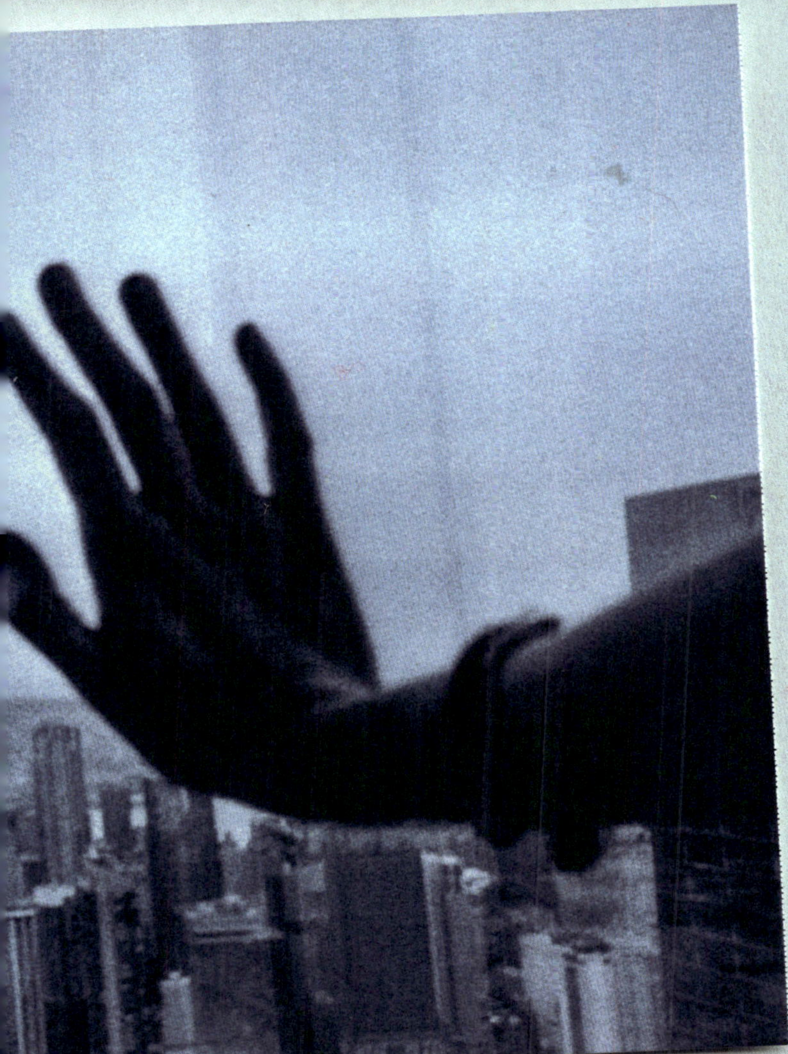

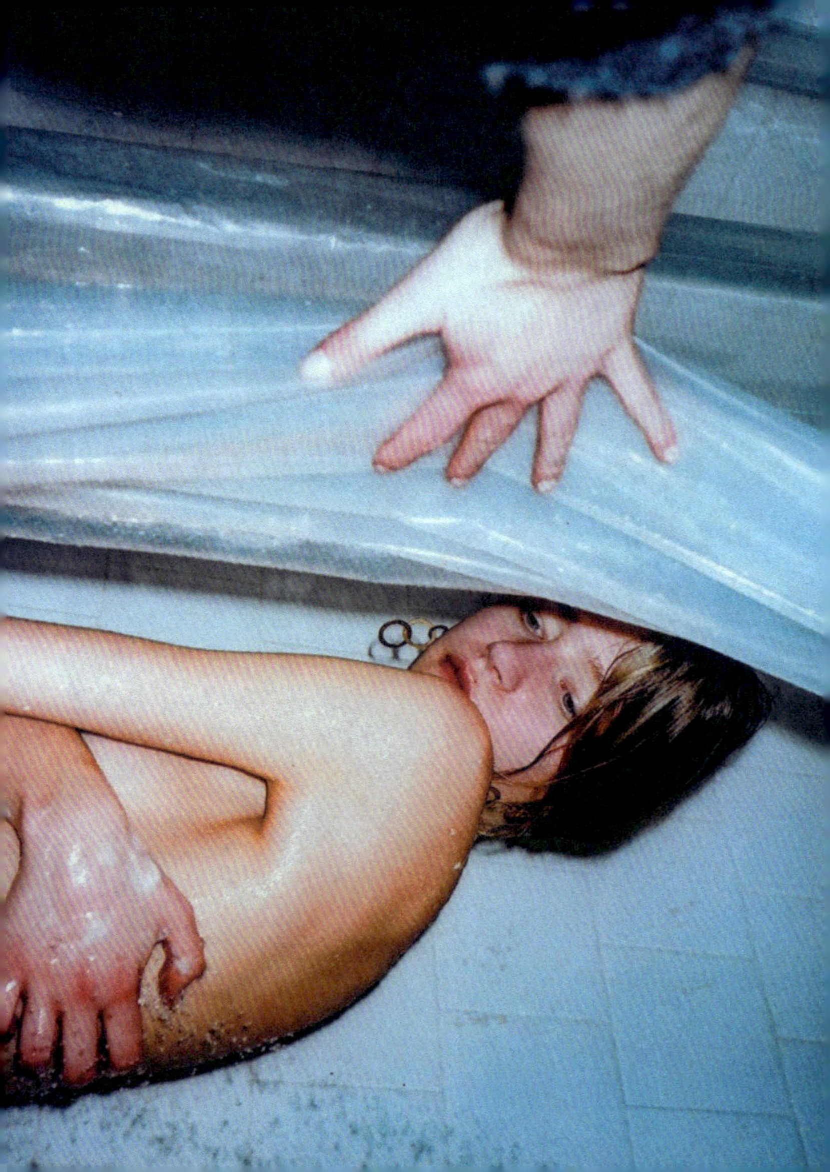

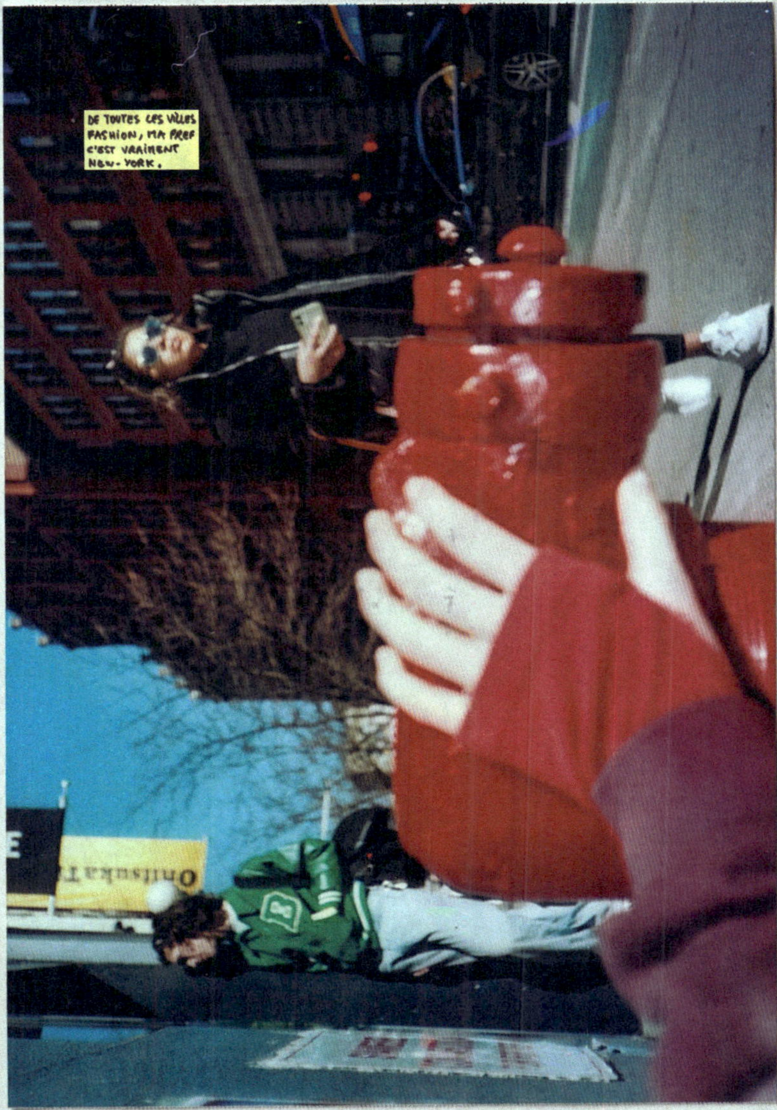
DE TOUTES LES VILLES
FASHION, MA PREF
C'EST VRAIMENT
NEW-YORK.

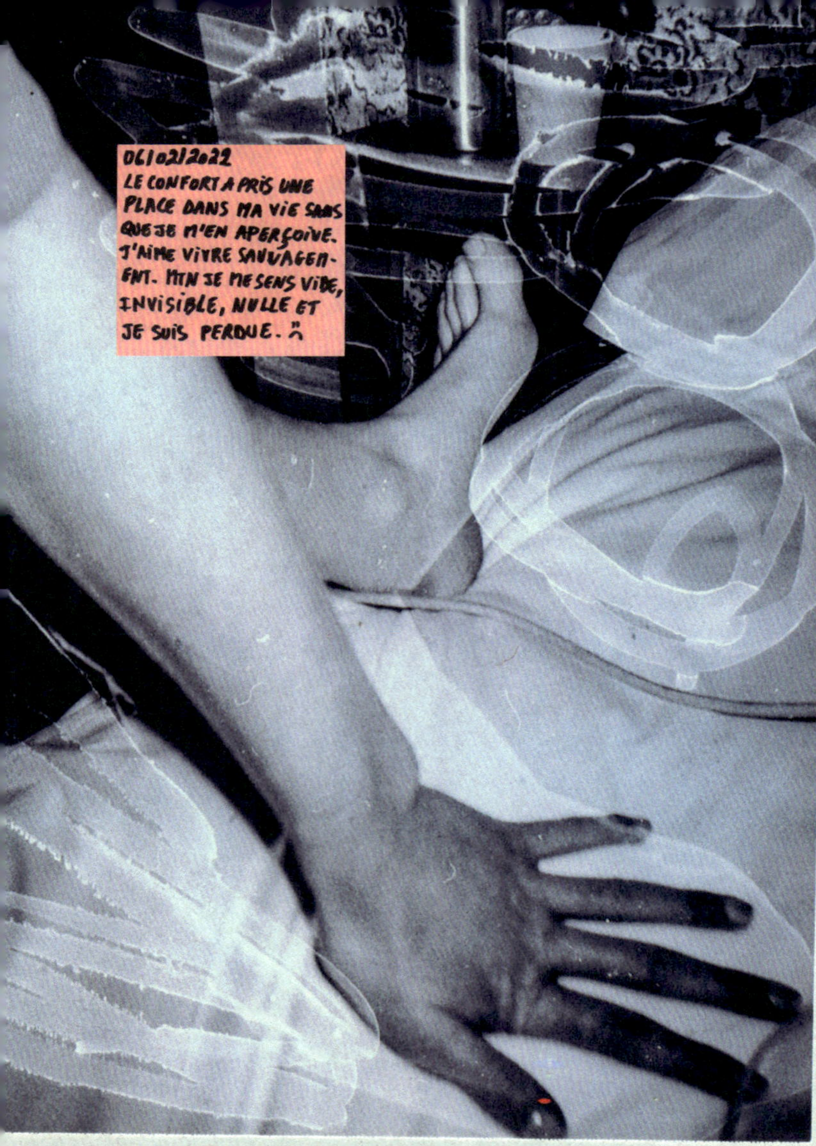
06/02/2022
LE CONFORT A PRIS UNE
PLACE DANS MA VIE SANS
QUE JE M'EN APERÇOIVE.
J'AIME VIVRE SAUVAGEM-
ENT. MTN JE ME SENS VIDE,
INVISIBLE, NULLE ET
JE SUIS PERDUE.

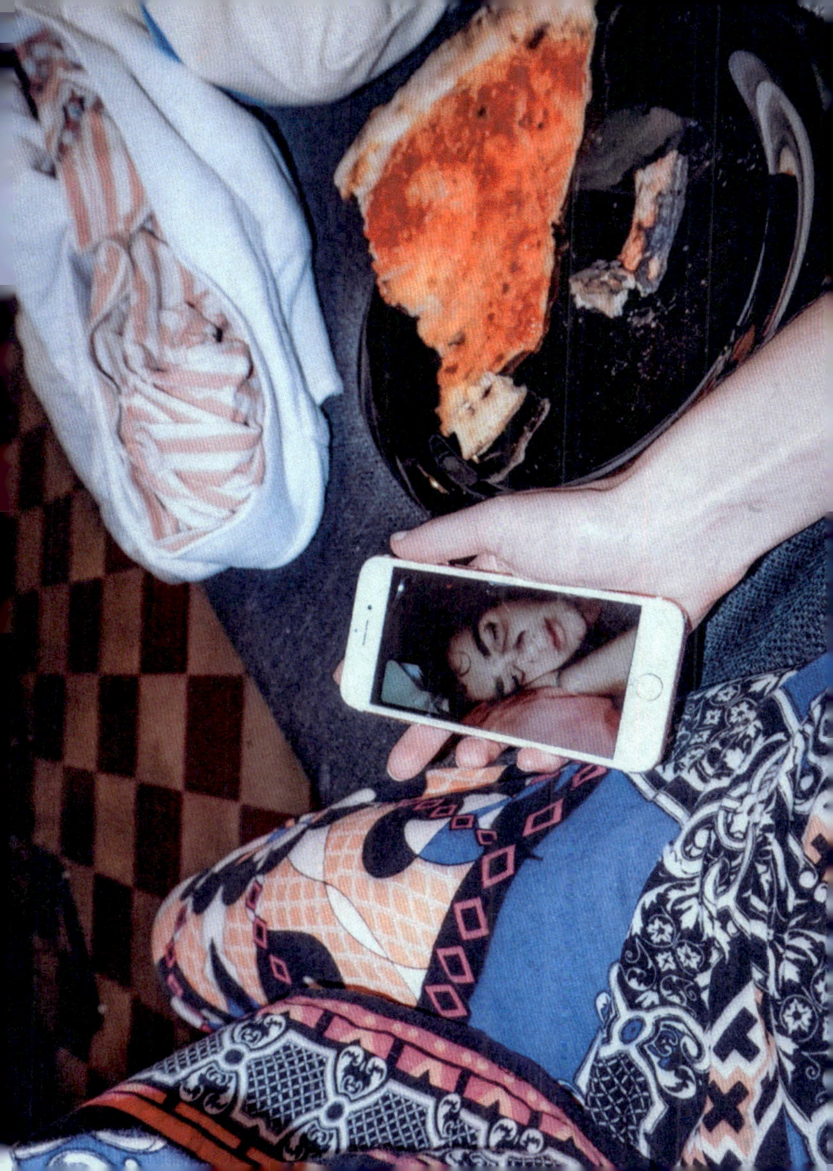

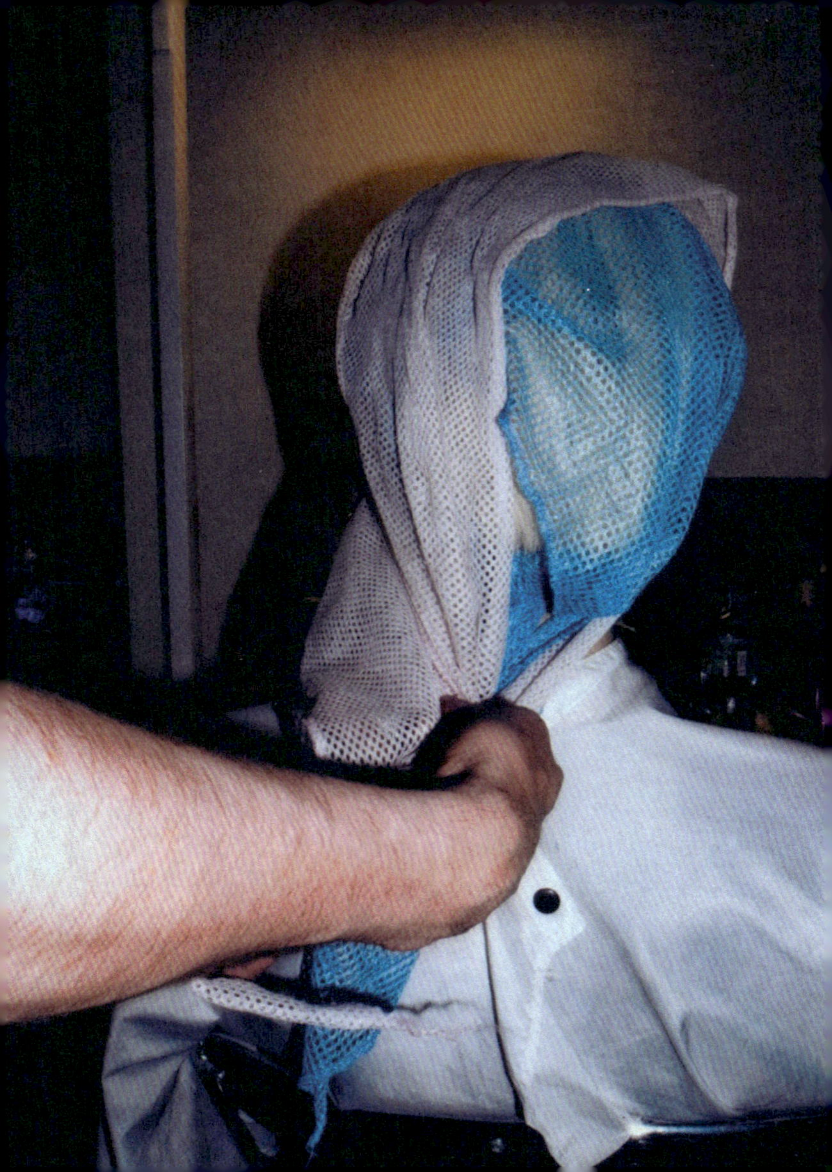

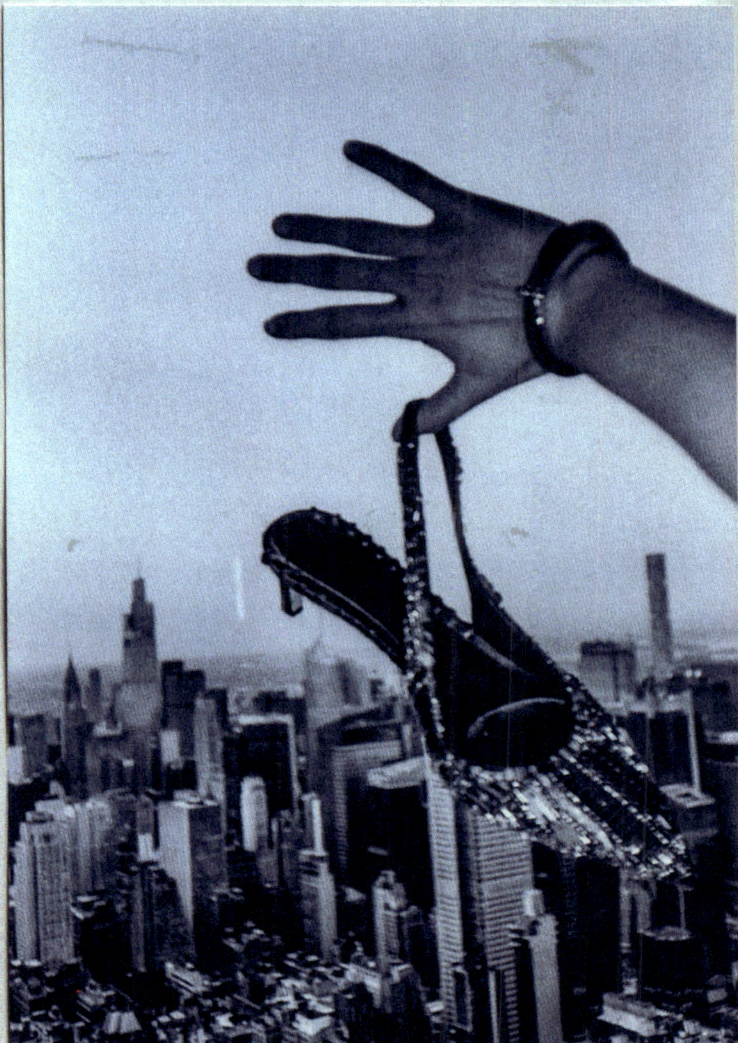

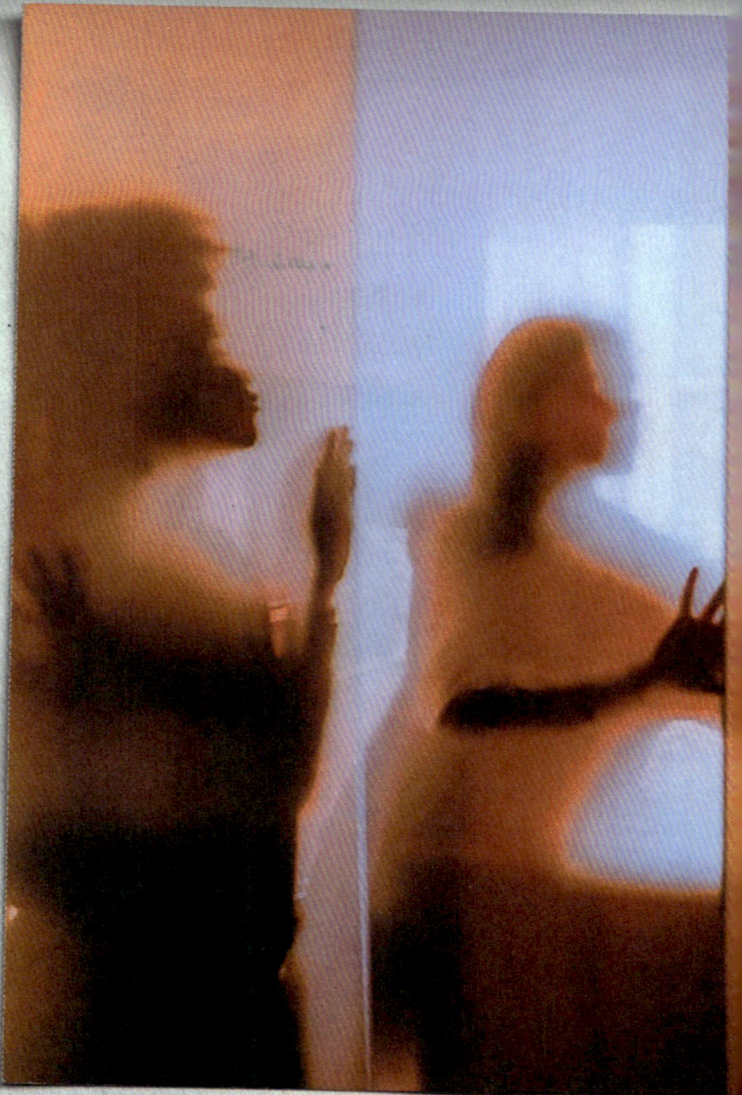

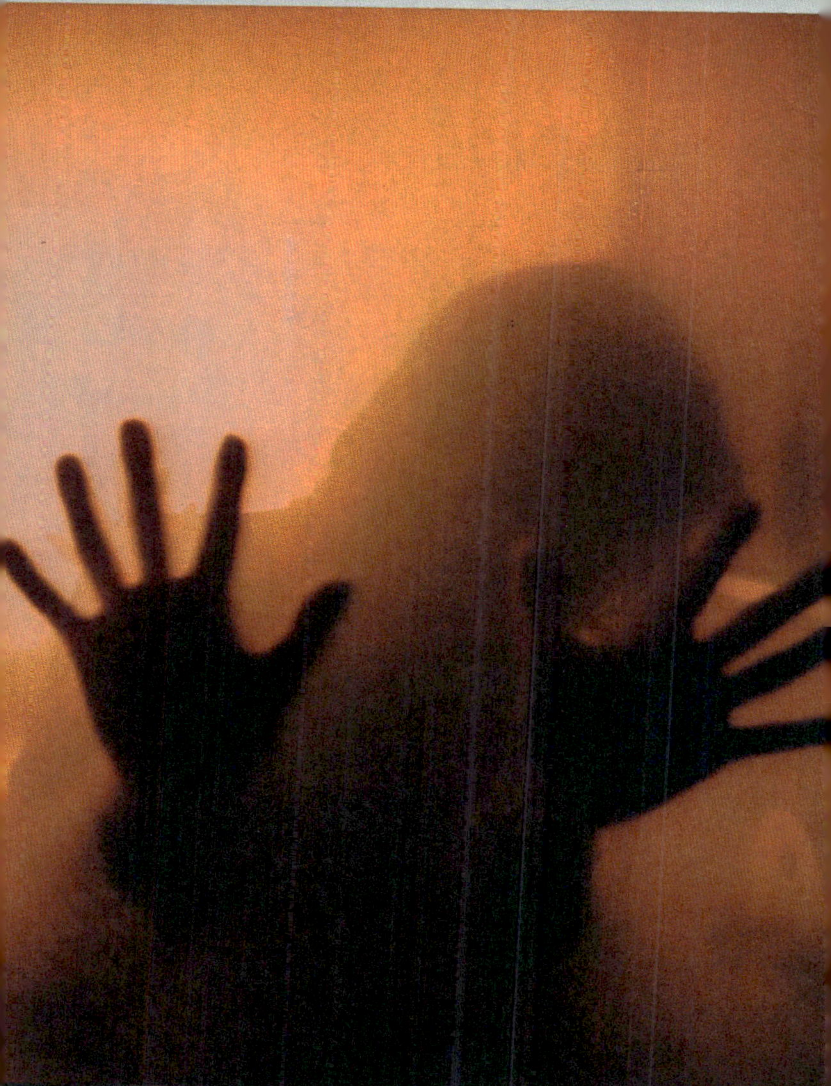

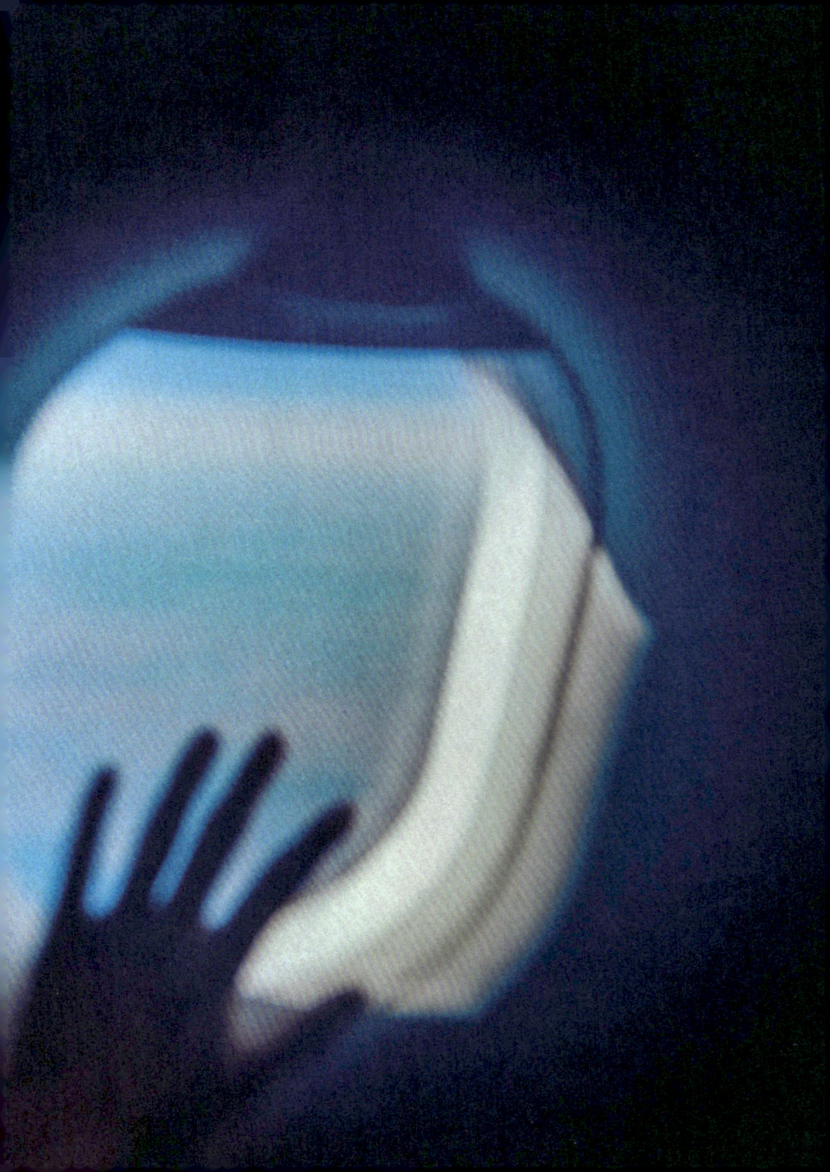

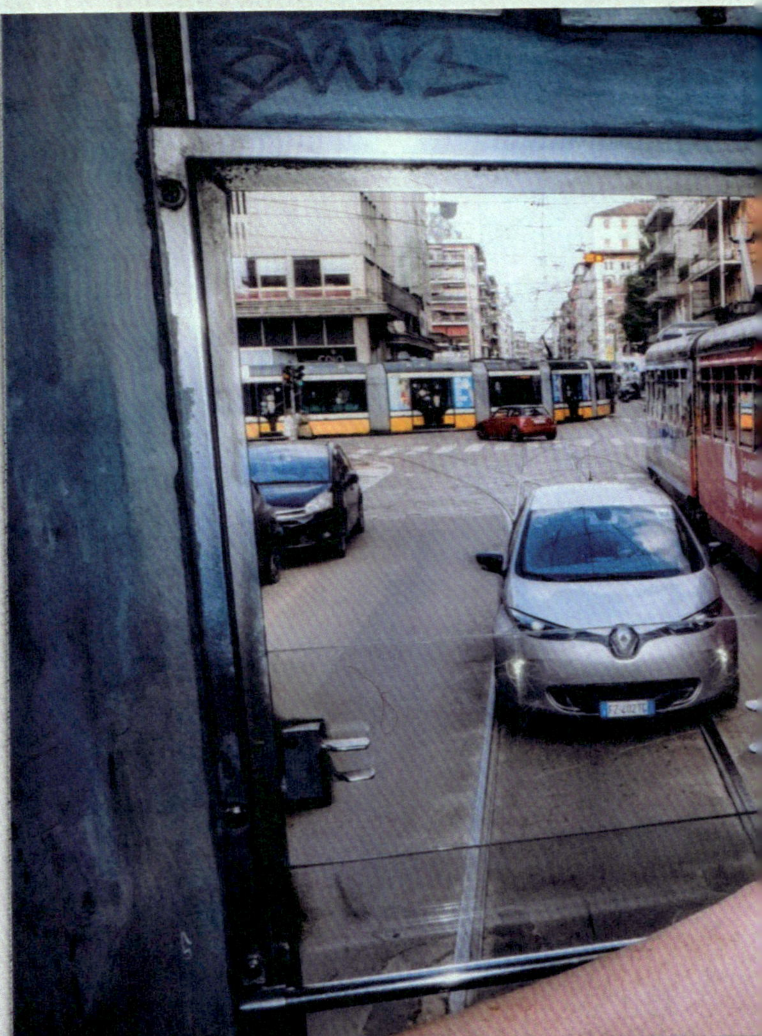

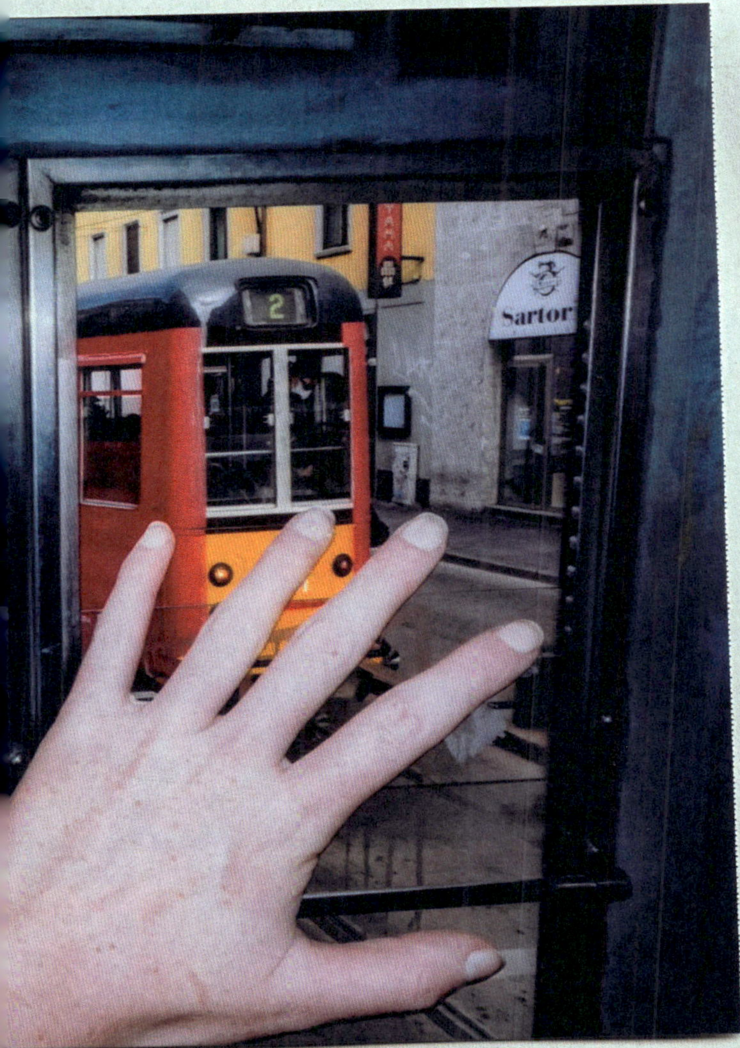
2
Sartor

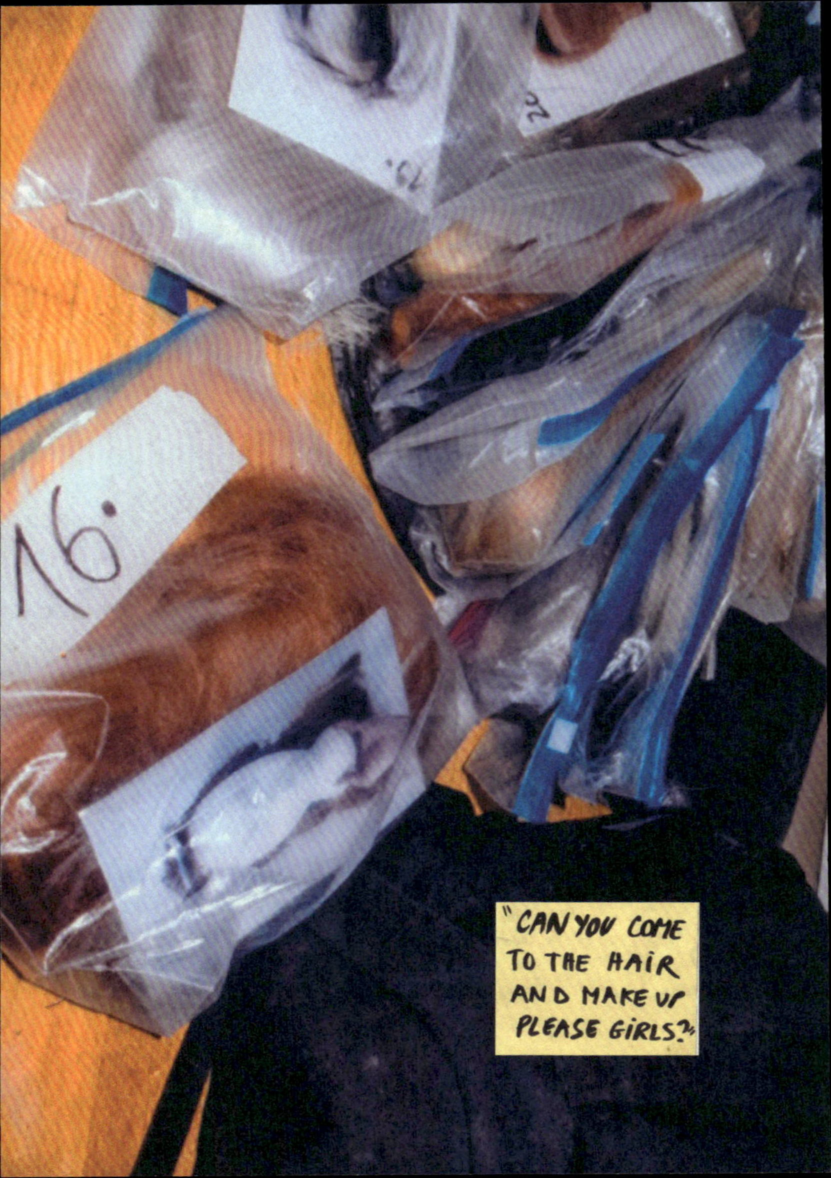
16.
"CAN YOU COME
TO THE HAIR
AND MAKE UP
PLEASE GIRLS?"

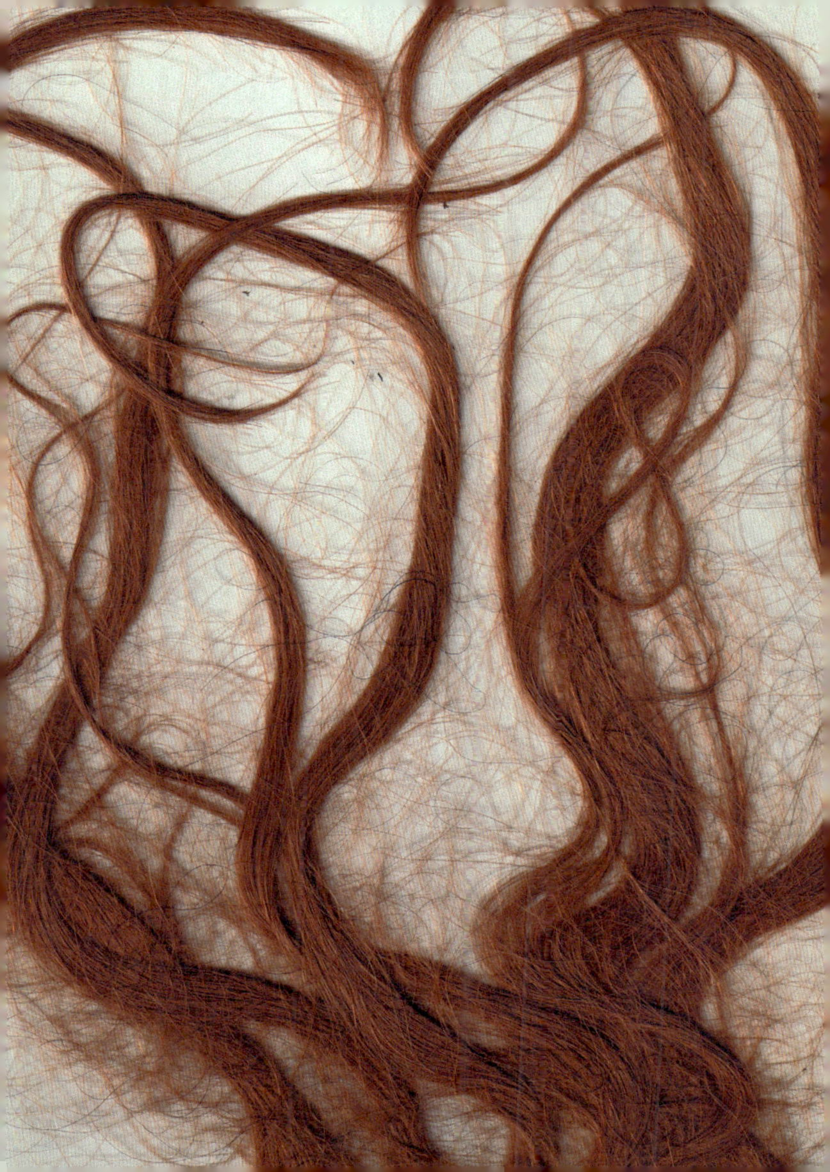

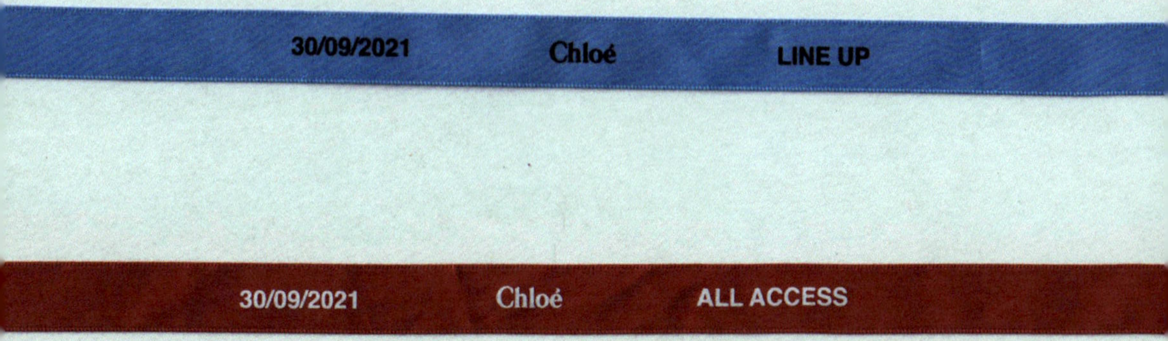
30/09/2021
Chloé
LINE UP
30/09/2021
Chloé
ALL ACCESS

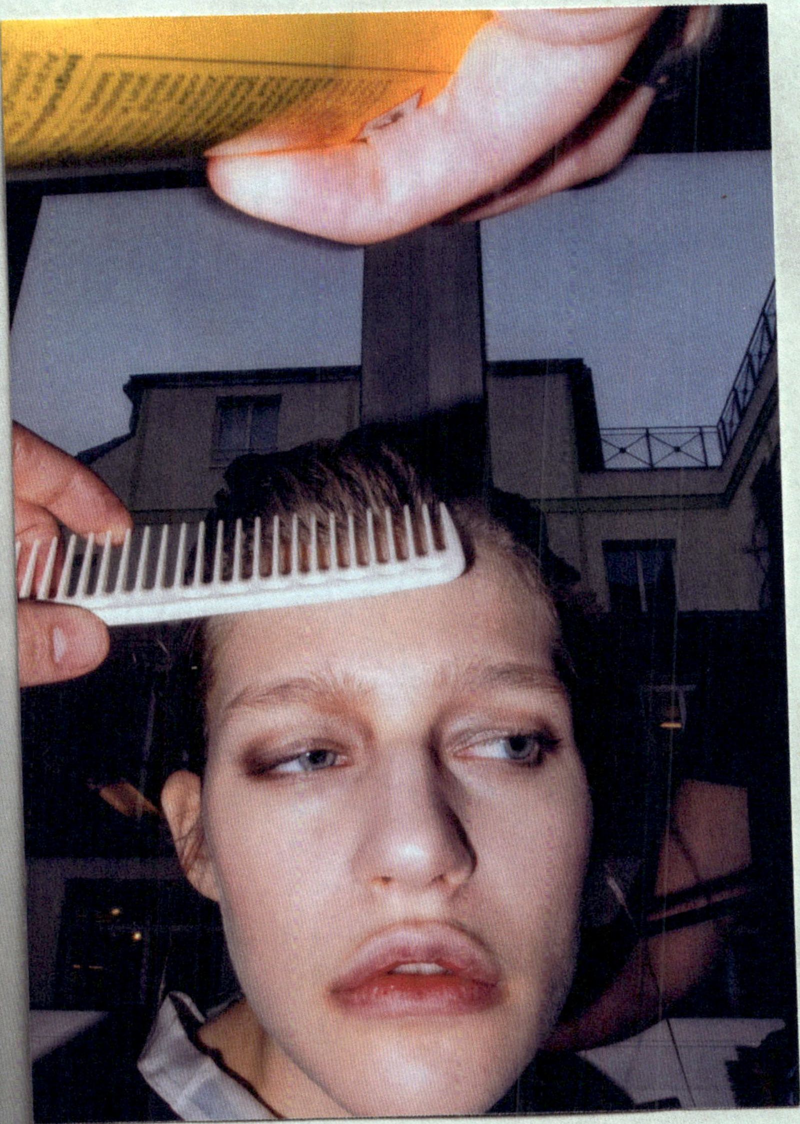

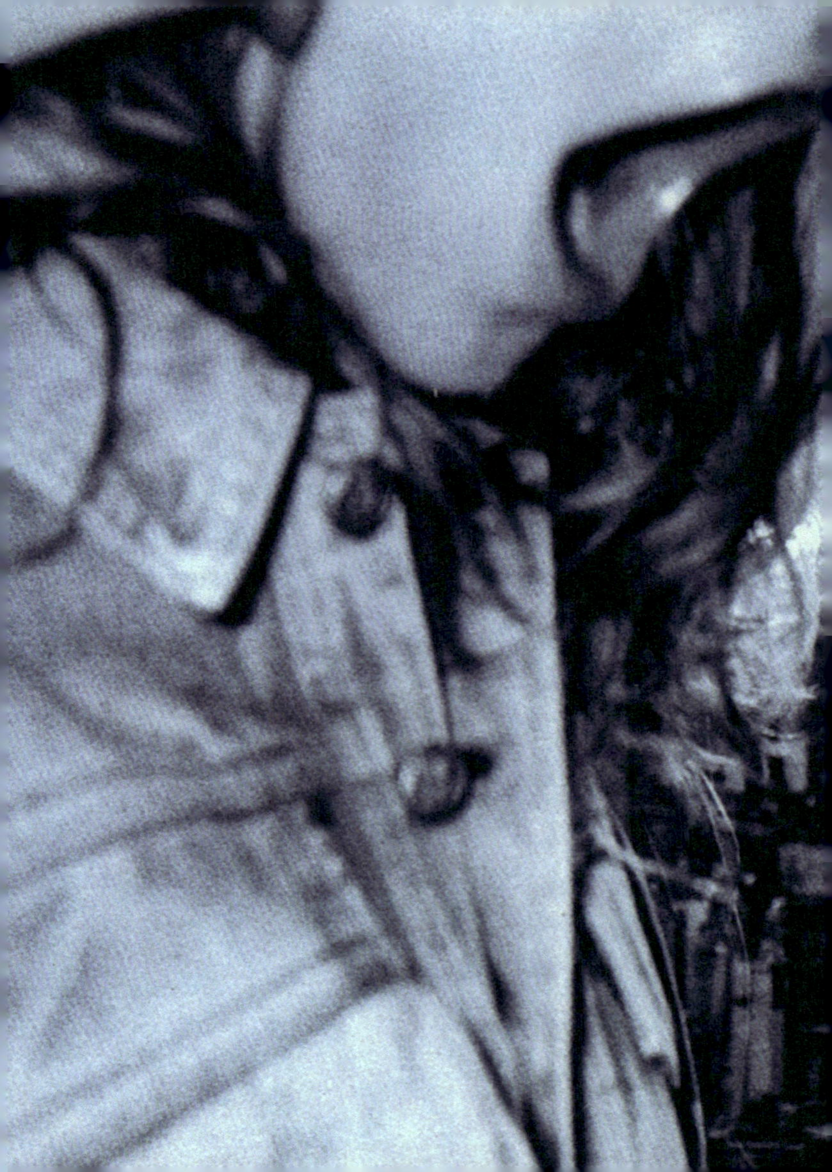

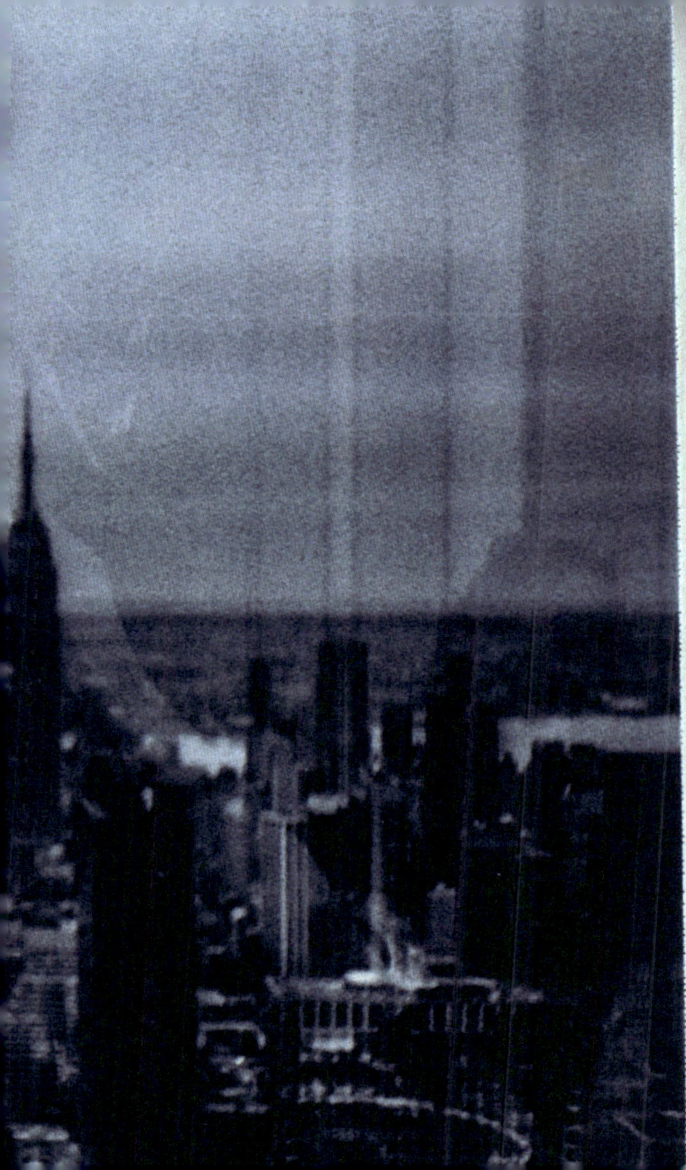

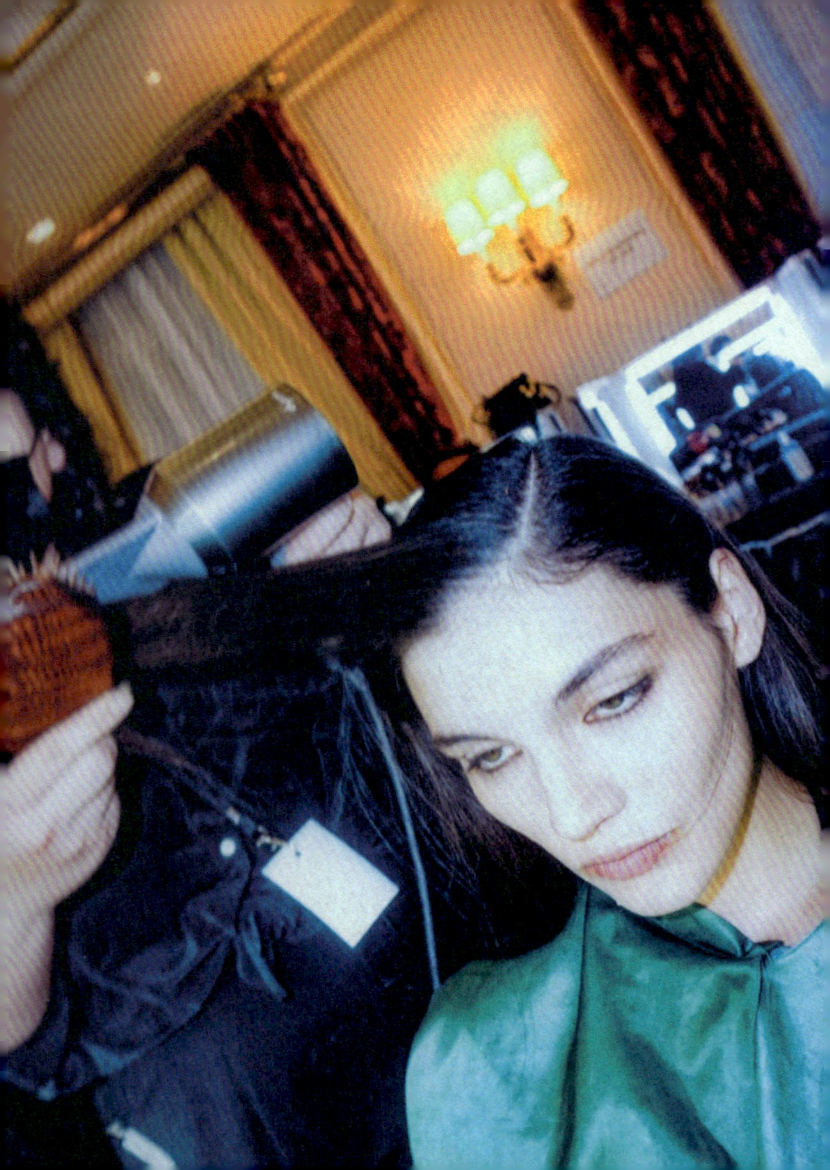

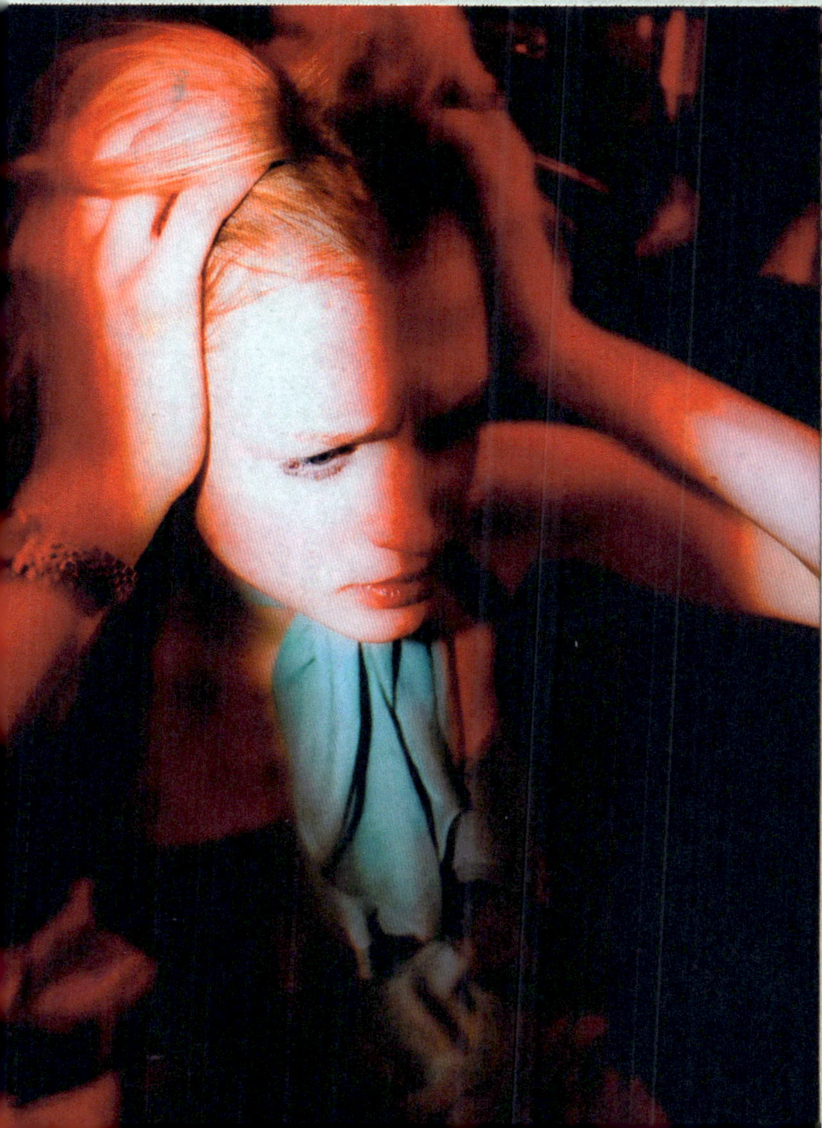

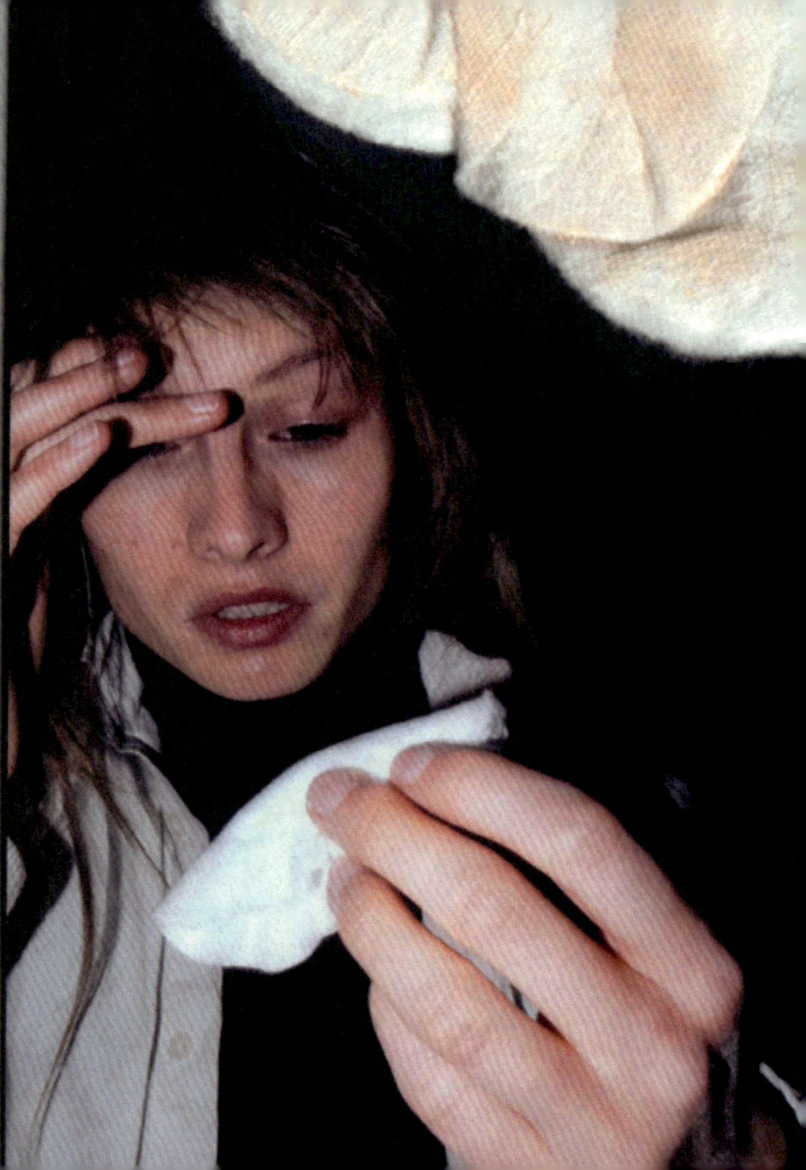

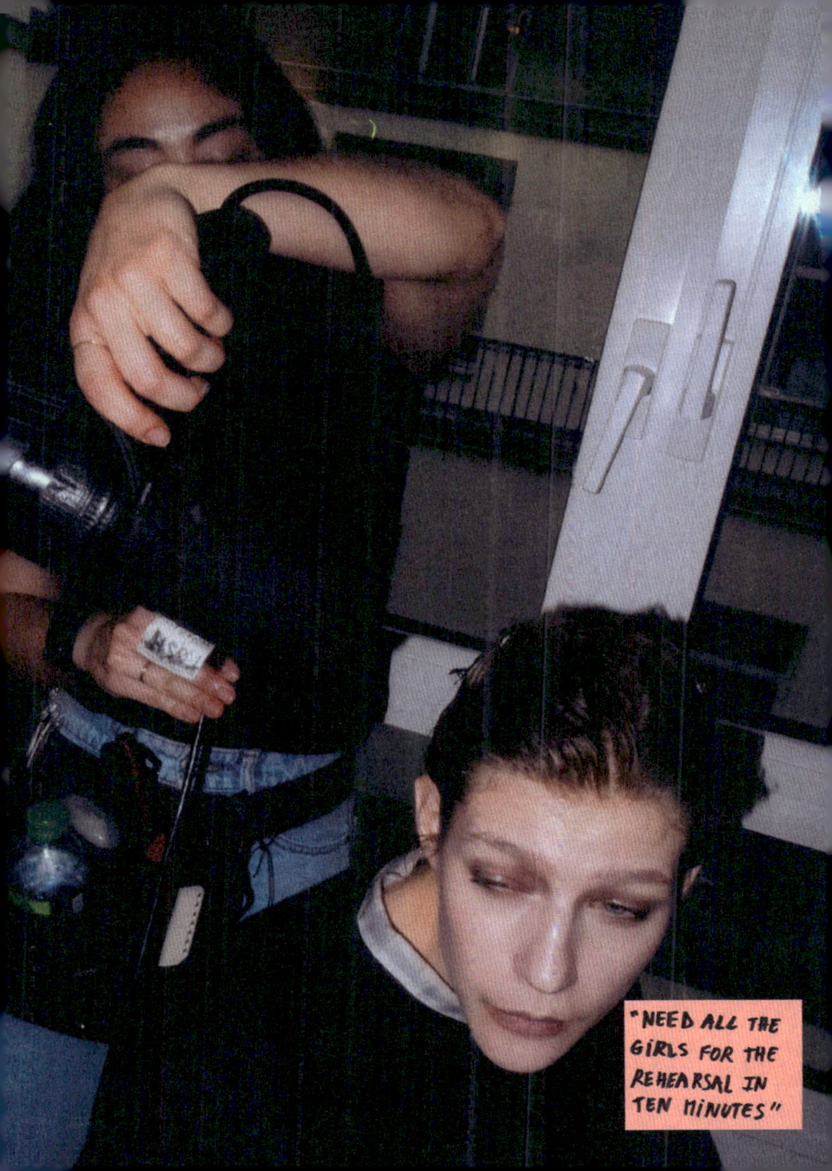
"NEED ALL THE
GIRLS FOR THE
REHEARSAL IN
TEN MINUTES"

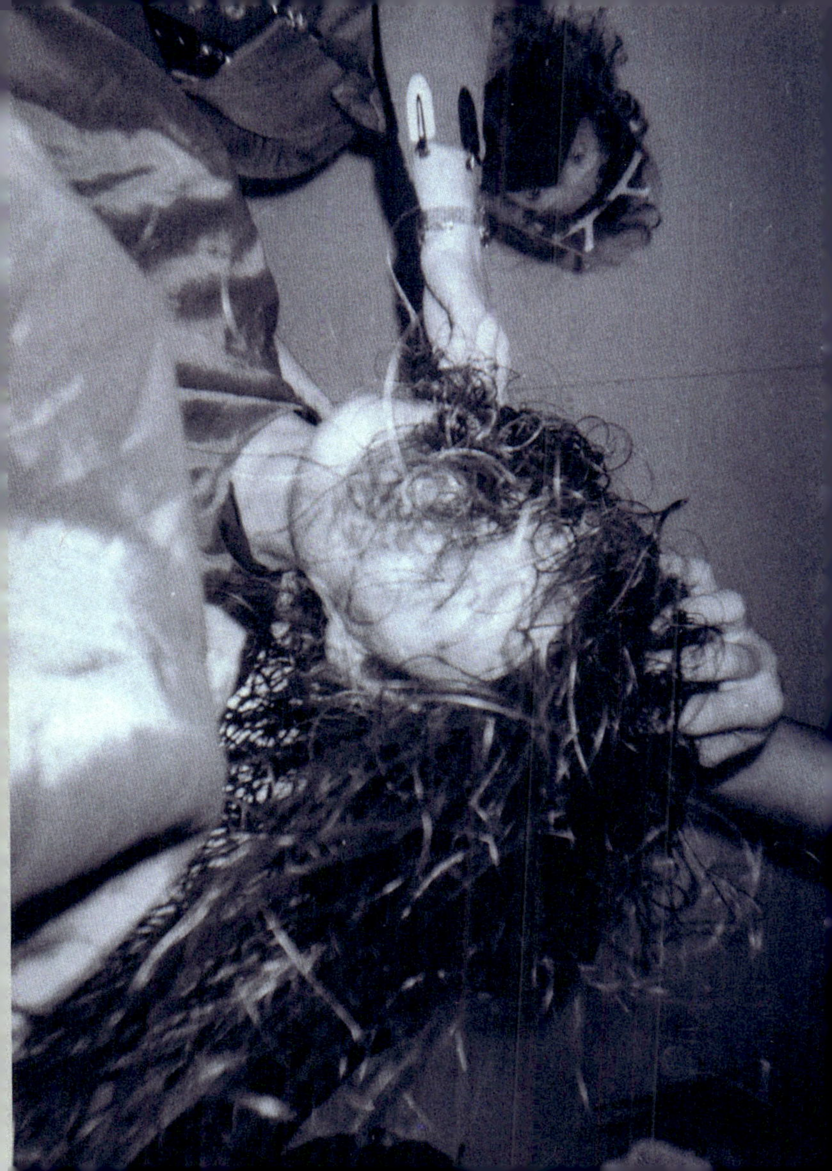

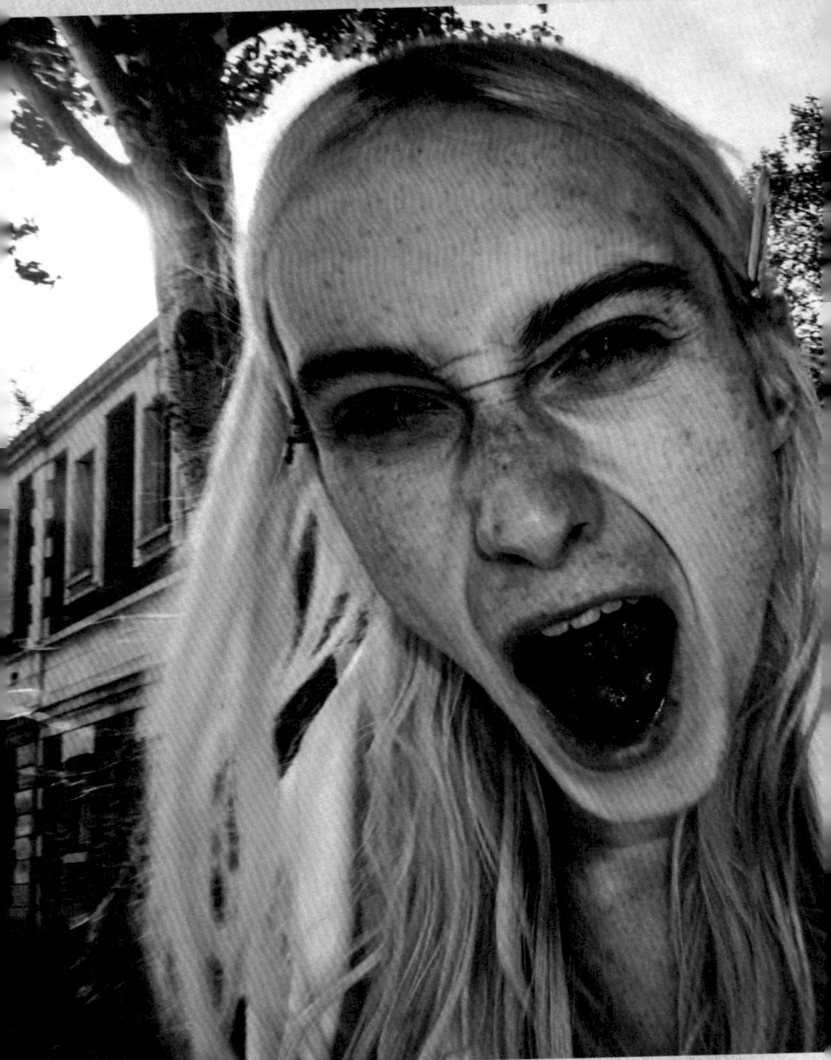

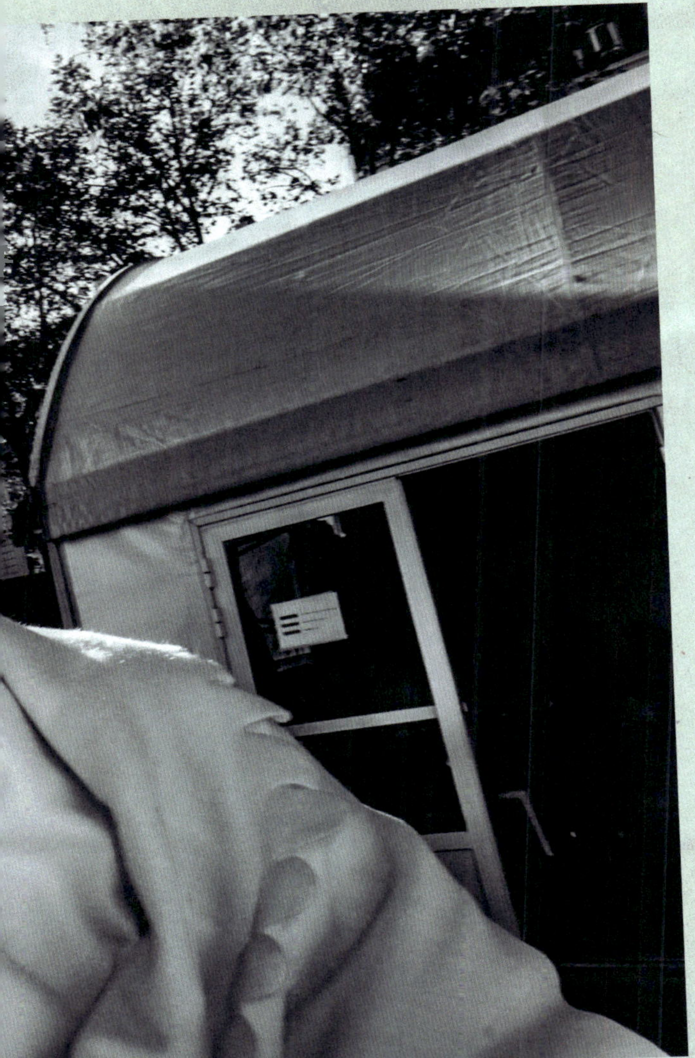

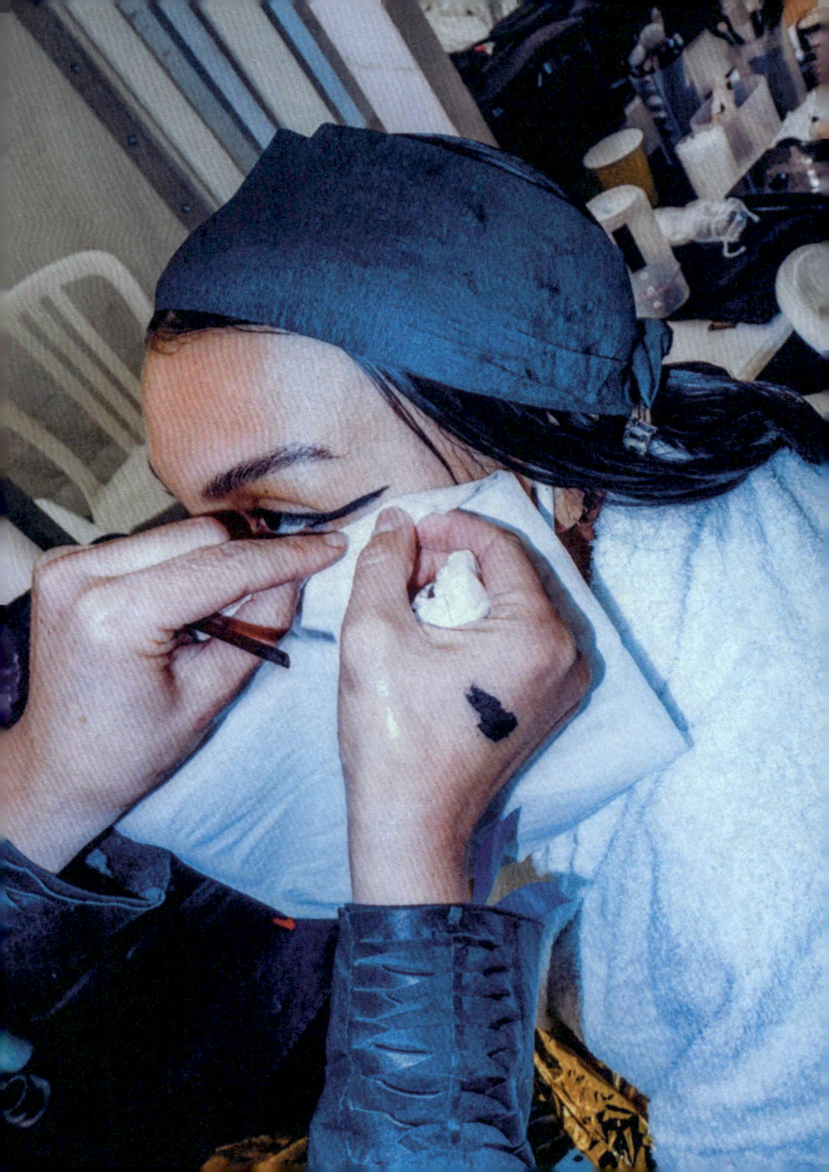

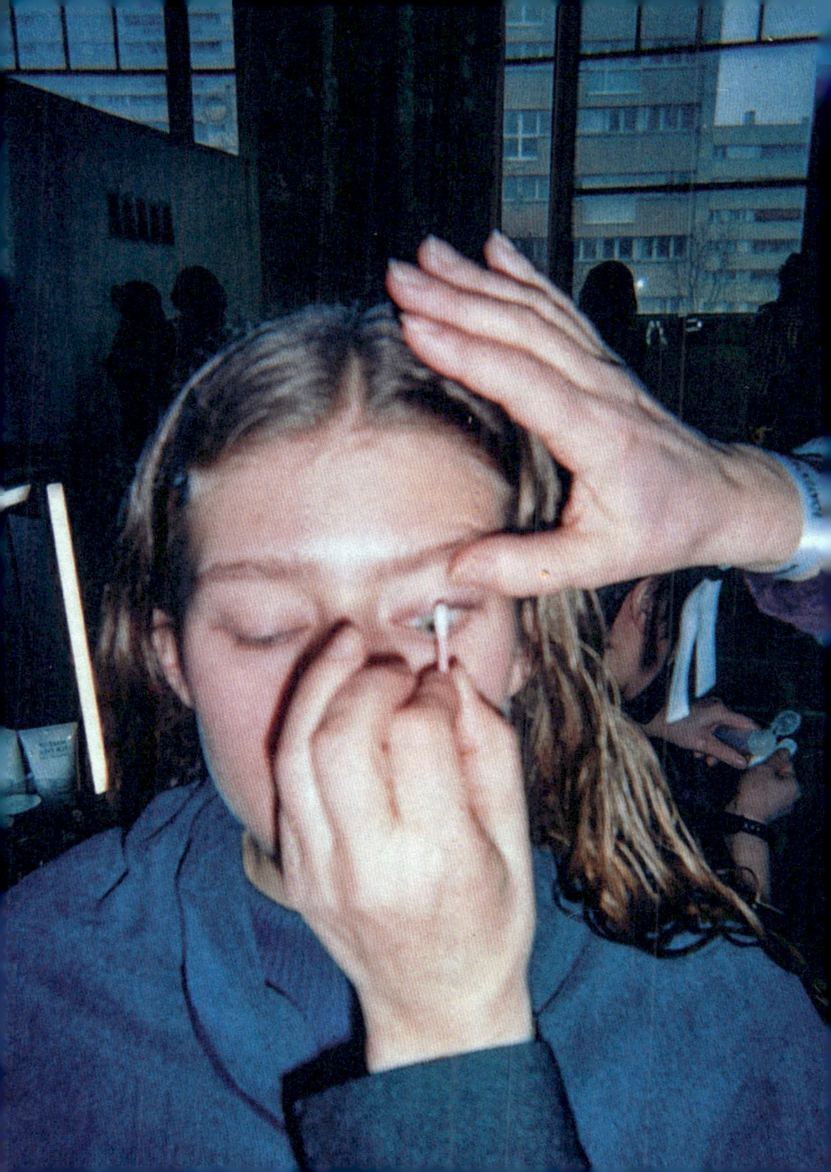

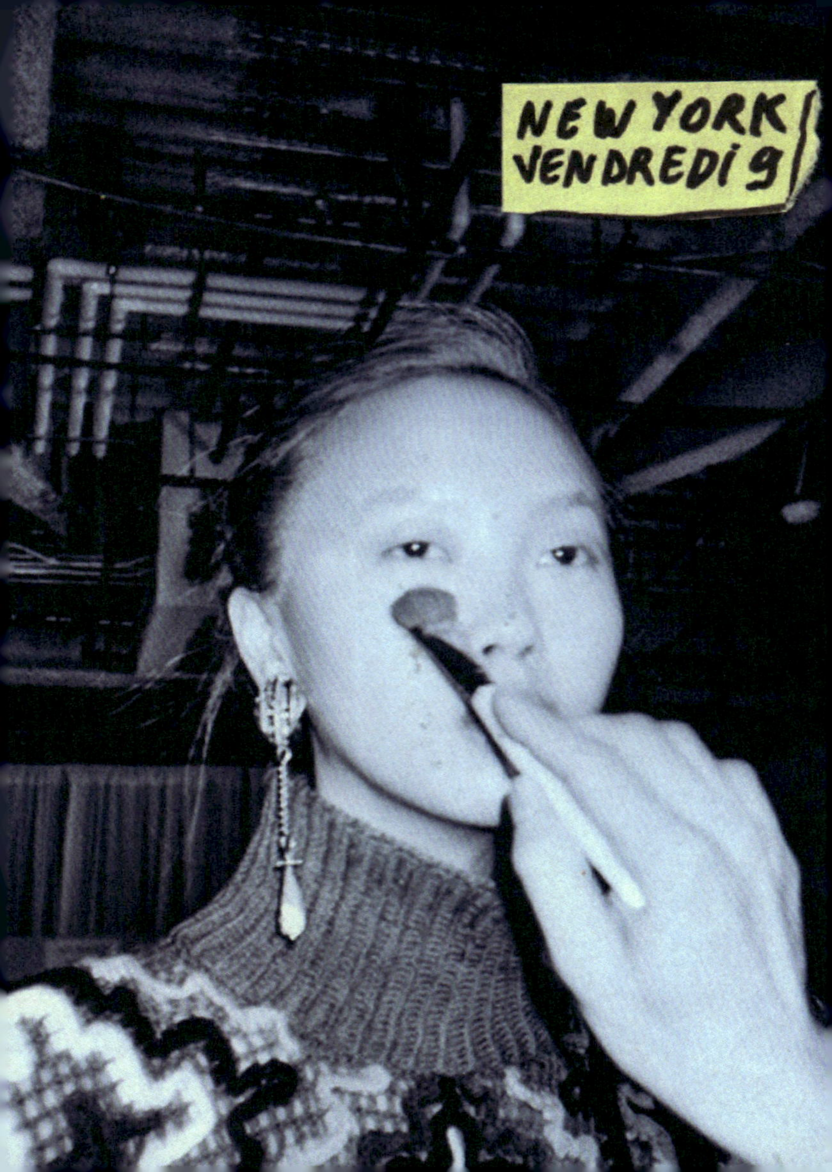
NEW YORK
VENDREDI 9

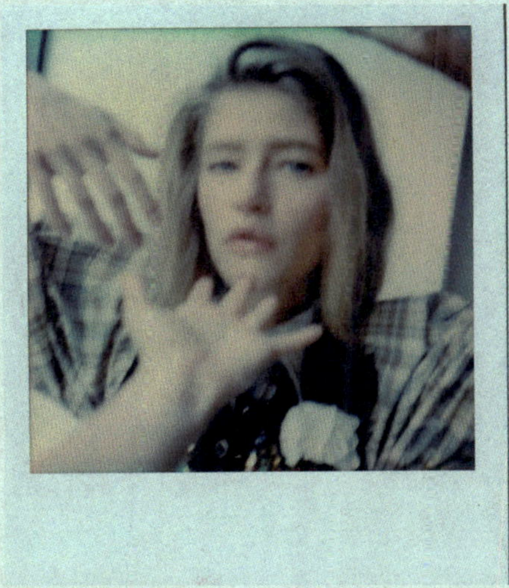

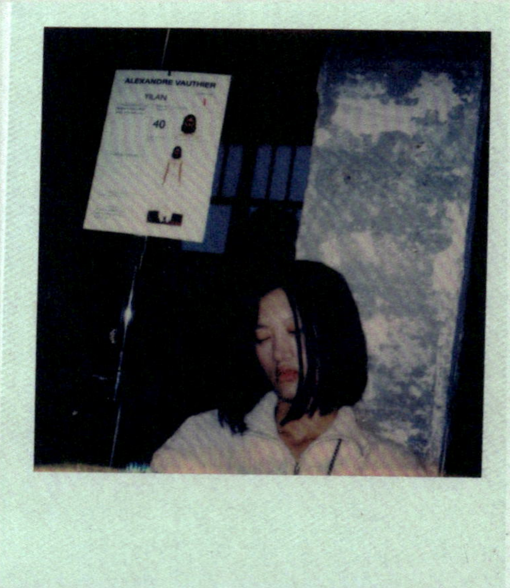
ALEXANDRE VAUTHIER
YILAN
40

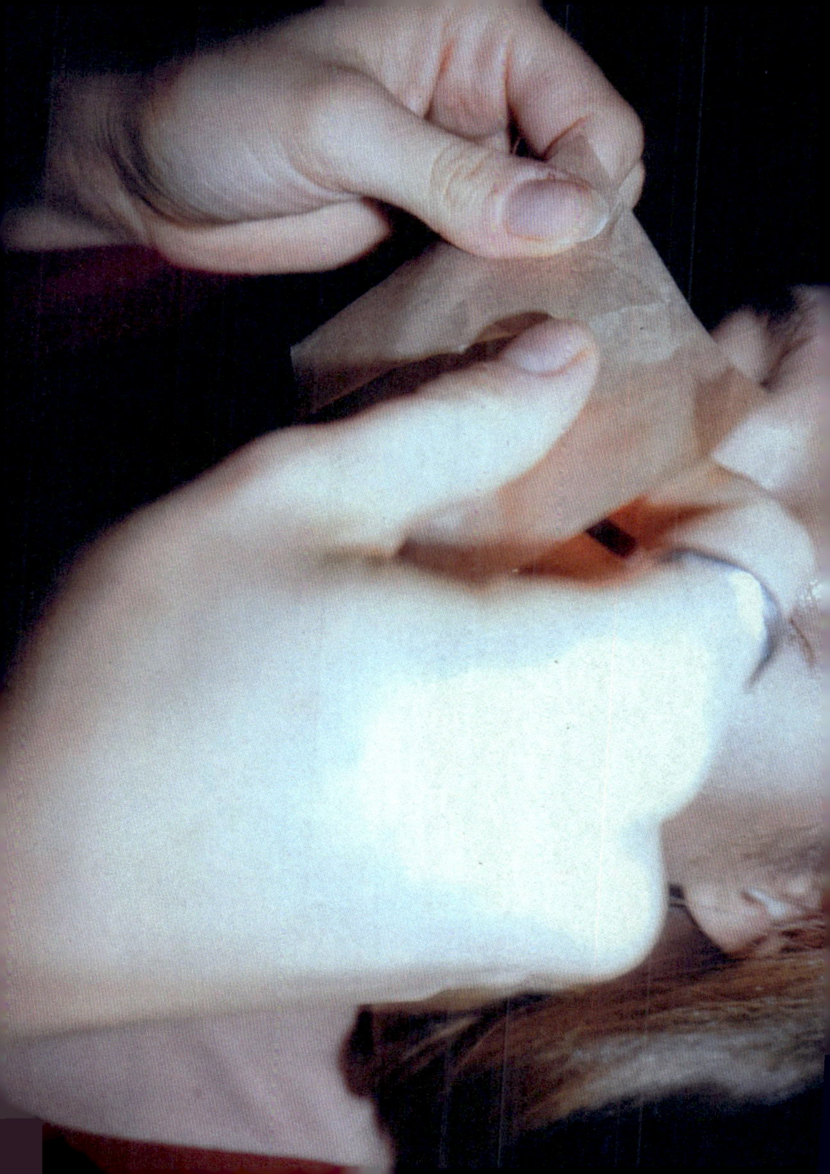

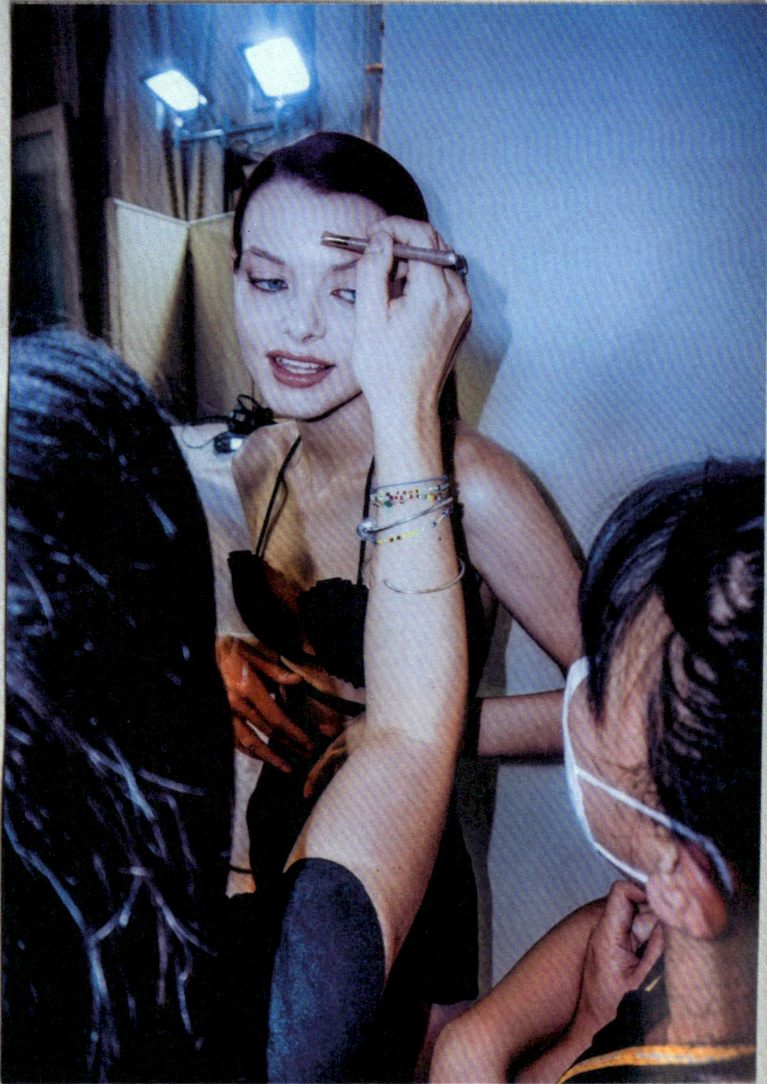

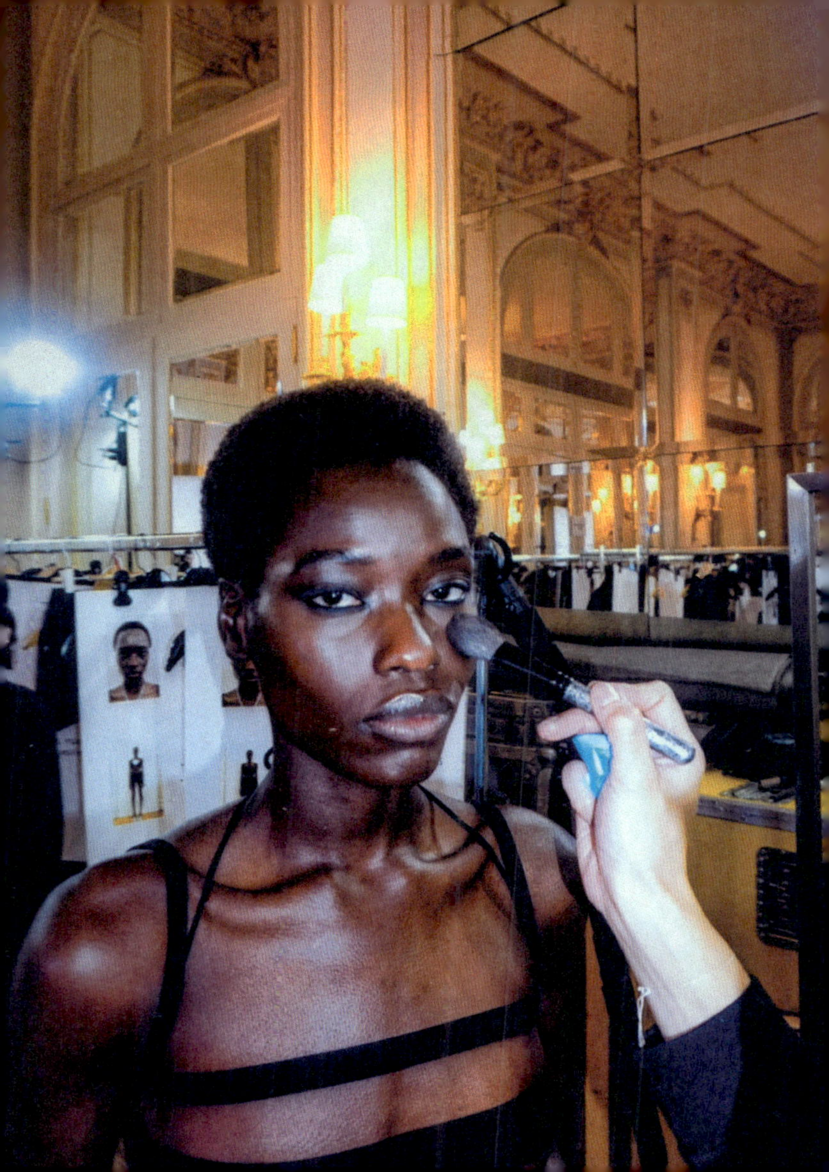

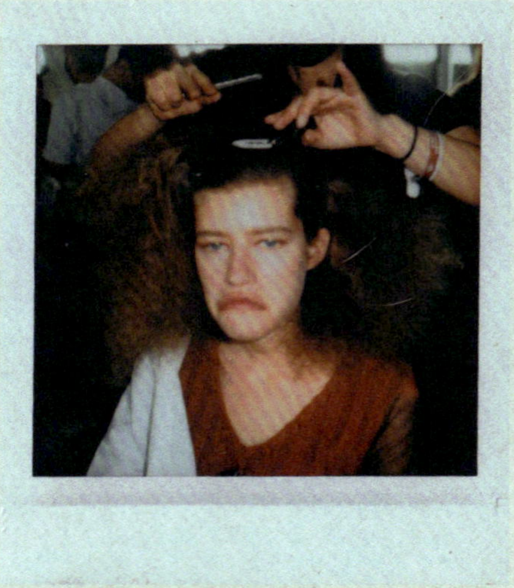

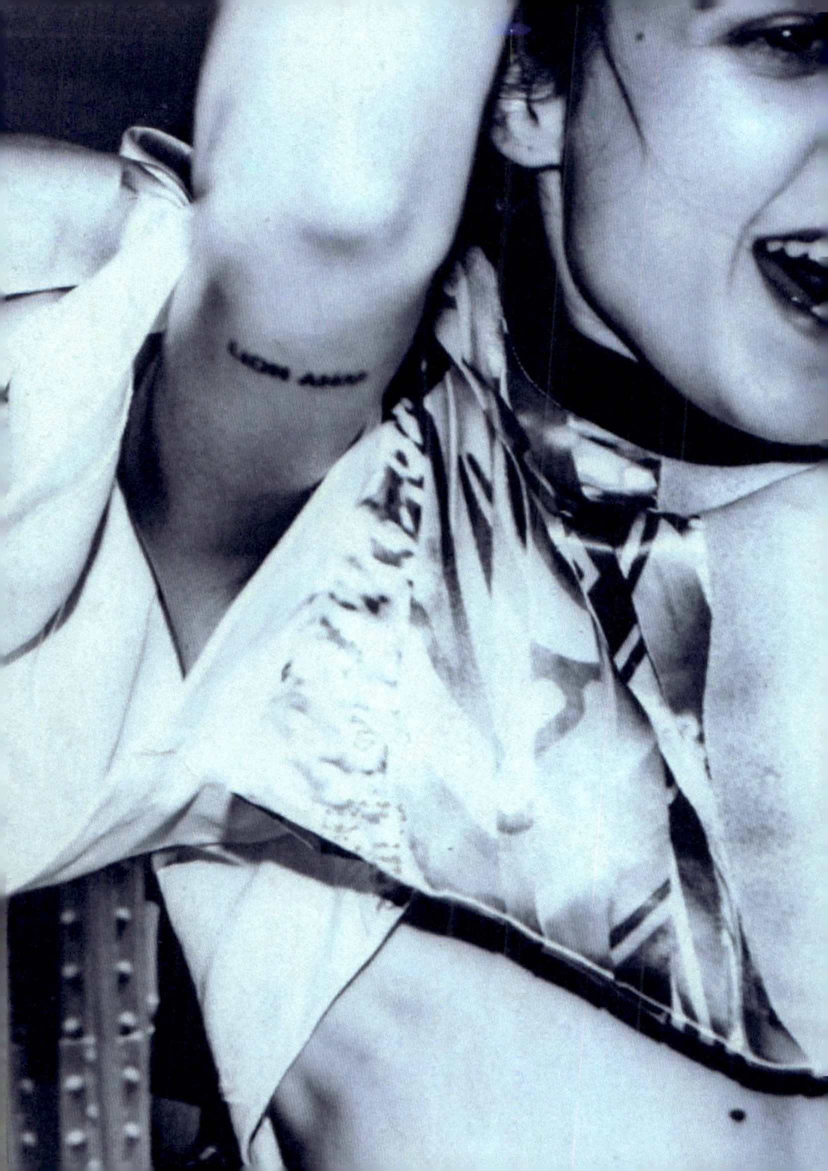

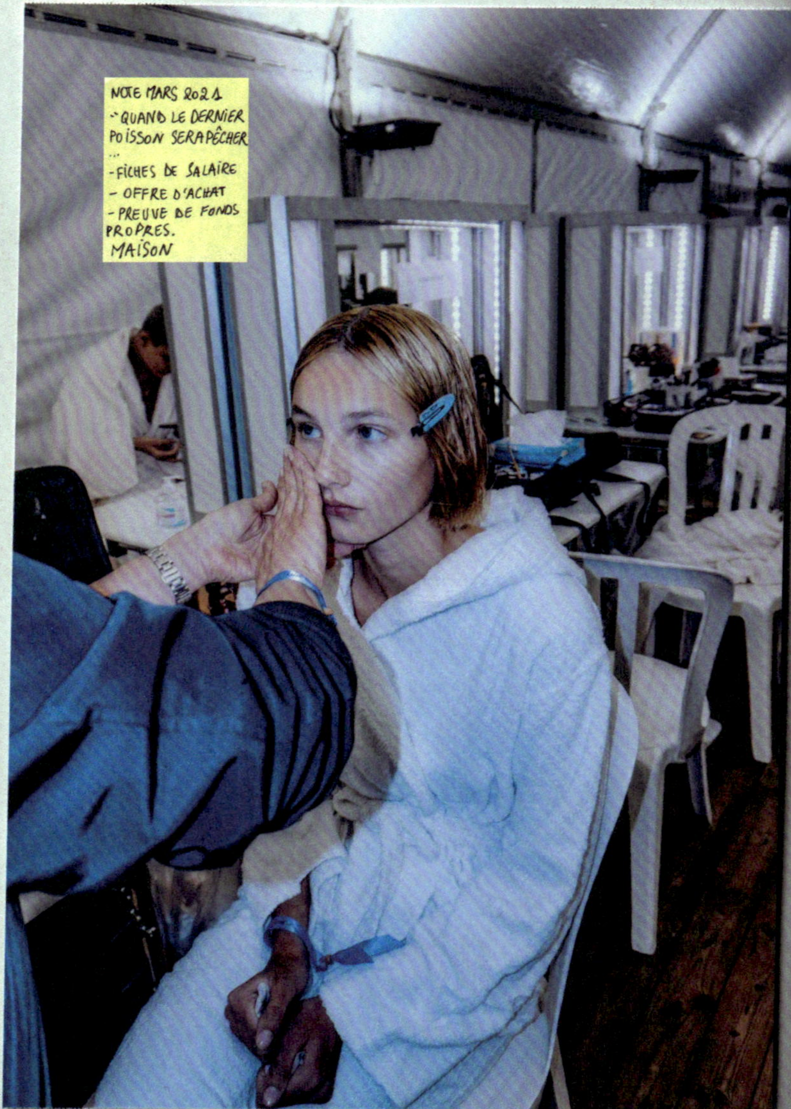
NOTE MARS 2021
-" QUAND LE DERNIER
POISSON SERAPÊCHER
...
- FICHES DE SALAIRE
- OFFRE D'ACHAT
- PREUVE DE FONDS
PROPRES.
MAISON

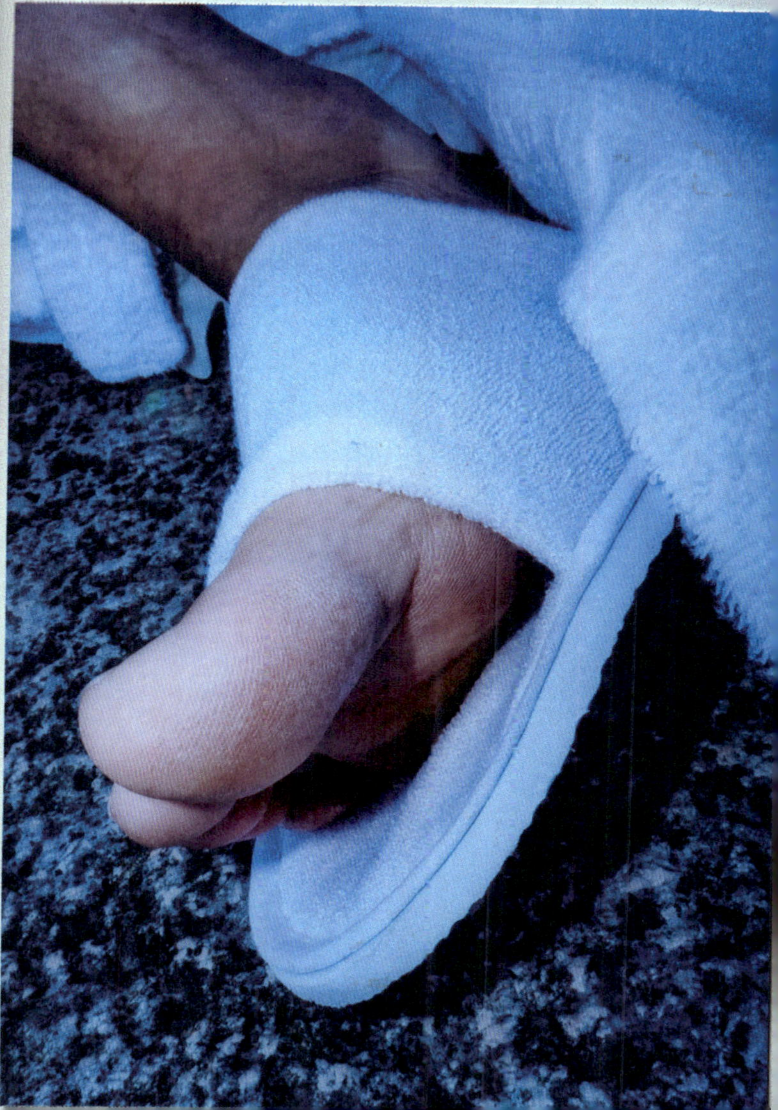

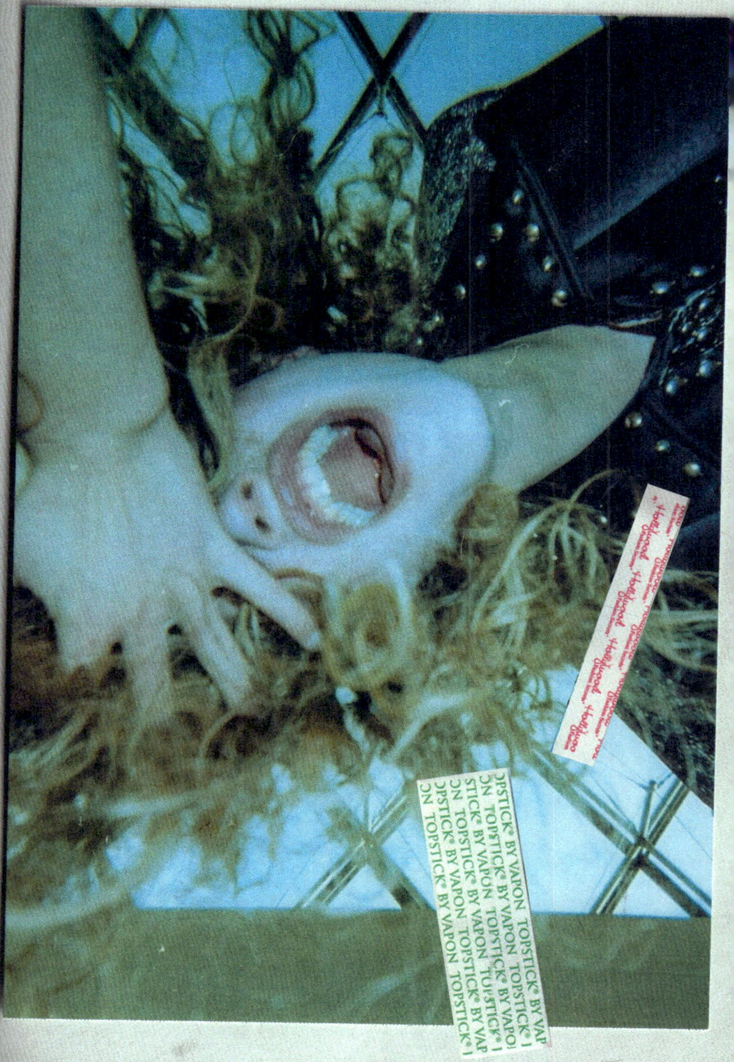

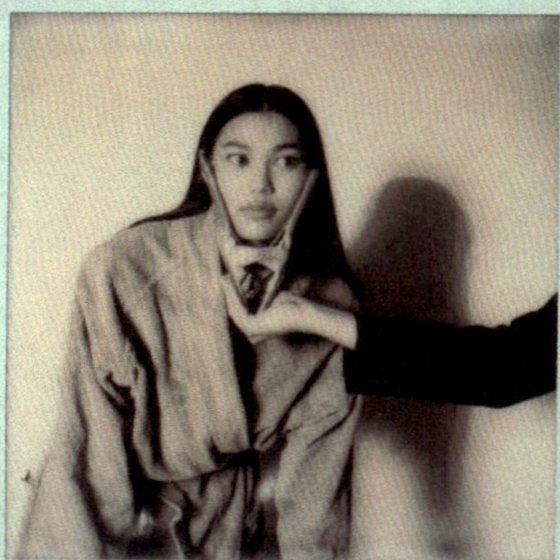

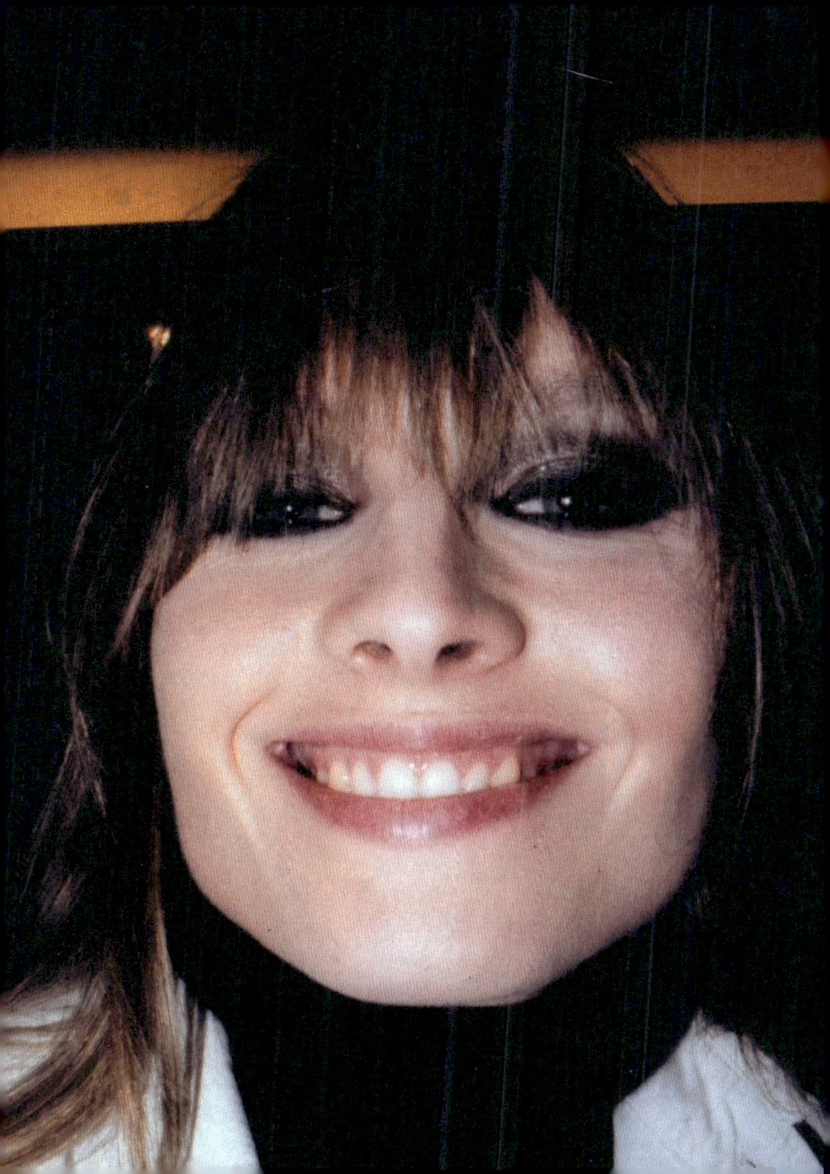

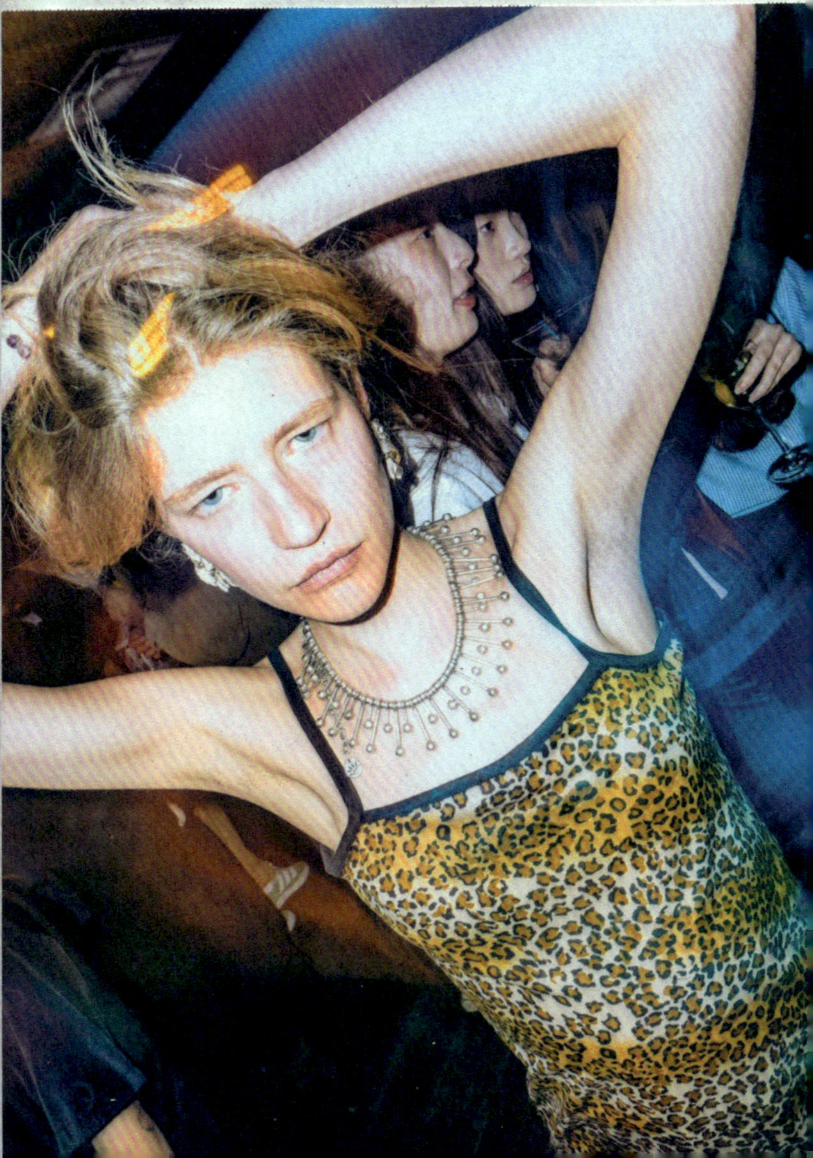

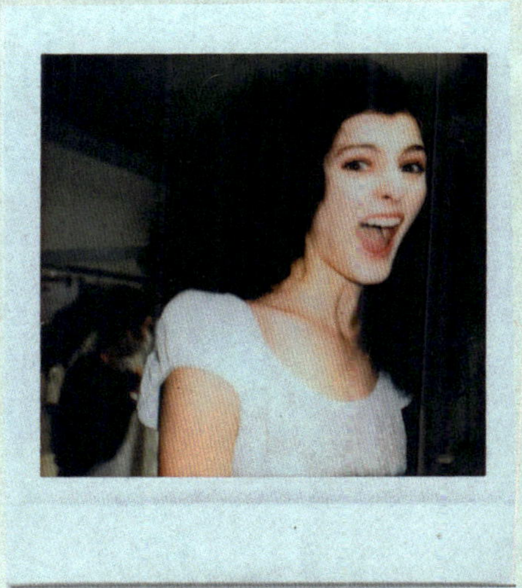

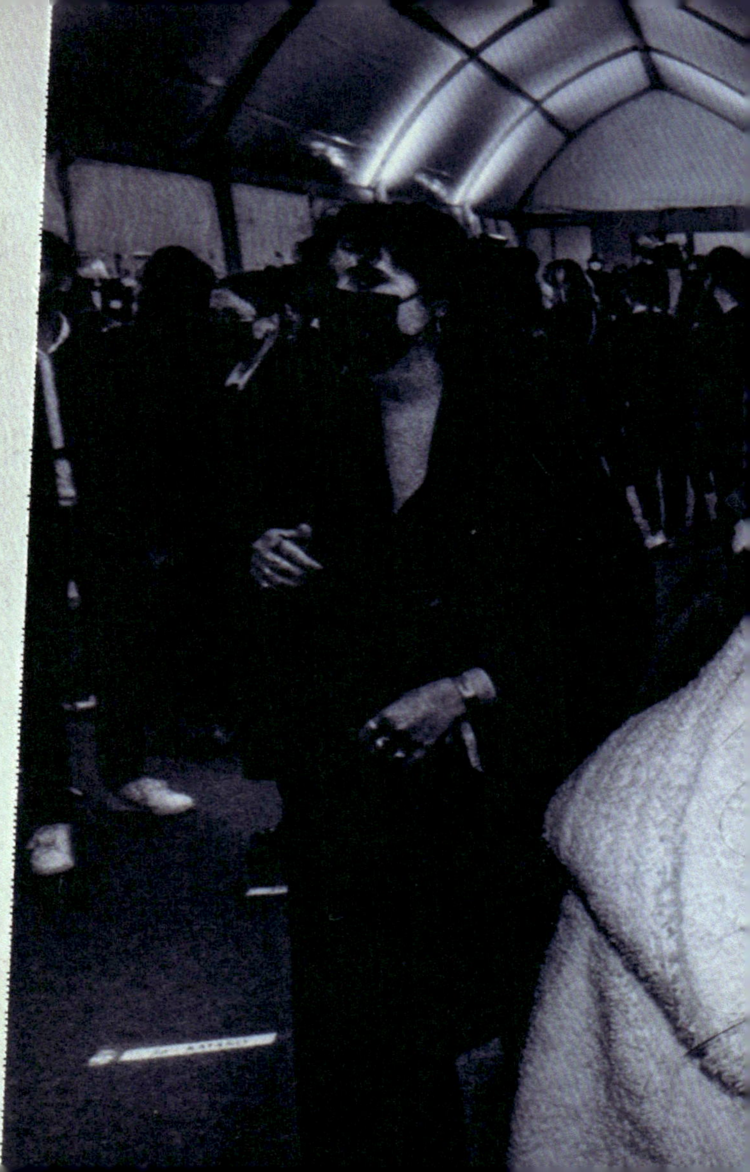

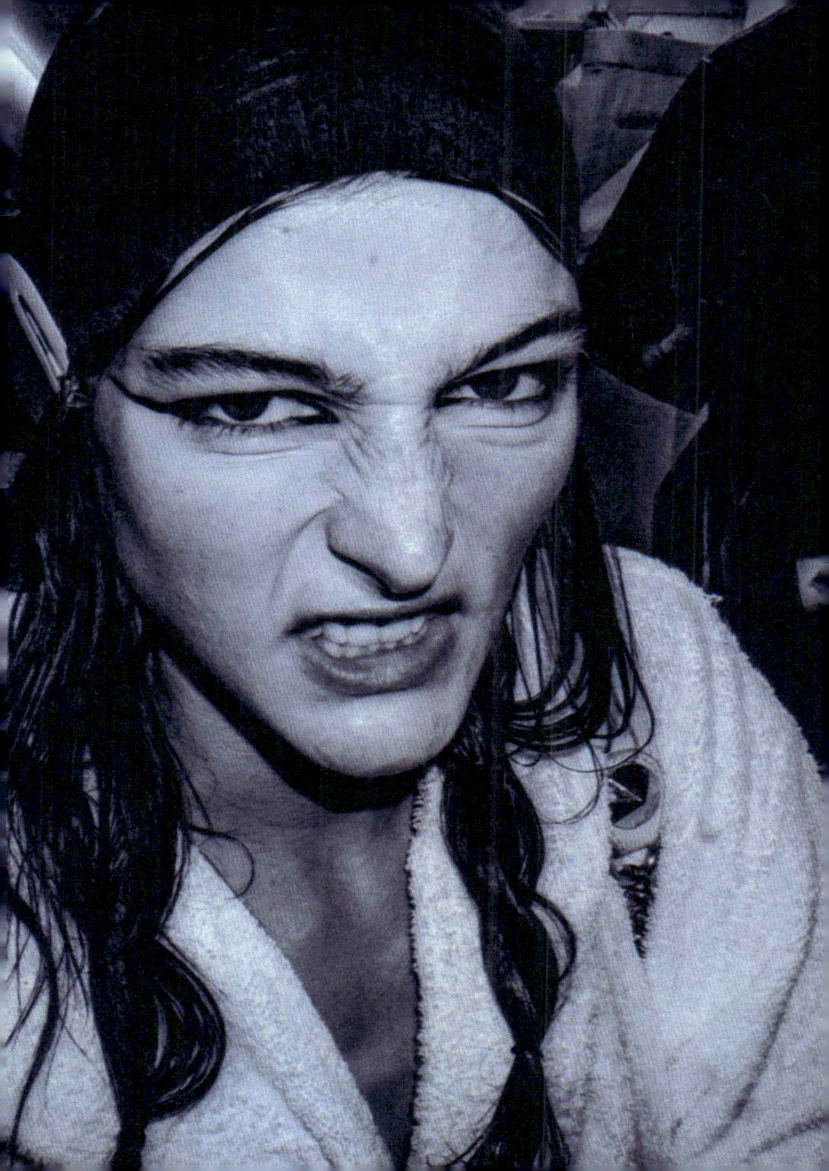

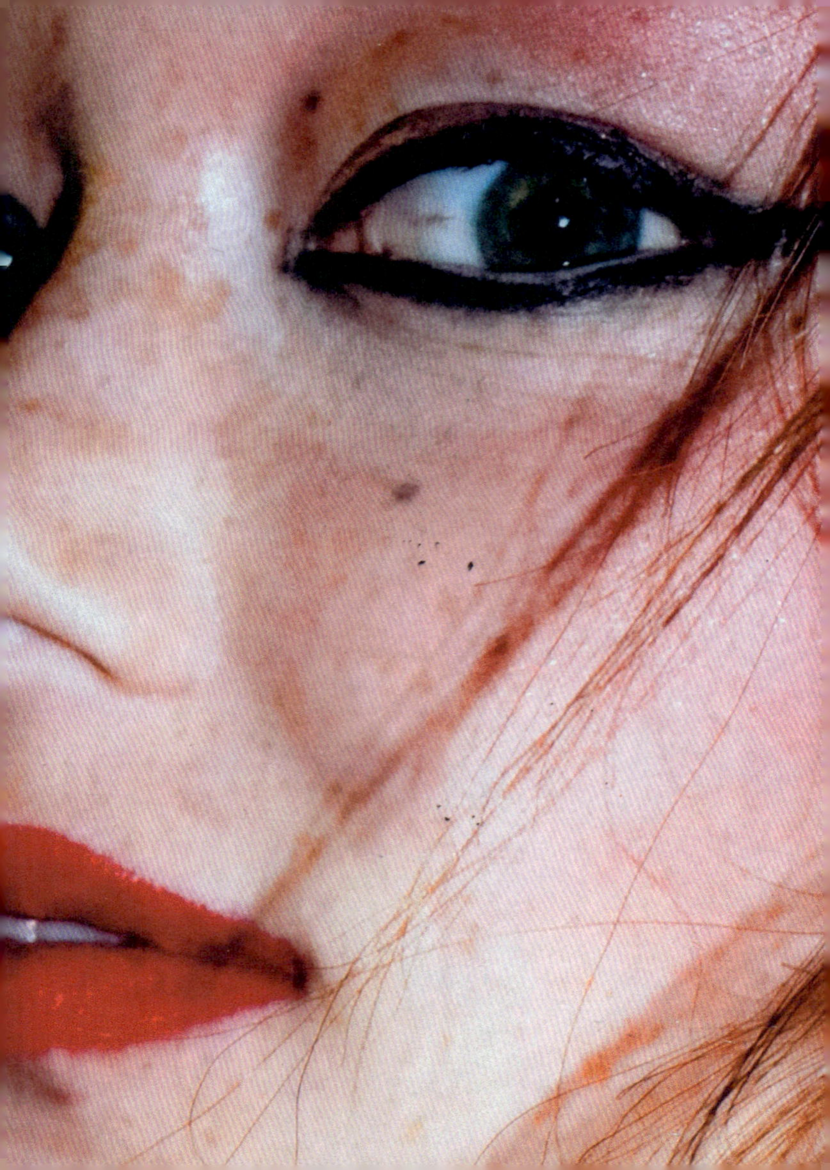

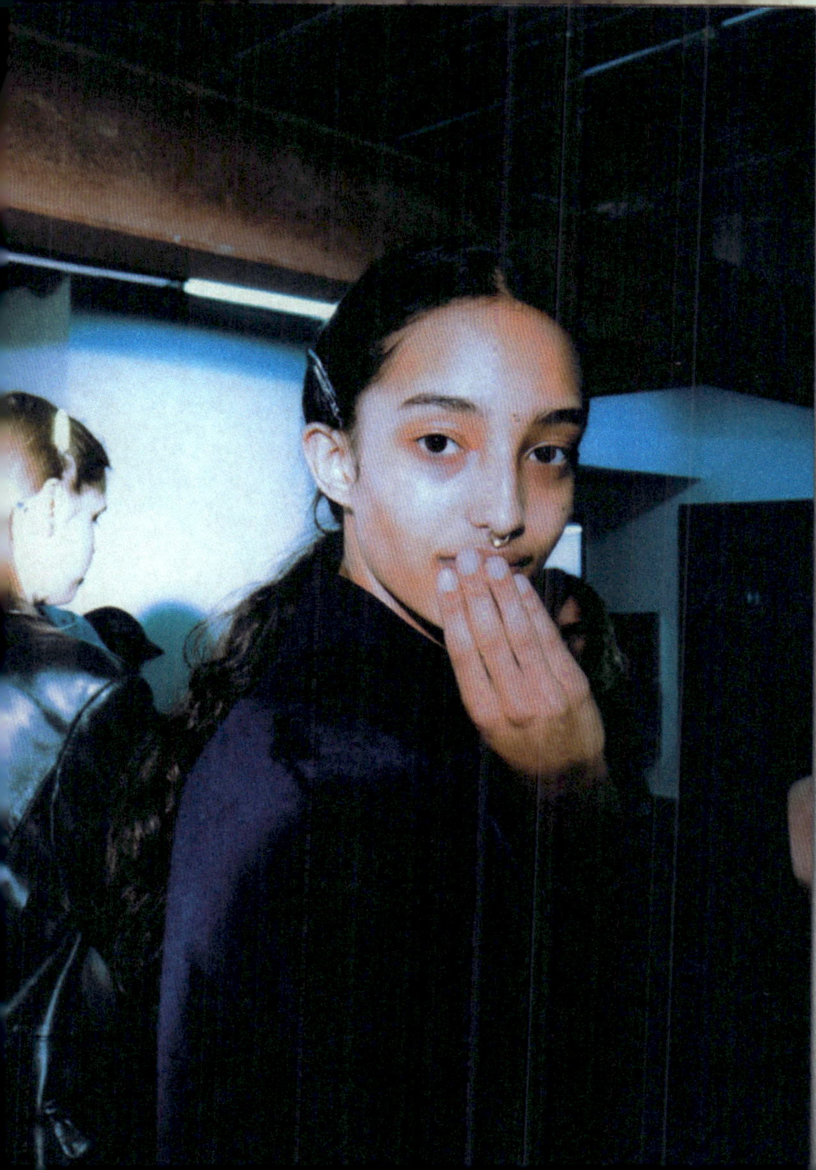

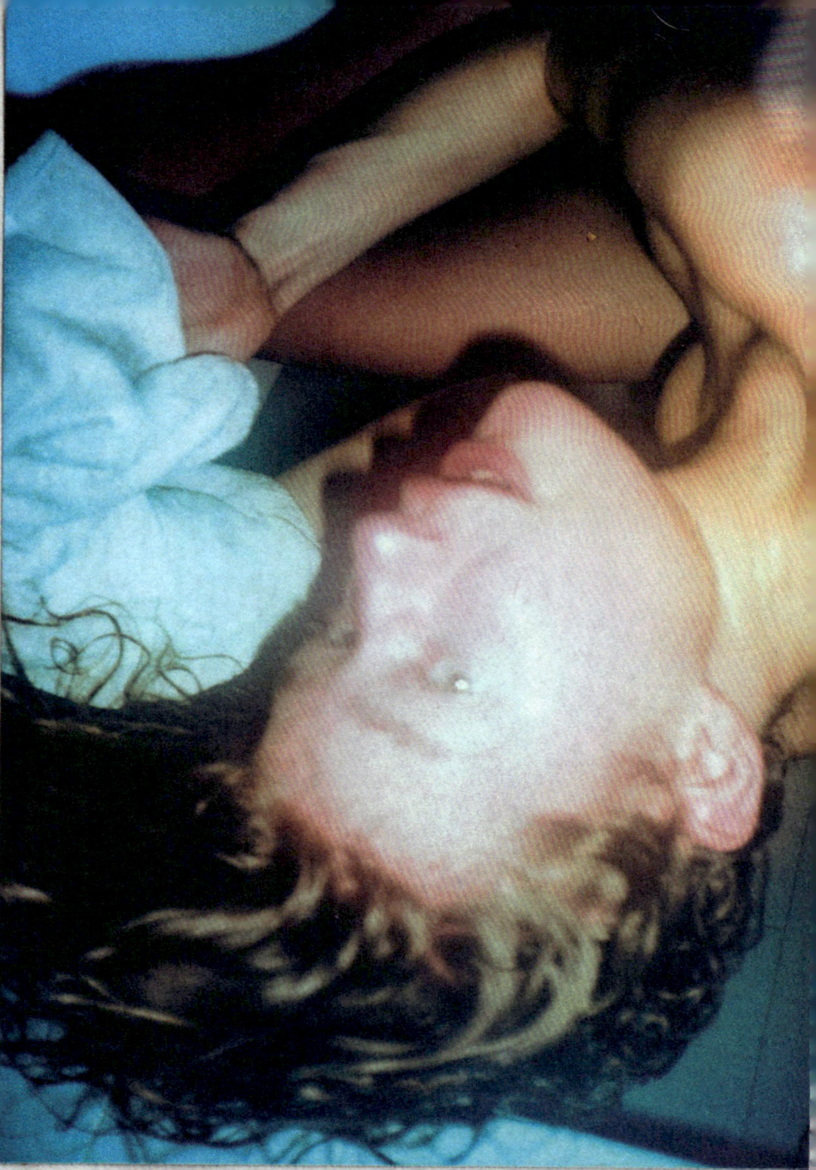

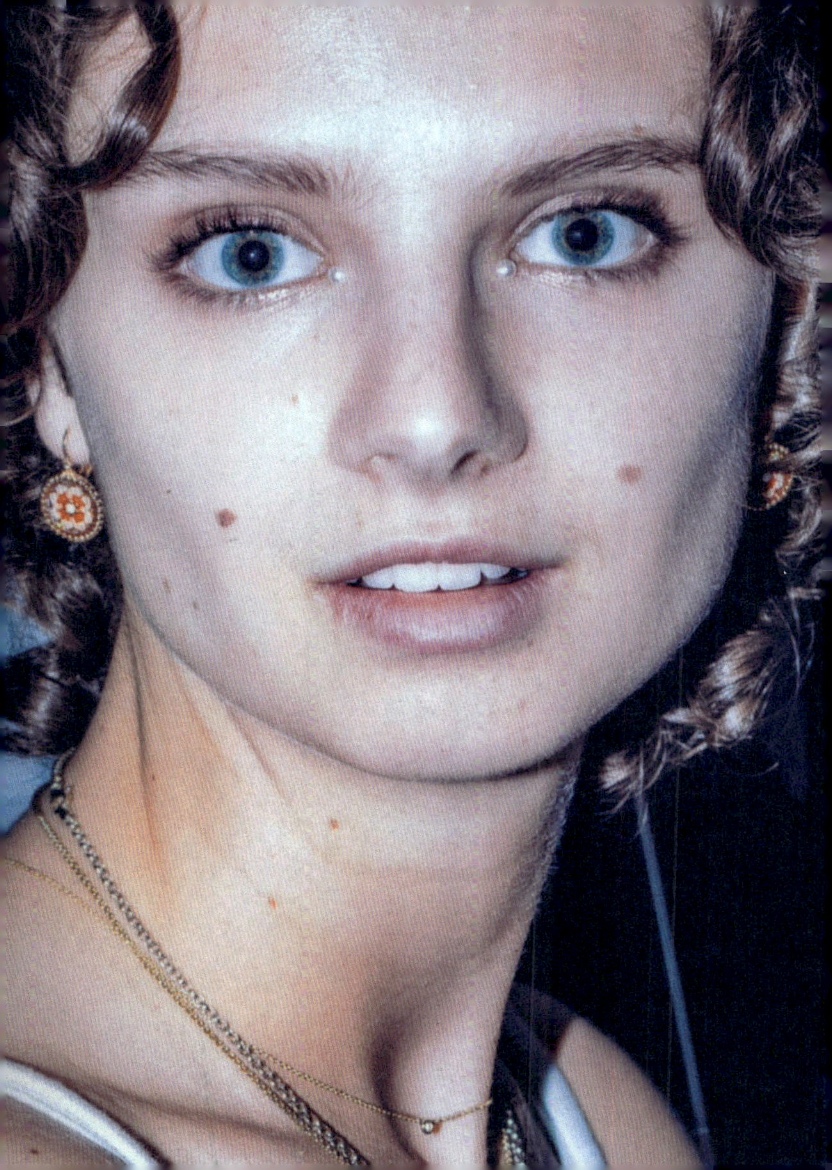

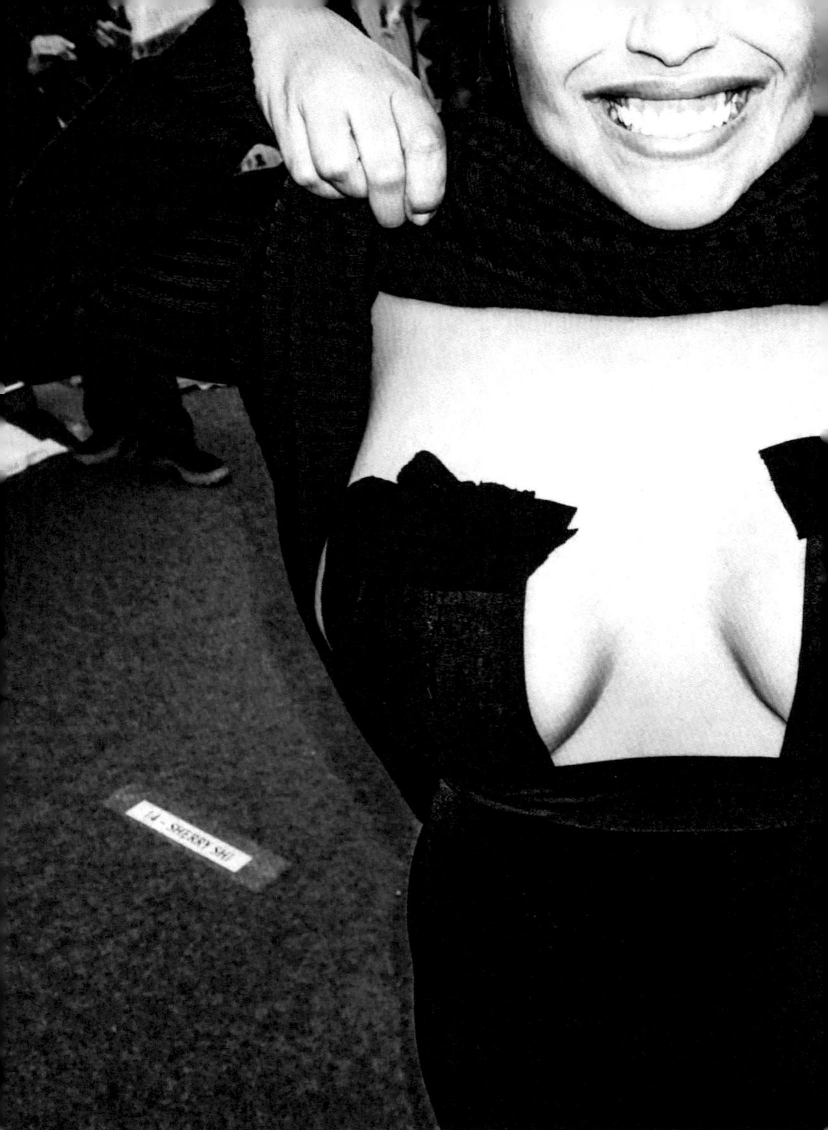

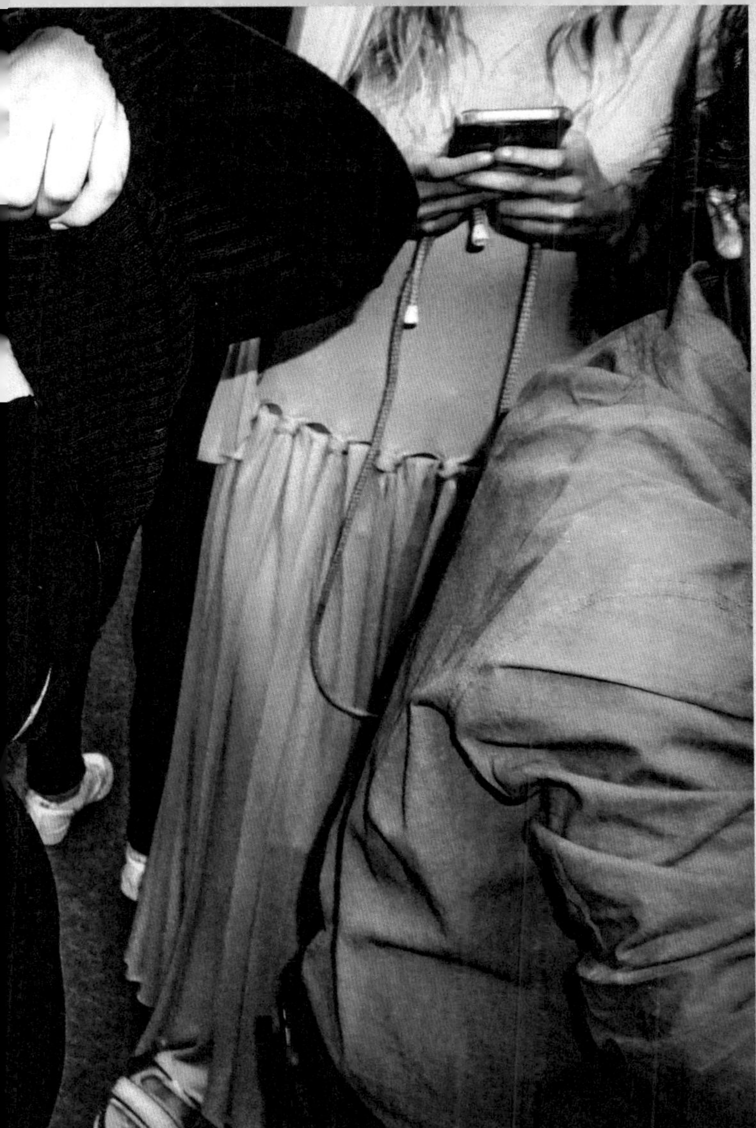

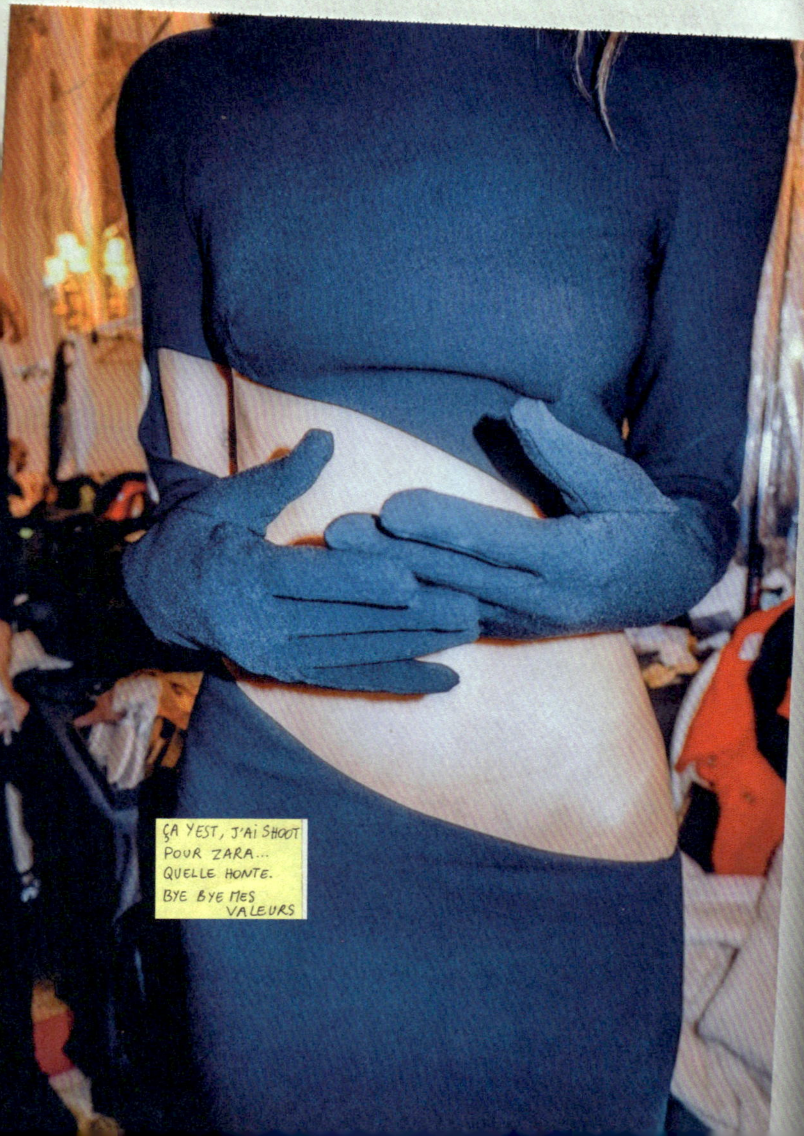
ÇA YEST, J'AI SHOOT
POUR ZARA...
QUELLE HONTE.
BYE BYE MES
VALEURS

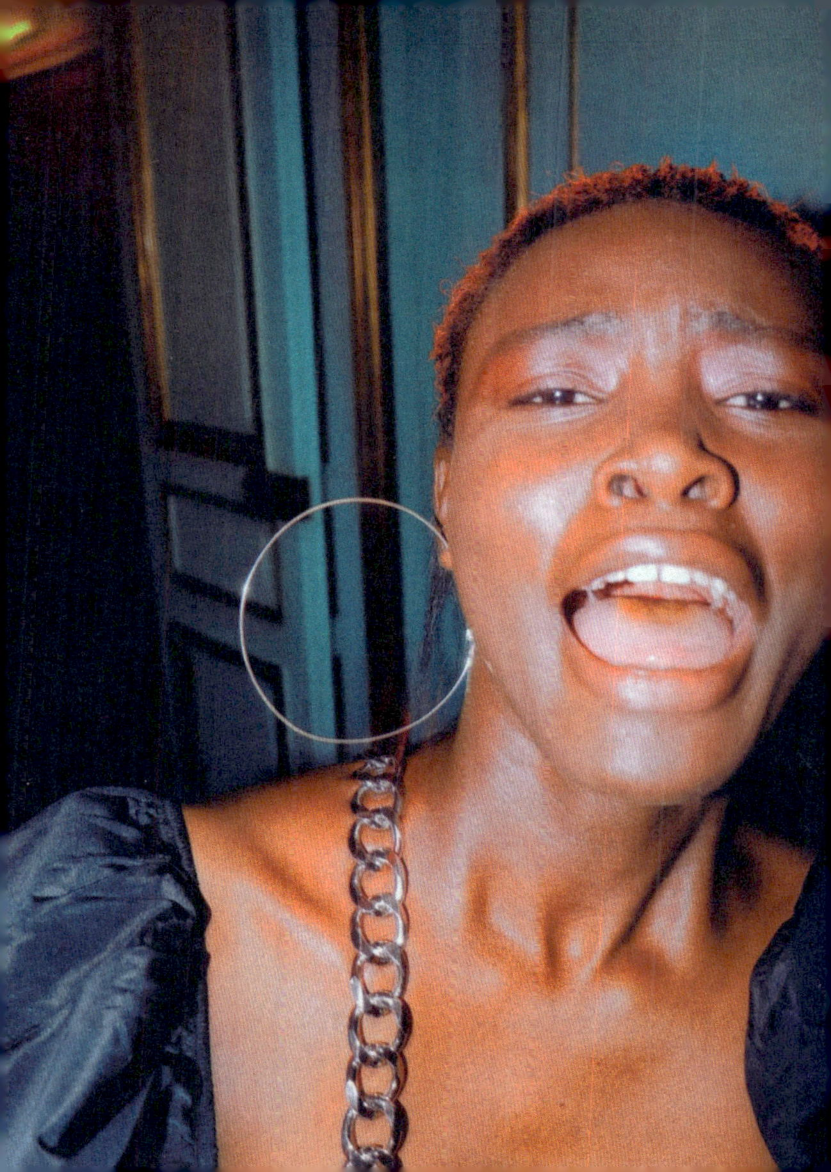

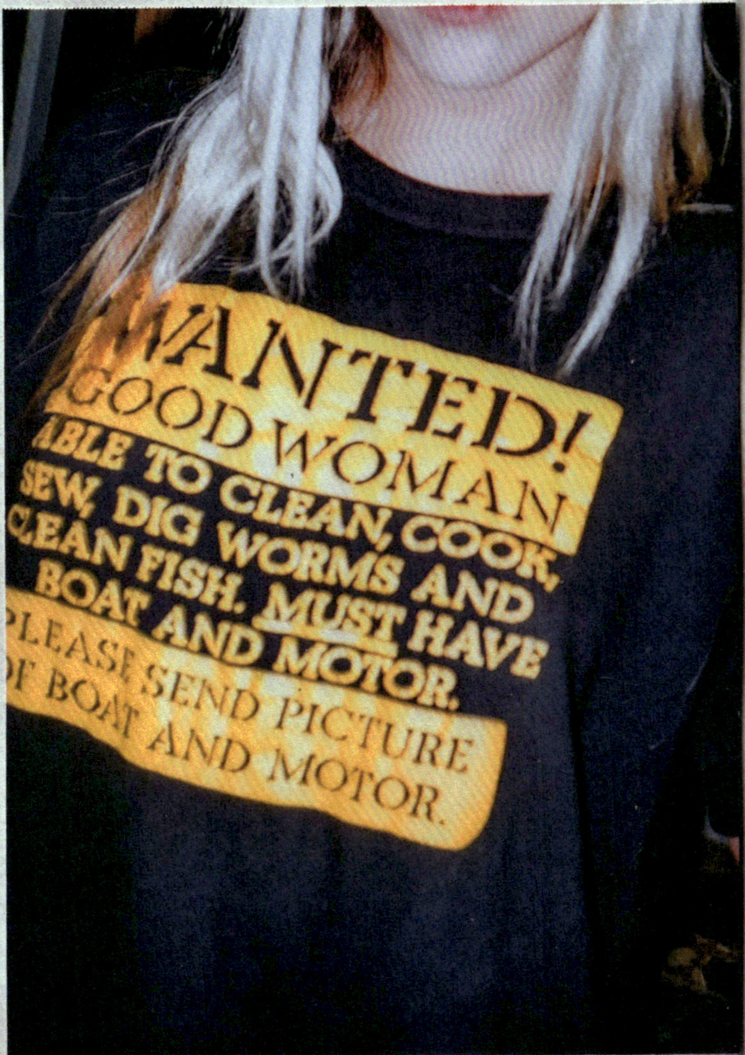
WANTED!
GOOD WOMAN
ABLE TO CLEAN, COOK,
SEW, DIG WORMS AND
CLEAN FISH. MUST HAVE
BOAT AND MOTOR.
PLEASE SEND PICTURE
OF BOAT AND MOTOR.

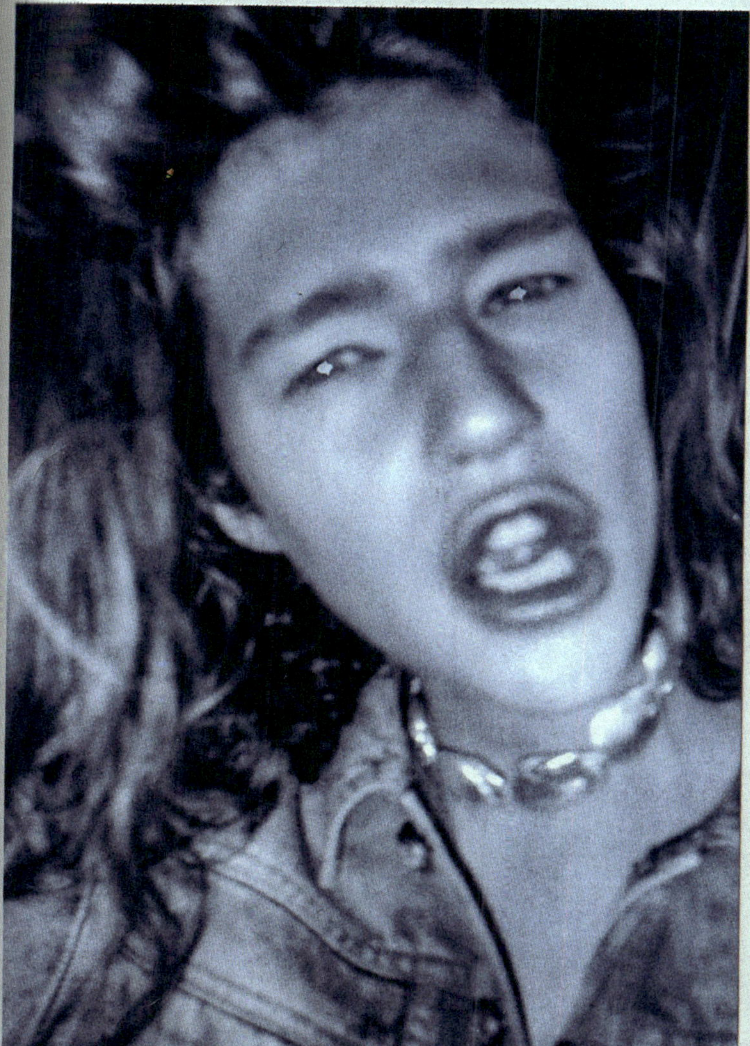

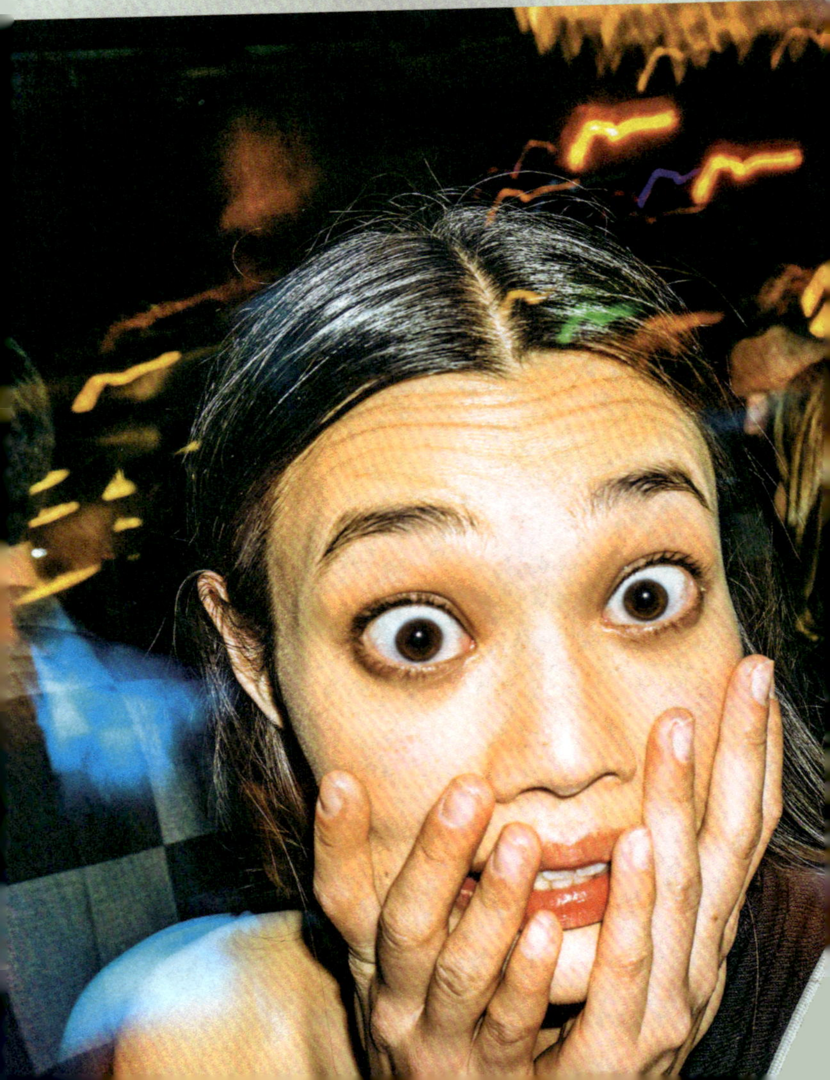

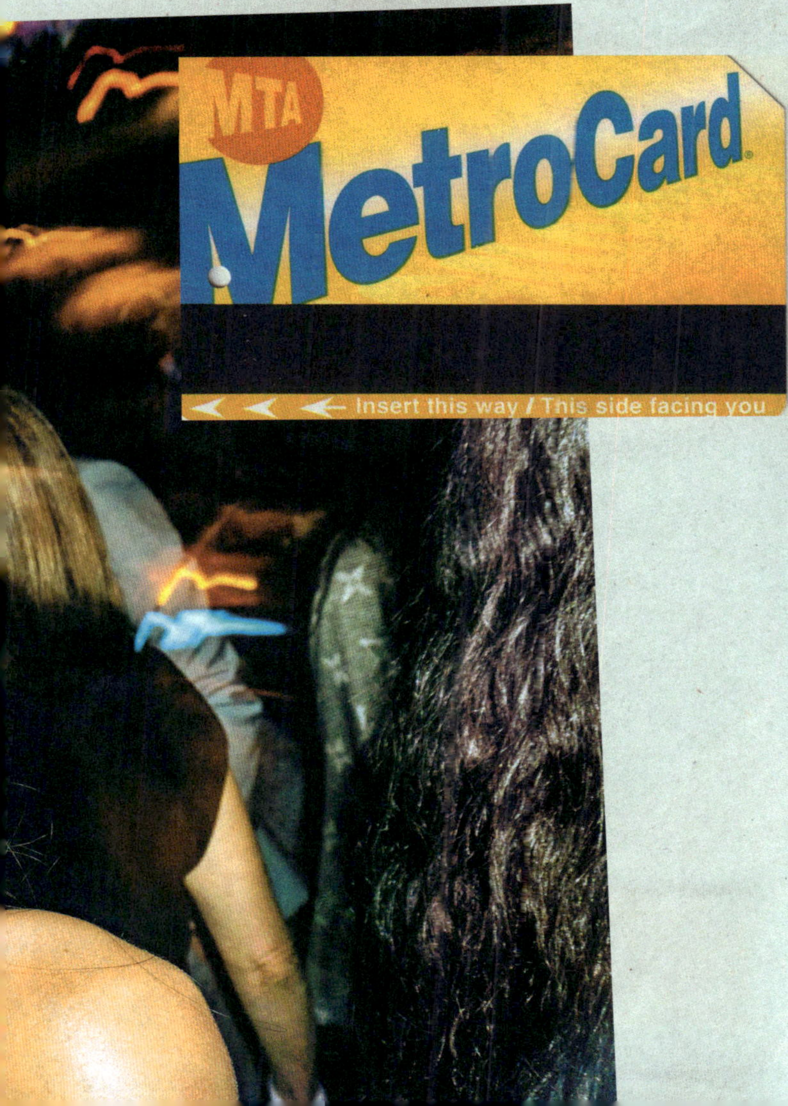
MTA
MetroCard
Insert this way / This side facing you

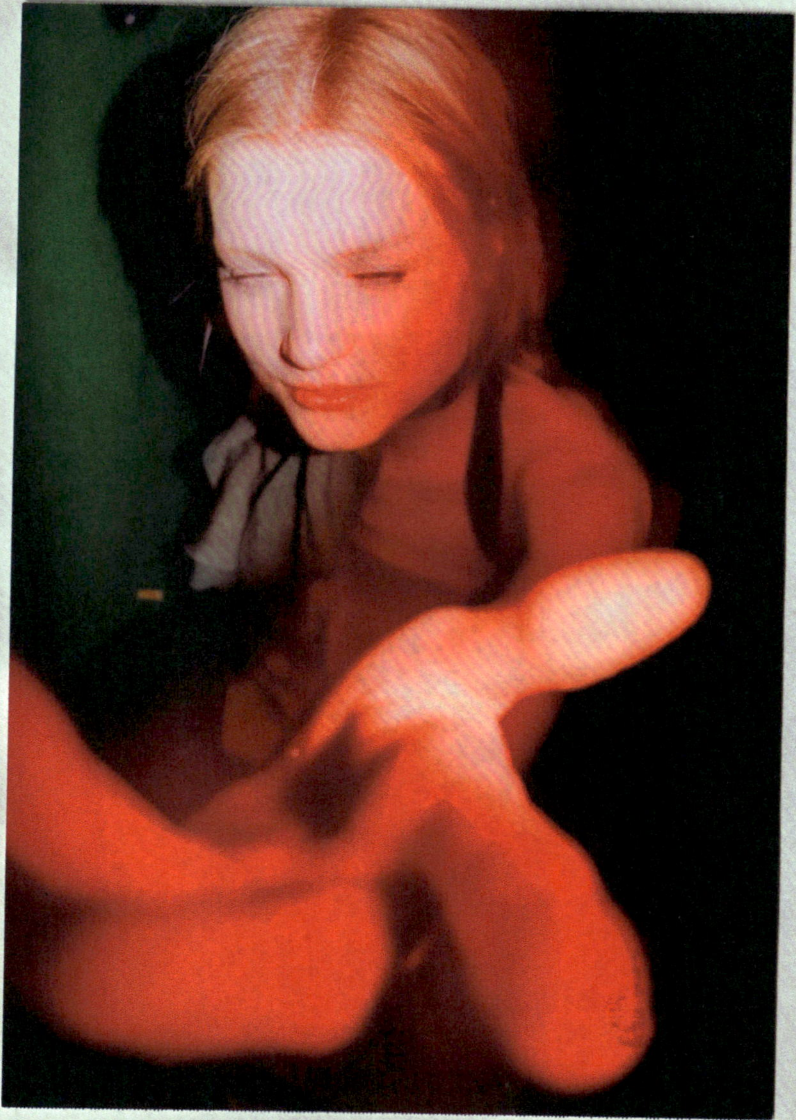

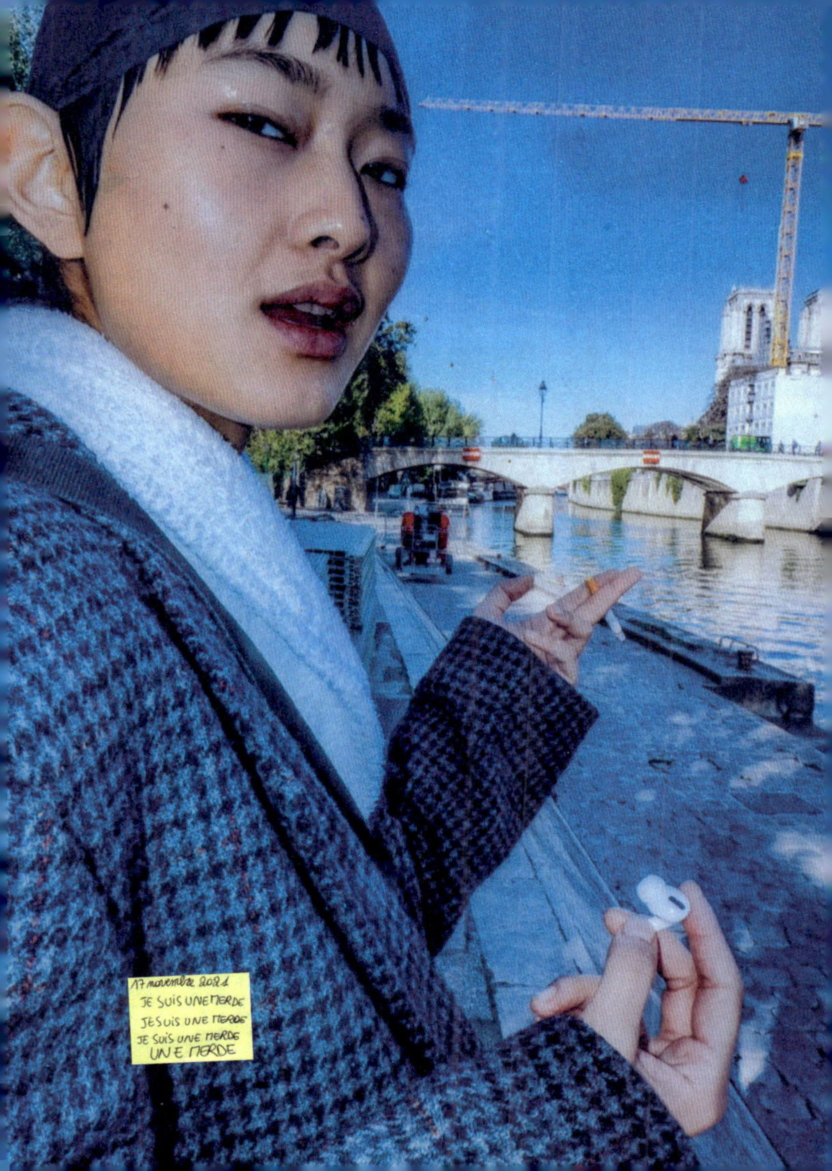
17 novembre 2021
JE SUIS UNE MERDE
JE SUIS UNE MERDE
JE SUIS UNE MERDE
UNE MERDE

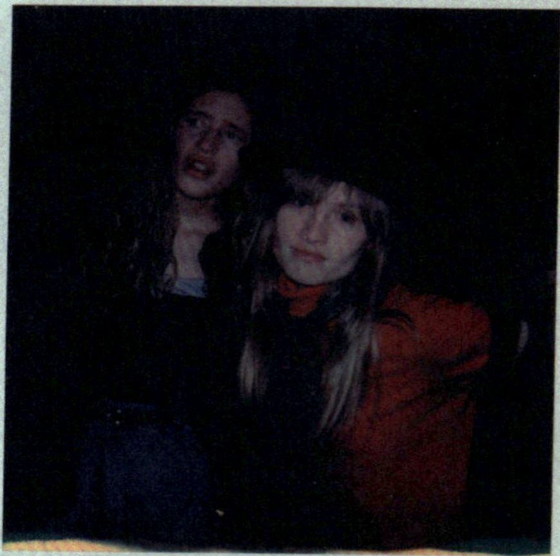

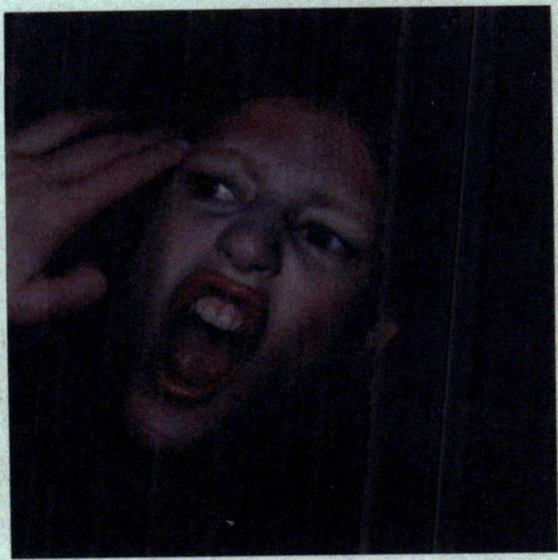

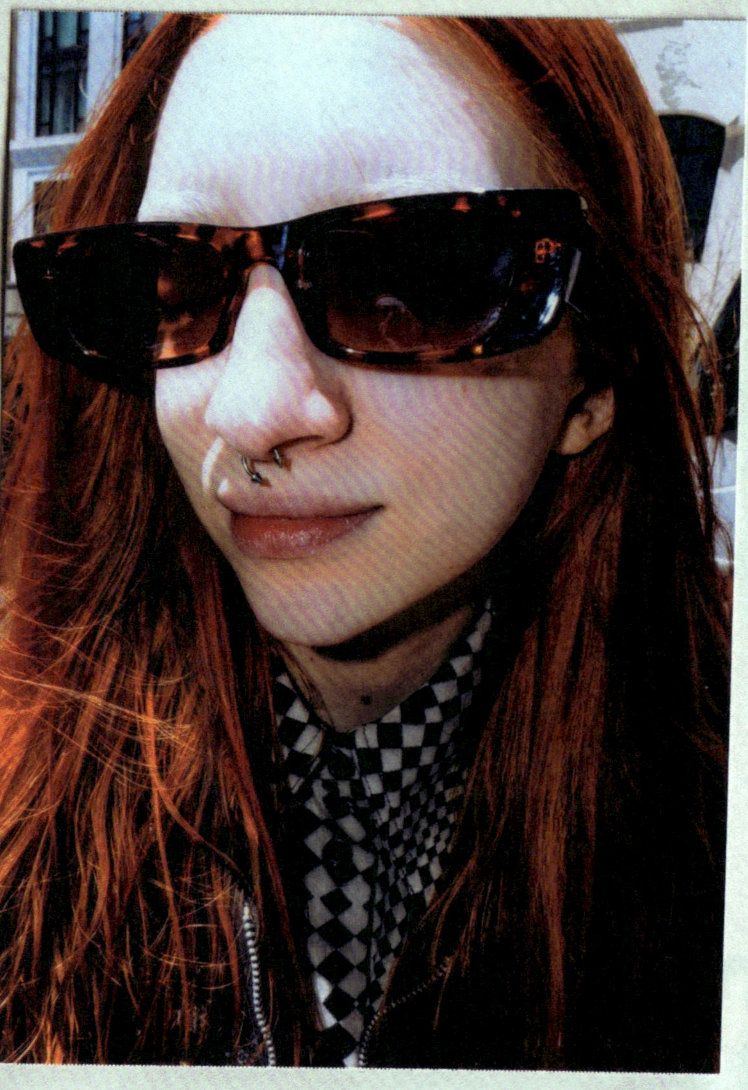

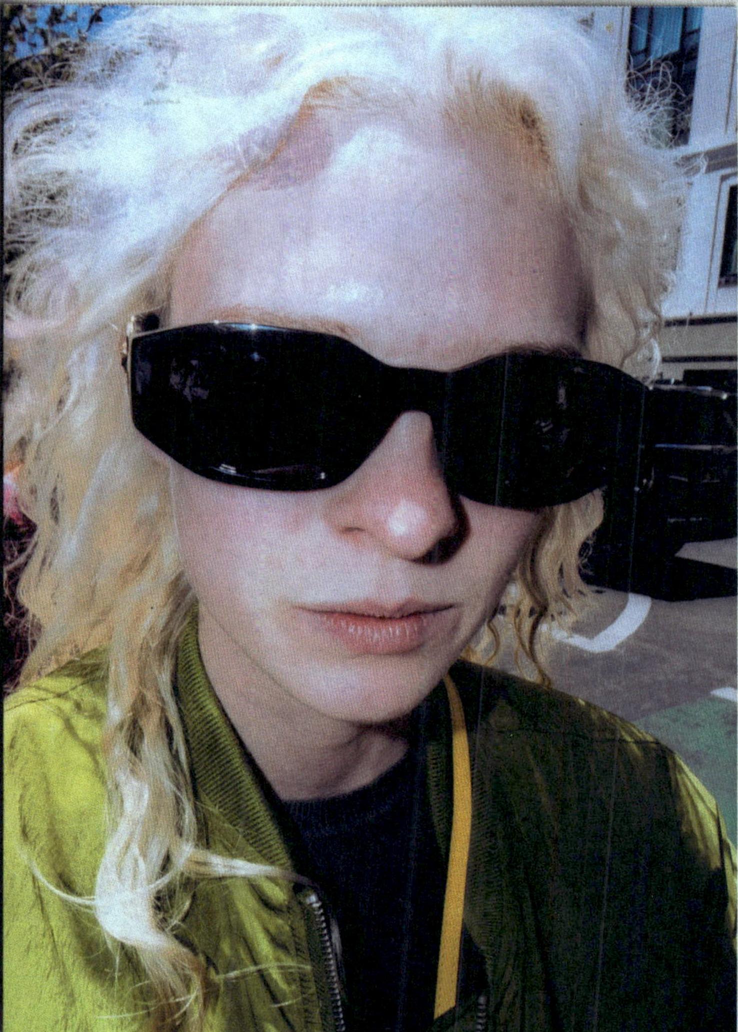

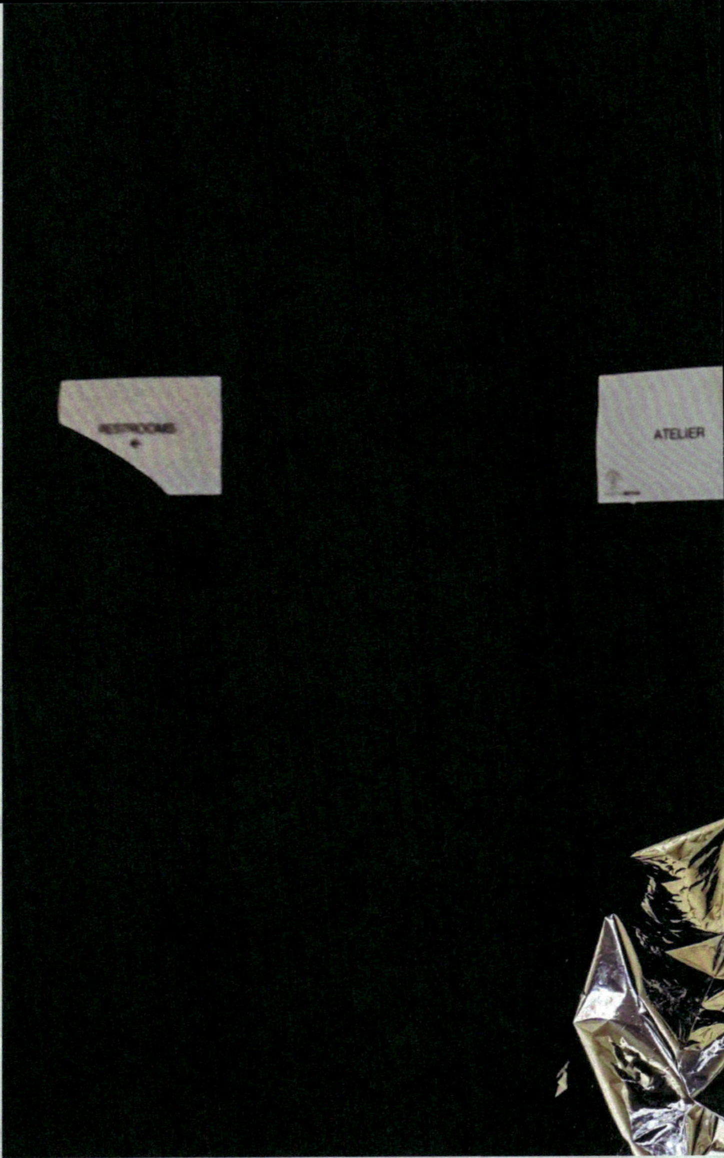
ATELIER

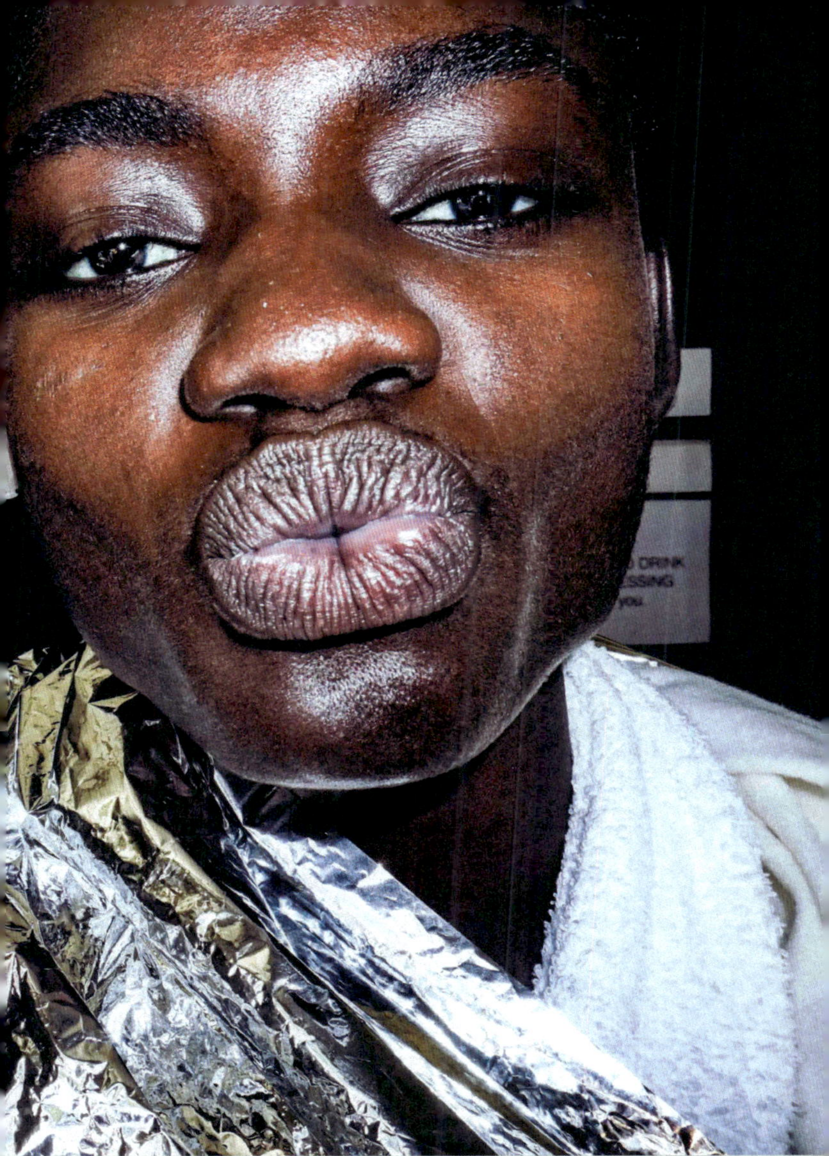

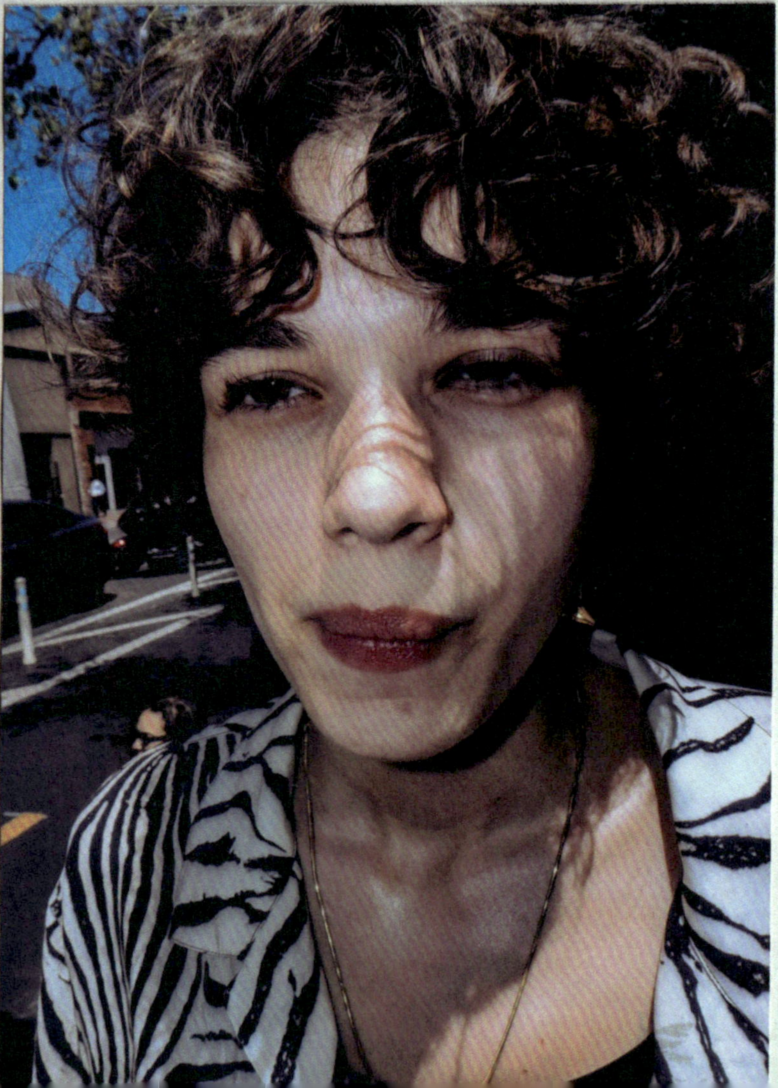

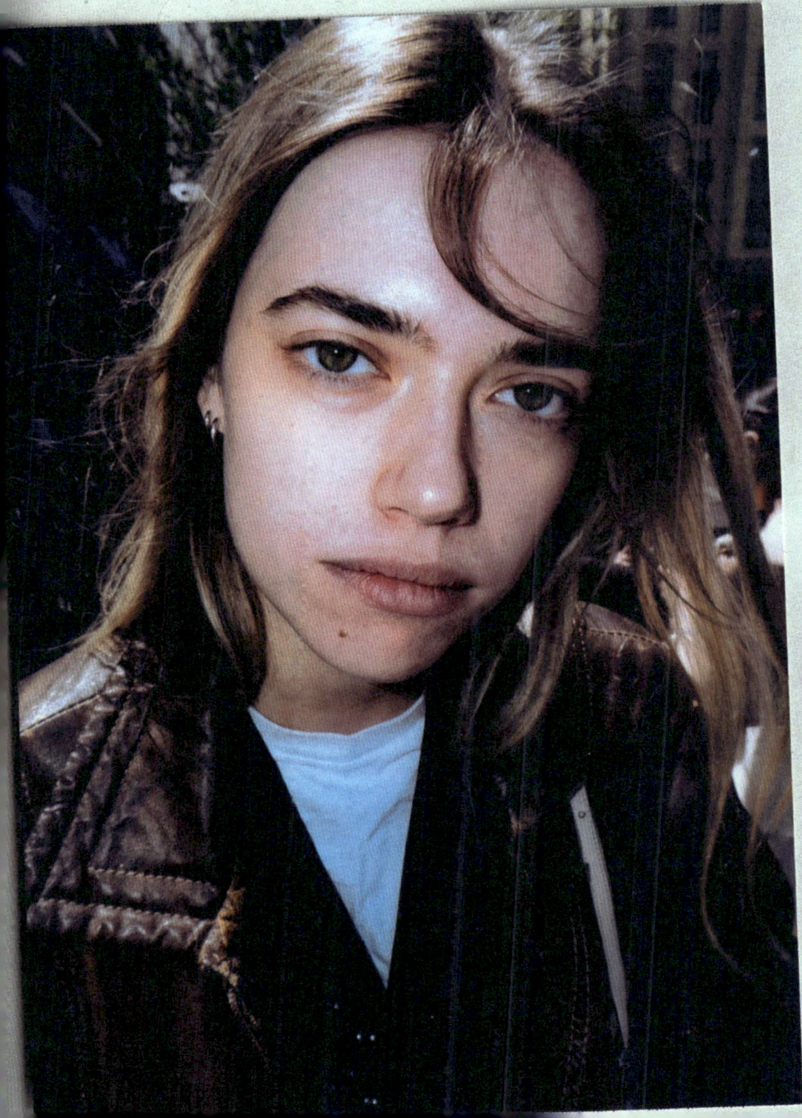

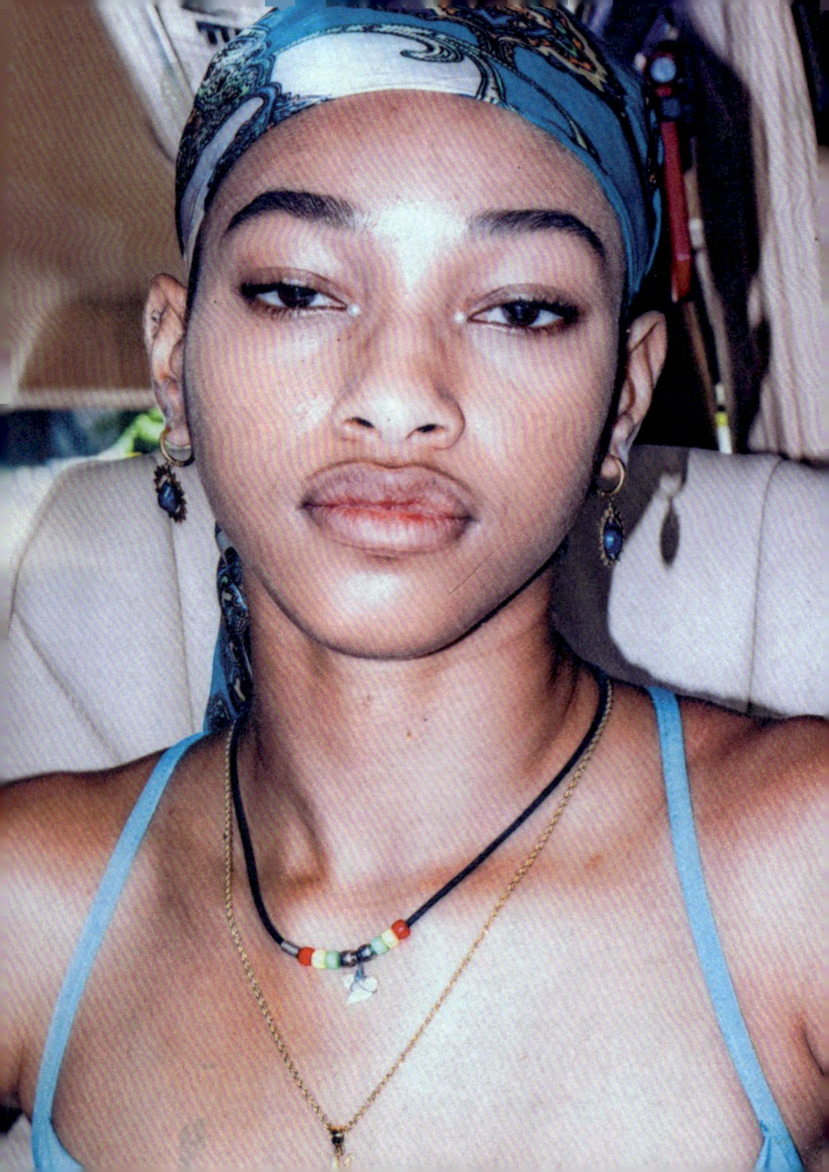

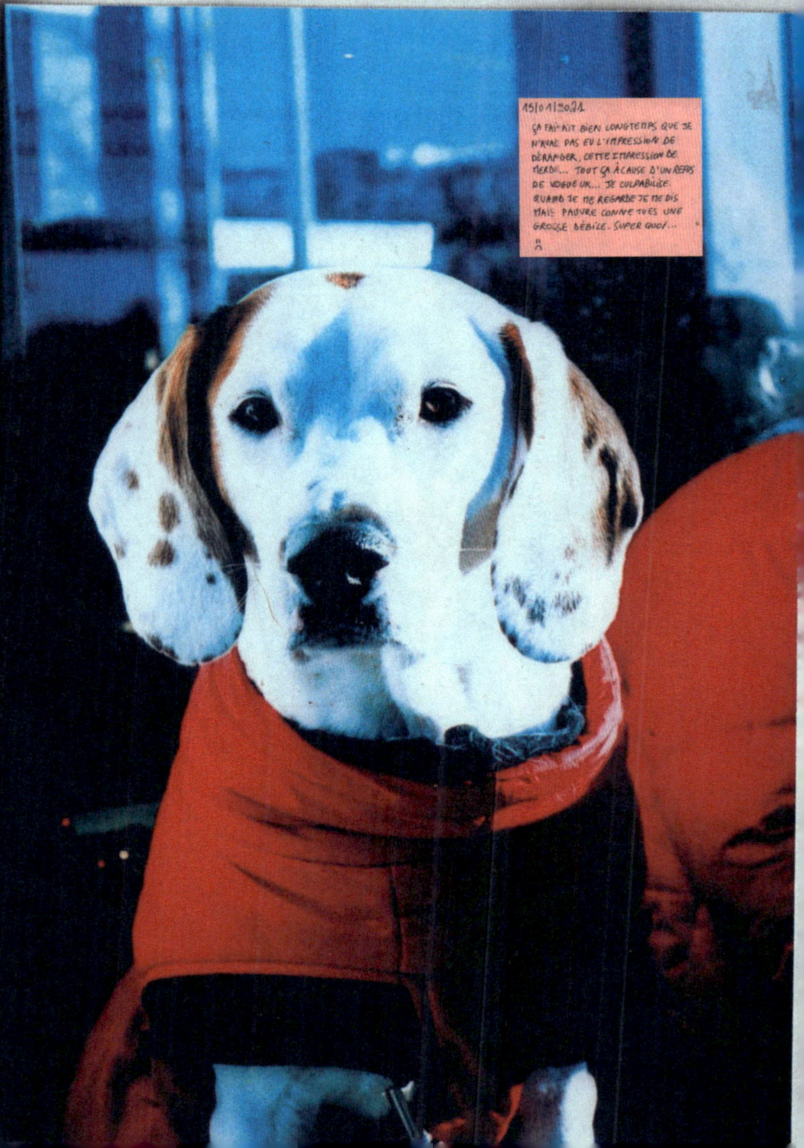
15/01/2021
ÇA FAISAIT BIEN LONGTEMPS QUE JE
N'AVAIS PAS EU L'IMPRESSION DE
DÉRAPER, CETTE IMPRESSION DE
MERDE... TOUT ÇA À CAUSE D'UN REPAS
DE VOGUE UK... JE CULPABILISE.
QUAND JE ME REGARDE JE ME DIS
MAIS PAUVRE CONNE TU ES UNE
GROSSE DÉBILE. SUPER QUOI...

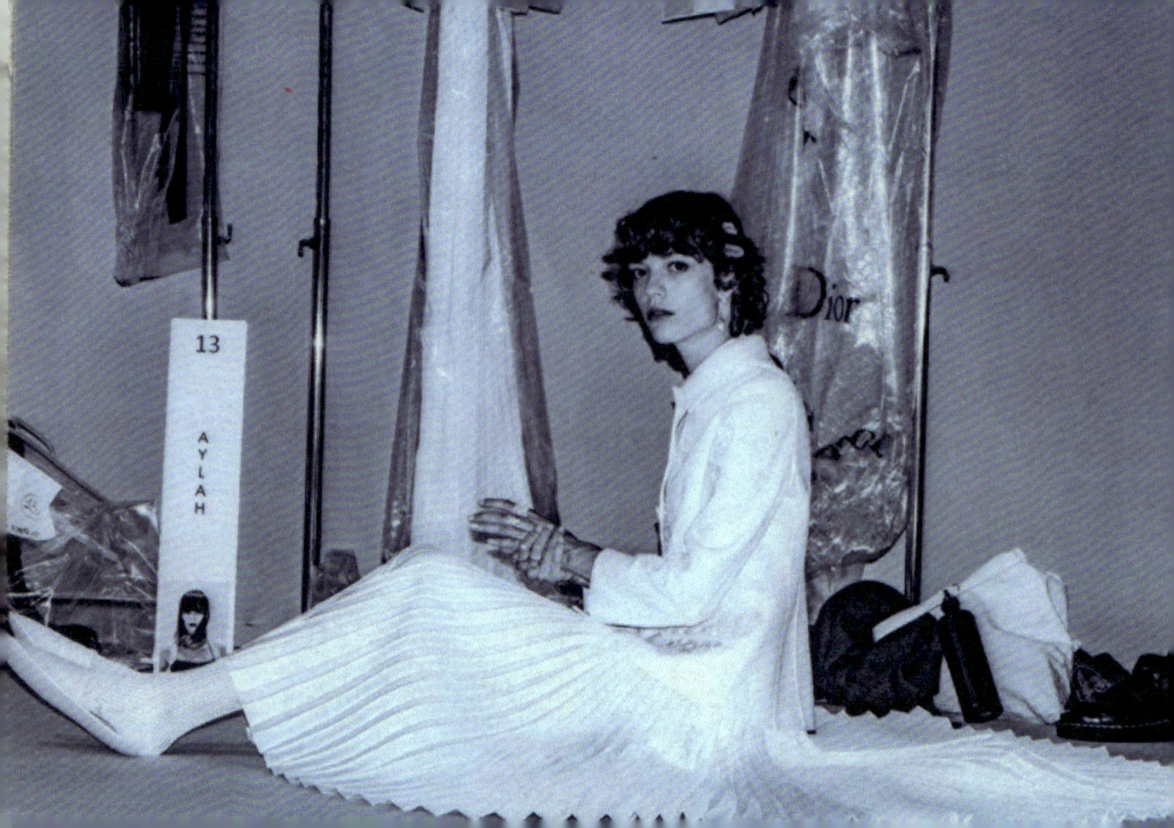
13
AYLAH
Dior

M6

Sé presenter à la réception
ou pour le départ qui devai
avoir lieu à 12h pm o ou
par extension tarifaire

Ornella

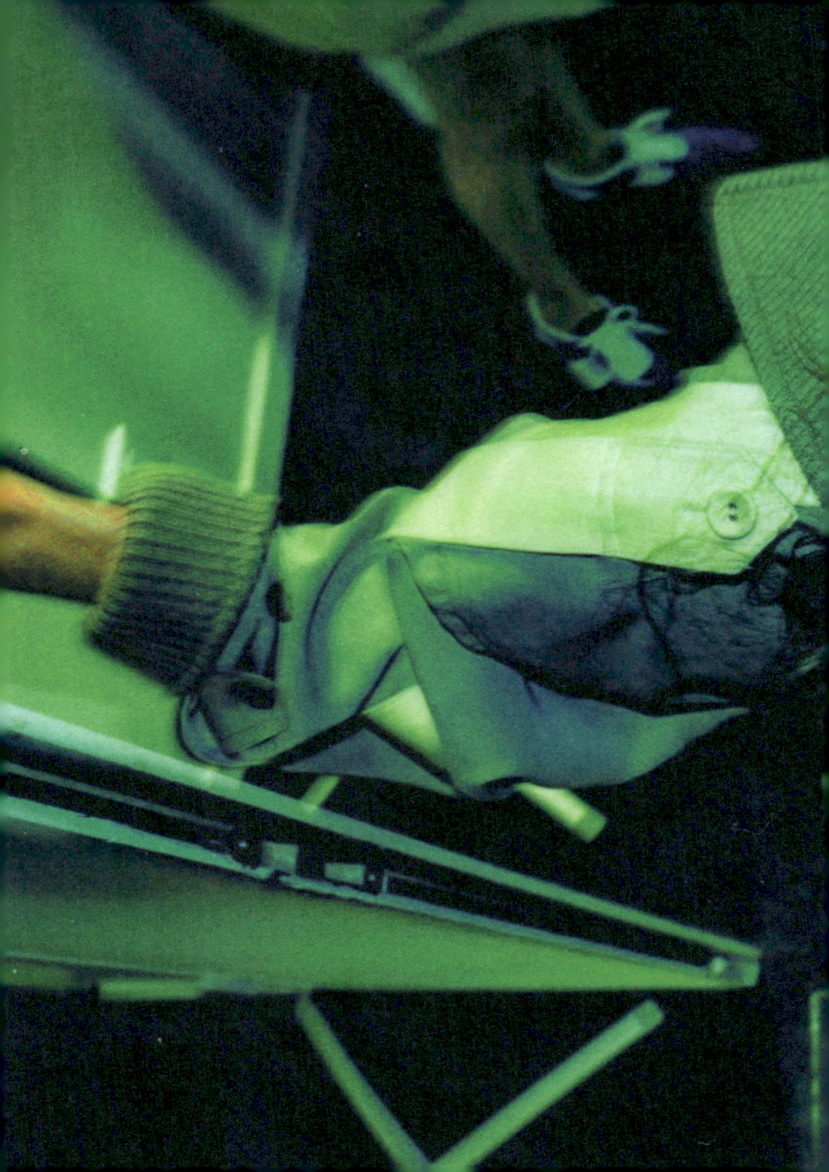

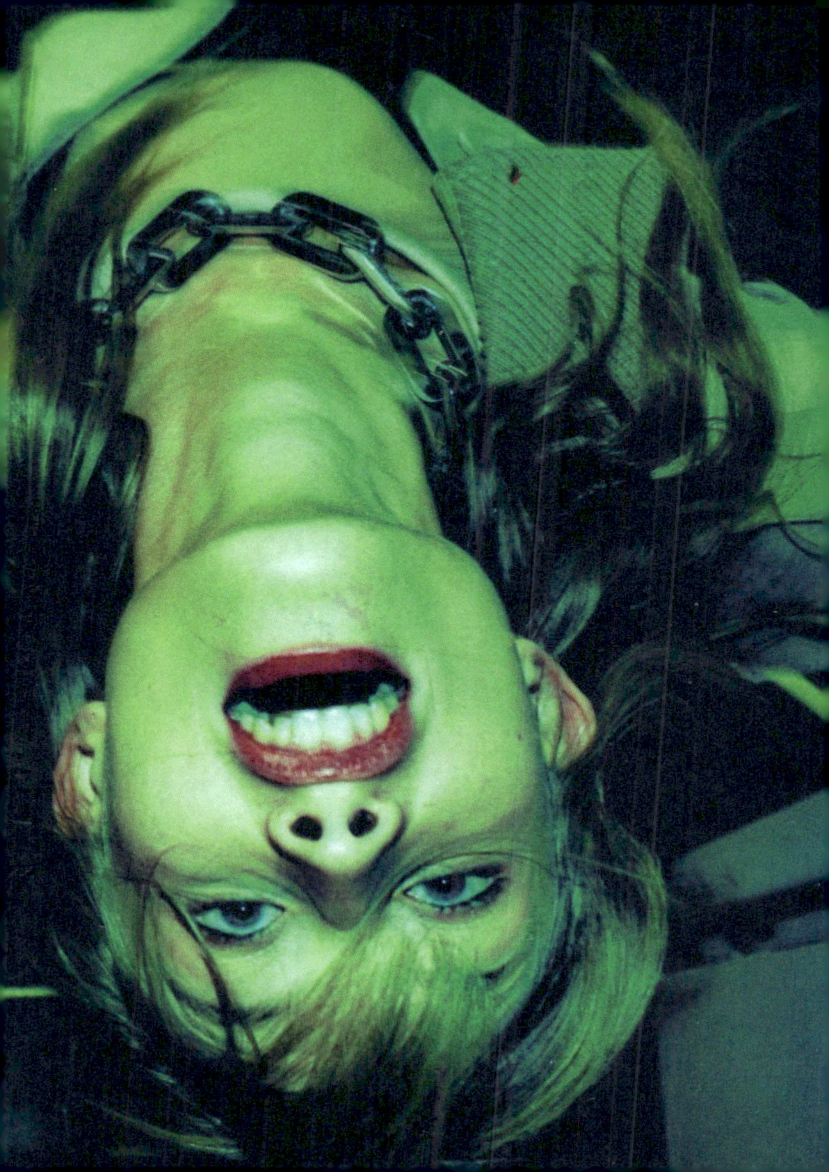

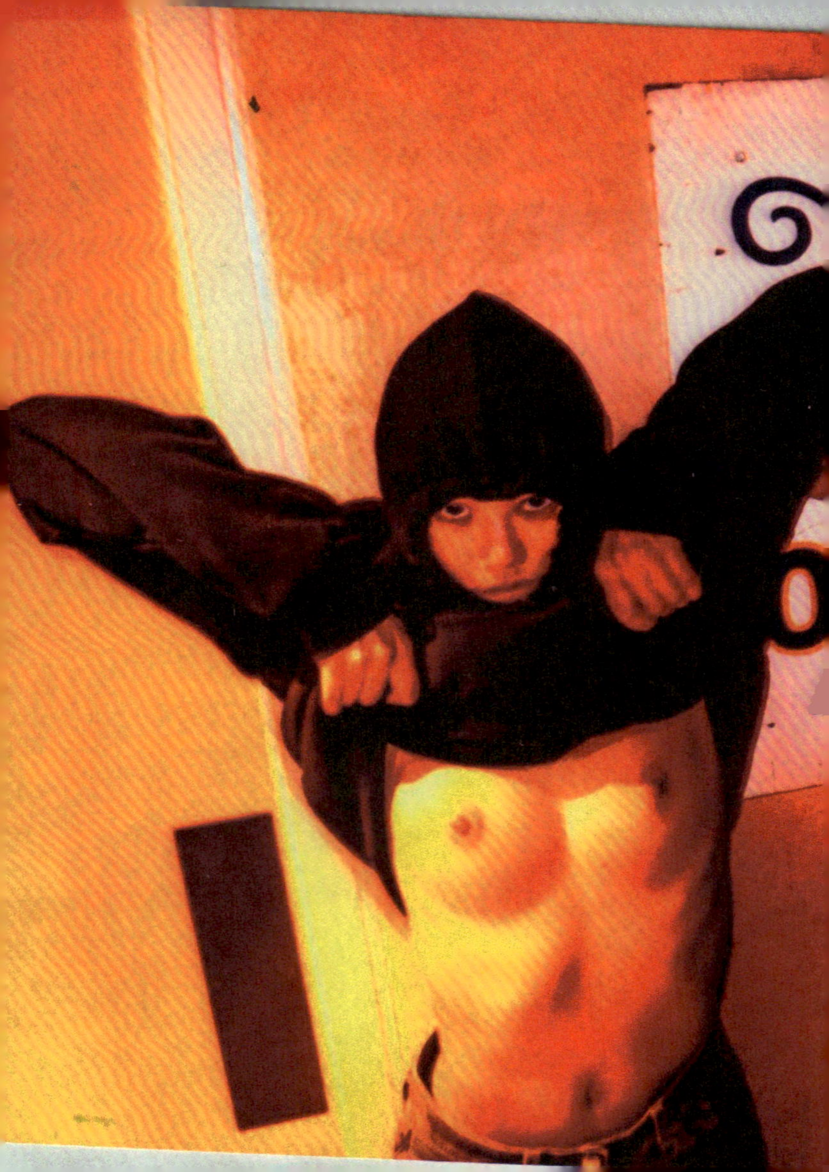

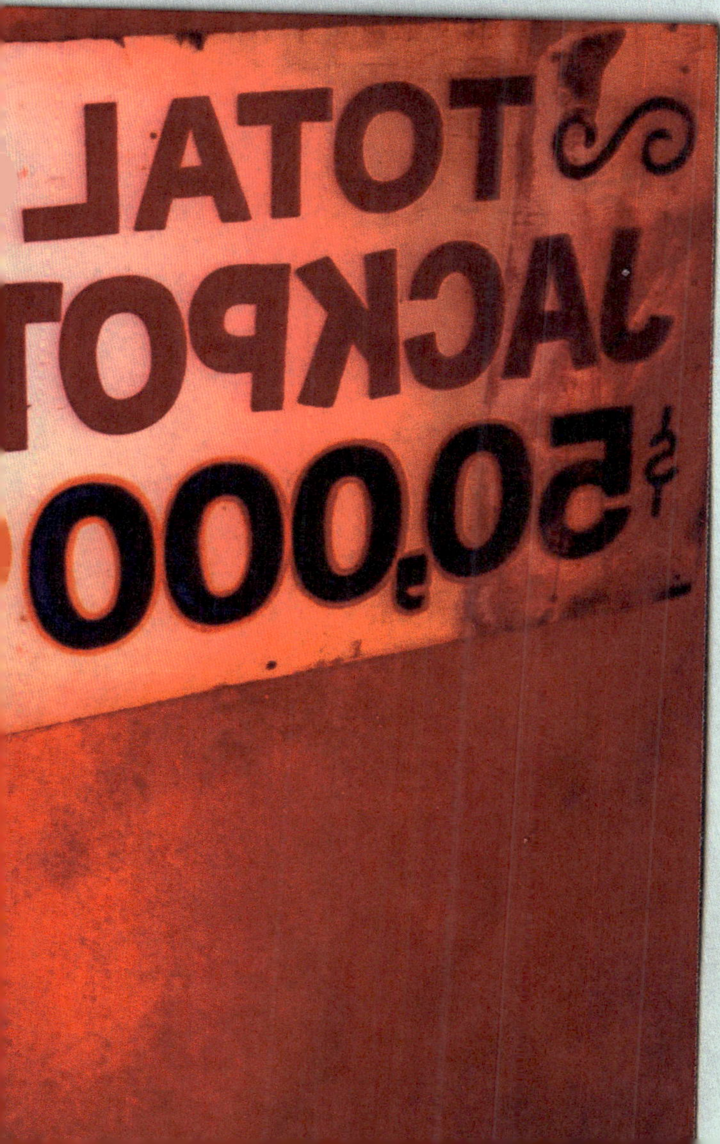
TOTAL
JACKPO
50,000

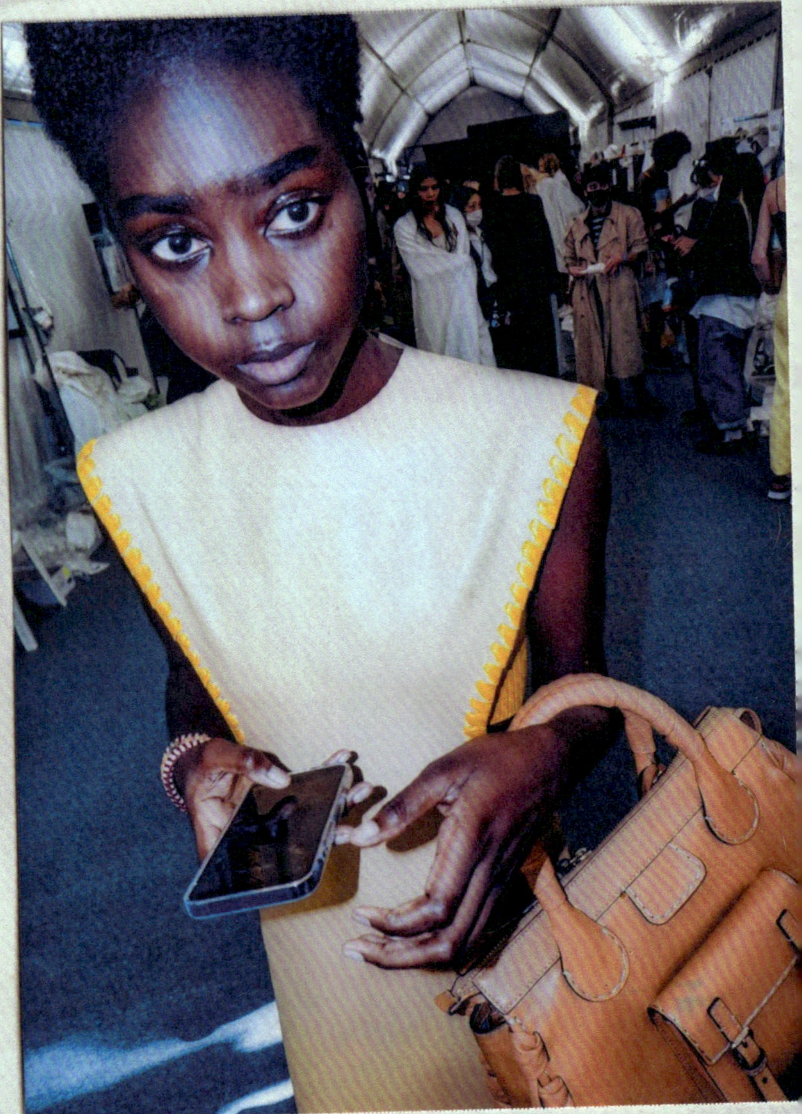

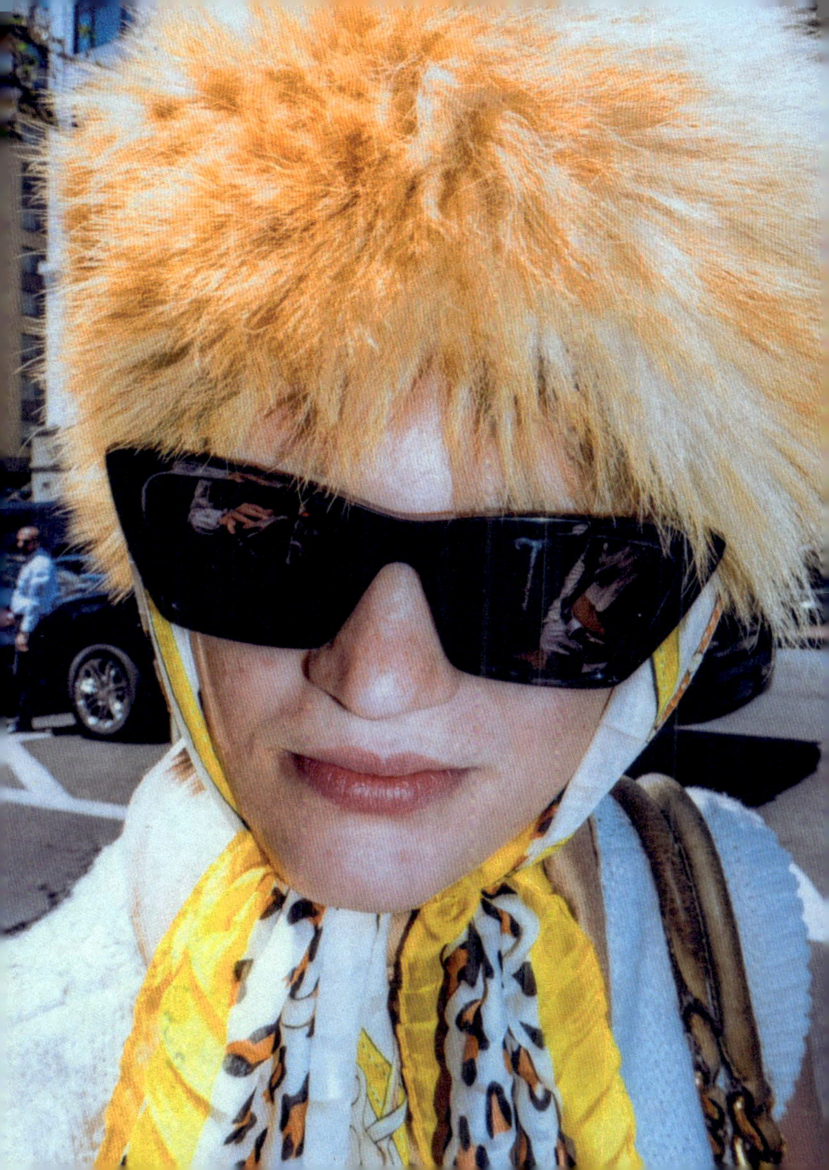

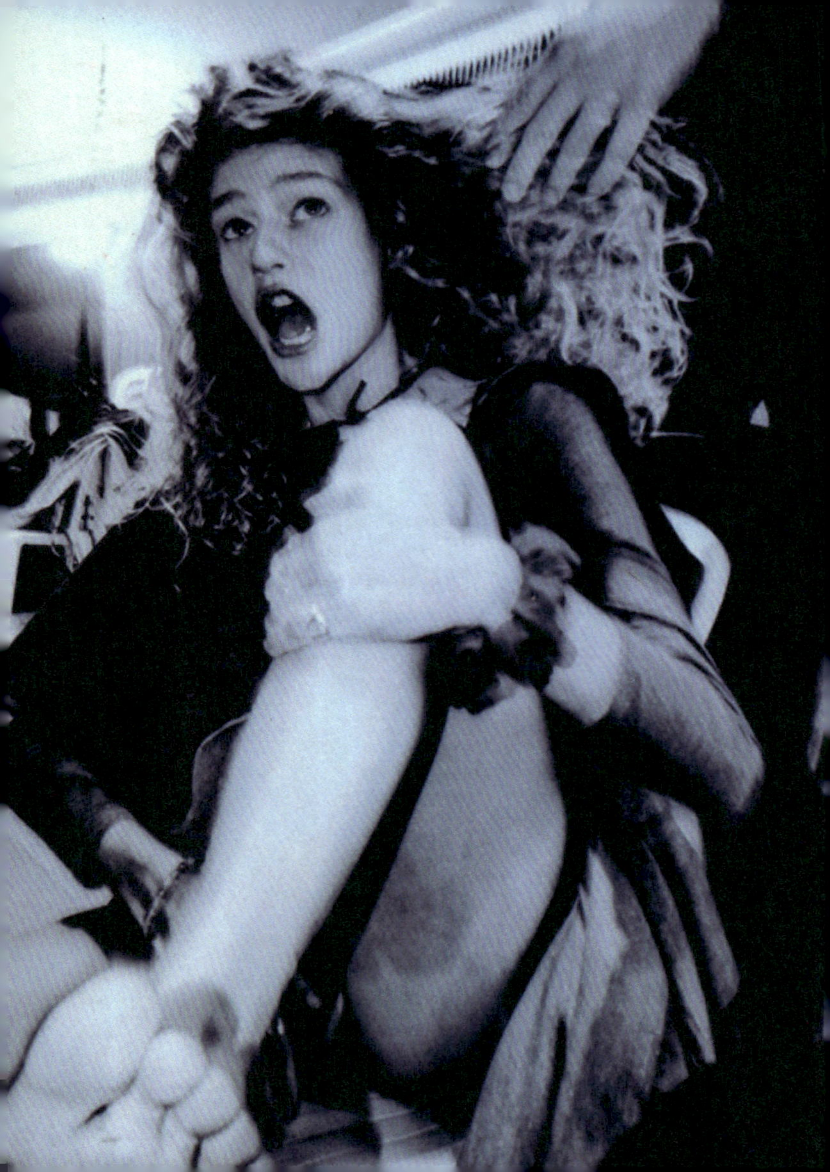

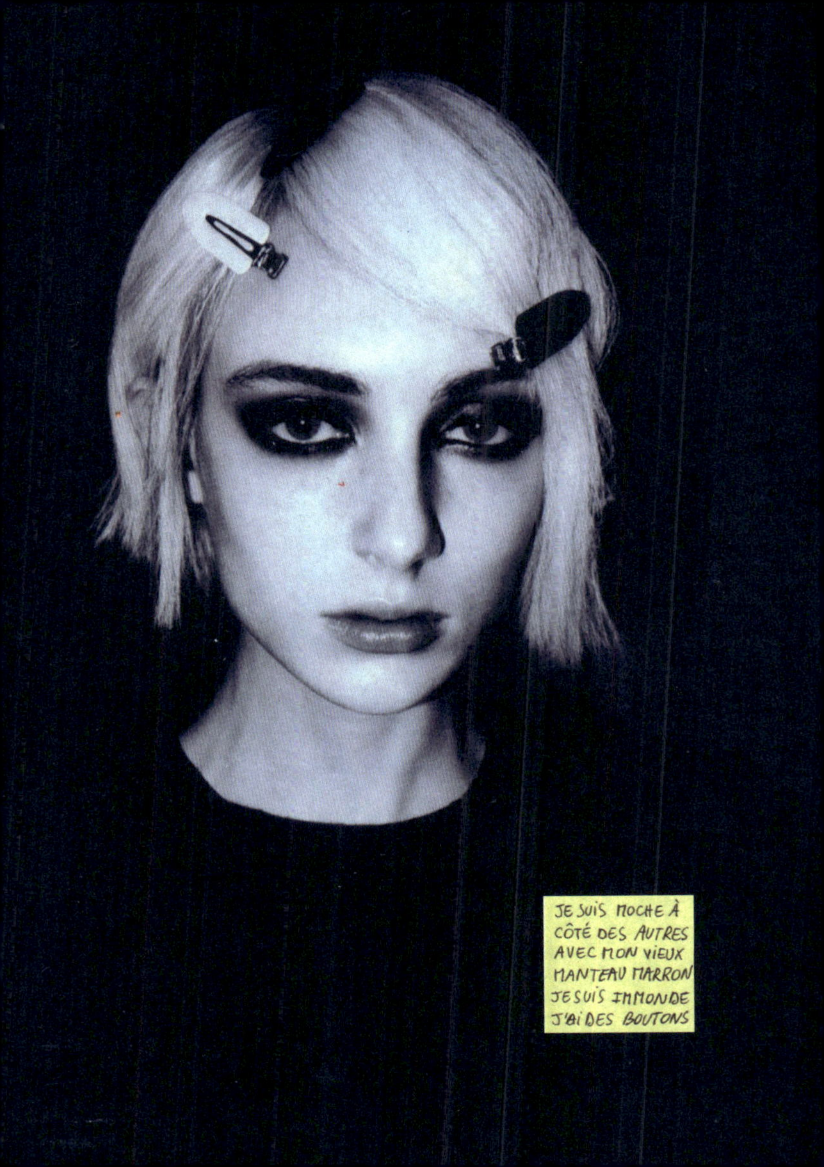
JE SUIS MOCHE À
CÔTÉ DES AUTRES
AVEC MON VIEUX
MANTEAU MARRON
JE SUIS IMMONDE
J'AI DES BOUTONS

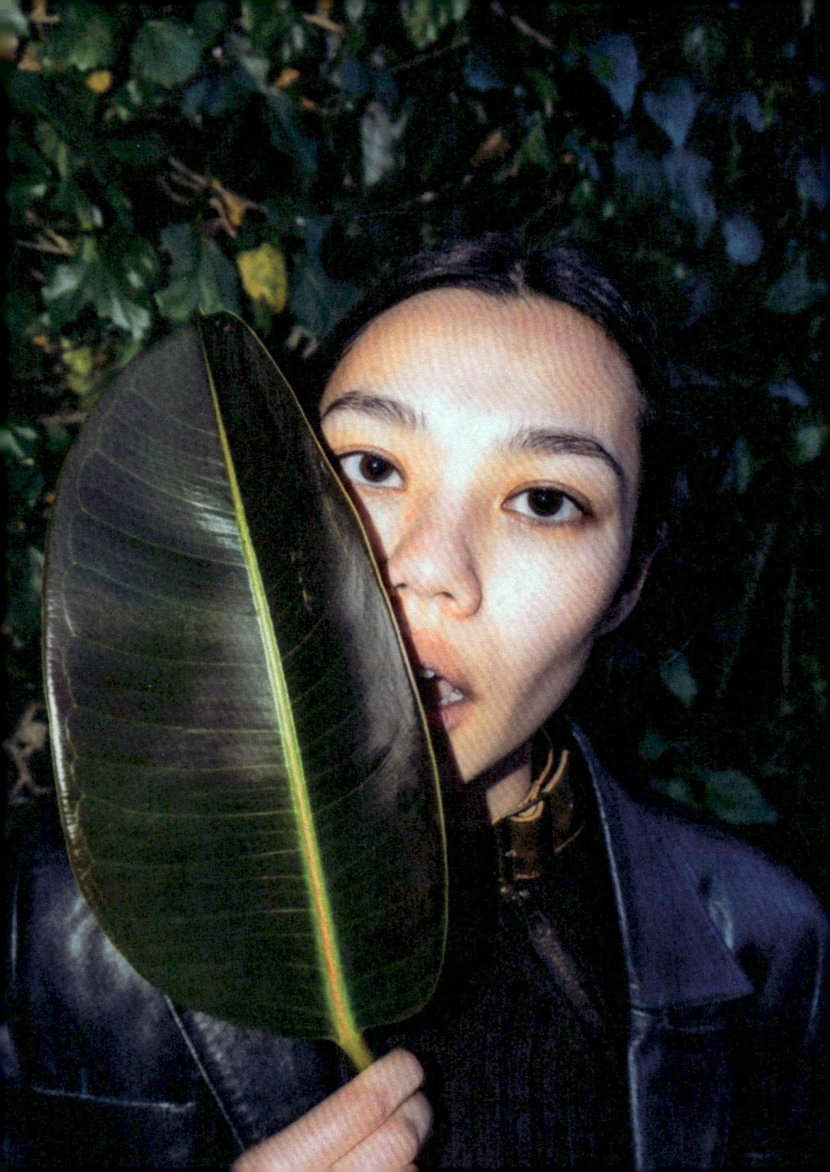

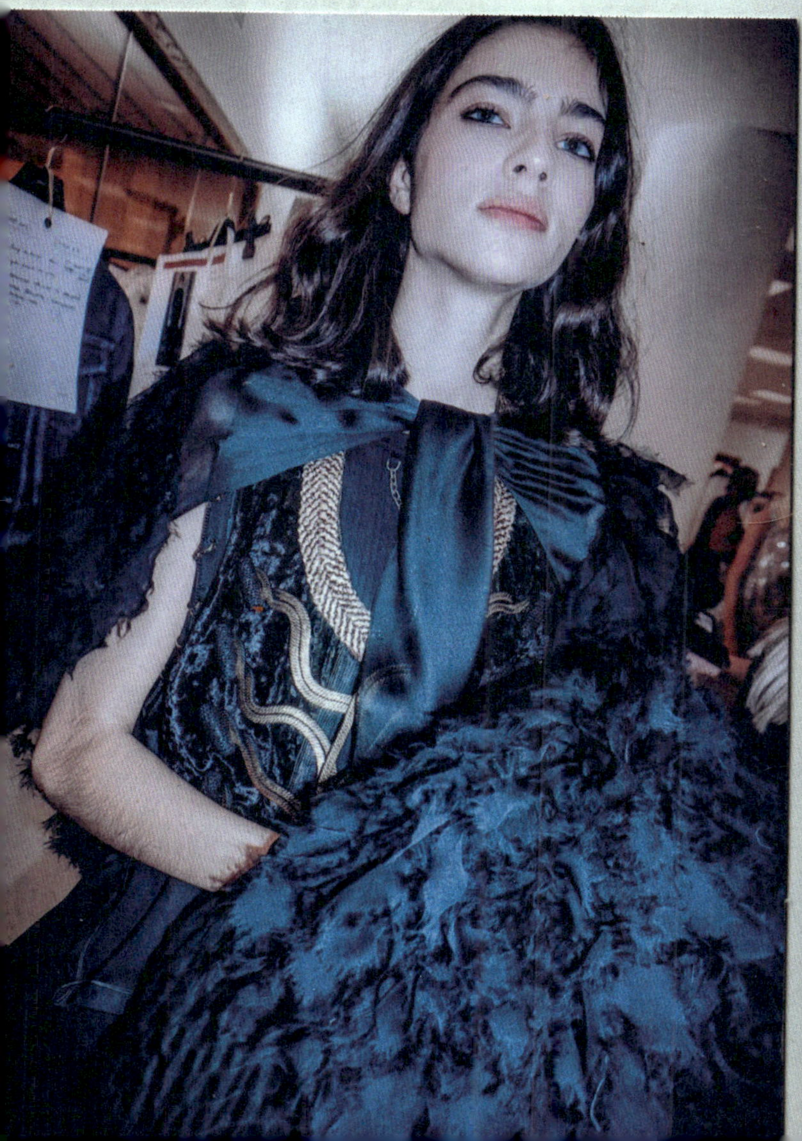

56.
CLEMENTINE

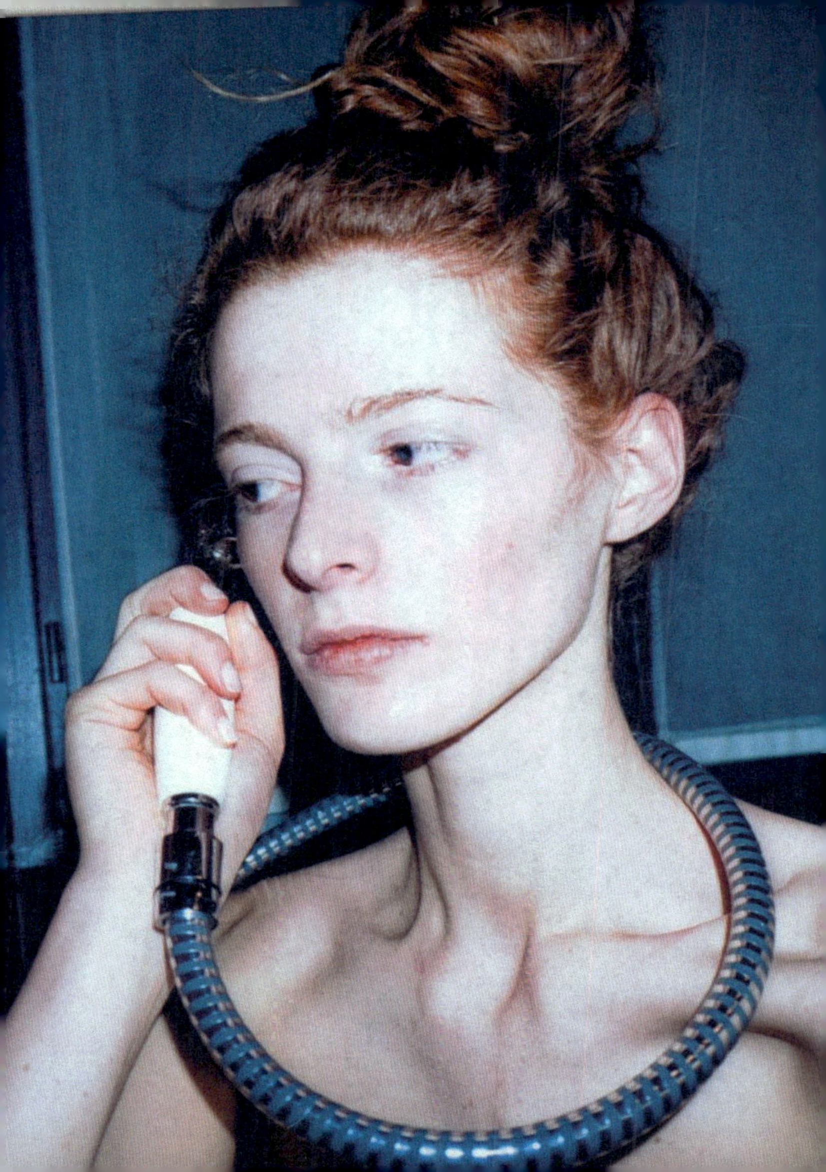

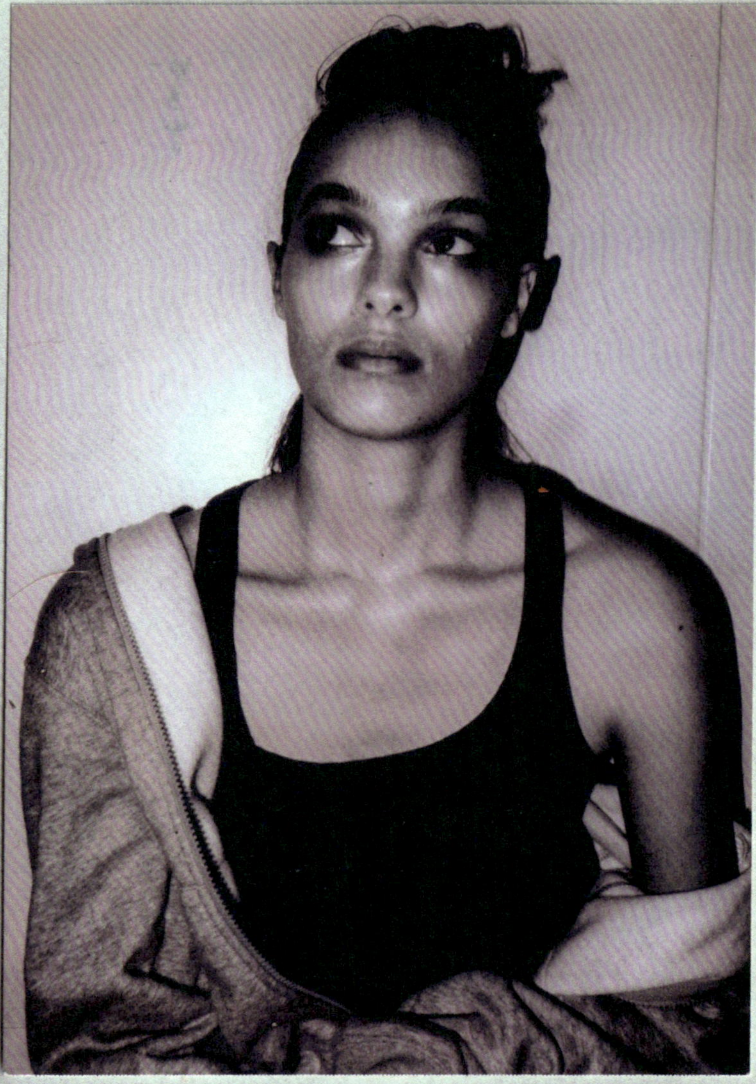

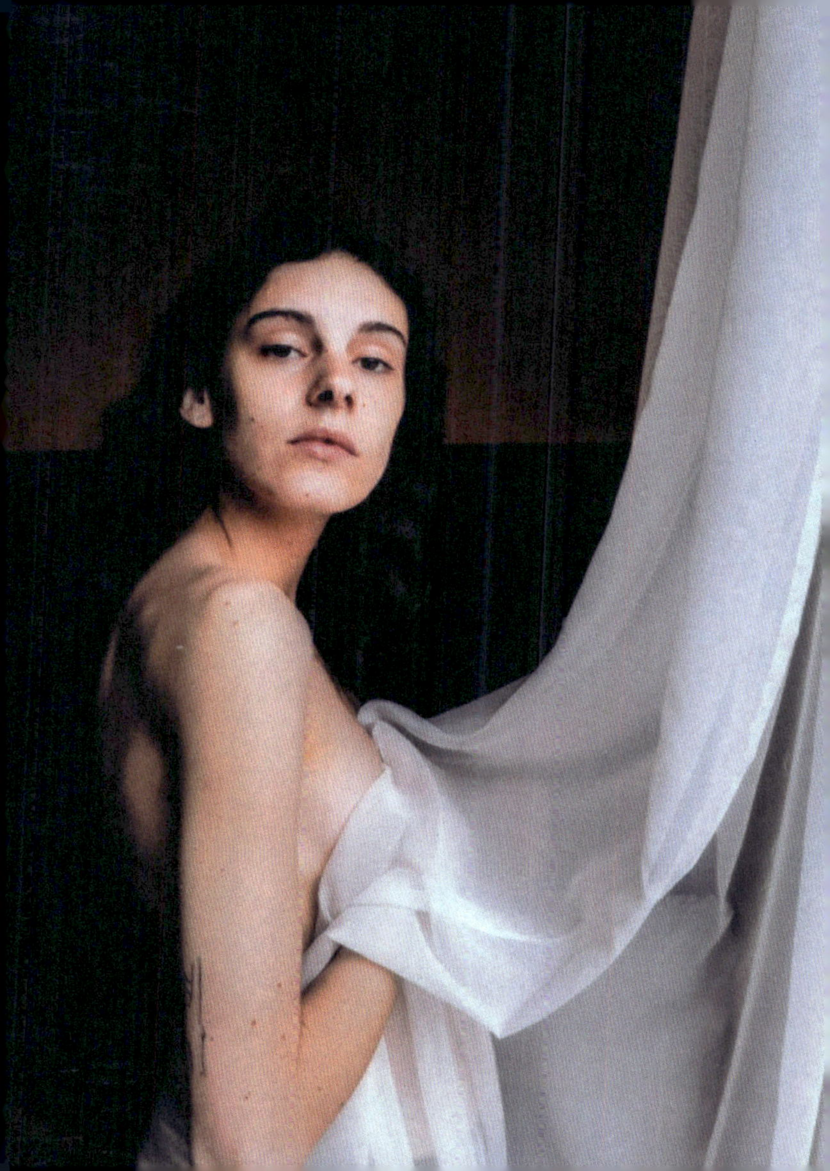

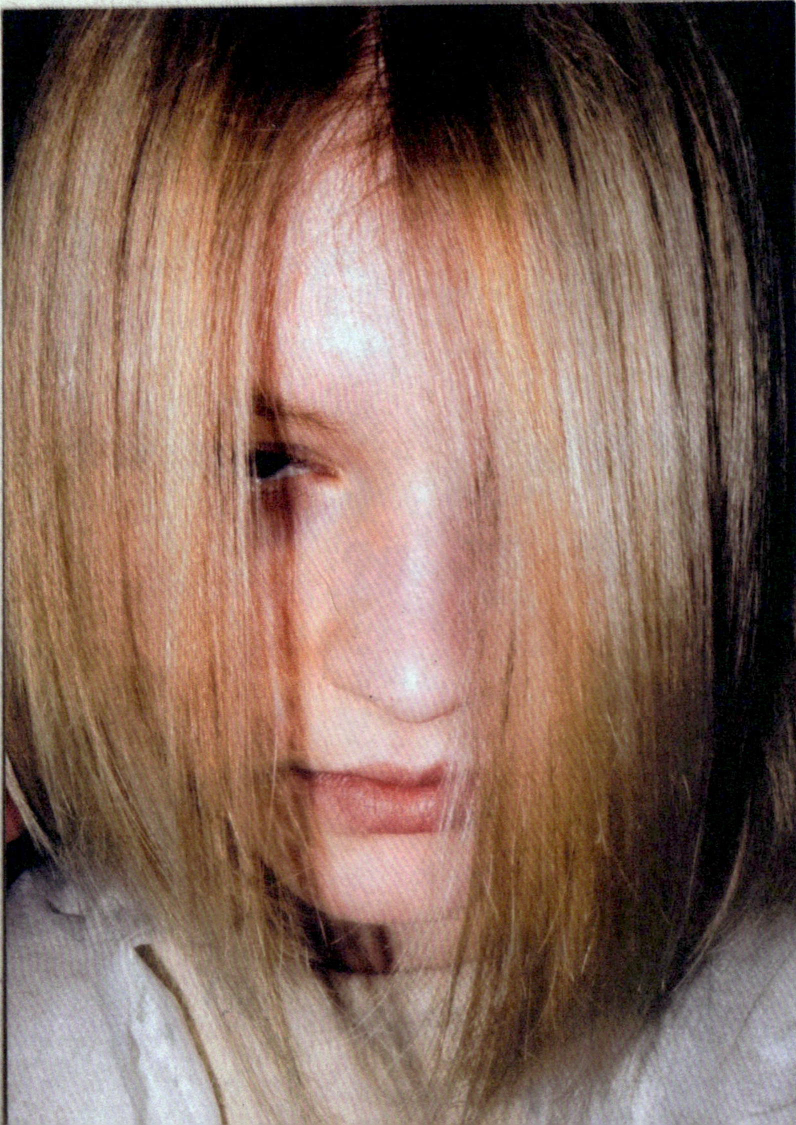

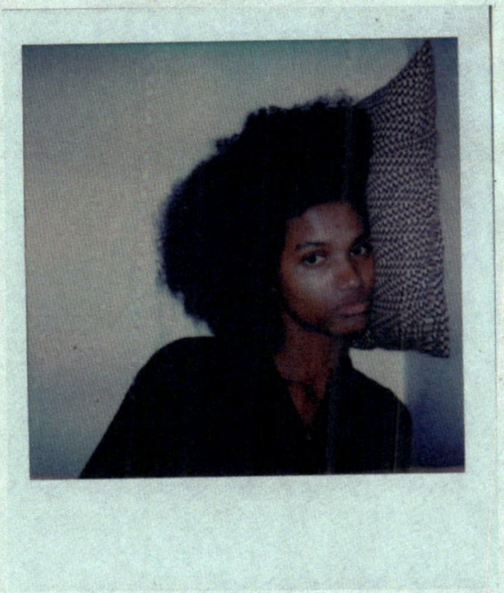

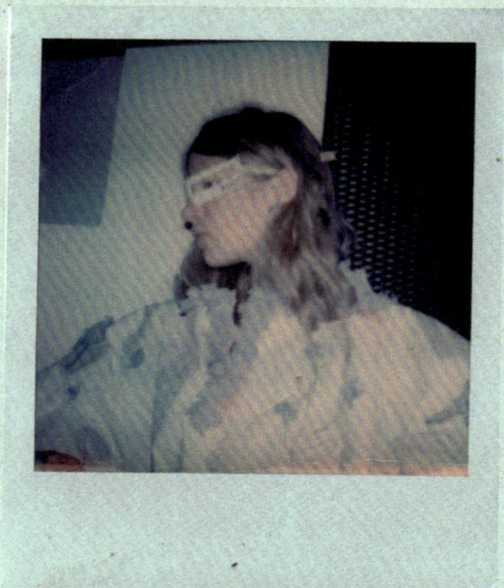

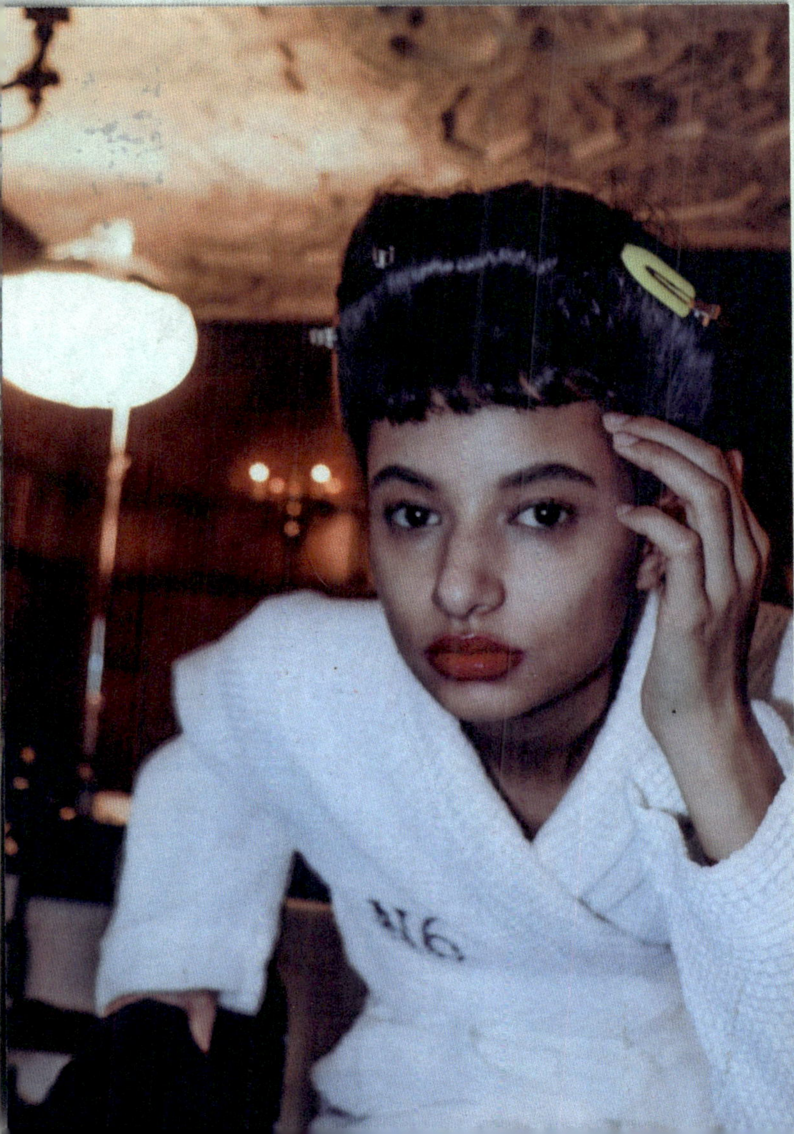

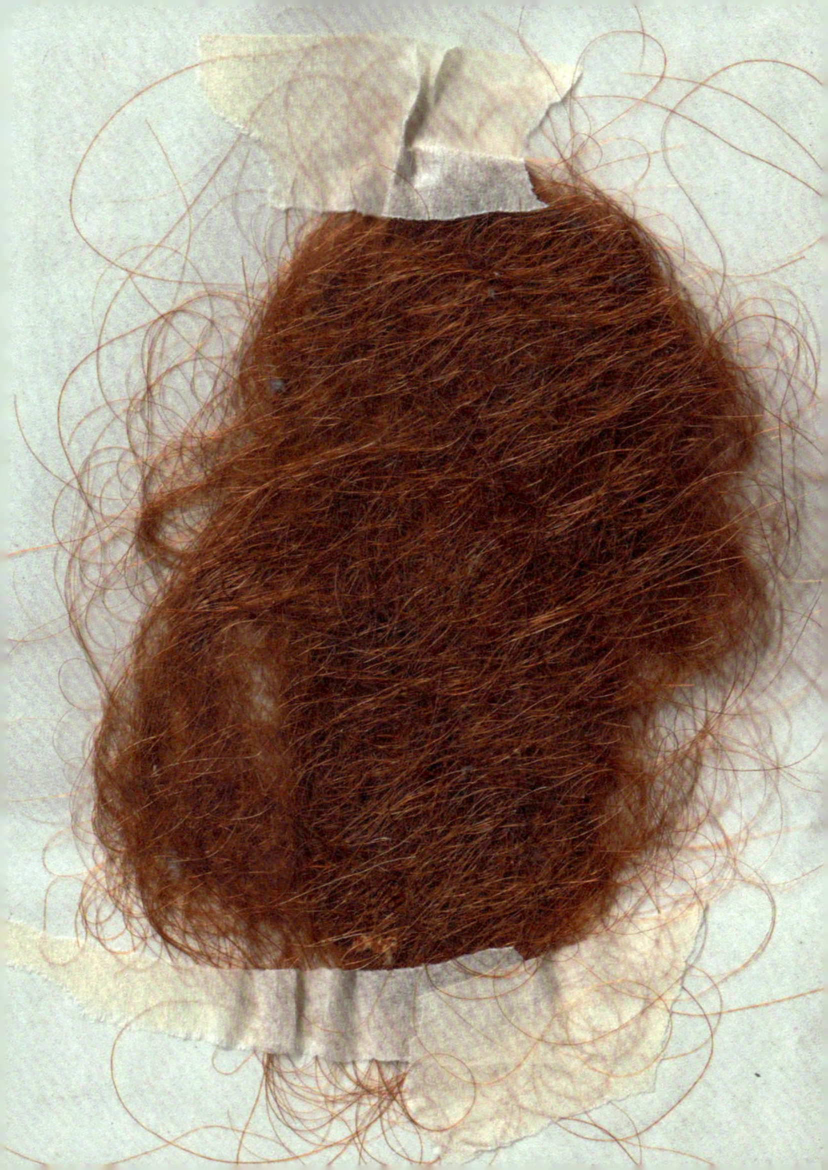

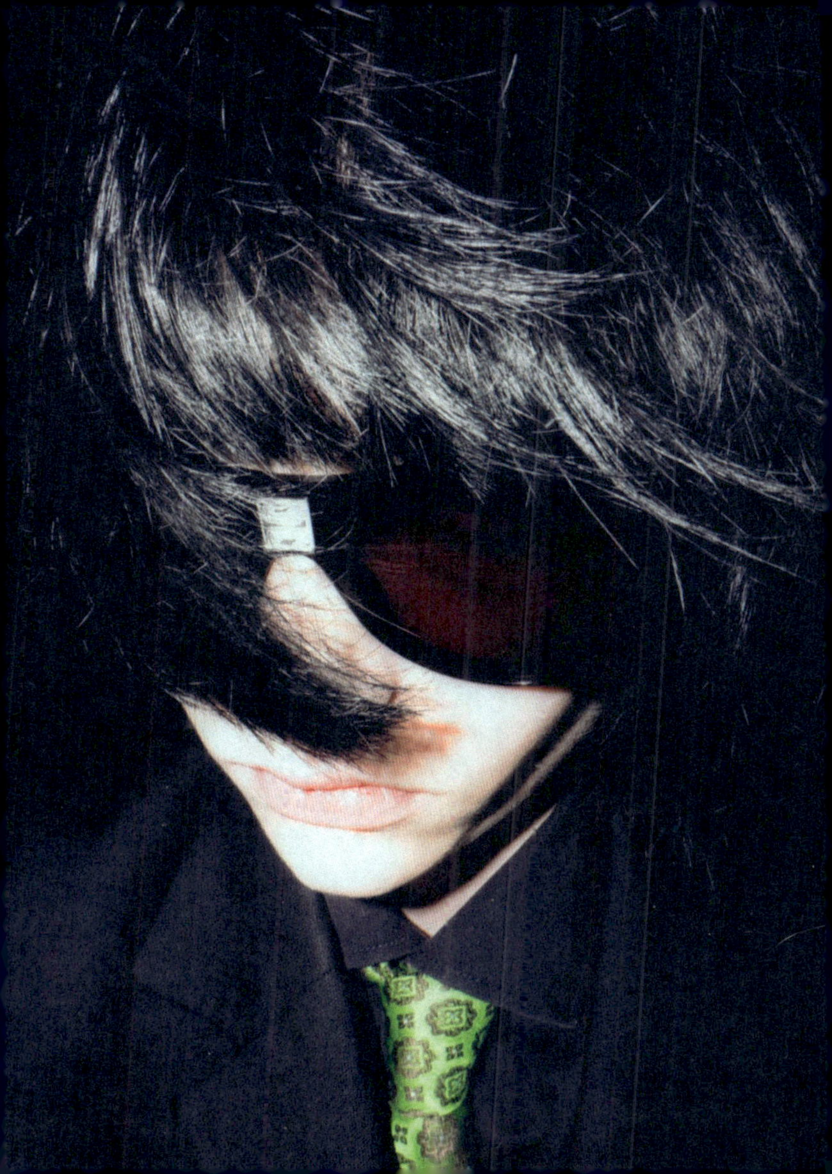

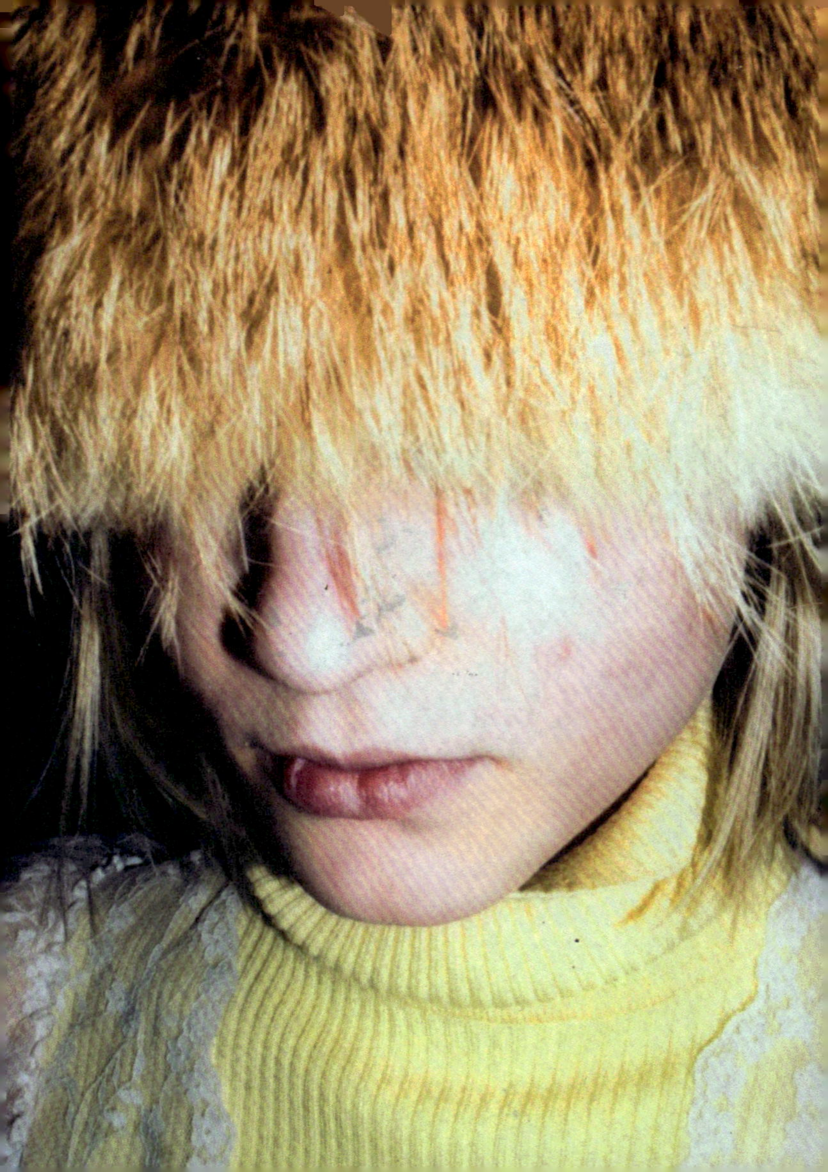

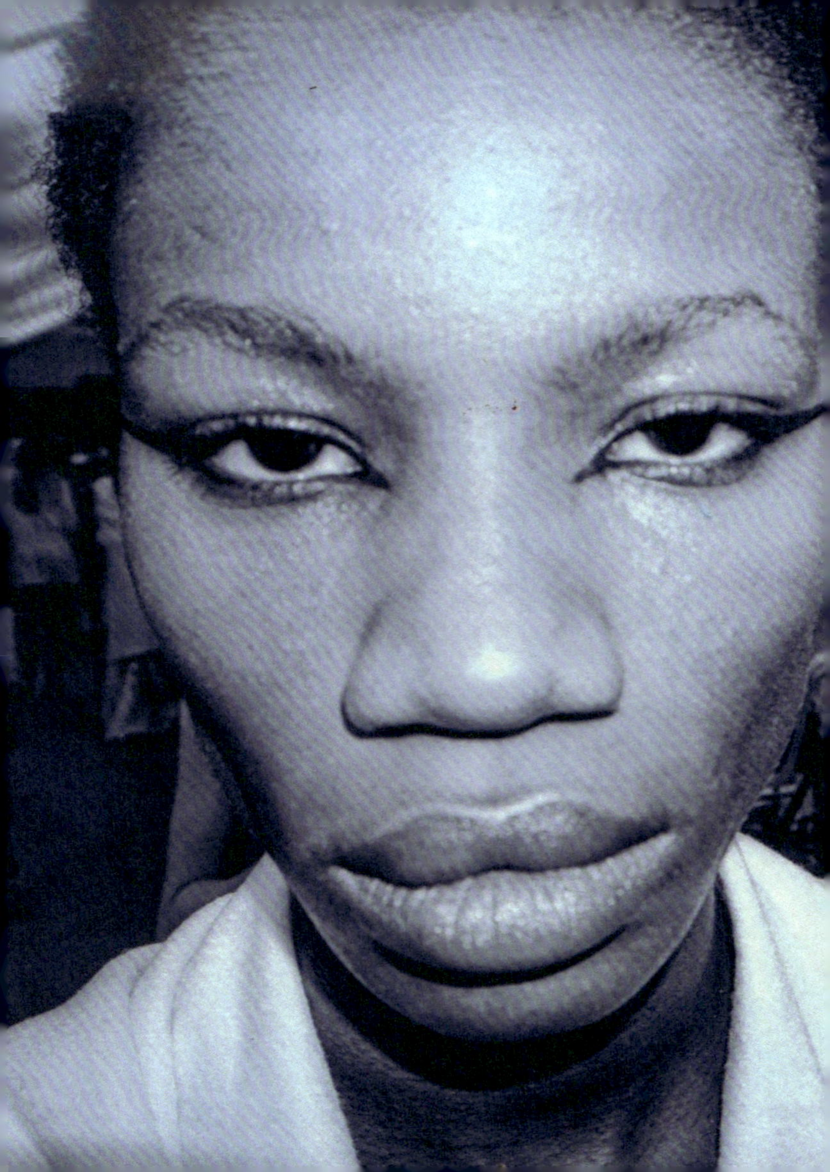

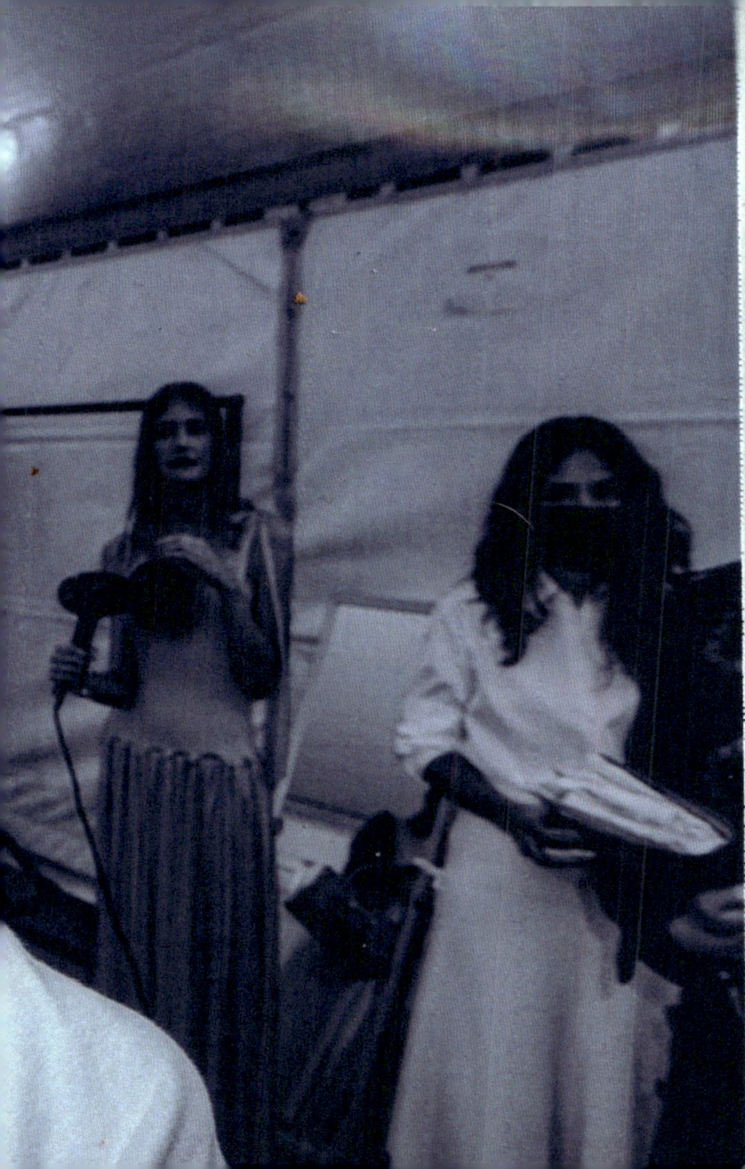

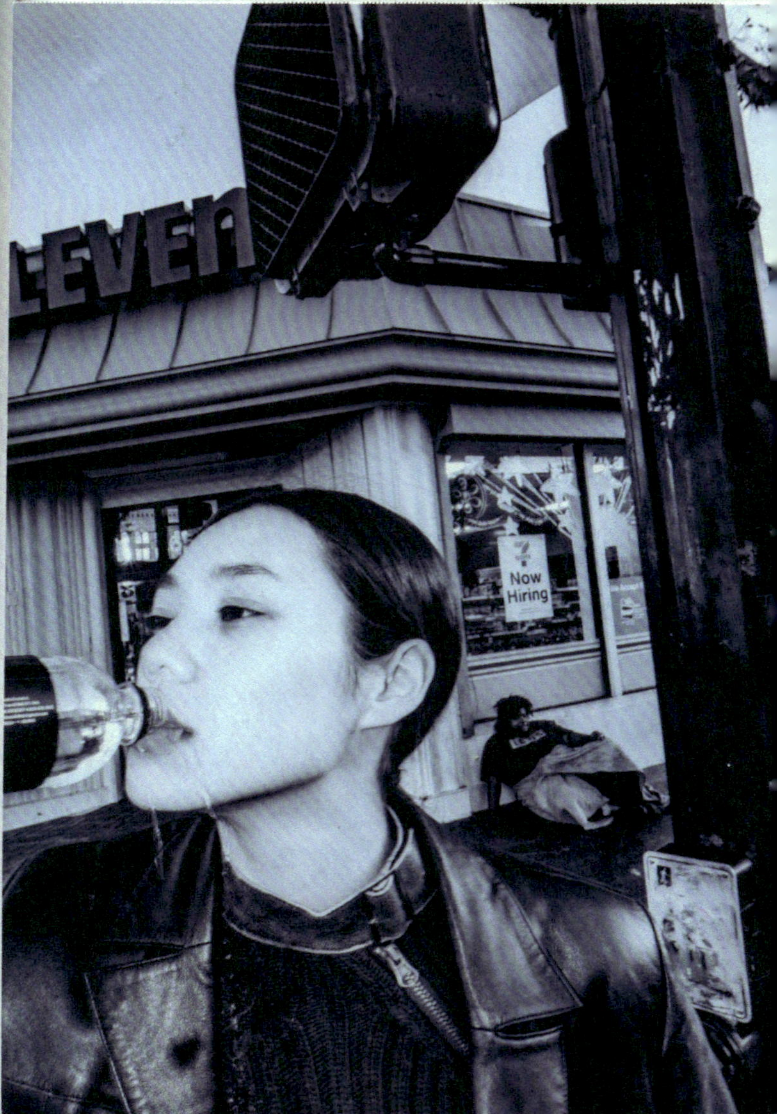
LEVEN
Now Hiring

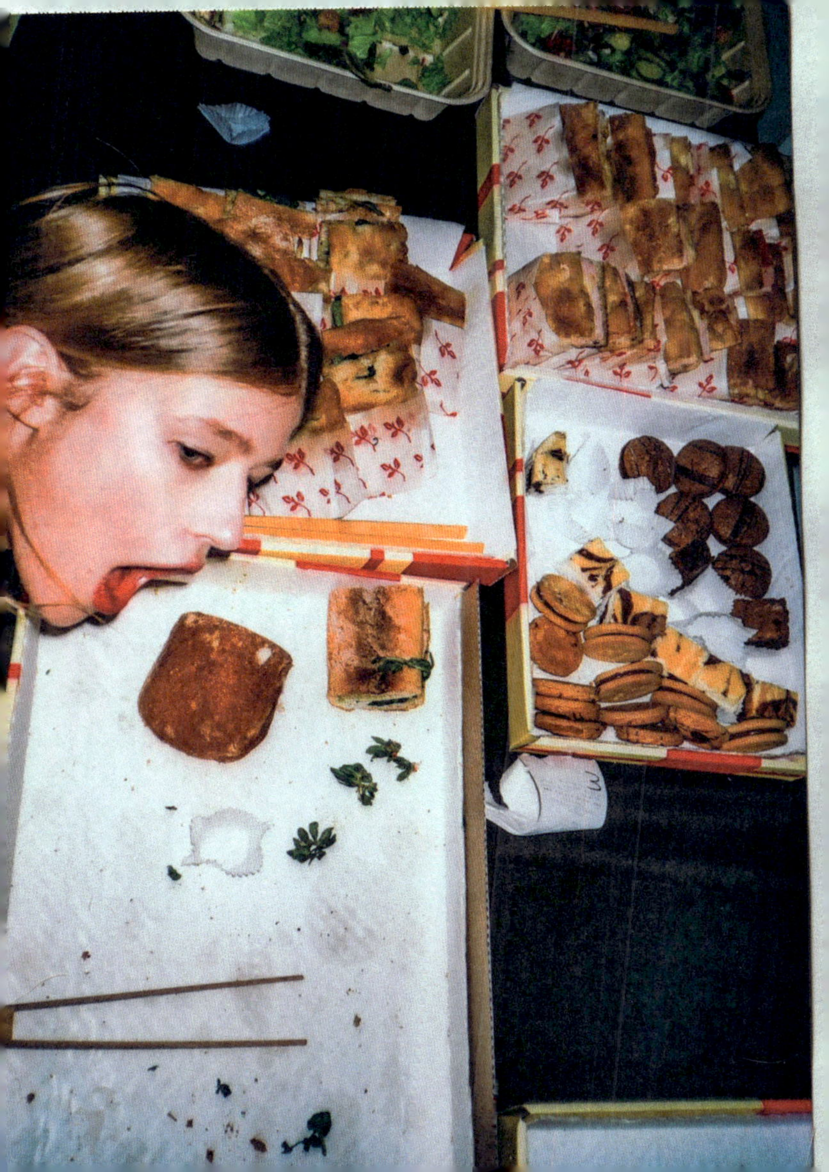

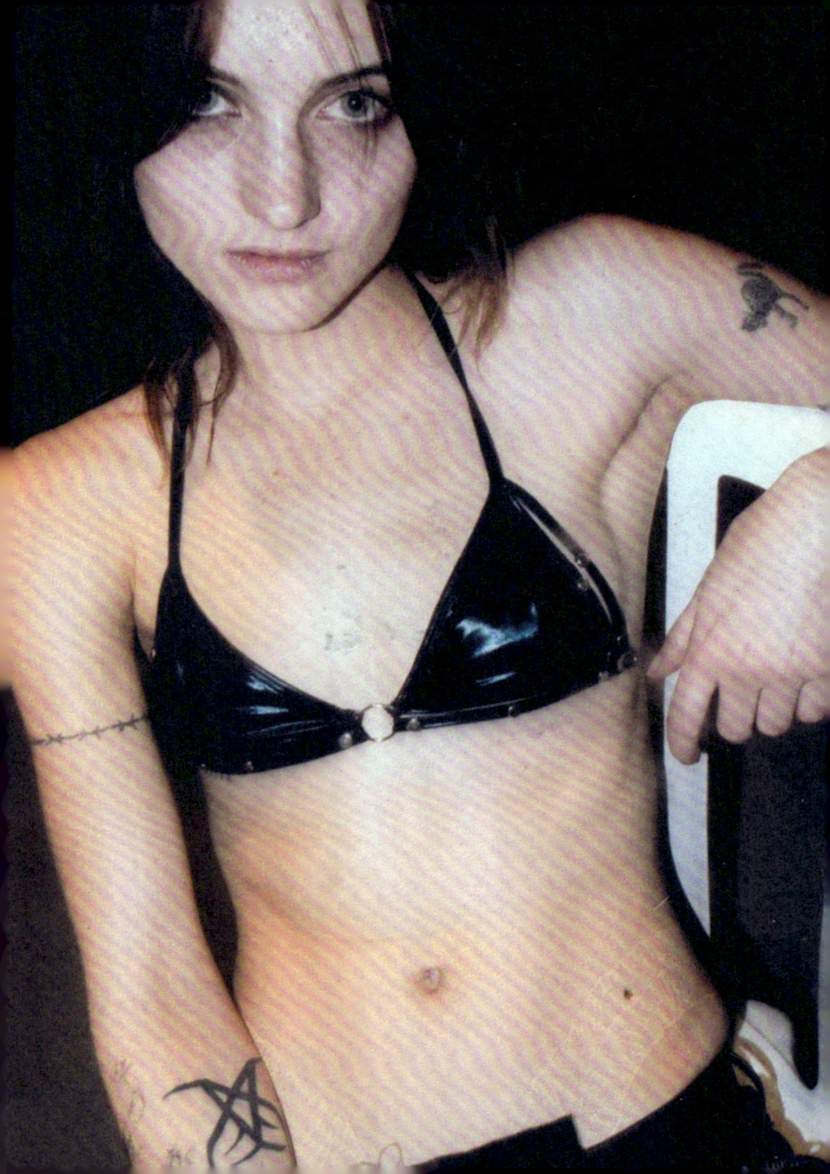

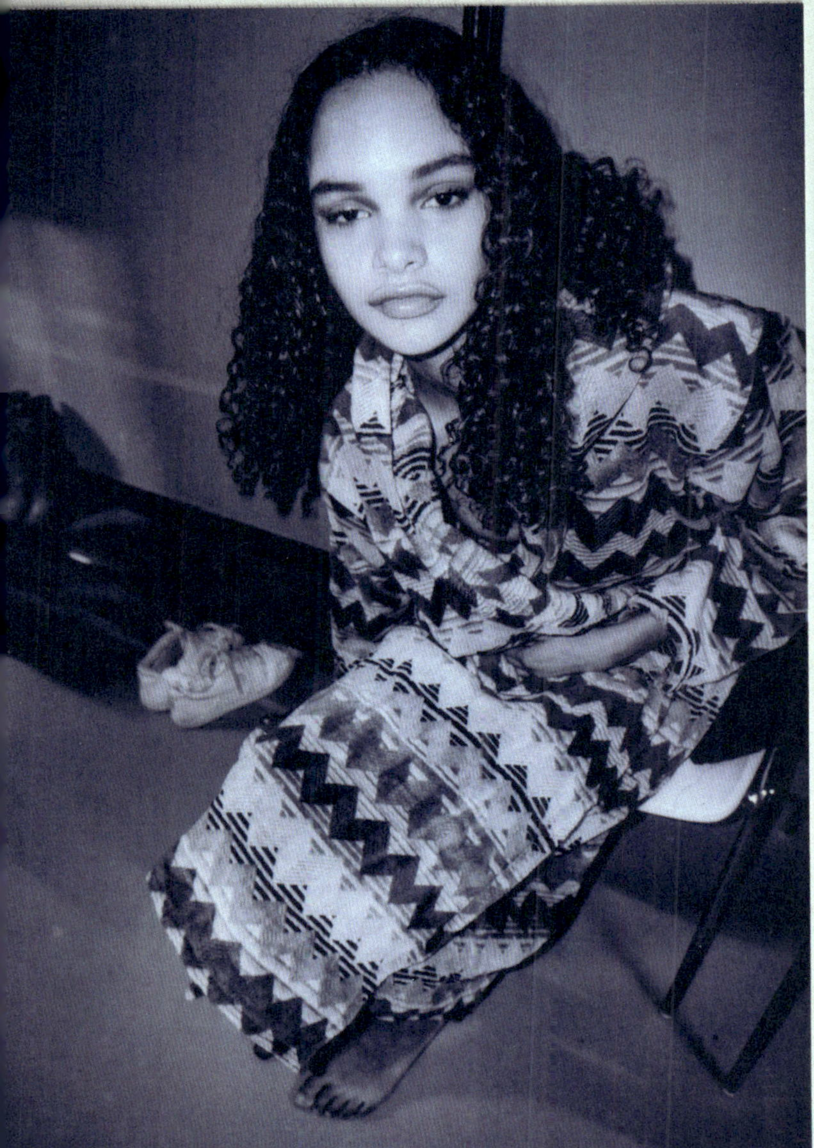

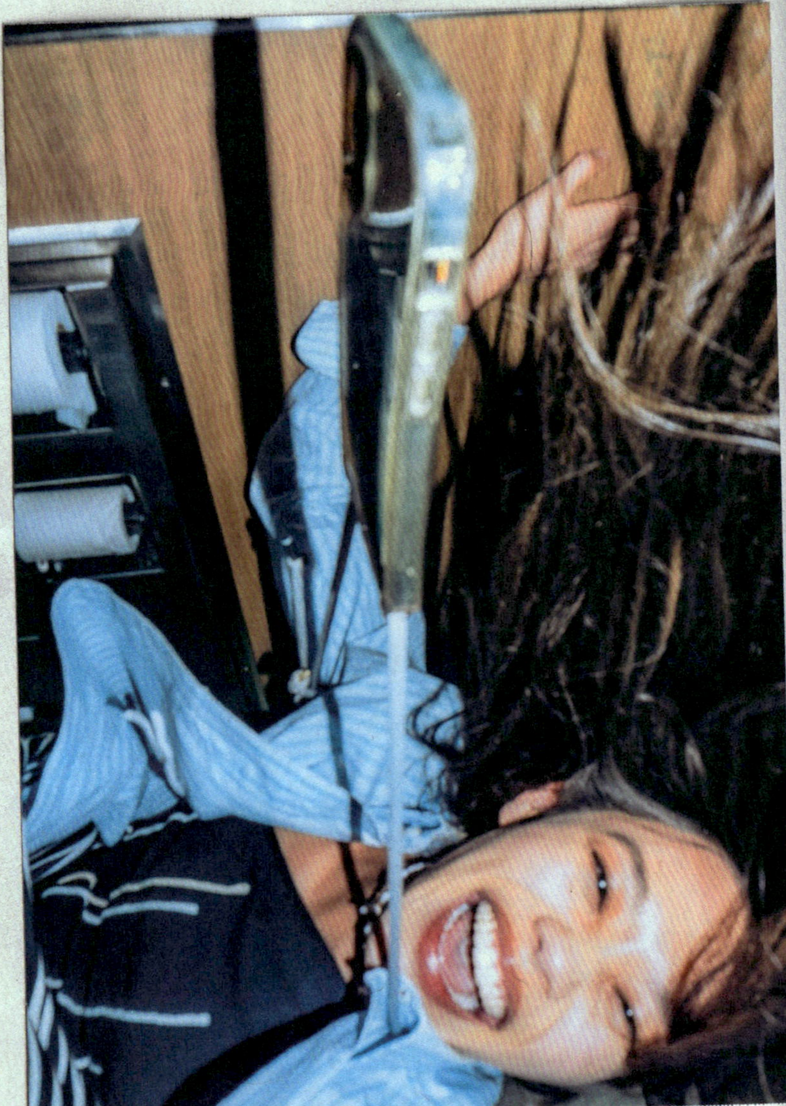

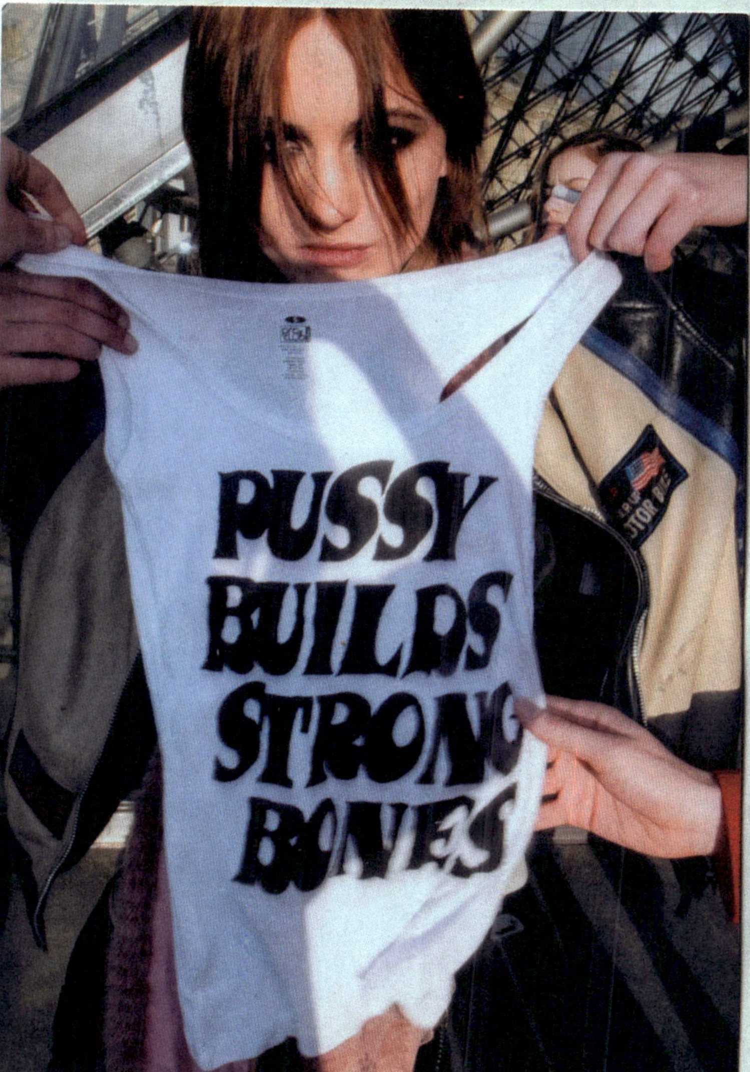
PUSSY
BUILDS
STRONG
BONES

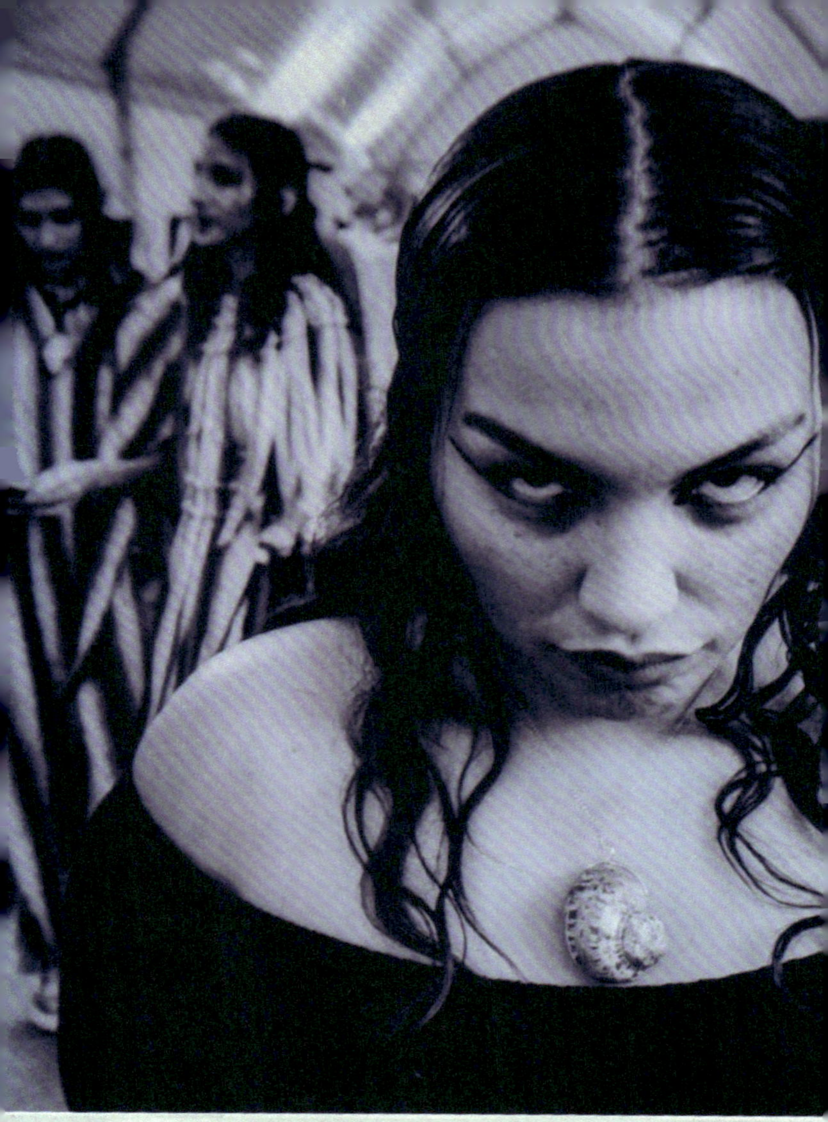

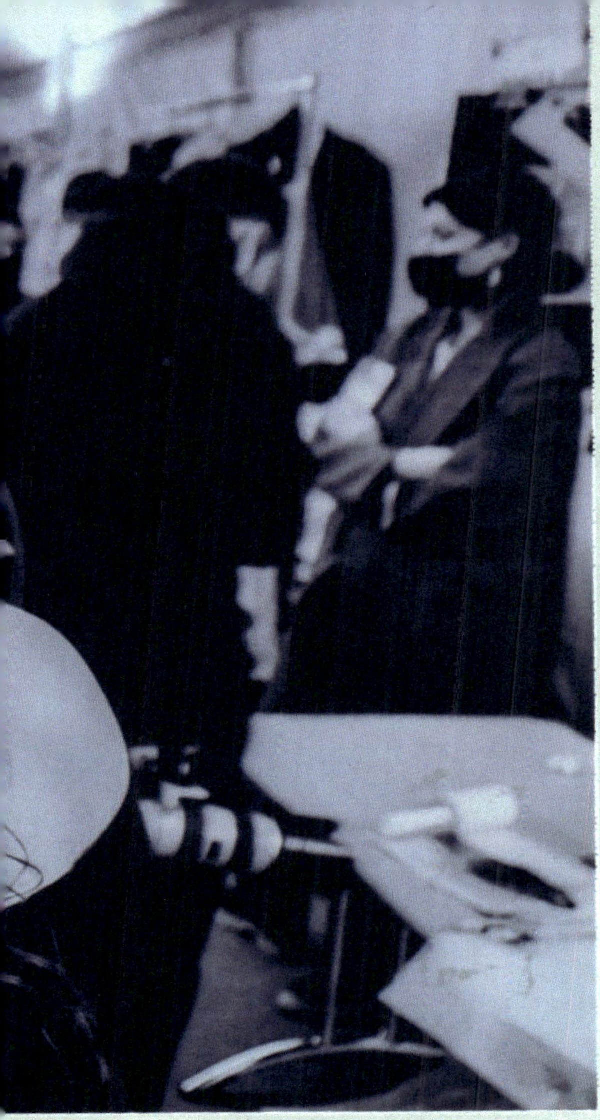

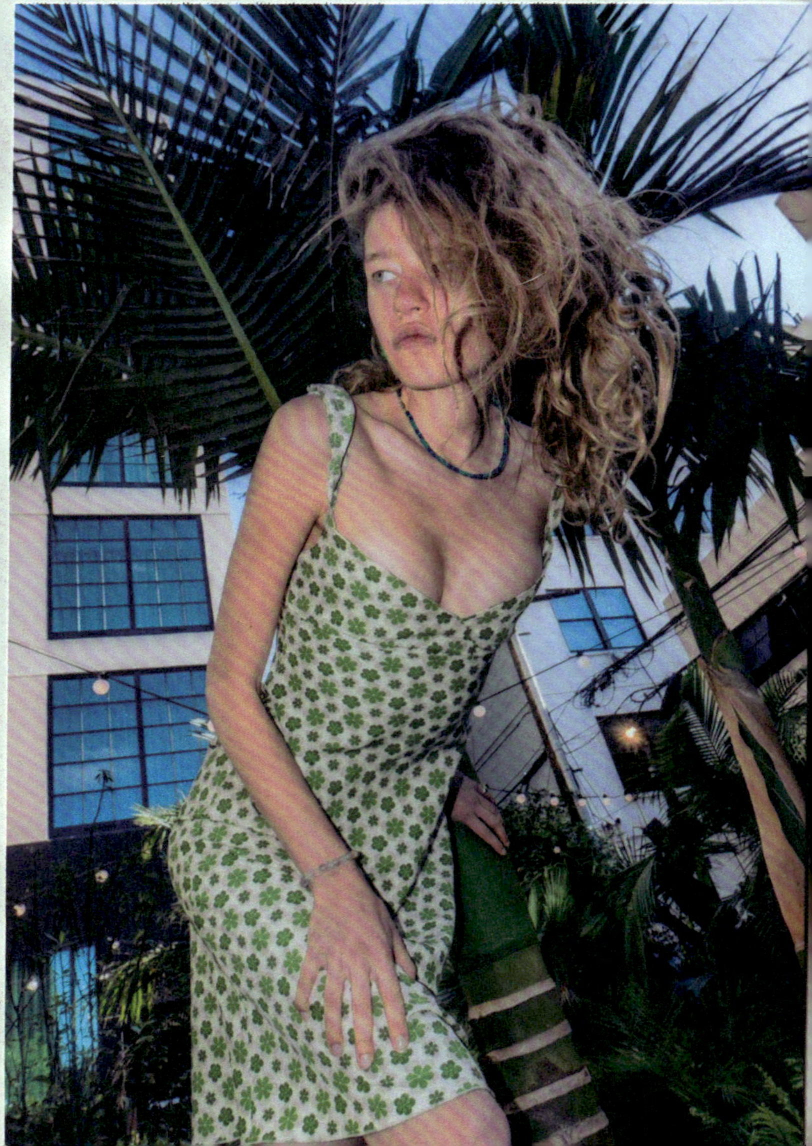

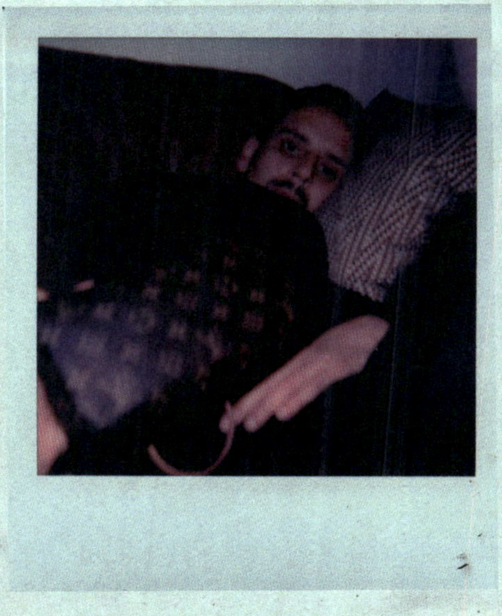

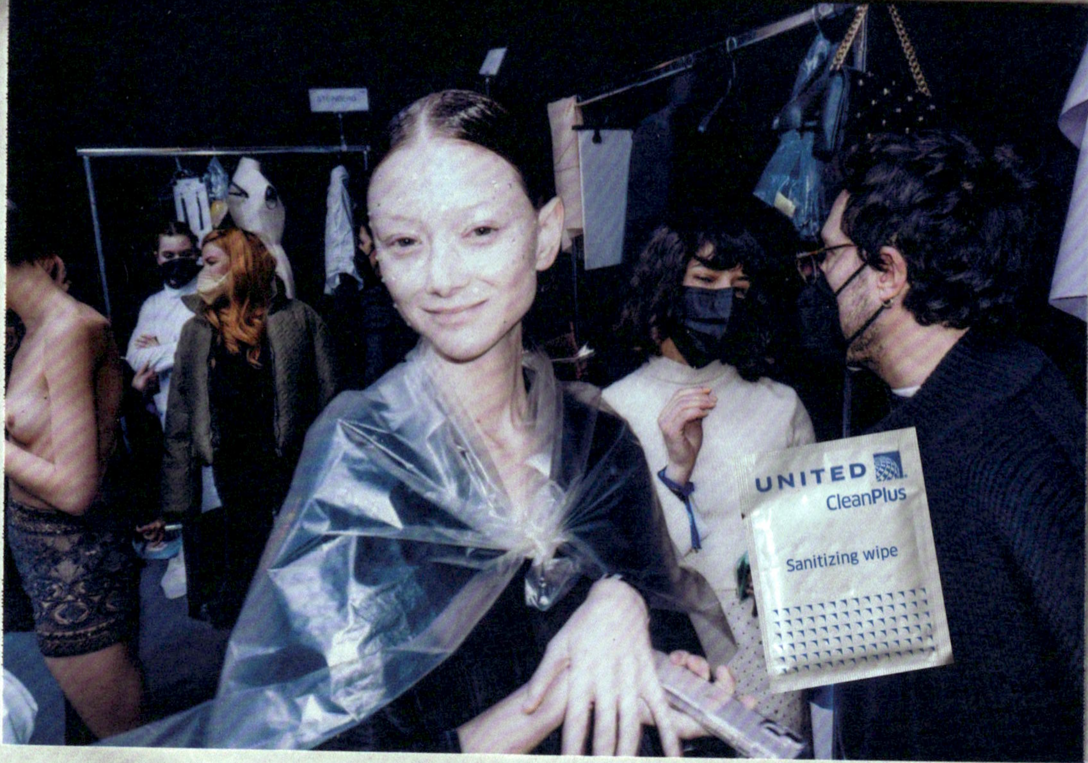
UNITED
CleanPlus
Sanitizing wipe

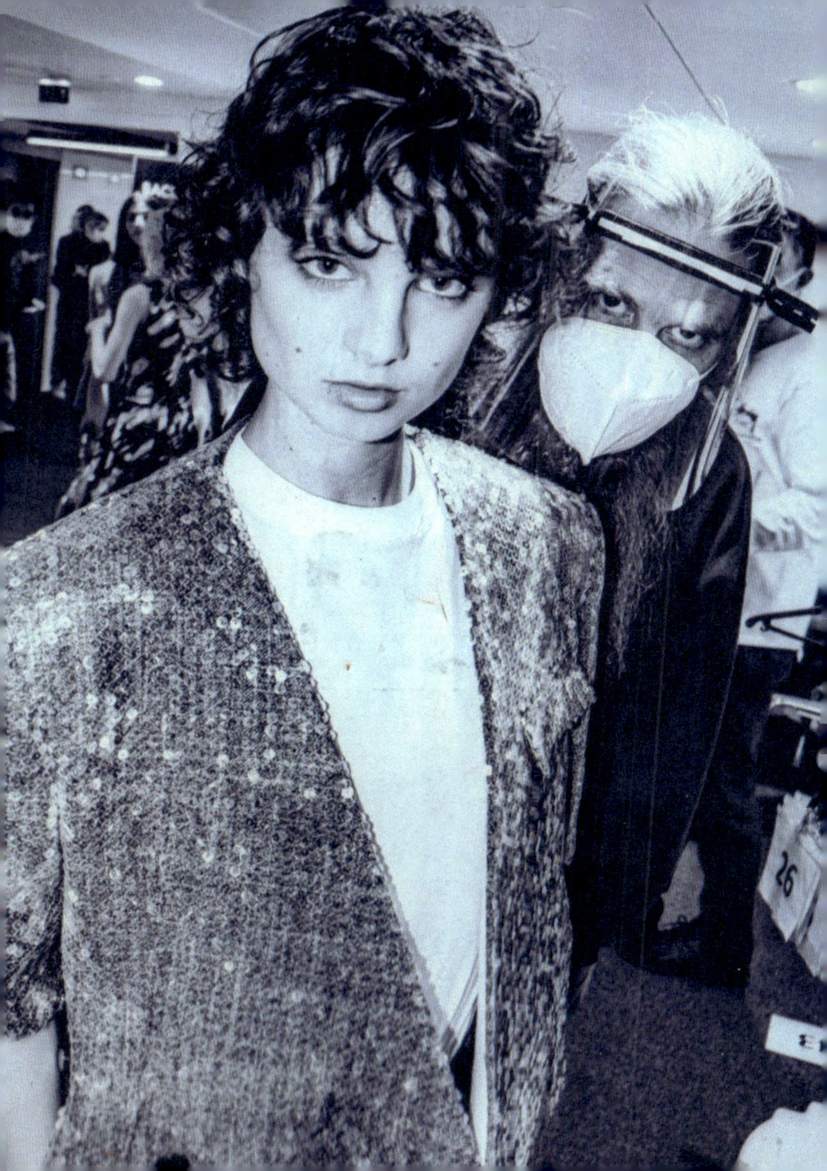
26

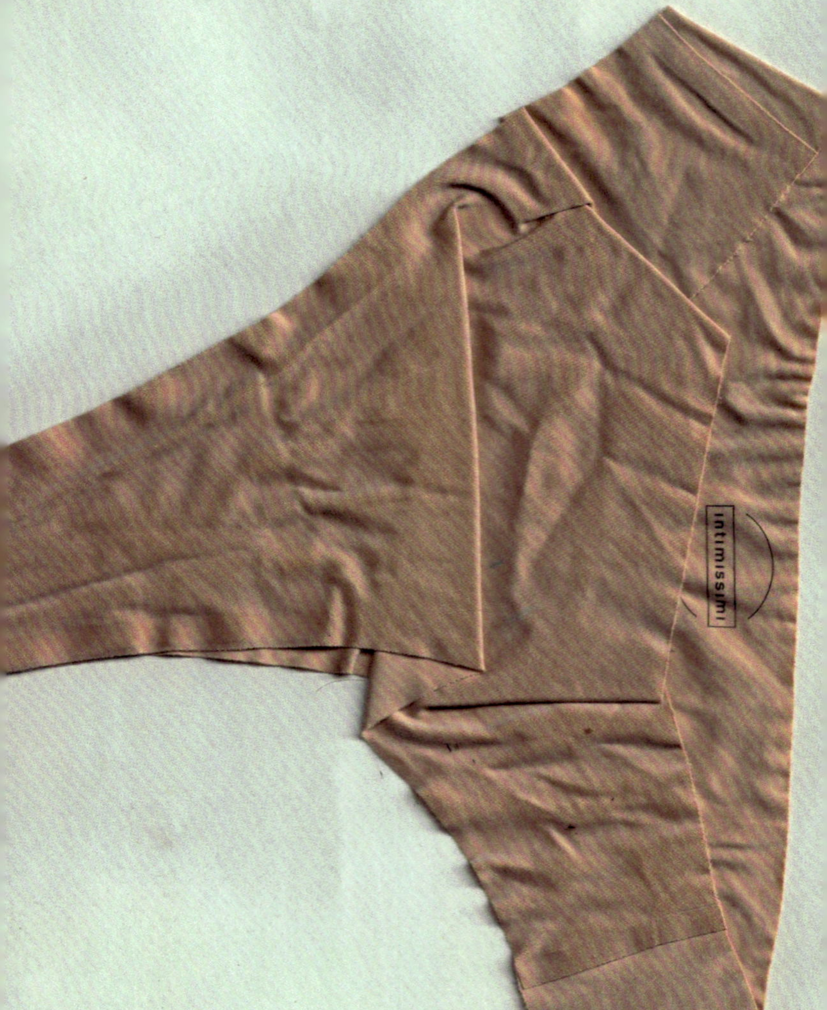
intimissimi

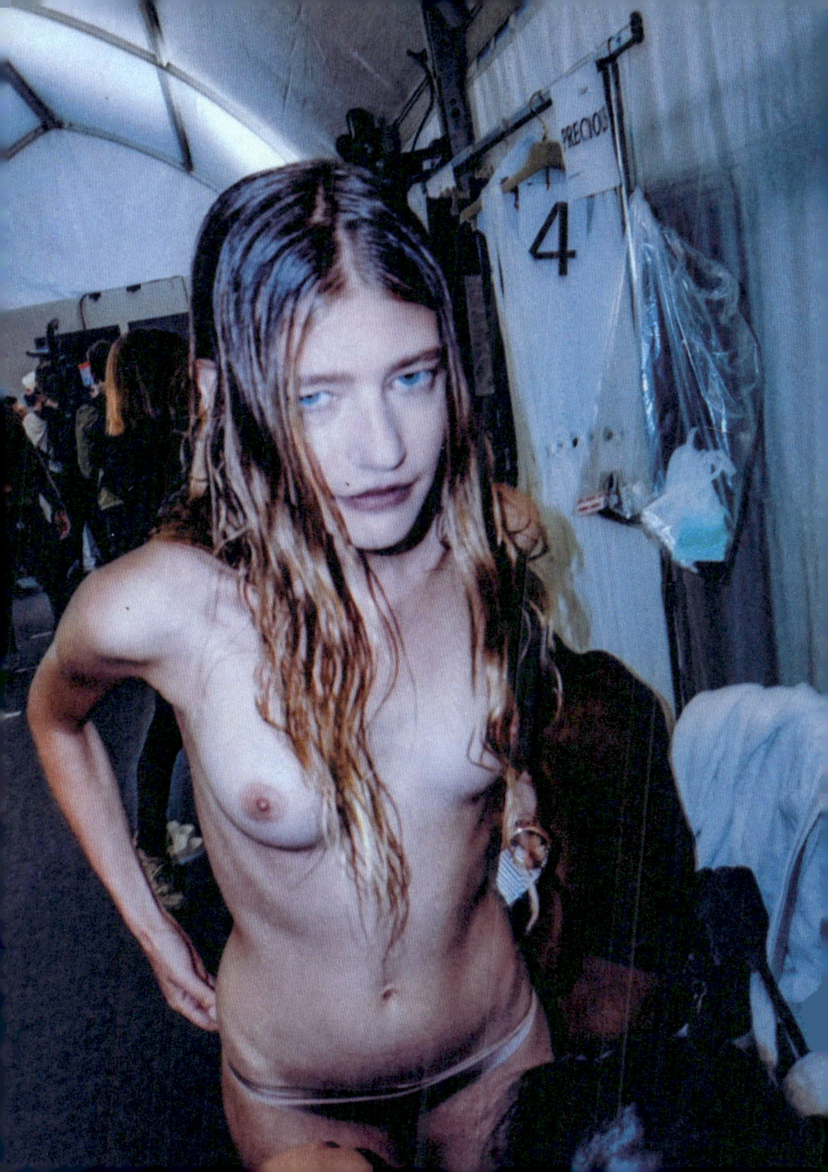
4

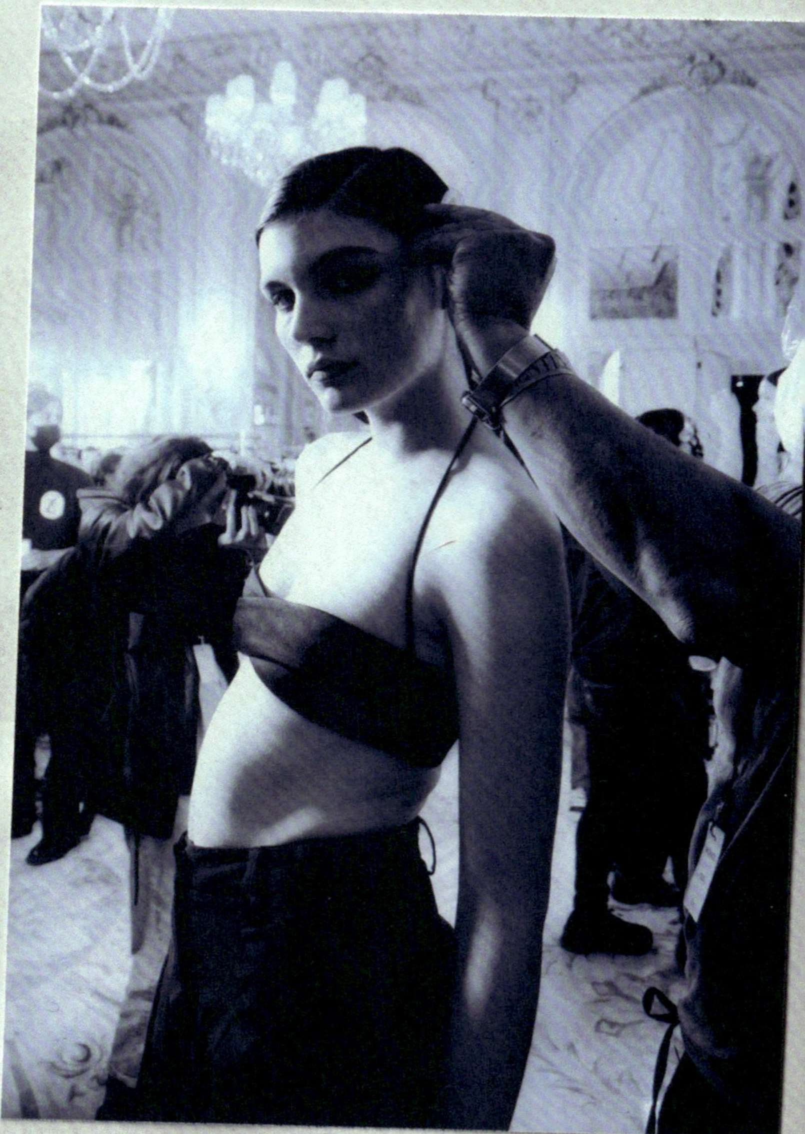

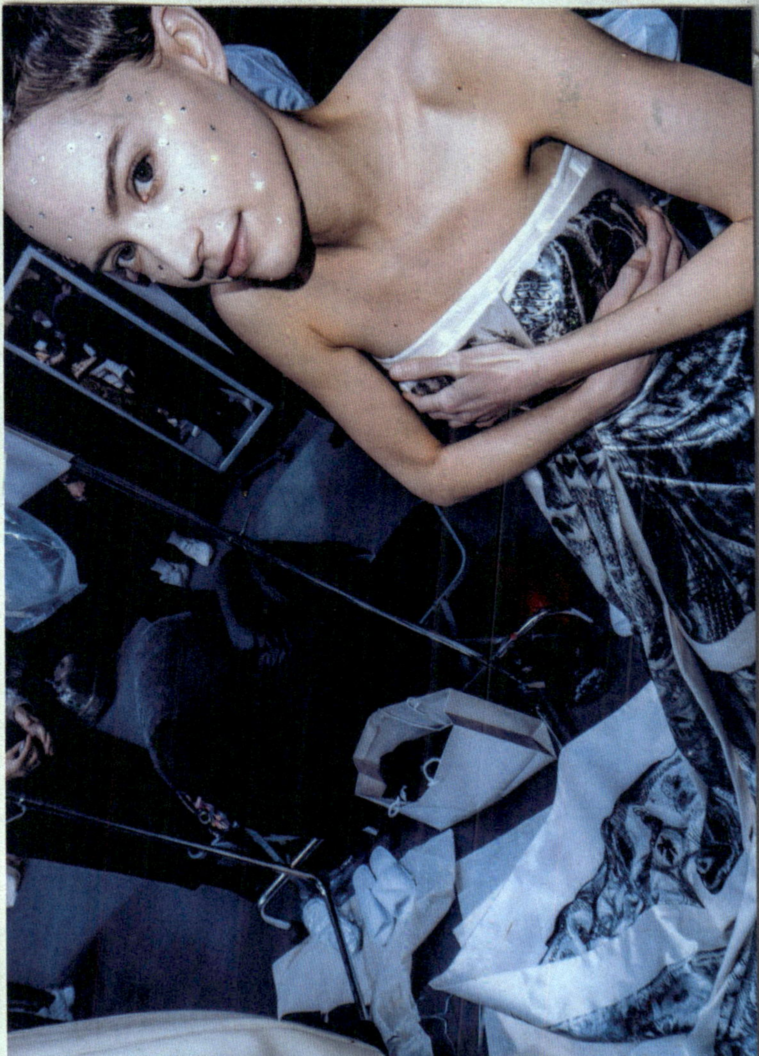

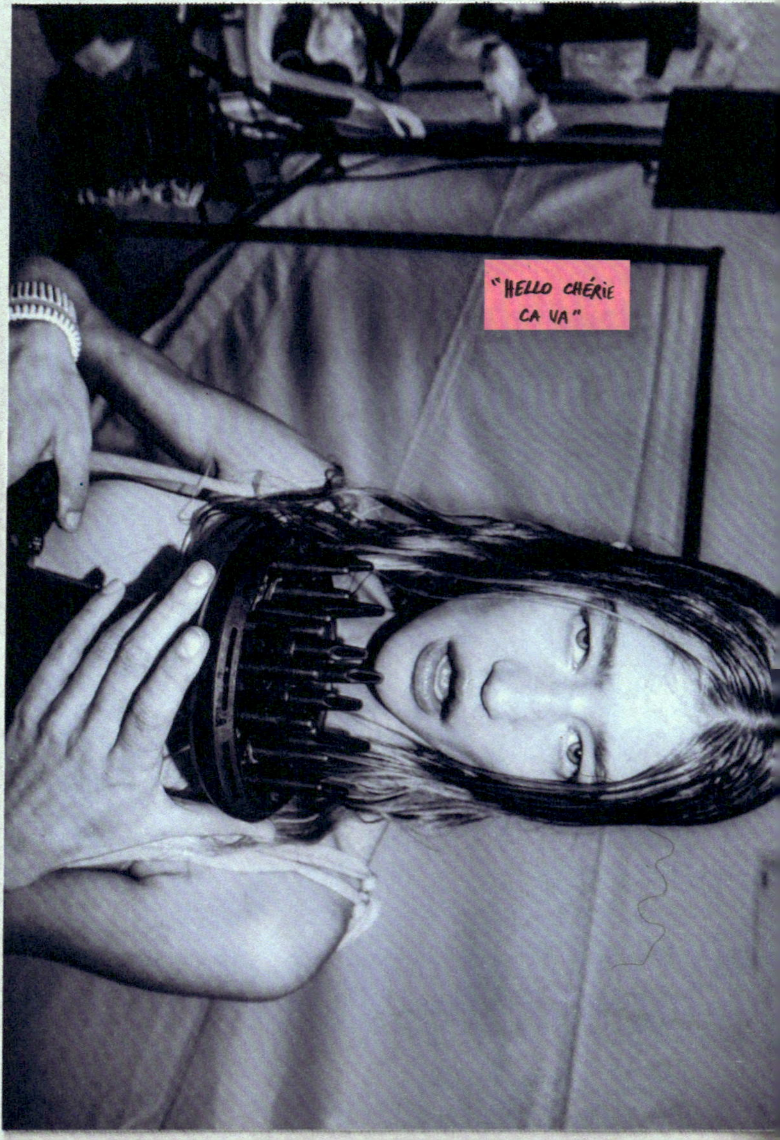
"HELLO CHÉRIE
CA VA"

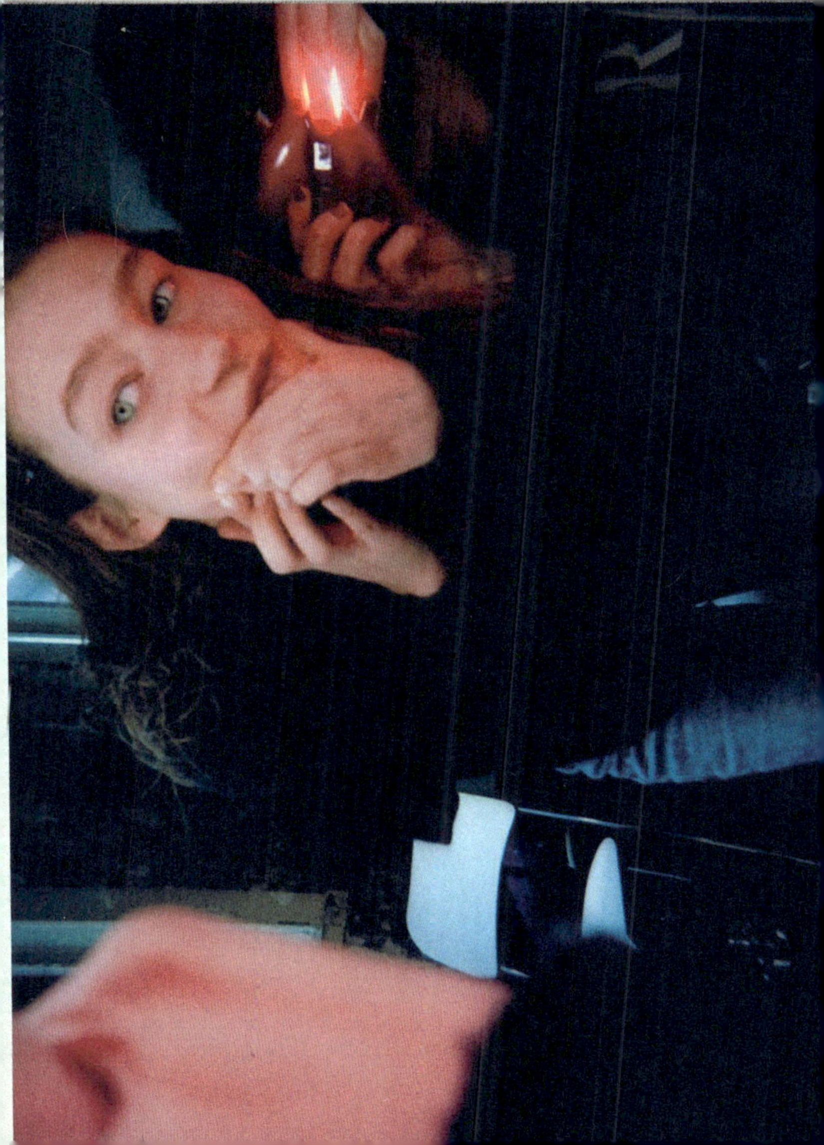

MARDI 16 NOVEMBRE 2021

EN ALLANT AU STUDIO ROUCHON SHOOTER UNE SORTE DE CAMPAGNE LV.

HIER SOIR J'AI FAIS UNE ÉNORME CRISE. ÇA A COMMENCÉ DANS LE TAXI. ENSUITE, JE SUIS ARRIVÉE À L'HOTEL ET JE ME SUIS DIRECT ENDORMIE. J'AI PLEURÉ TELLEMENT FORT DE TRISTESSE D'ÊTRE DANS CET ÉTAT À 21 ANS. IL FAUT QUE J'ARRÊTE DE TRAVAILLER LA DEDANS. CES DERNIERS MOIS JE CHUTE AU FOND D'UN TROU.

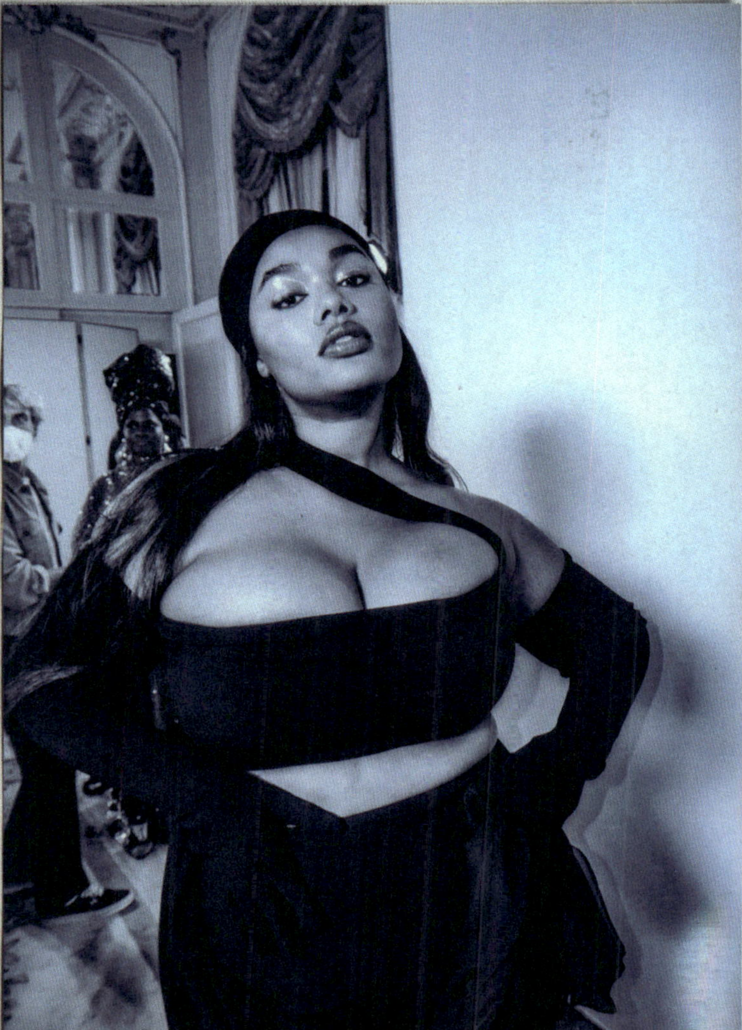

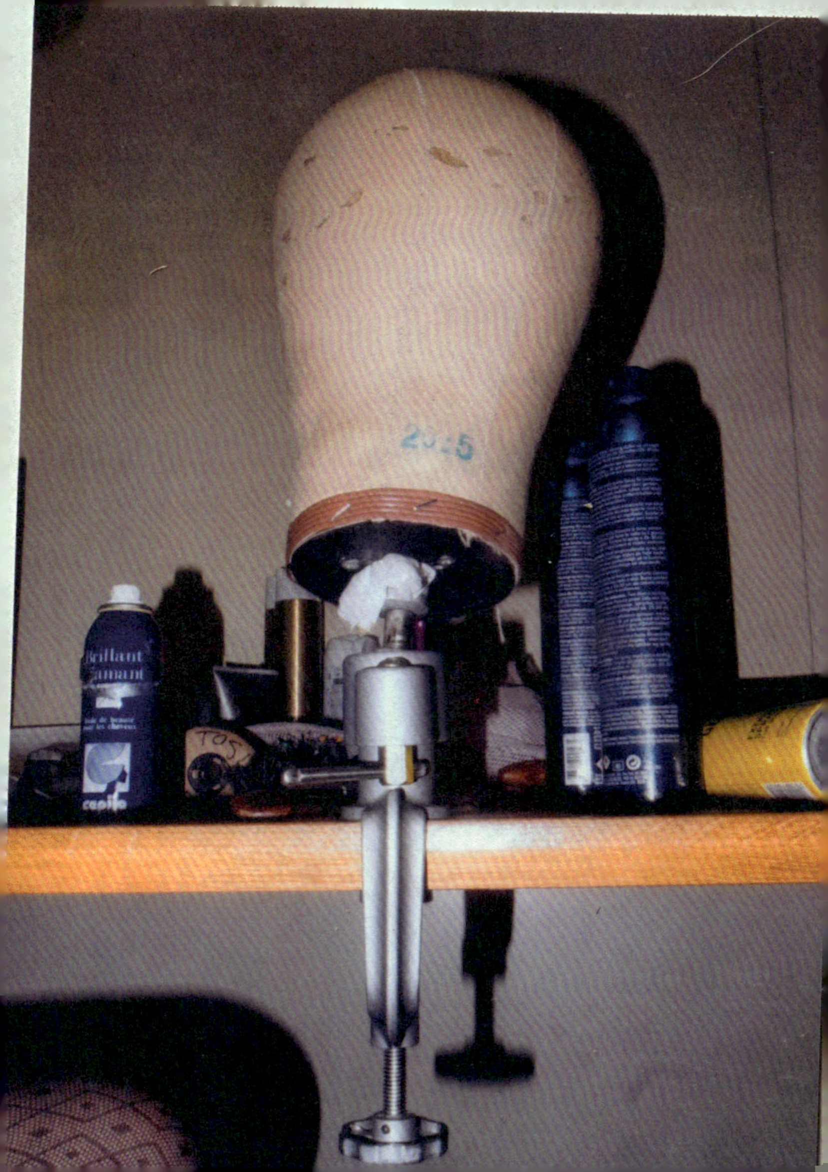
Brillant

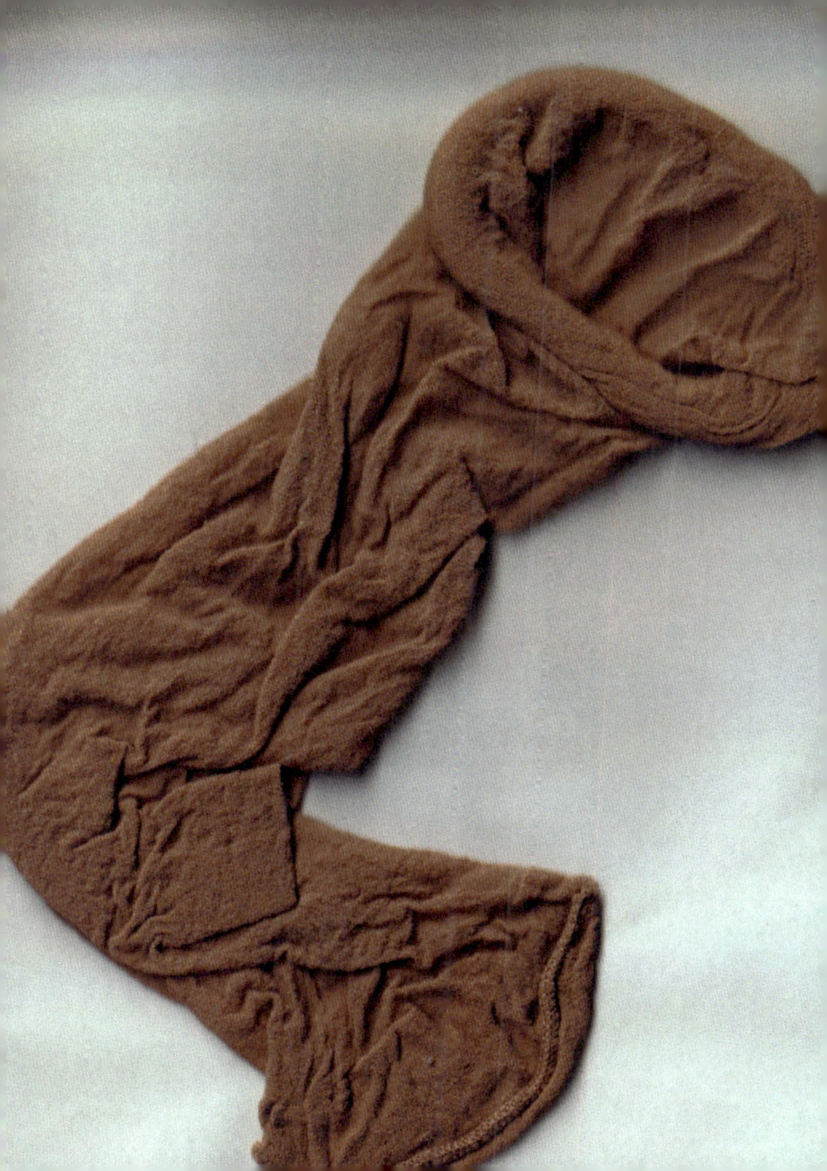

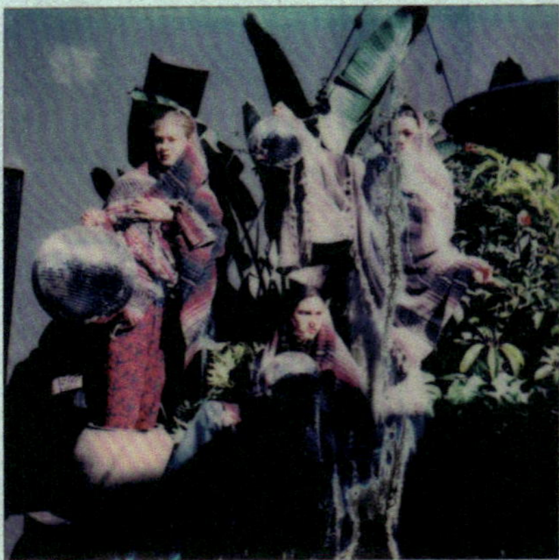

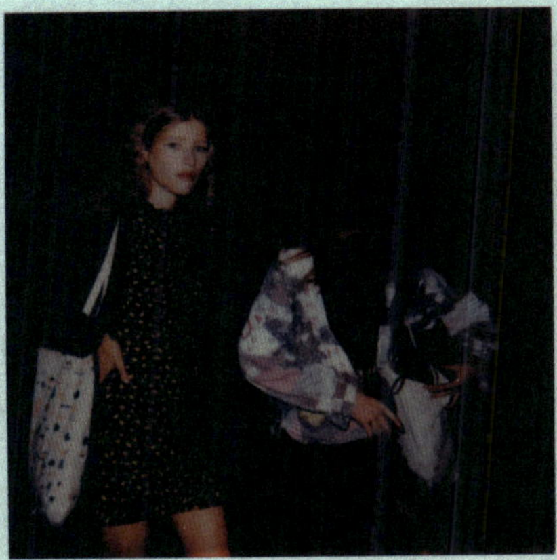

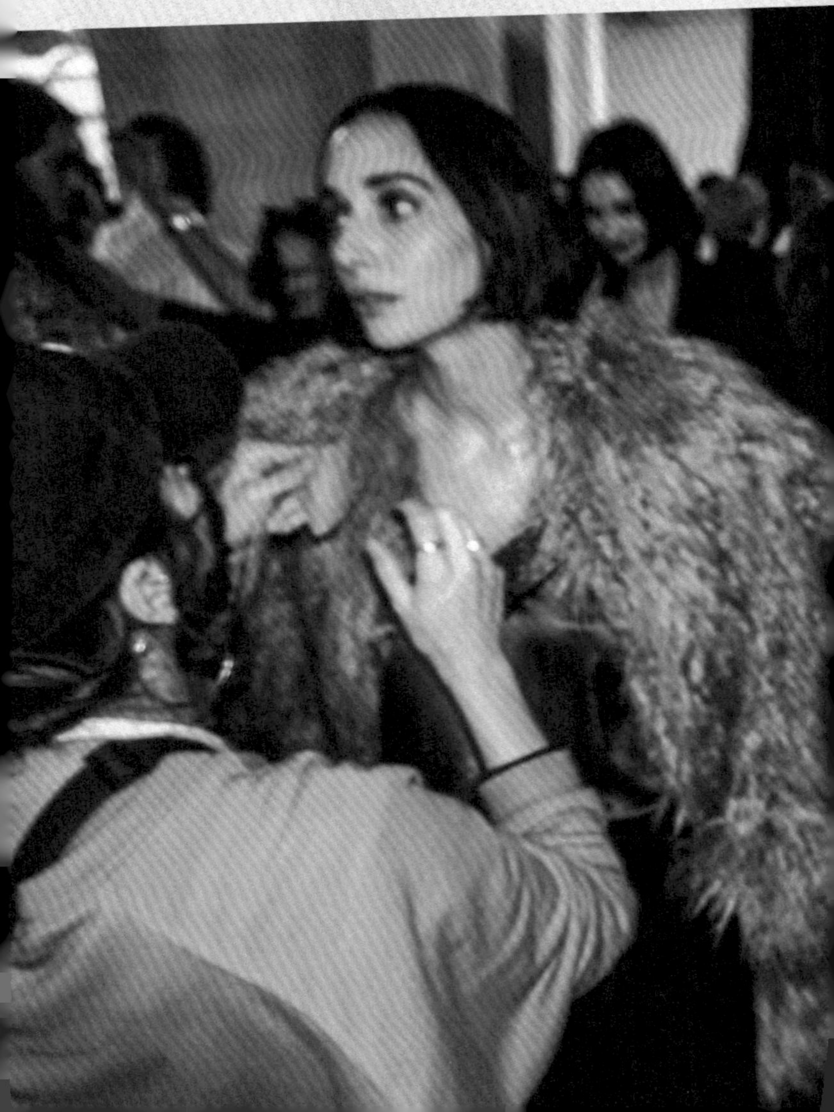

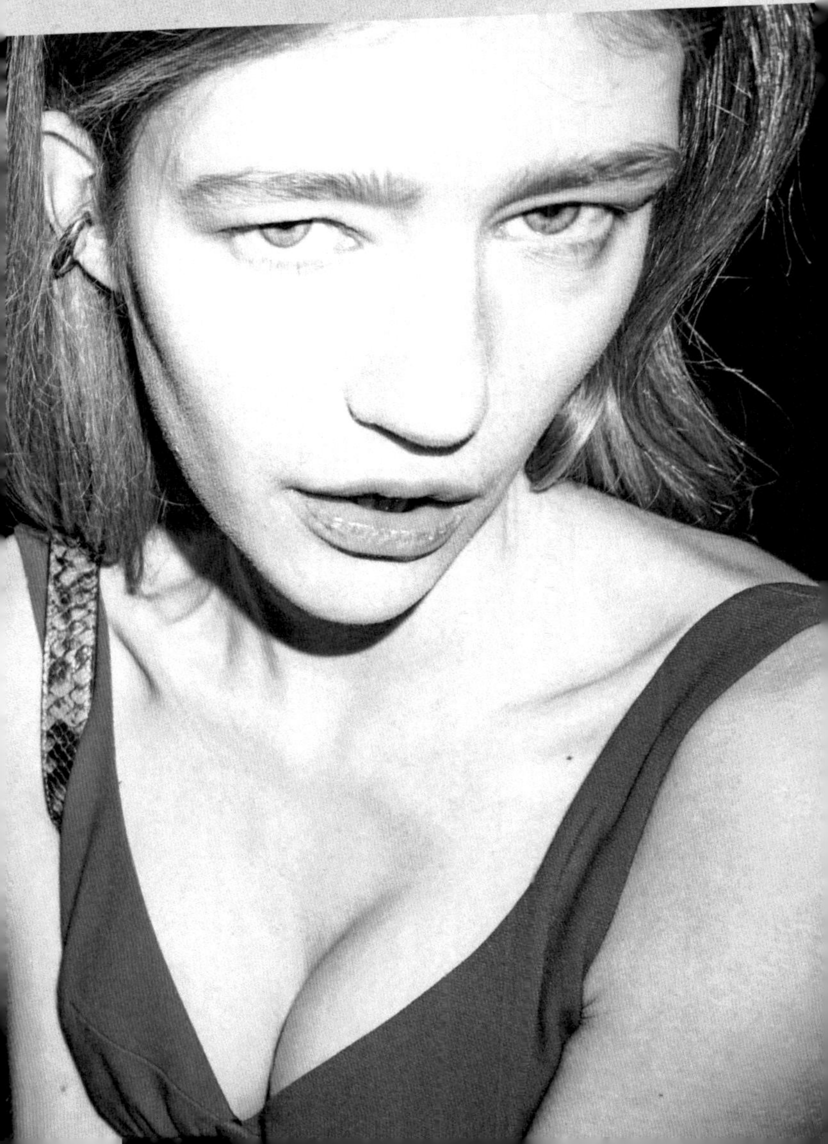

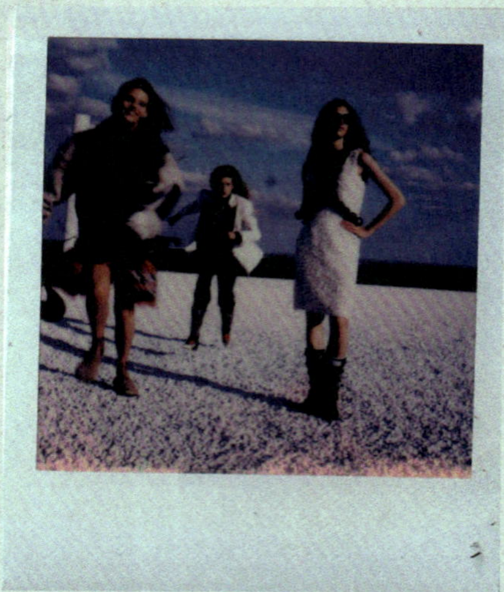

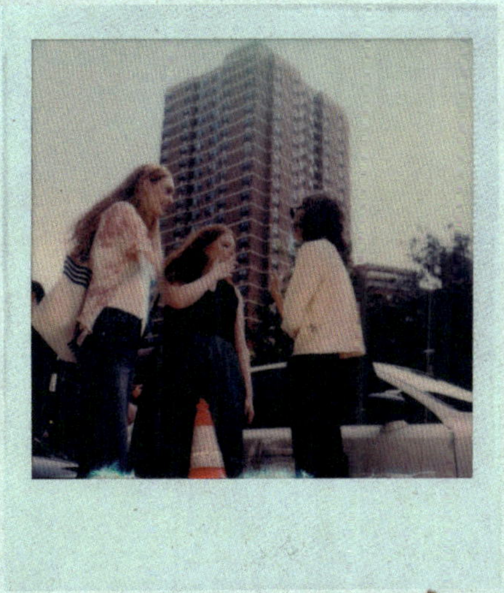

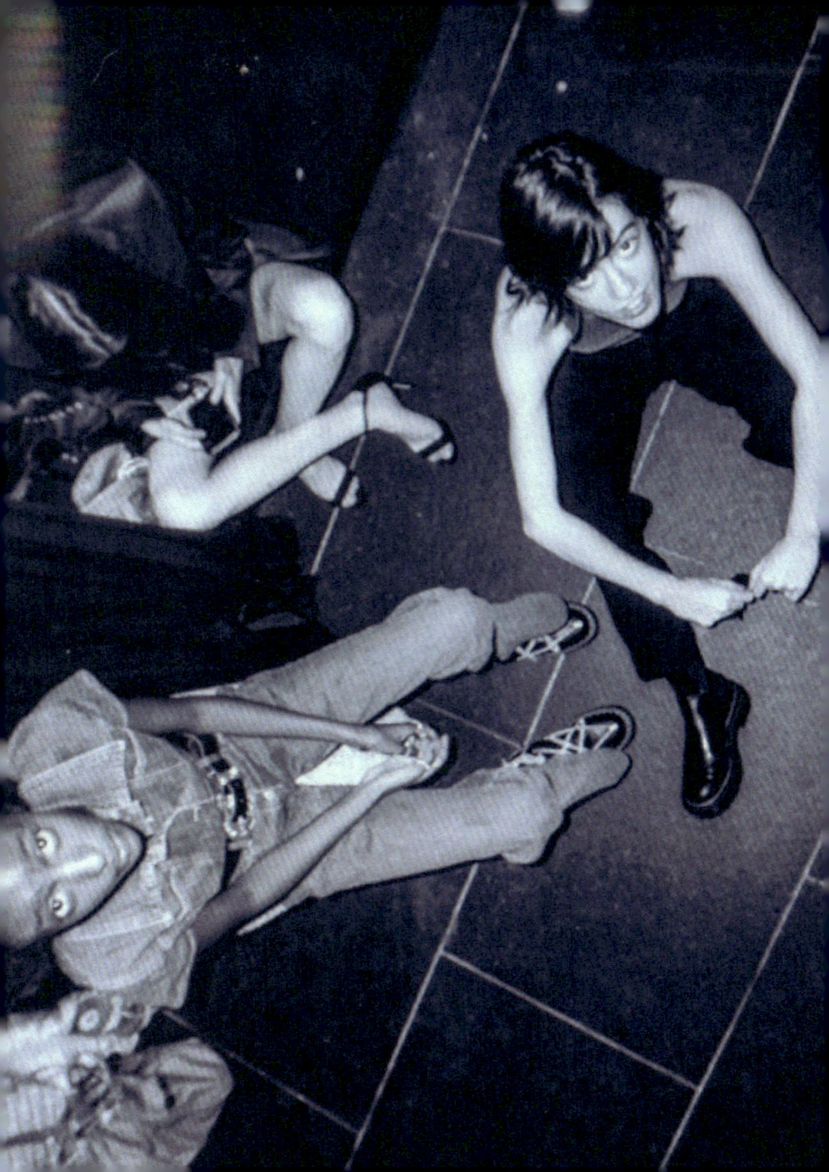

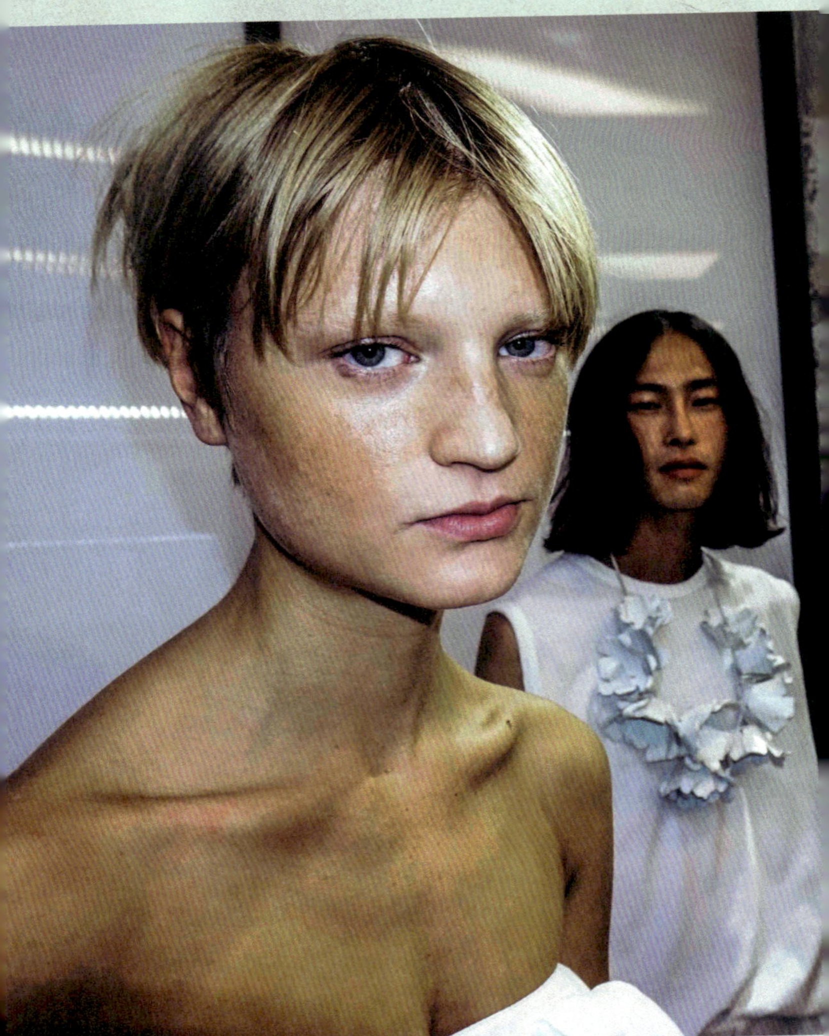

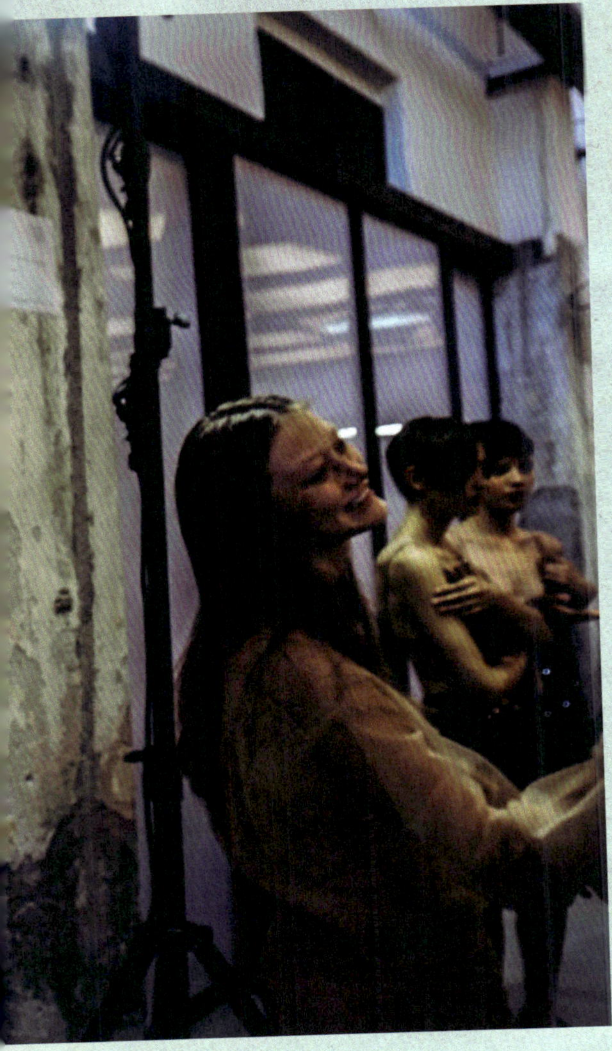

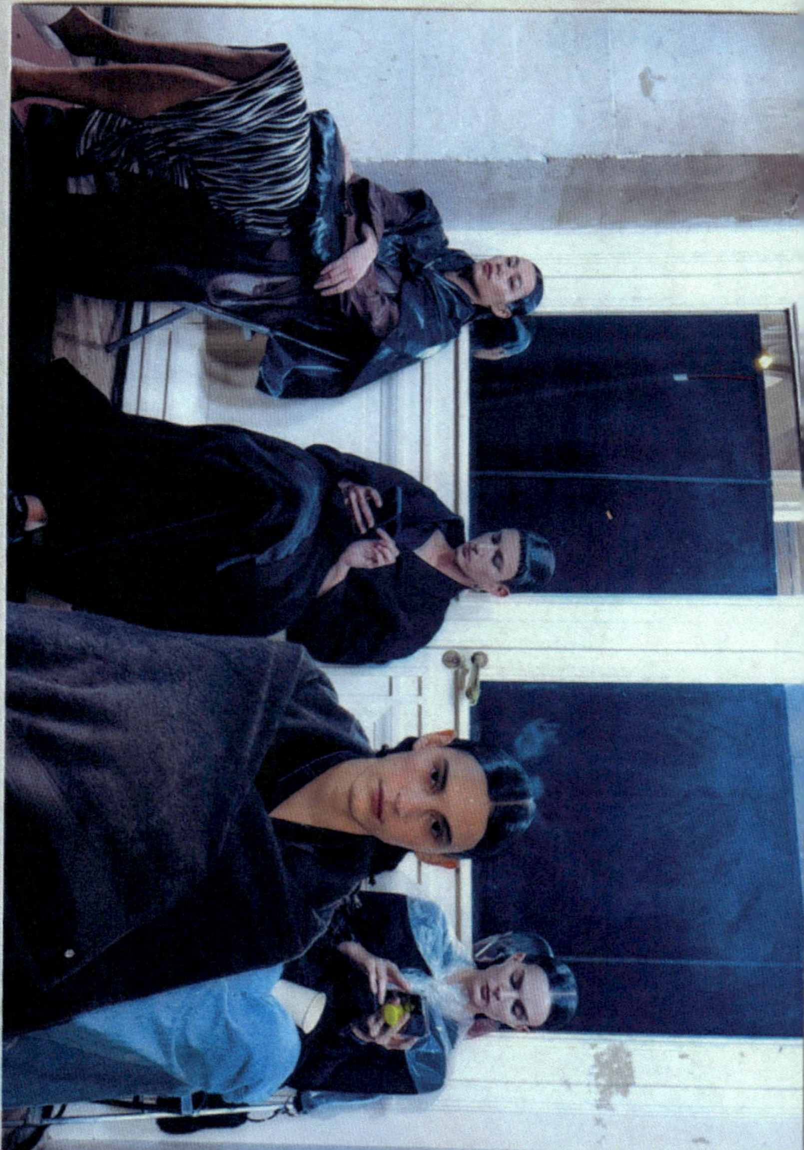

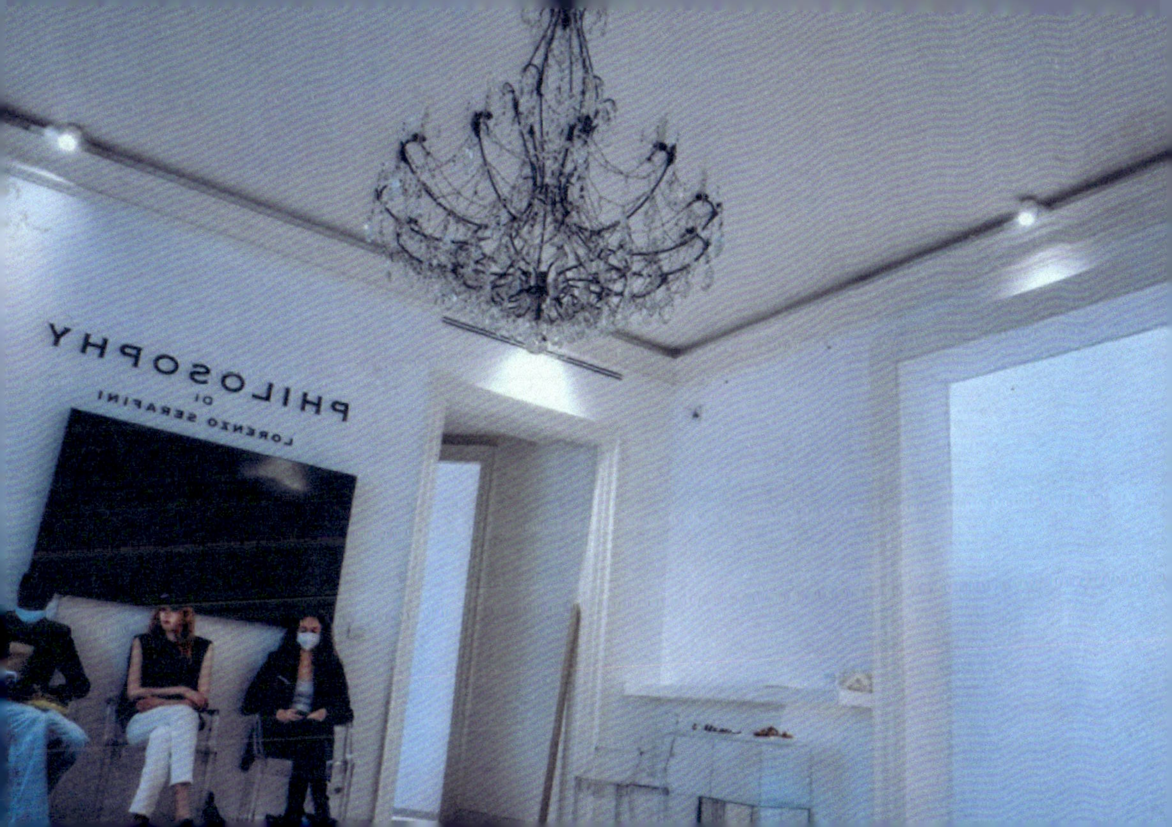
PHILOSOPHY
DI
LORENZO SERAFINI

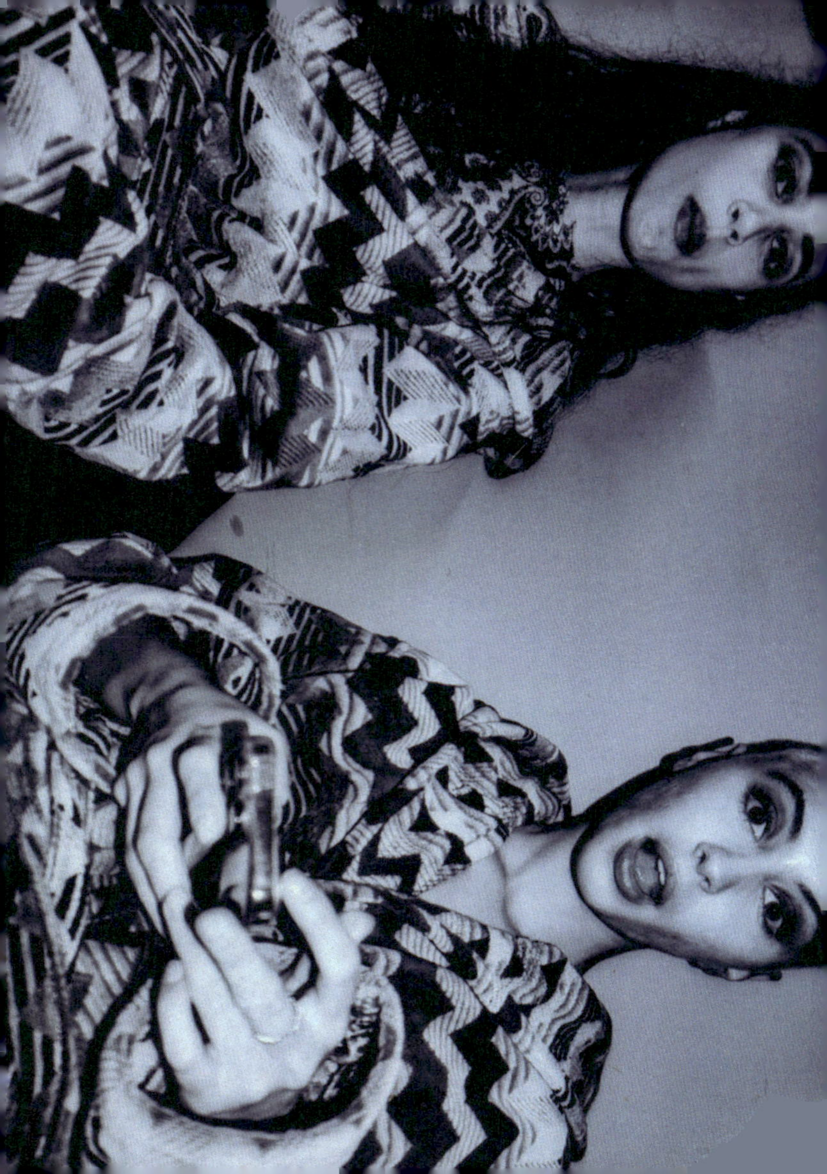

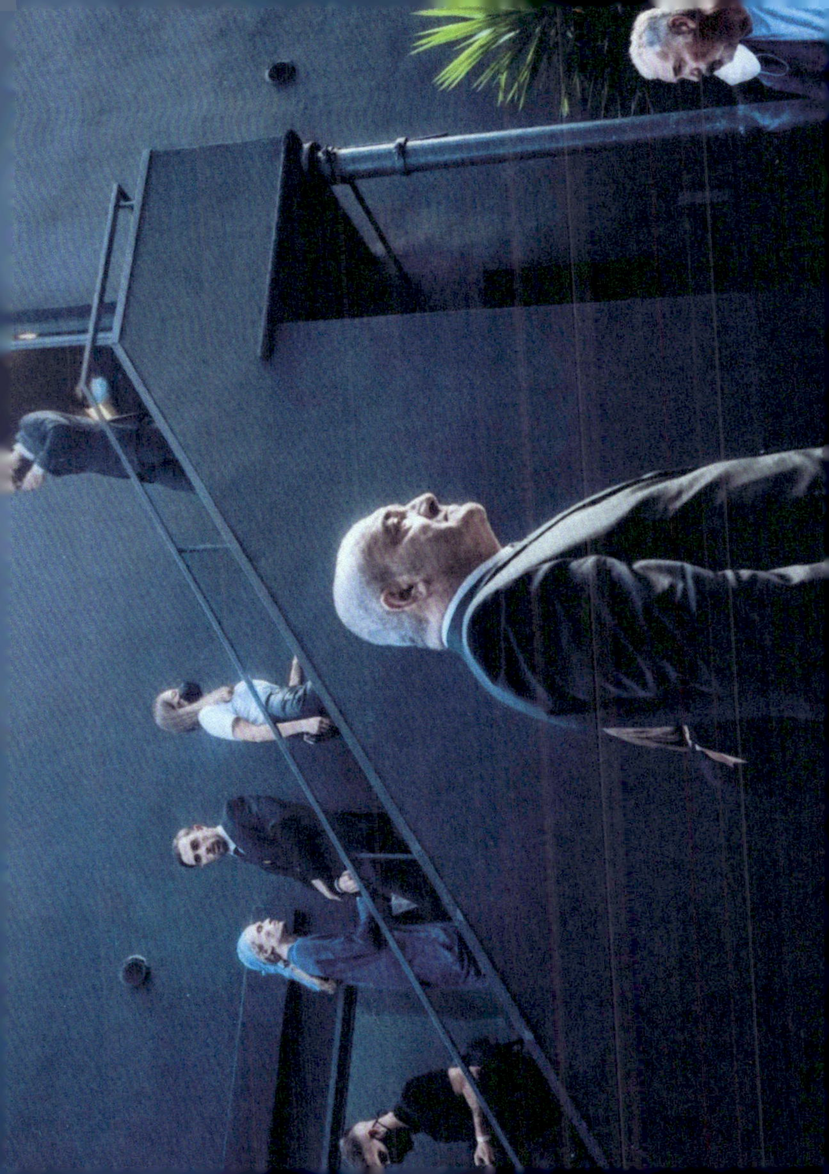

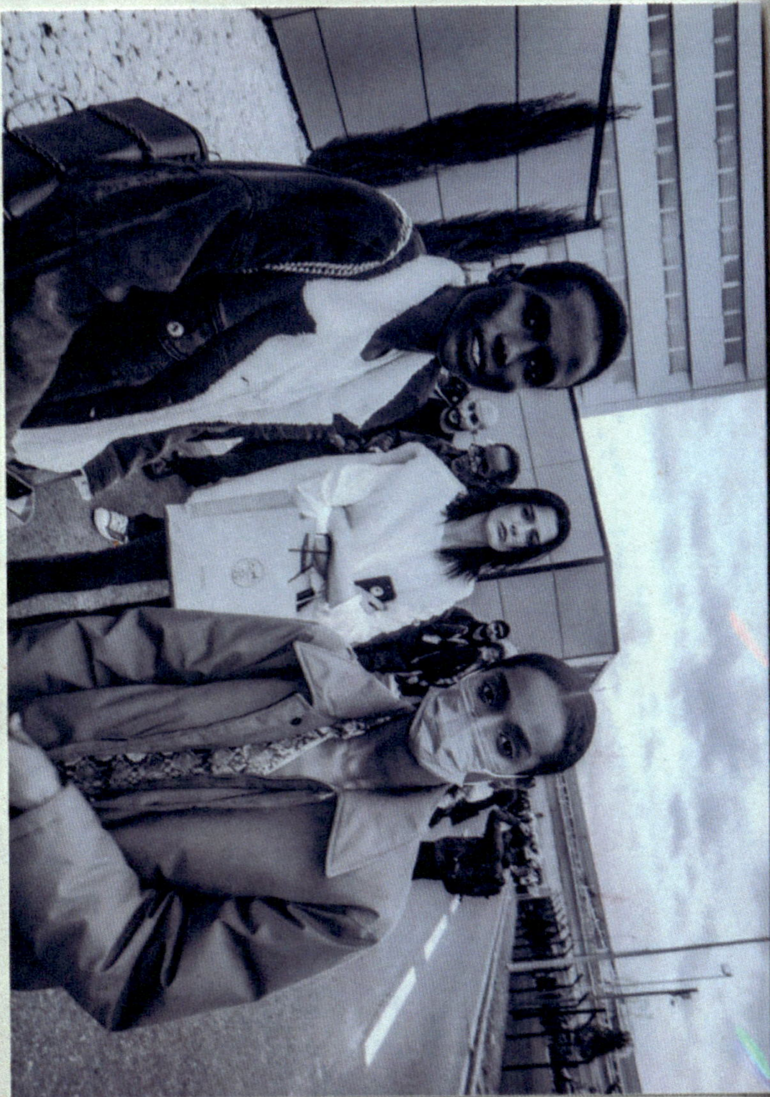

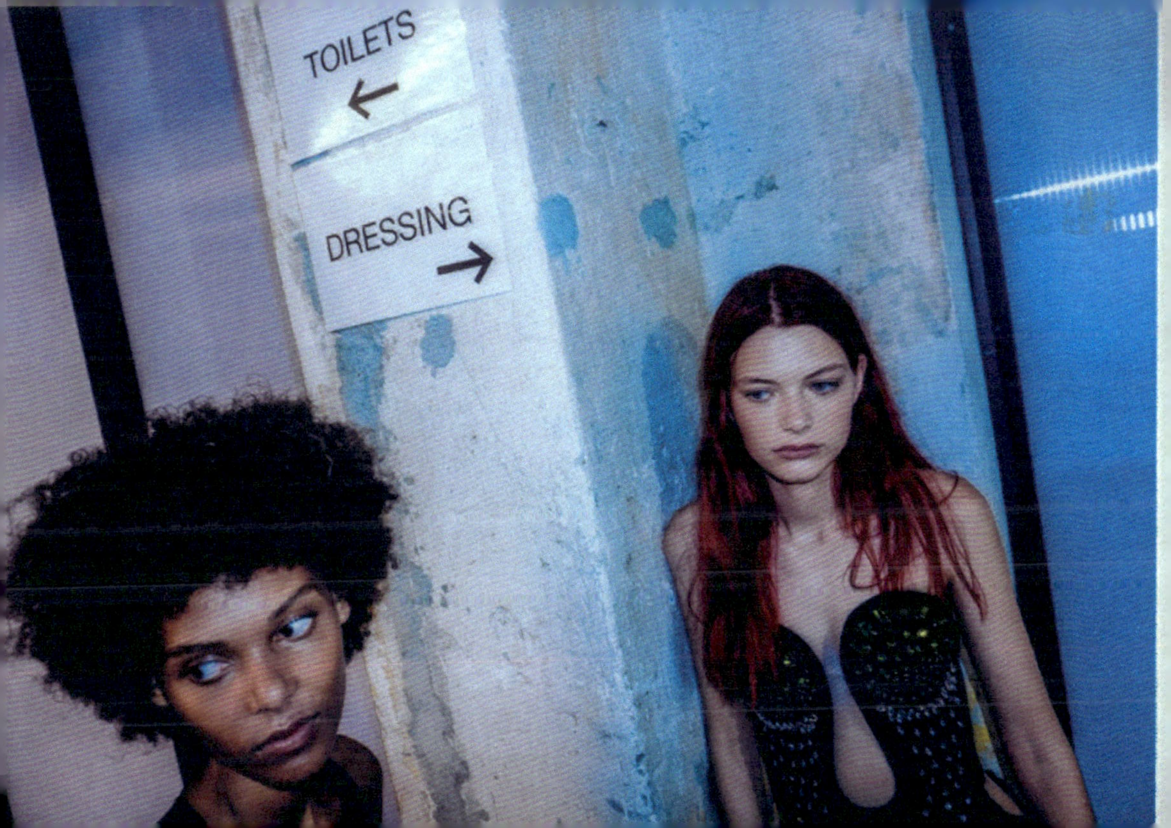
TOILETS
DRESSING

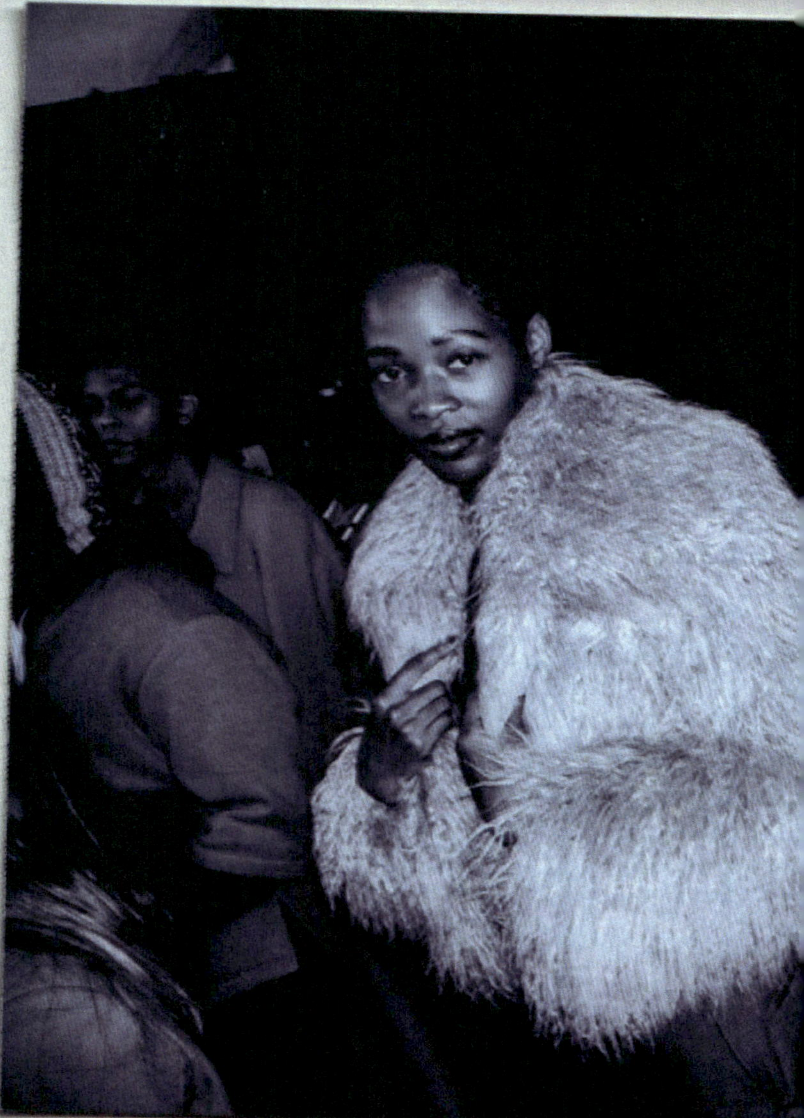

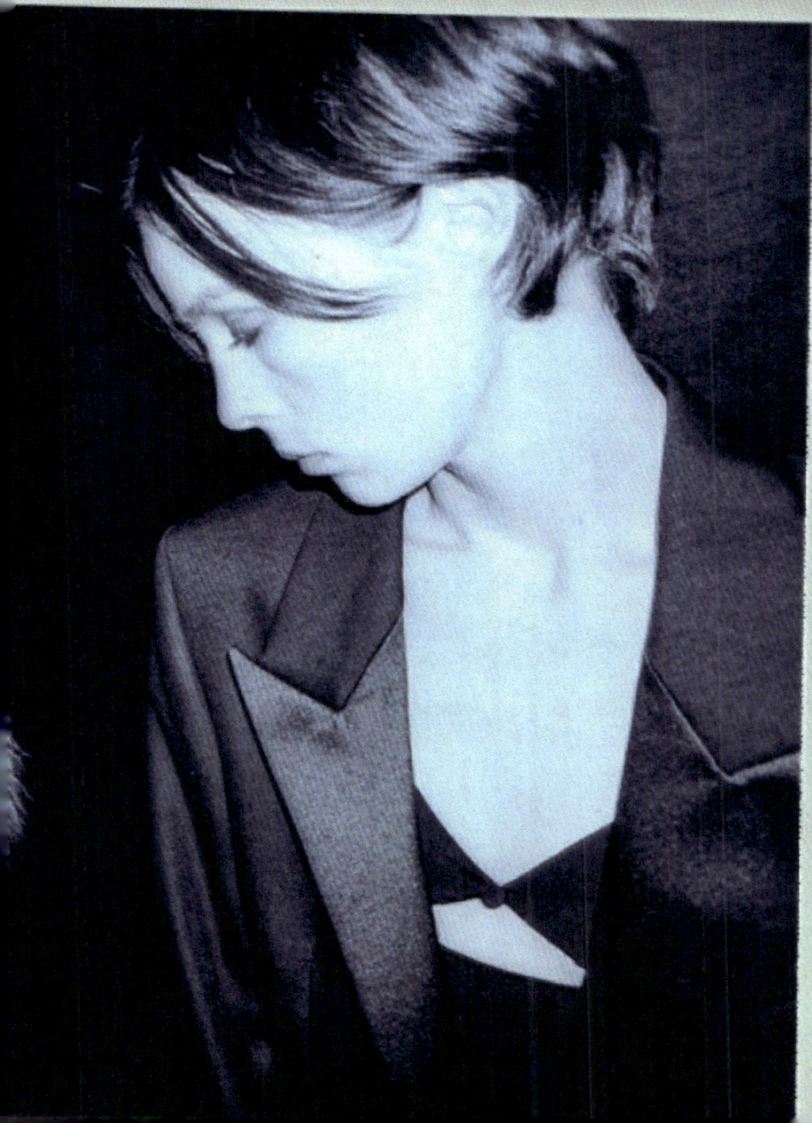

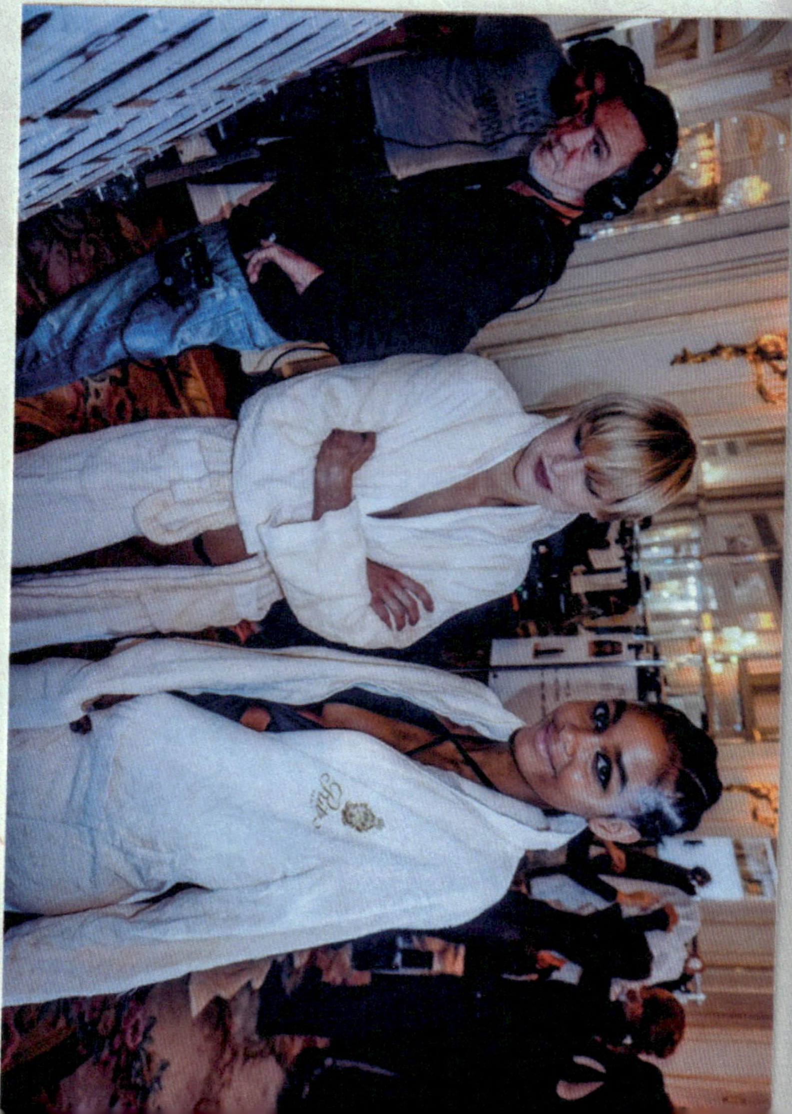

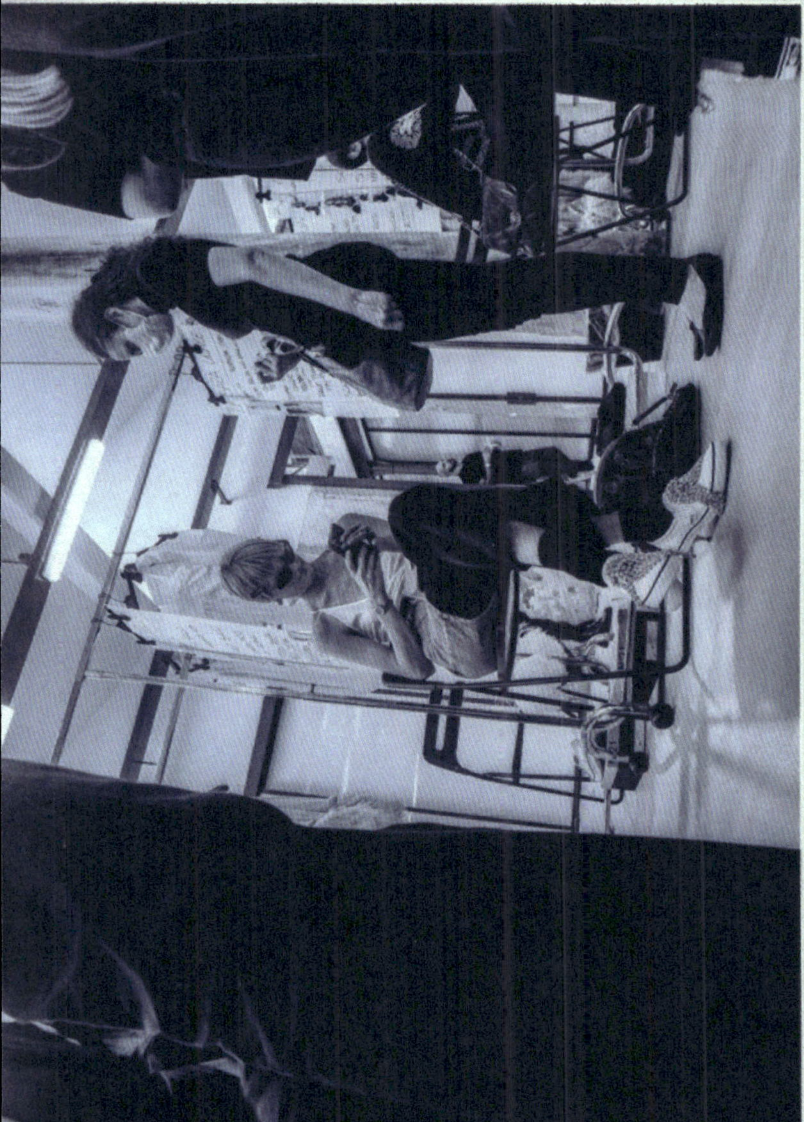

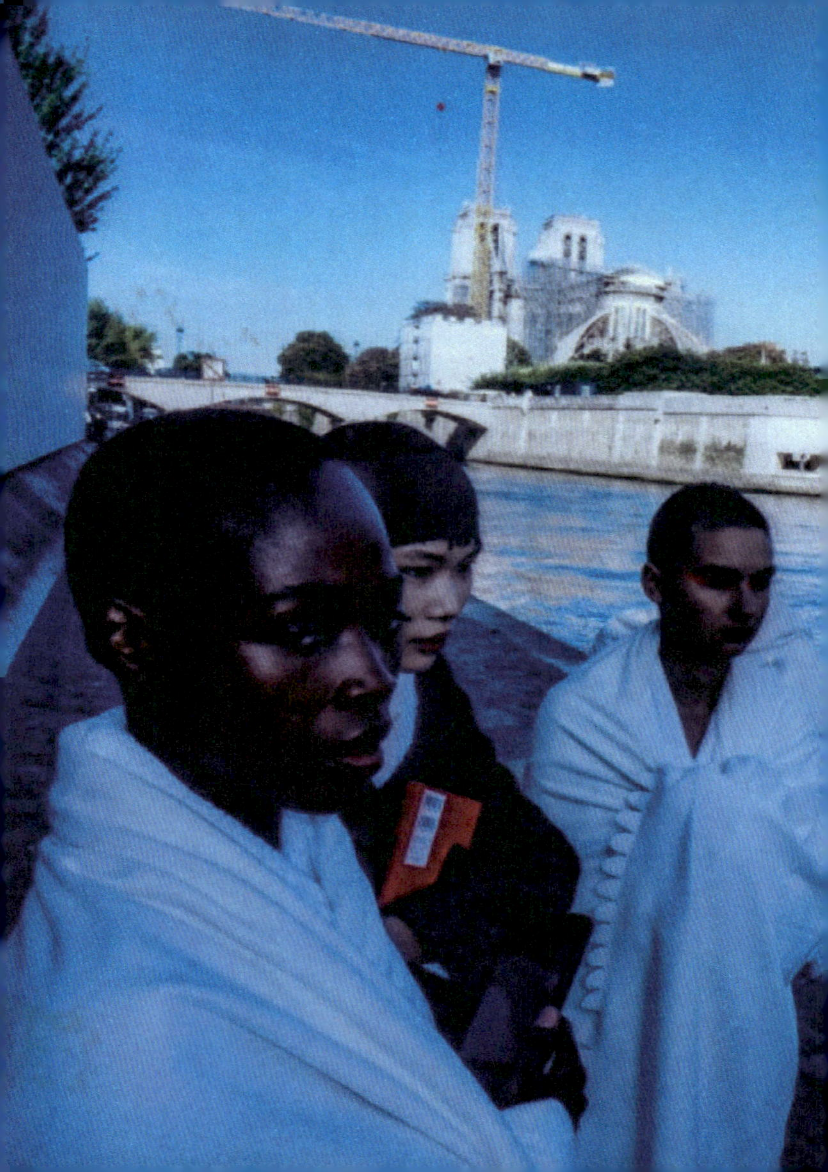

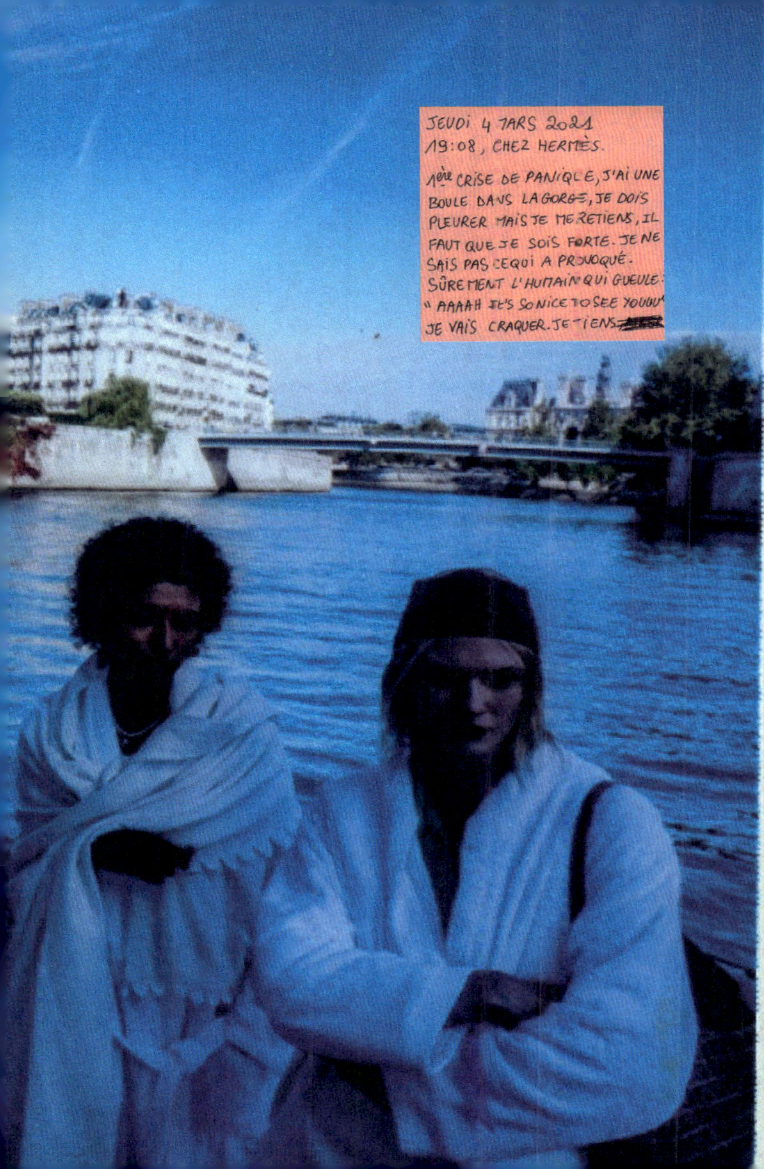

JEUDI 4 MARS 2021
19:08, CHEZ HERMÈS.

1ère CRISE DE PANIQUE, J'AI UNE
BOULE DANS LA GORGE, JE DOIS
PLEURER MAIS JE ME RETIENS, IL
FAUT QUE JE SOIS FORTE. JE NE
SAIS PAS CE QUI A PROVOQUÉ.
SÛREMENT L'HUMAIN QUI GUEULE :
" AAAAH IT'S SO NICE TO SEE YOUUU"
JE VAIS CRAQUER. JE TIENS

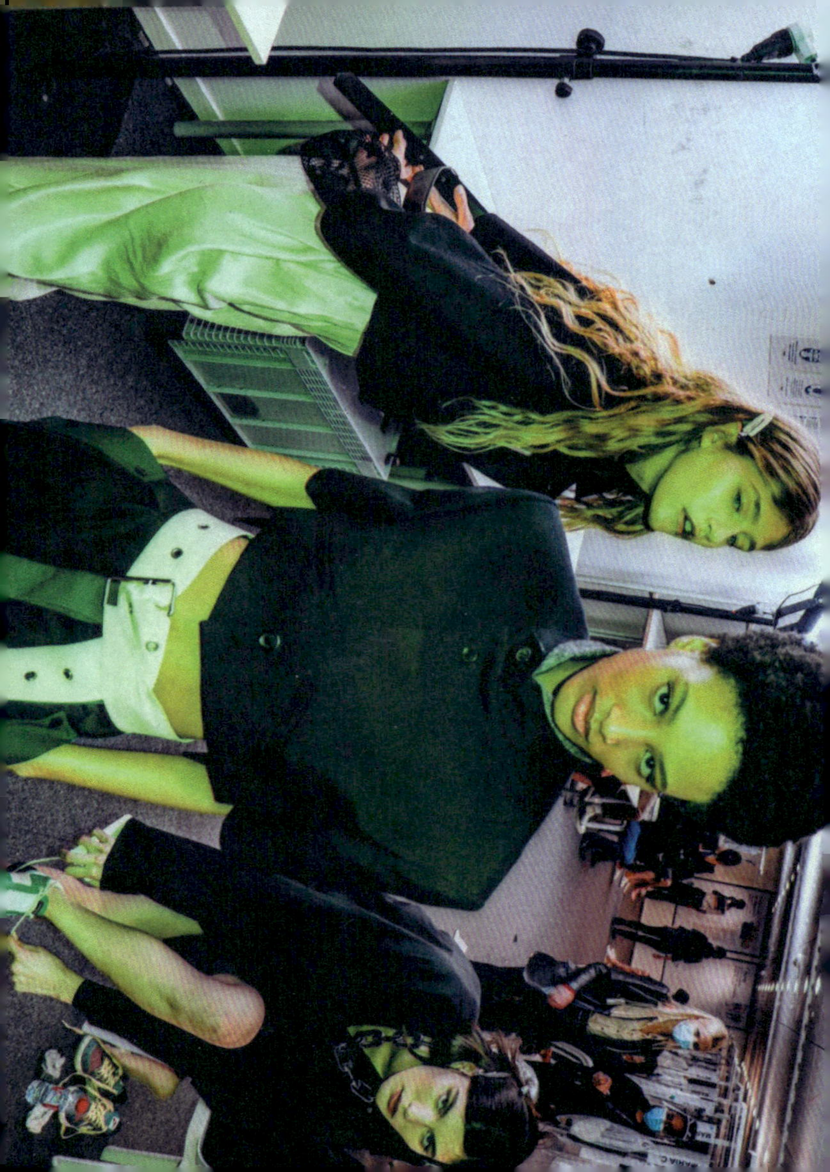

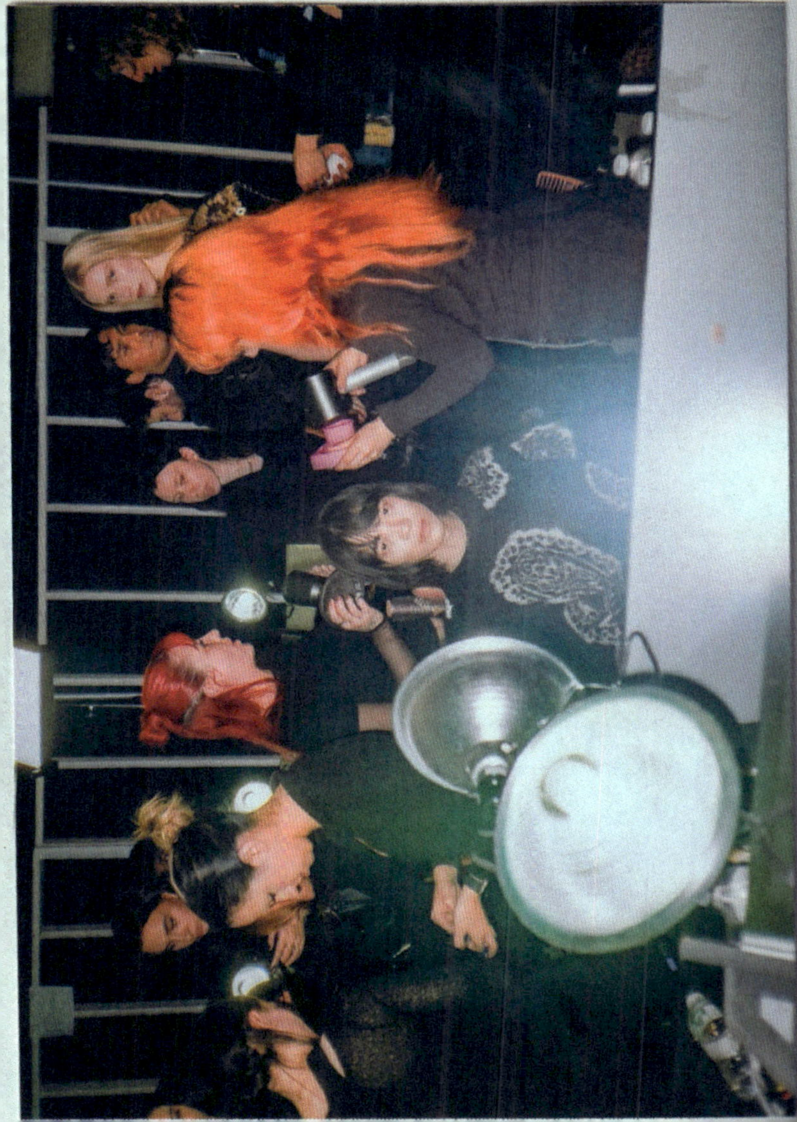

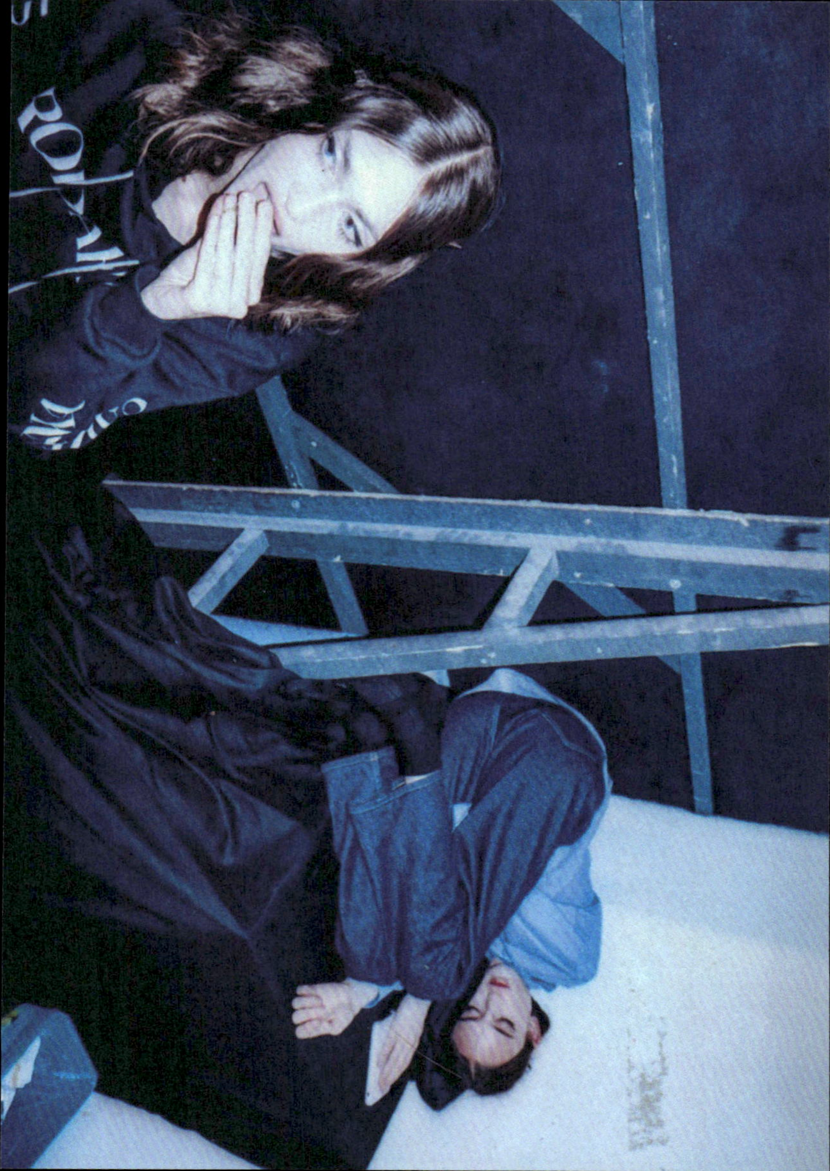

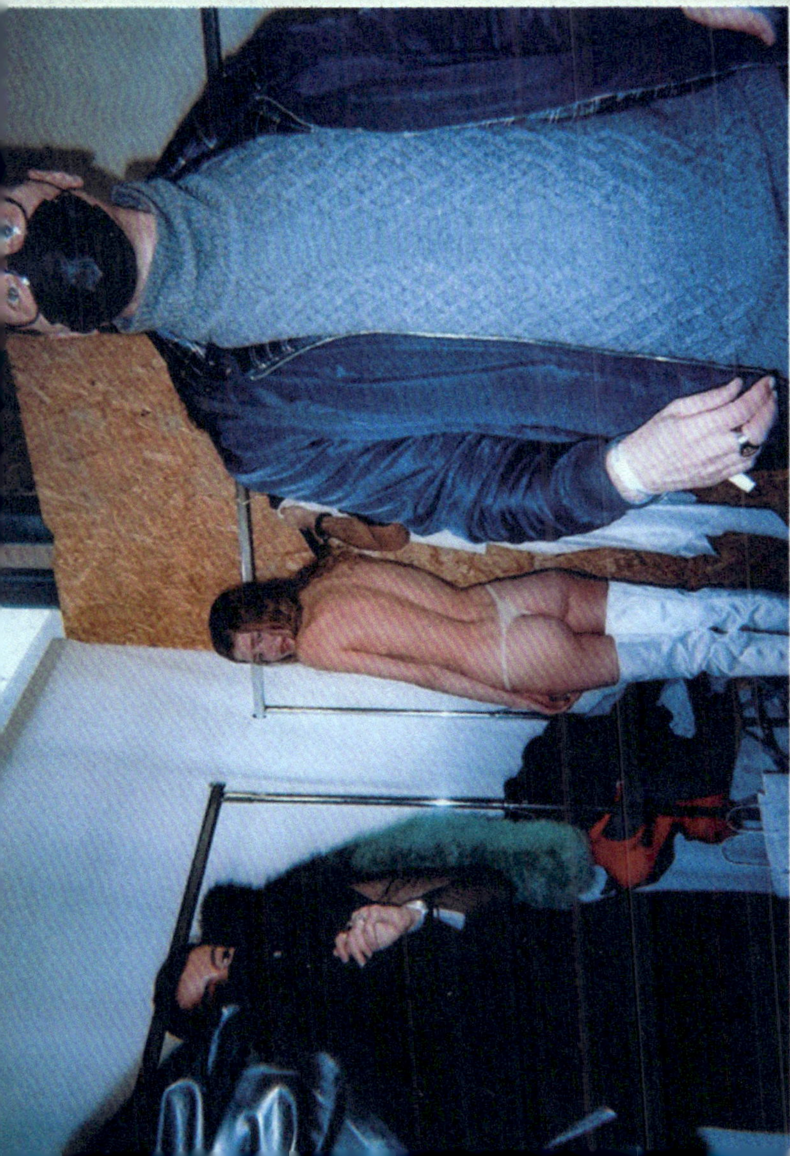

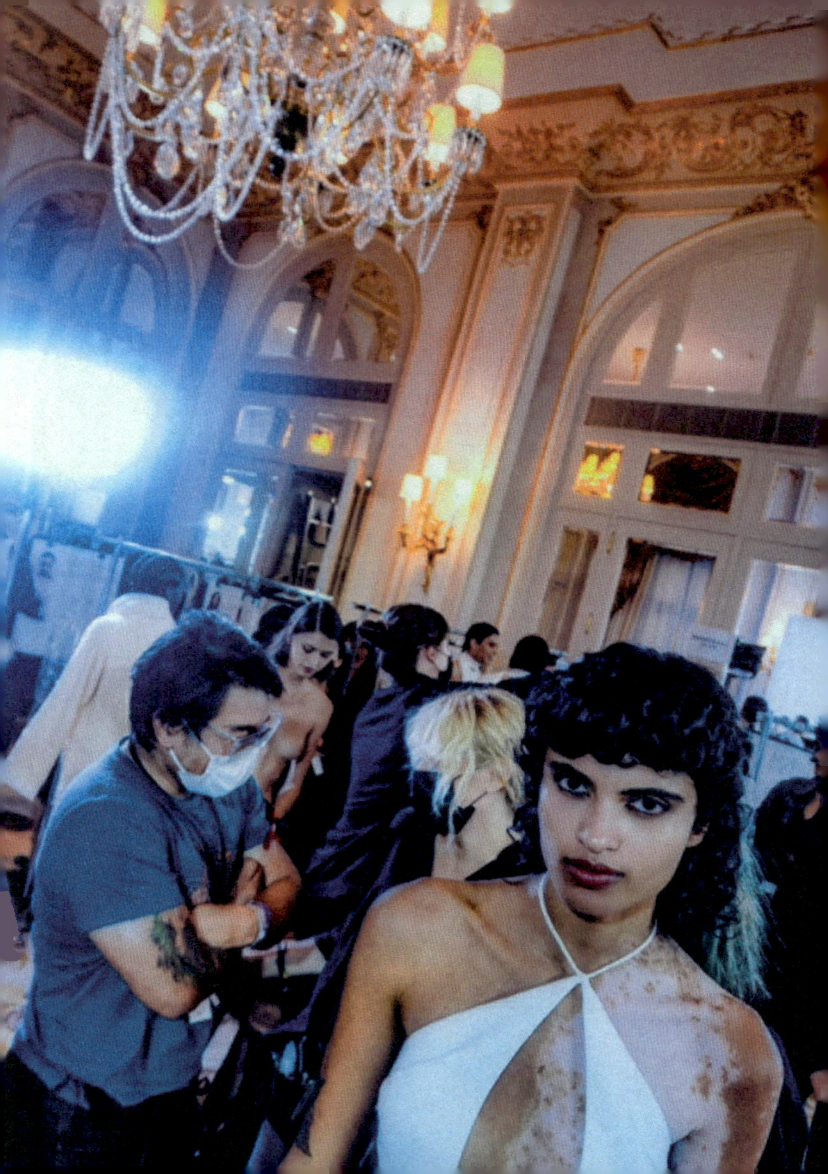

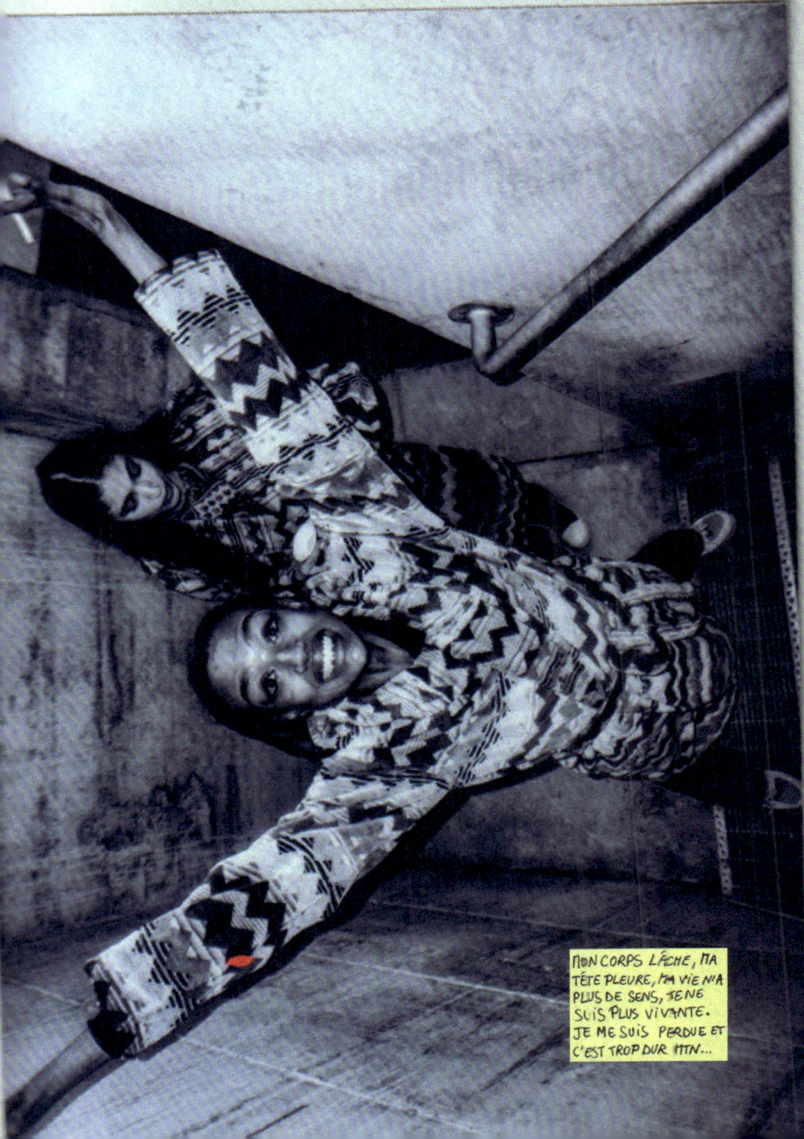
MON CORPS LÂCHE, MA
TÊTE PLEURE, MA VIE N'A
PLUS DE SENS, JE NE
SUIS PLUS VIVANTE.
JE ME SUIS PERDUE ET
C'EST TROP DUR MTN...

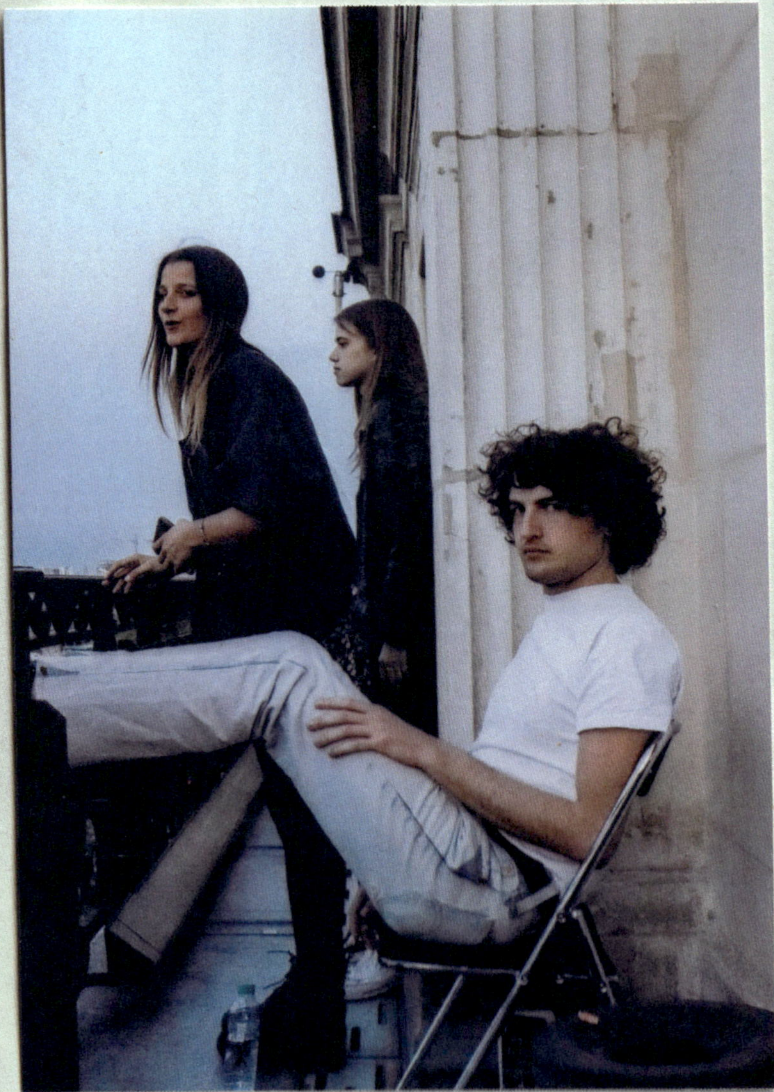

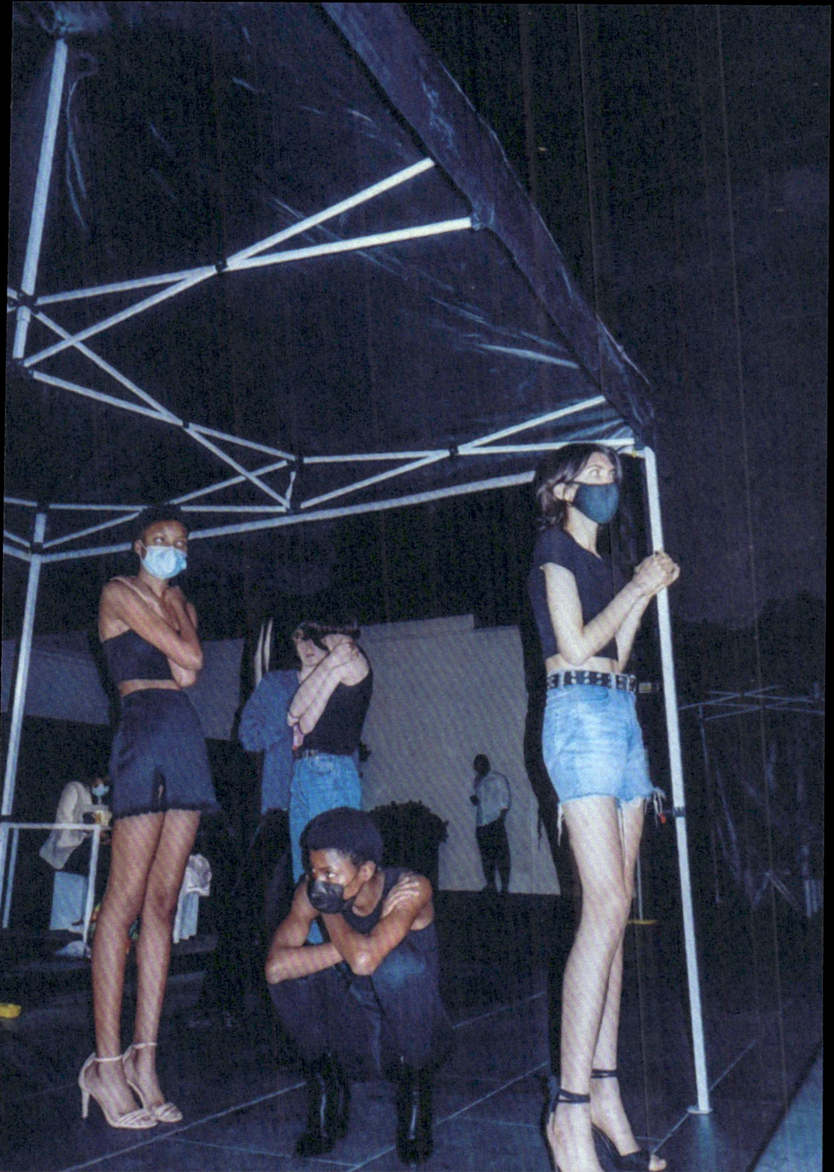

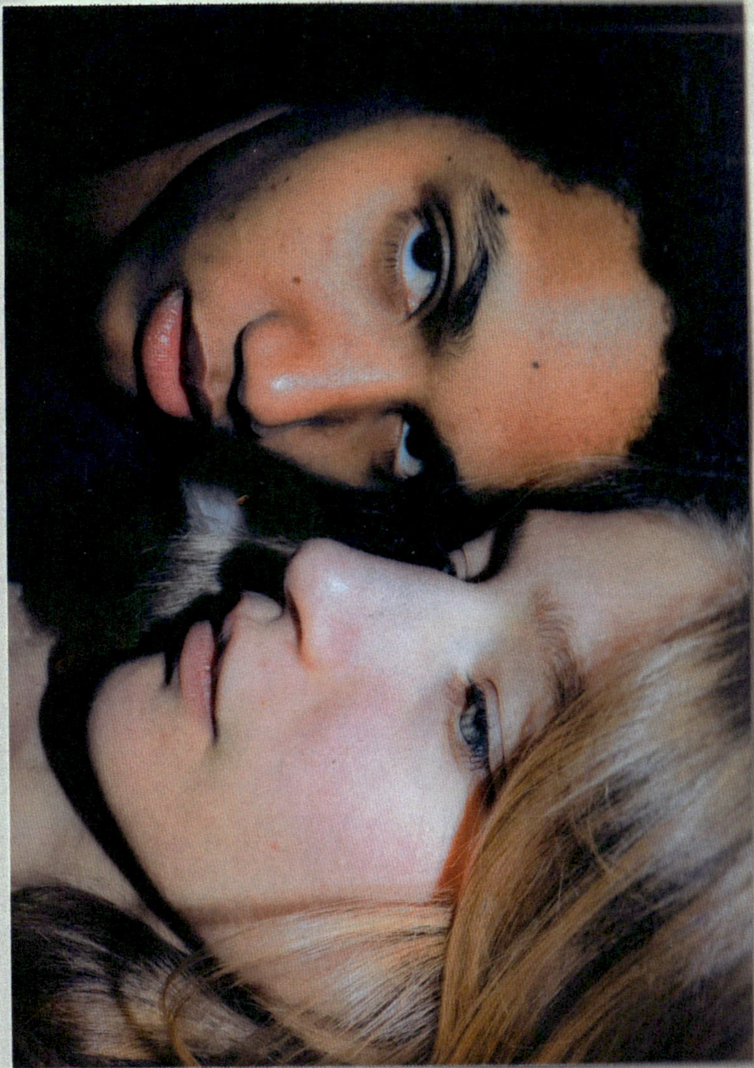

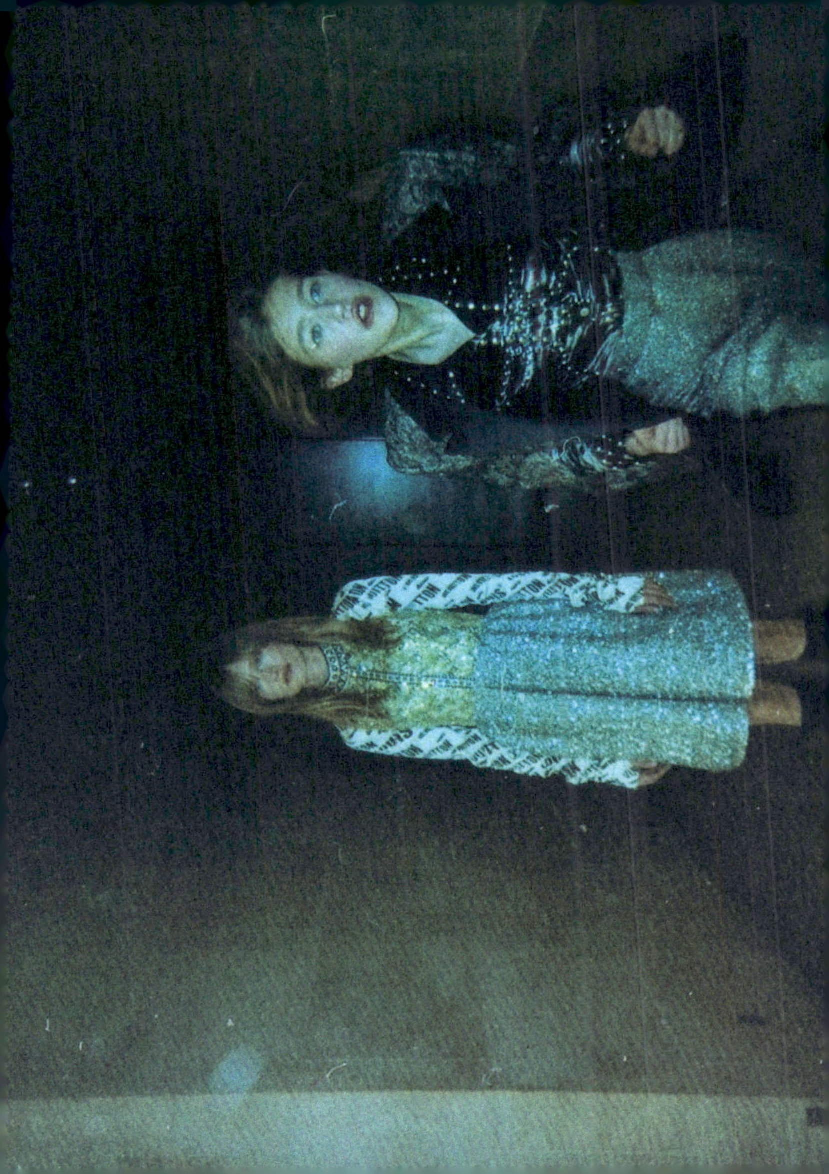

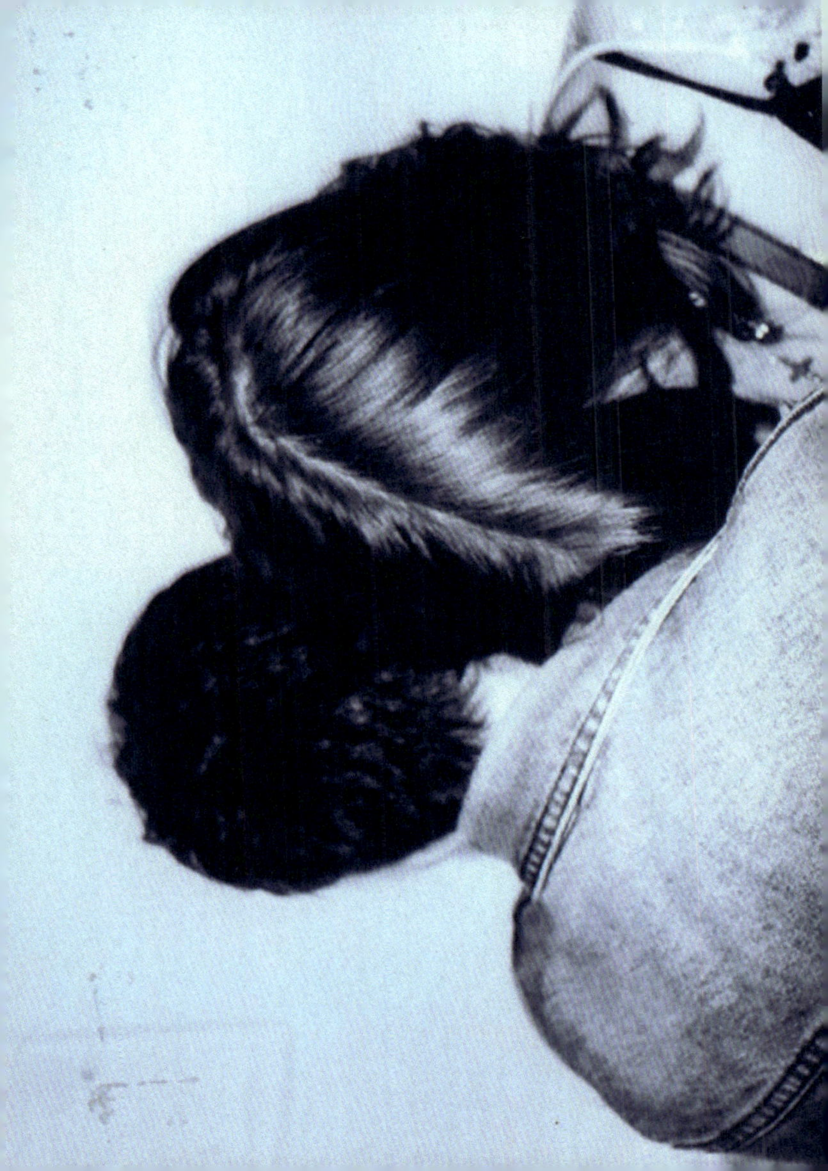

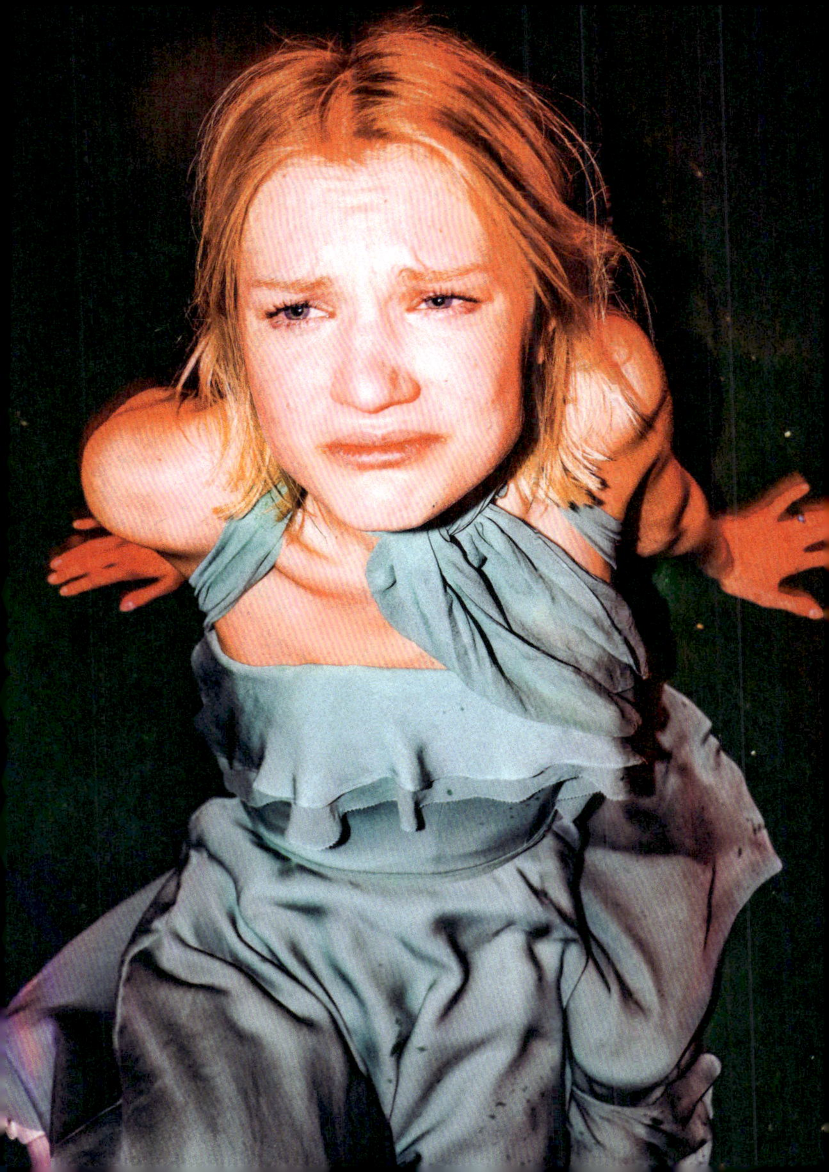

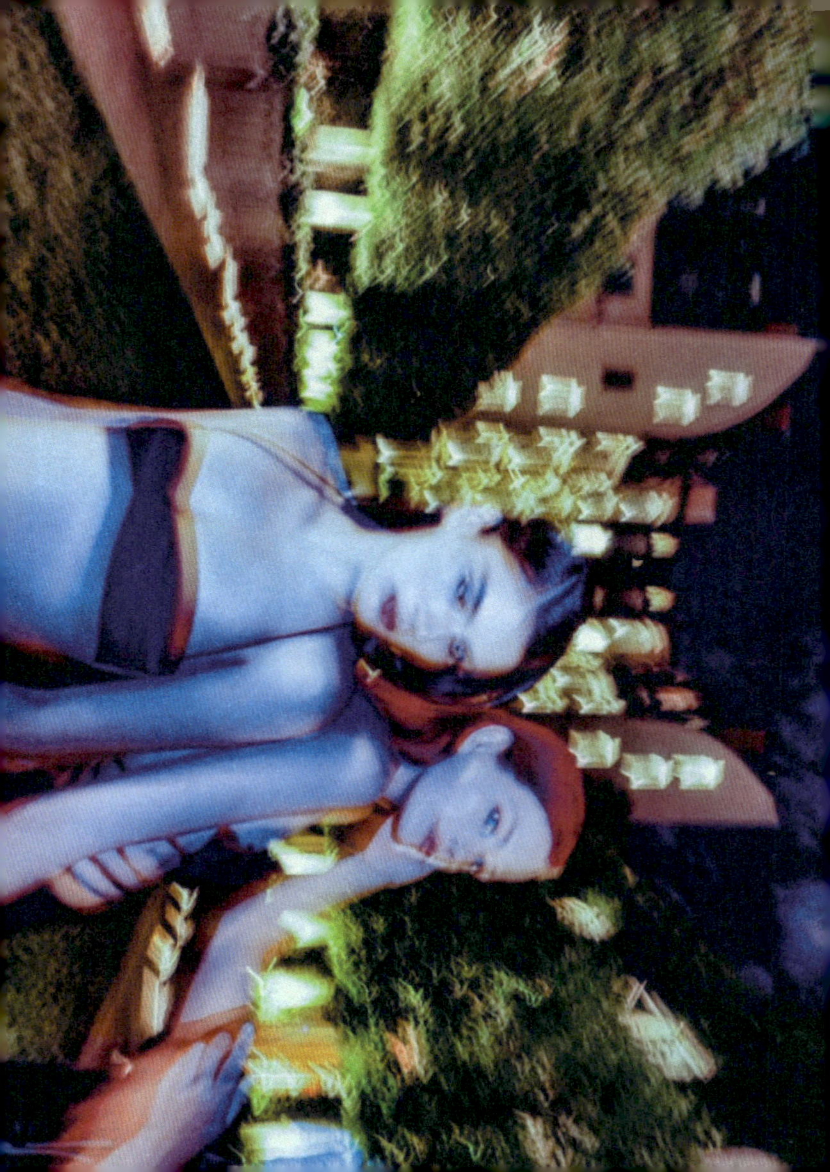

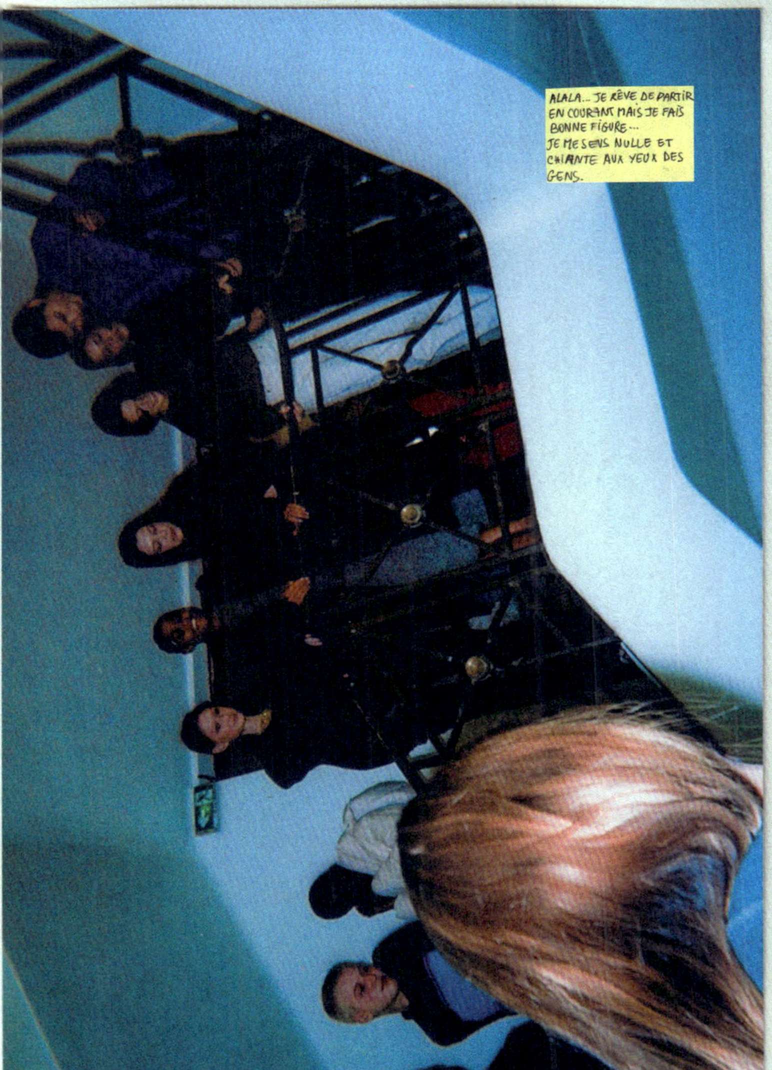
ALALA... JE RÊVE DE PARTIR
EN COURANT MAIS JE FAIS
BONNE FIGURE...
JE ME SENS NULLE ET
CHIANTE AUX YEUX DES
GENS.

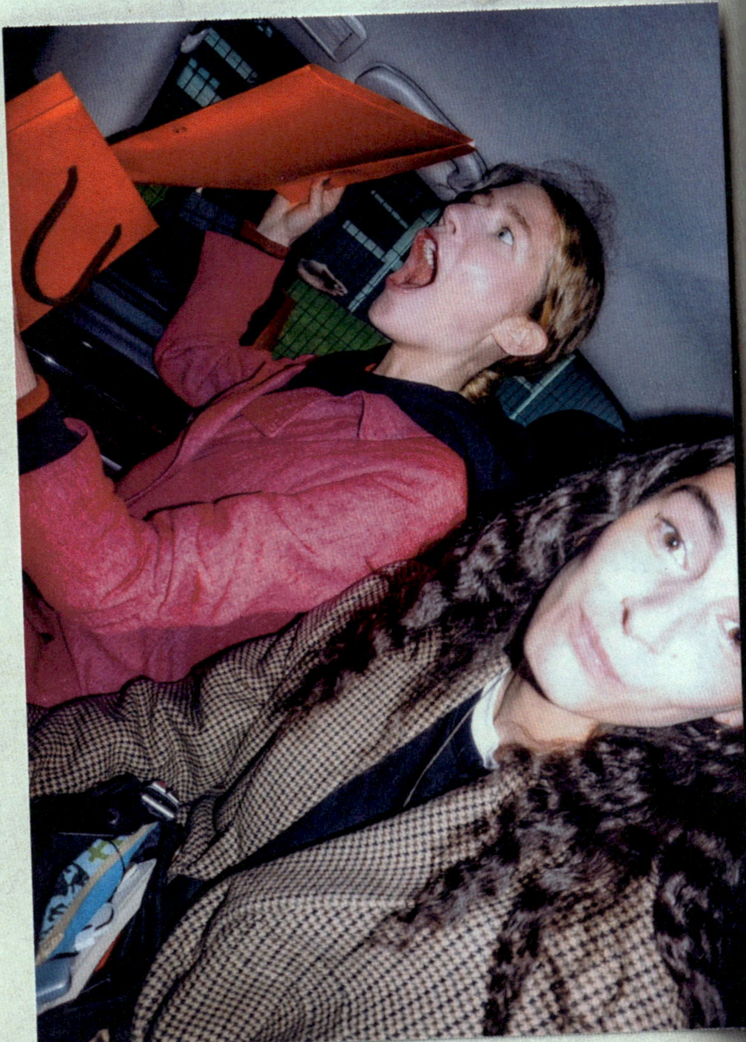

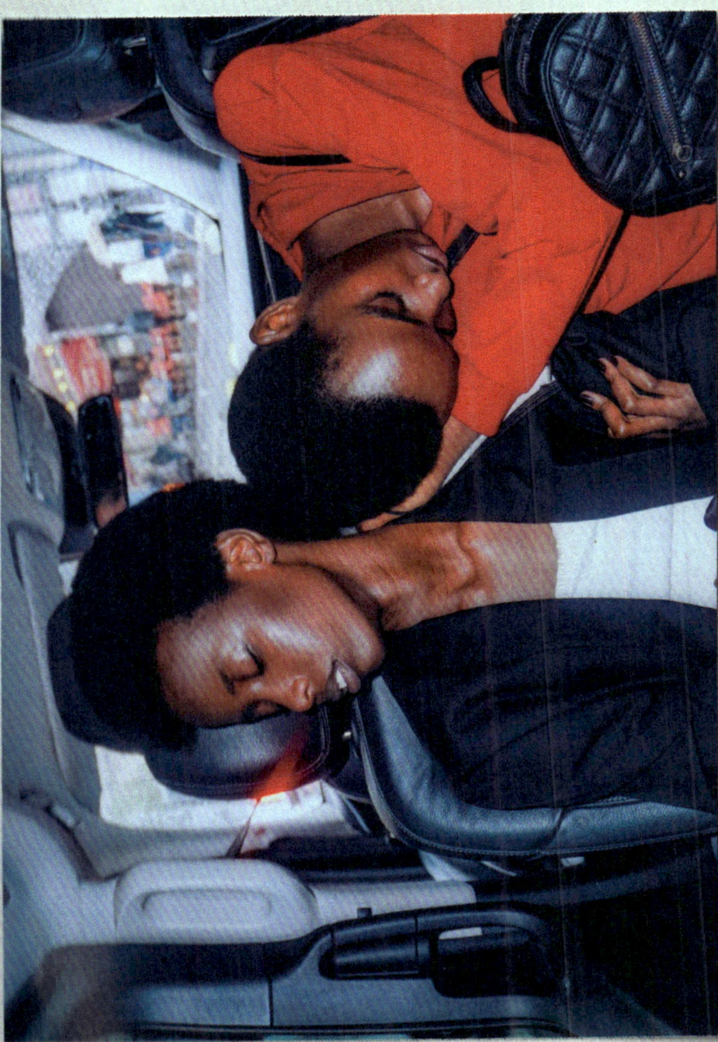

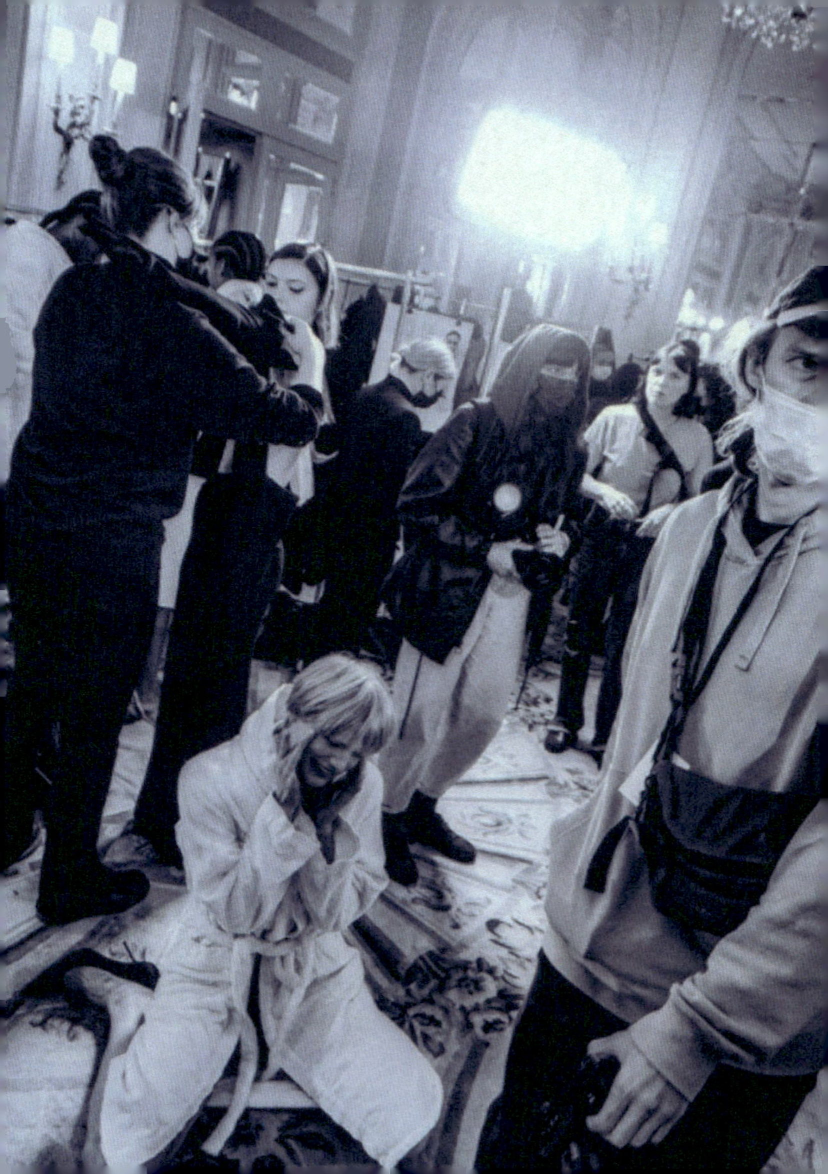

J'AI ENVIE DE
SENTIR QU'ON
M'AIME, QU'ON ME
COMPRENNES, QU'ON
ME FASSE DES
CÂLINS, QU'ON ME
DISE QUE ÇA VA
ALLER. SENTIR QUE
JE VAUX ENCORE QQCH

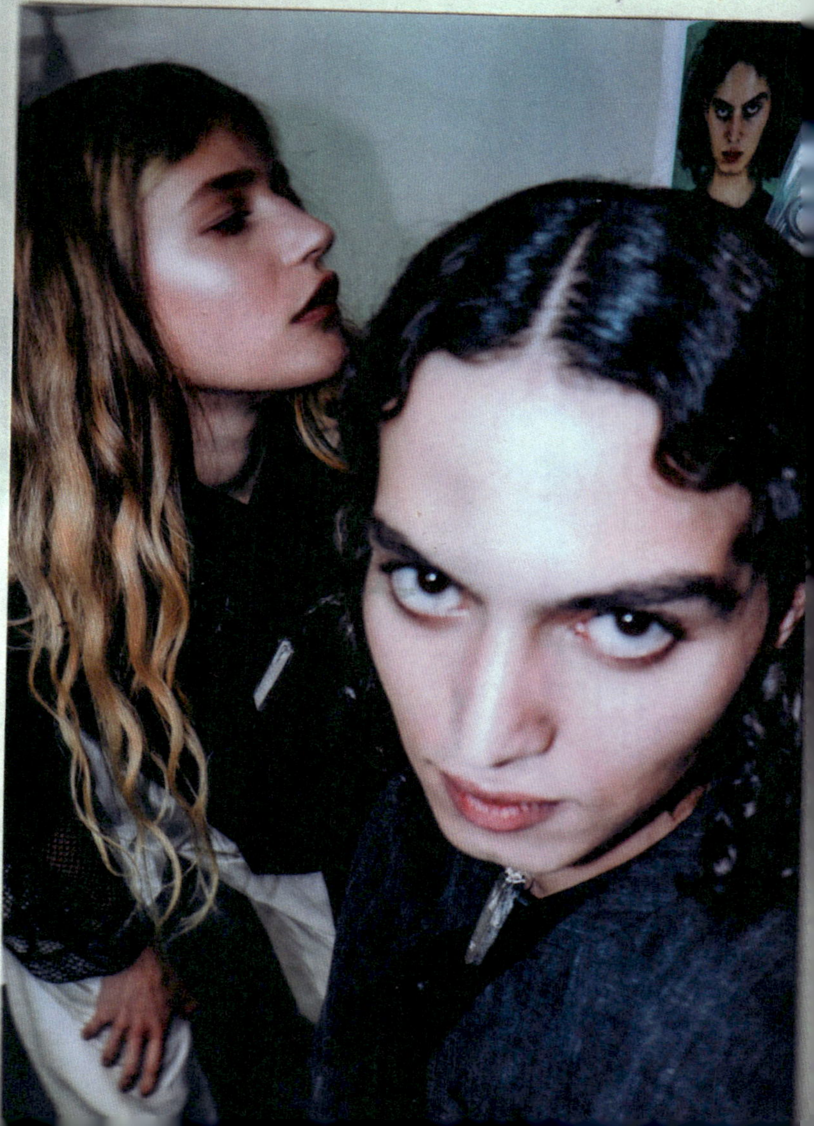

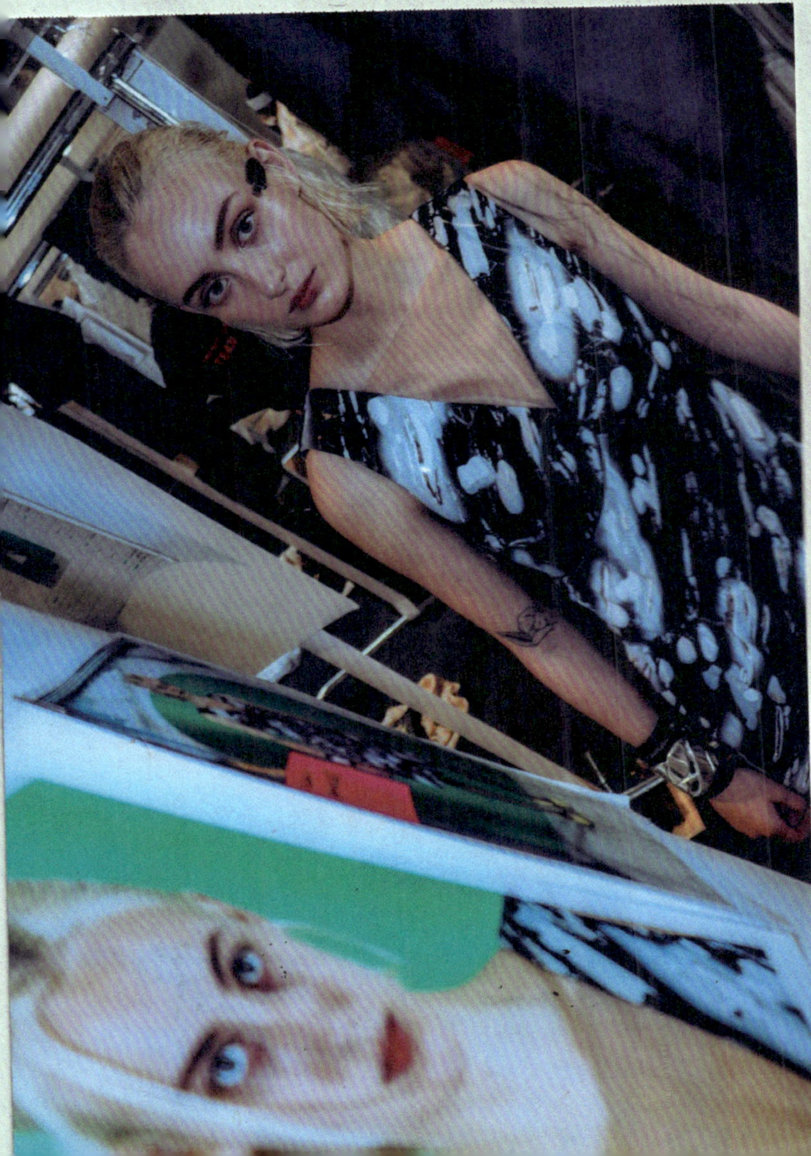

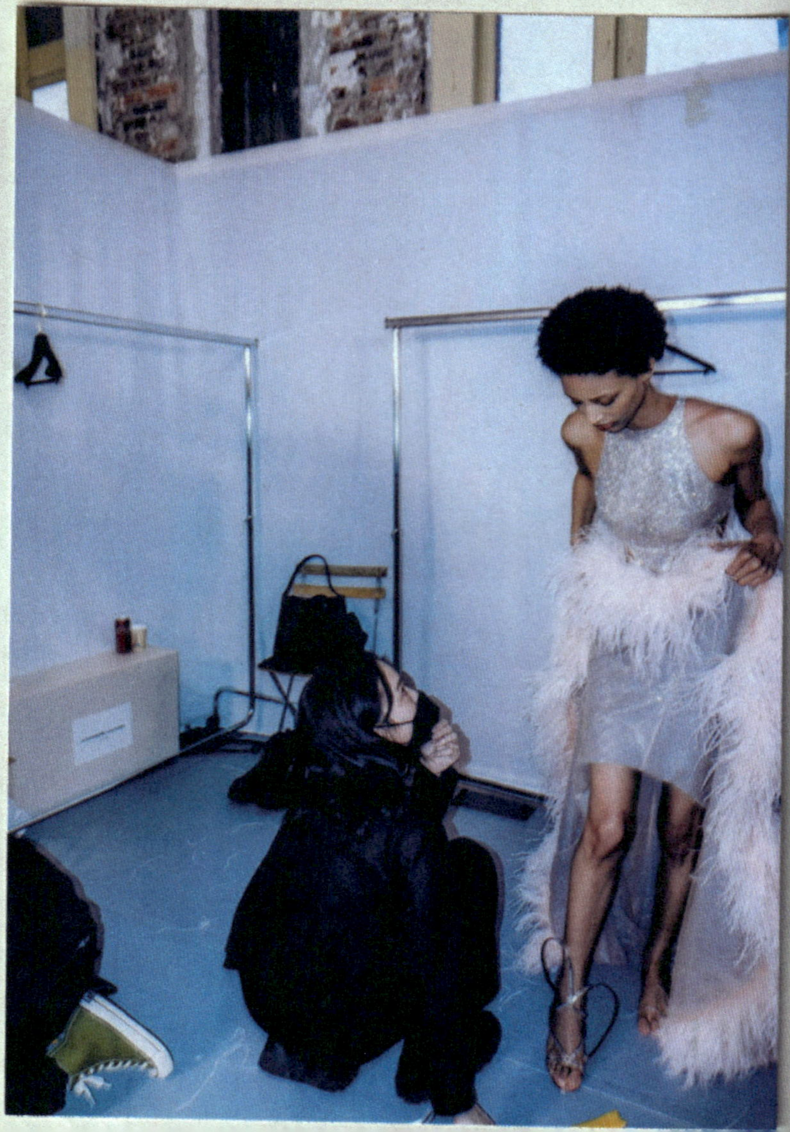

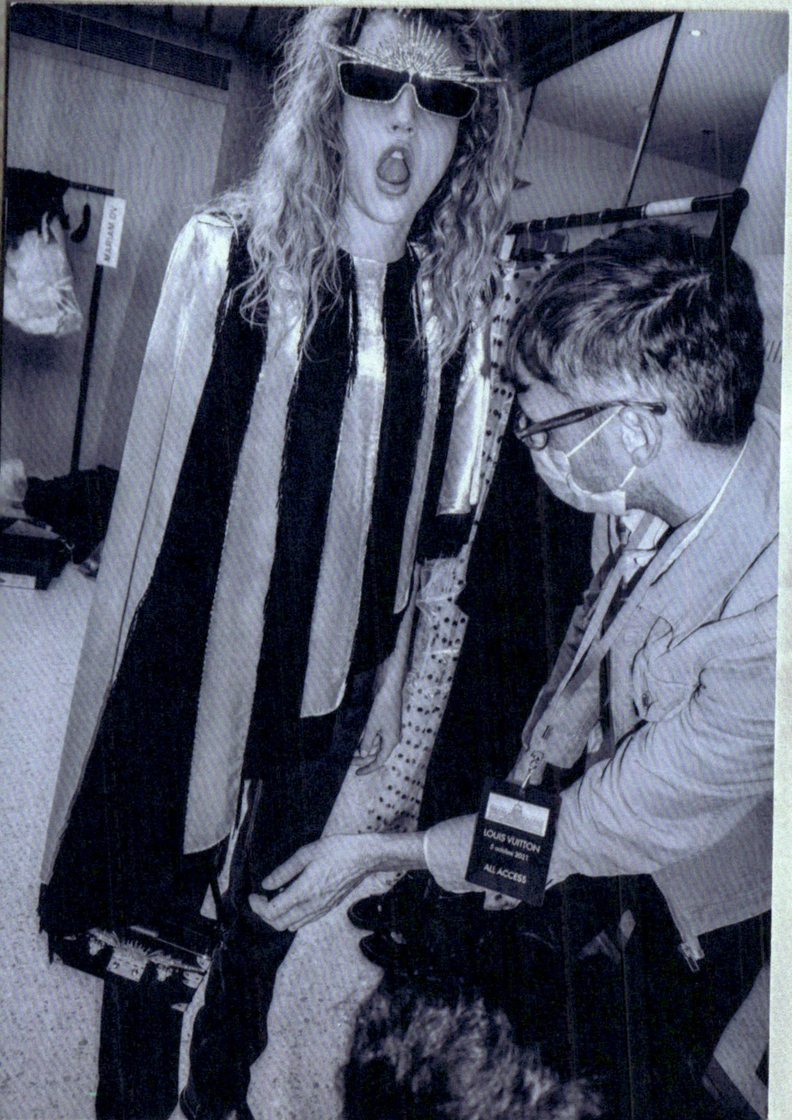
LOUIS VUITTON
octobre 2021
ALL ACCESS

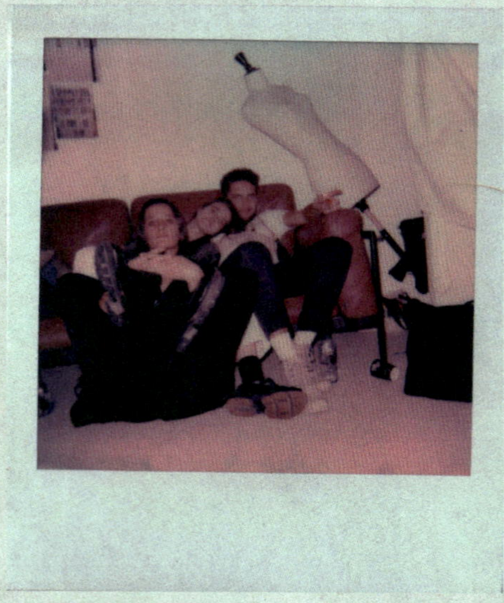

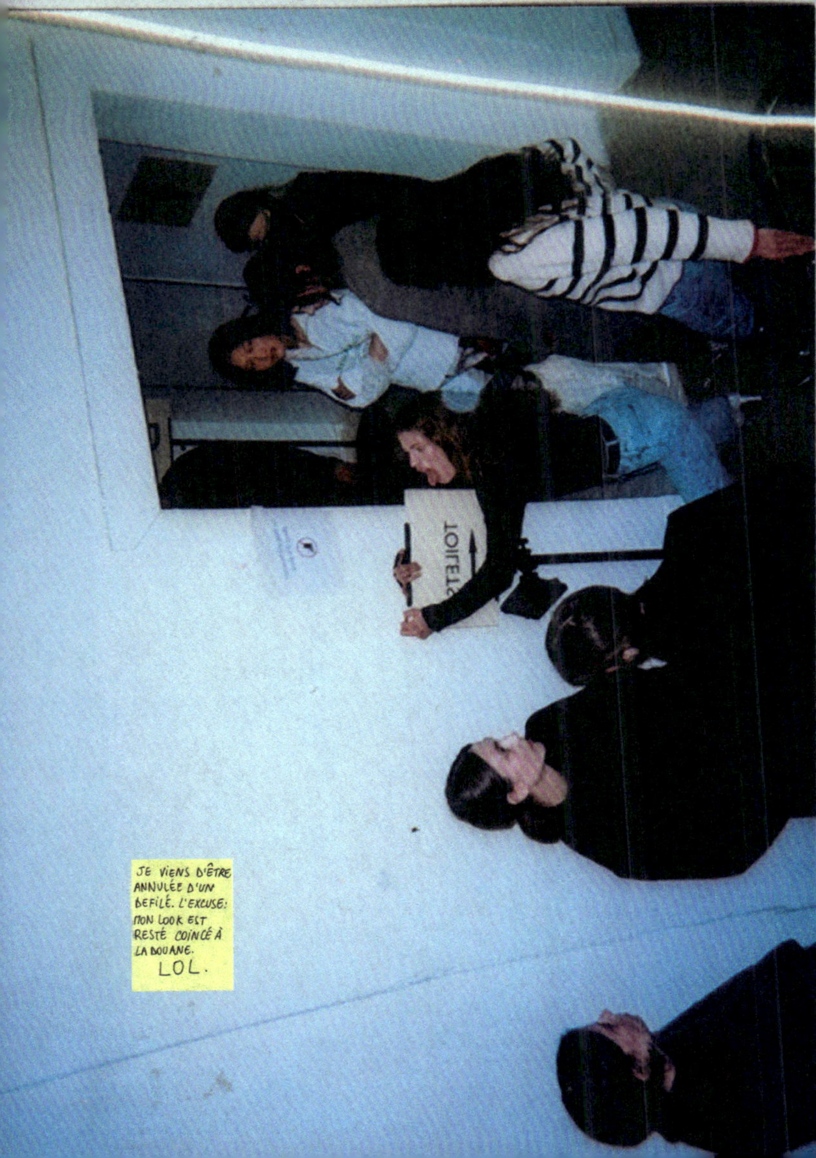
JE VIENS D'ÊTRE
ANNULÉE D'UN
DEFILÉ. L'EXCUSE:
MON LOOK EST
RESTÉ COINCÉ À
LA DOUANE.
LOL.

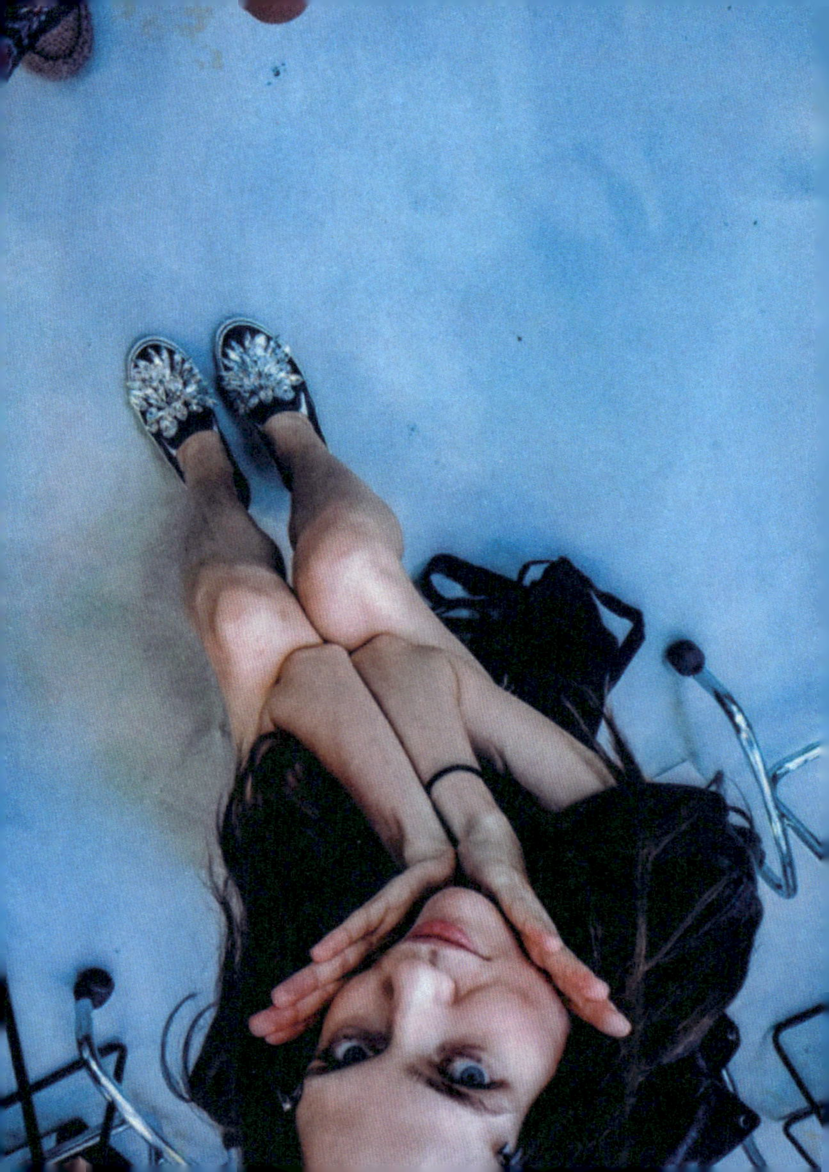

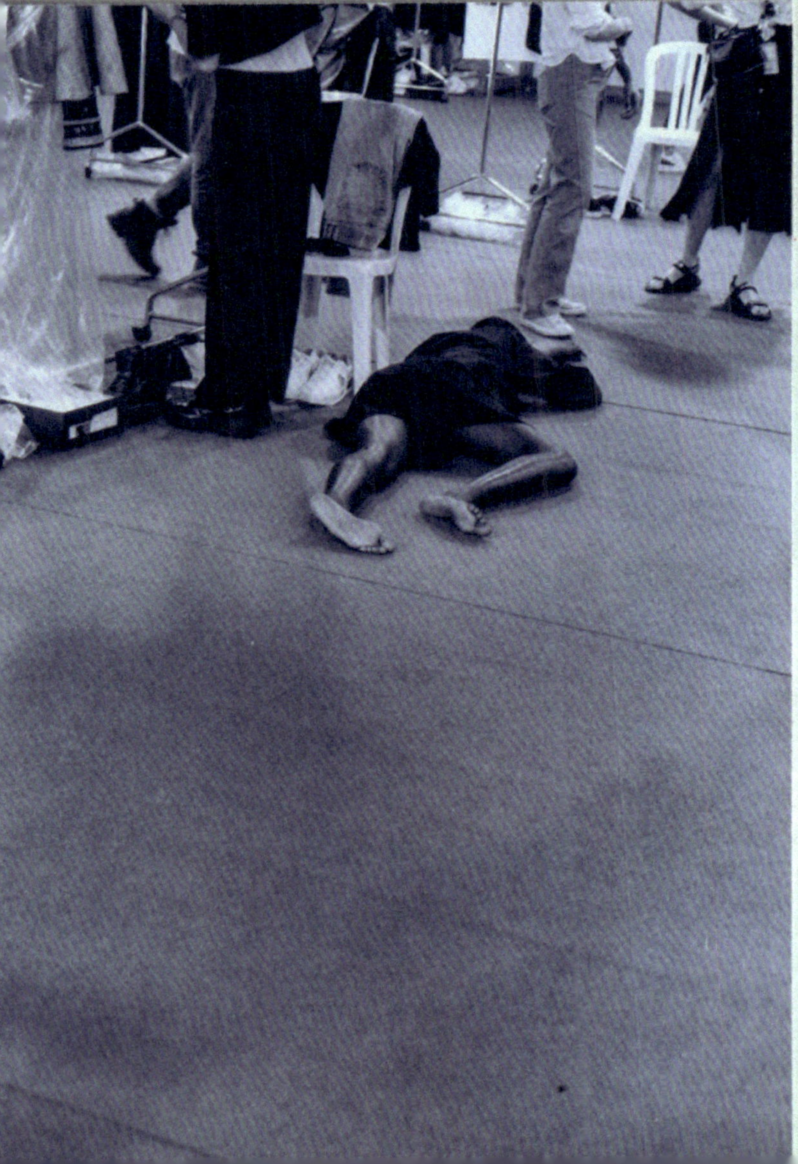

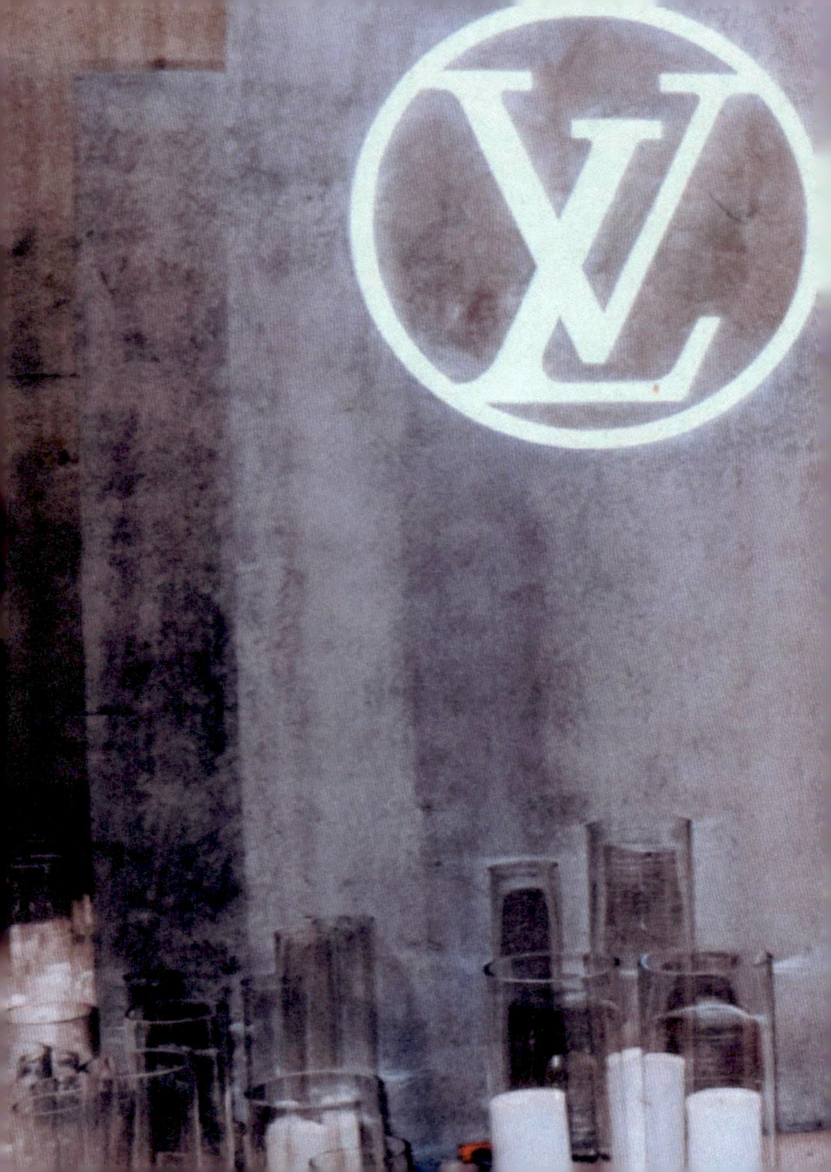

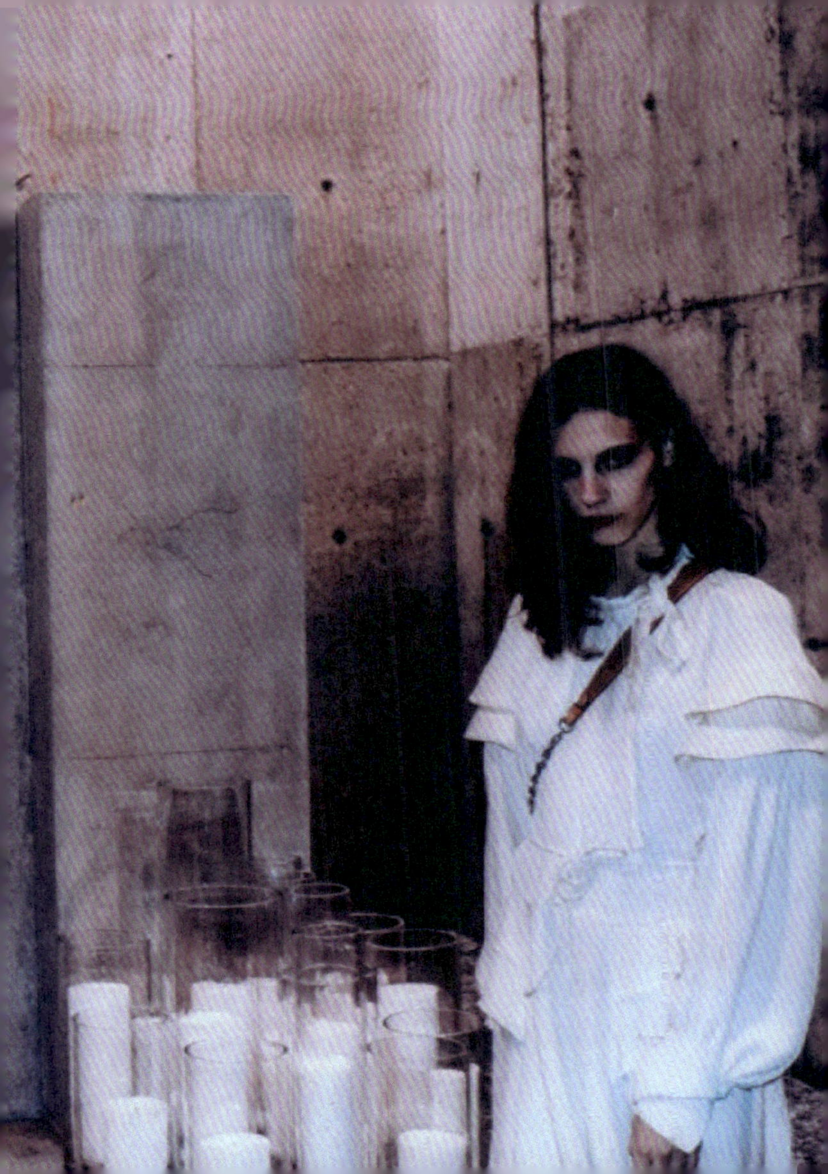

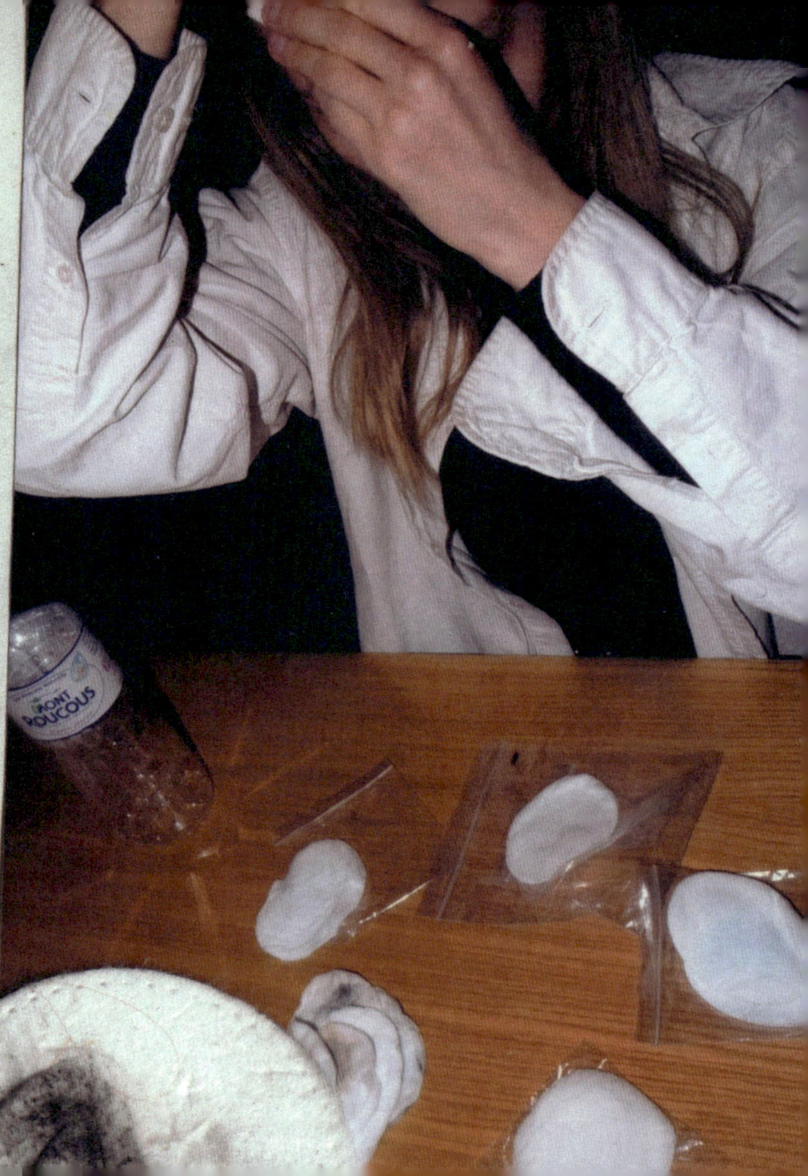
MONT
ROUCOUS

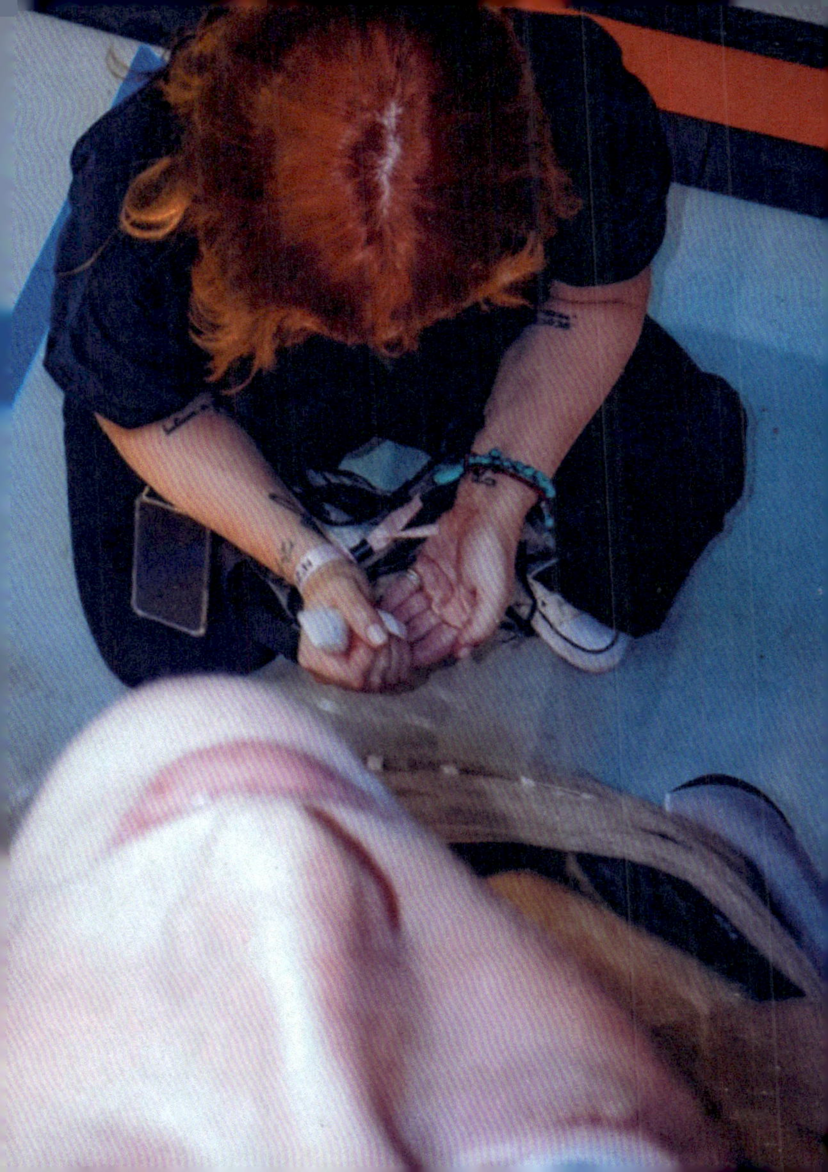

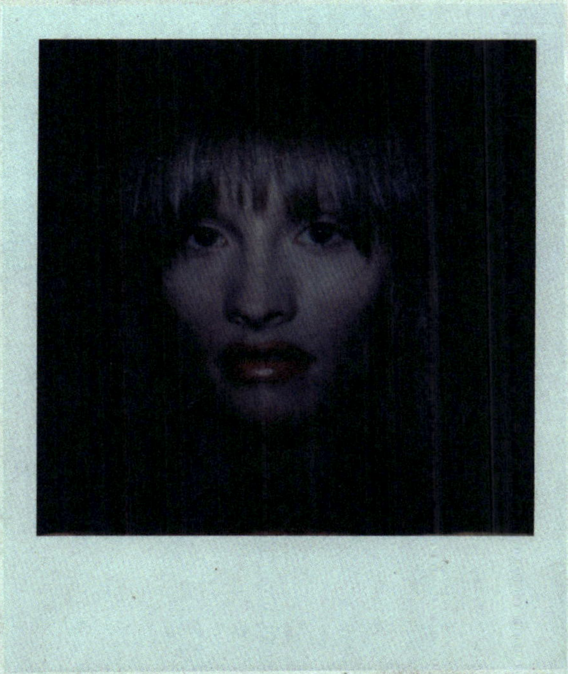

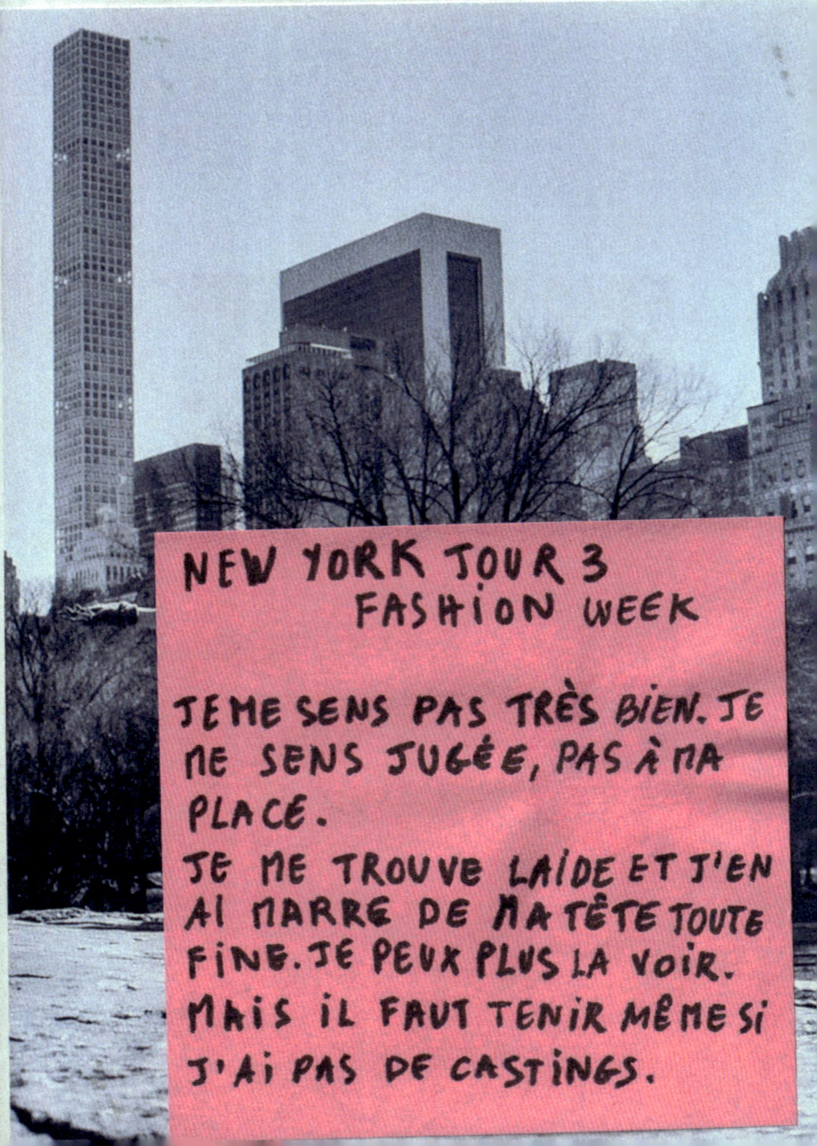
NEW YORK JOUR 3
FASHION WEEK
JE ME SENS PAS TRÈS BIEN. JE
ME SENS JUGÉE, PAS À MA
PLACE.
JE ME TROUVE LAIDE ET J'EN
AI MARRE DE MA TÊTE TOUTE
FINE. JE PEUX PLUS LA VOIR.
MAIS IL FAUT TENIR MÊME SI
J'AI PAS DE CASTINGS.

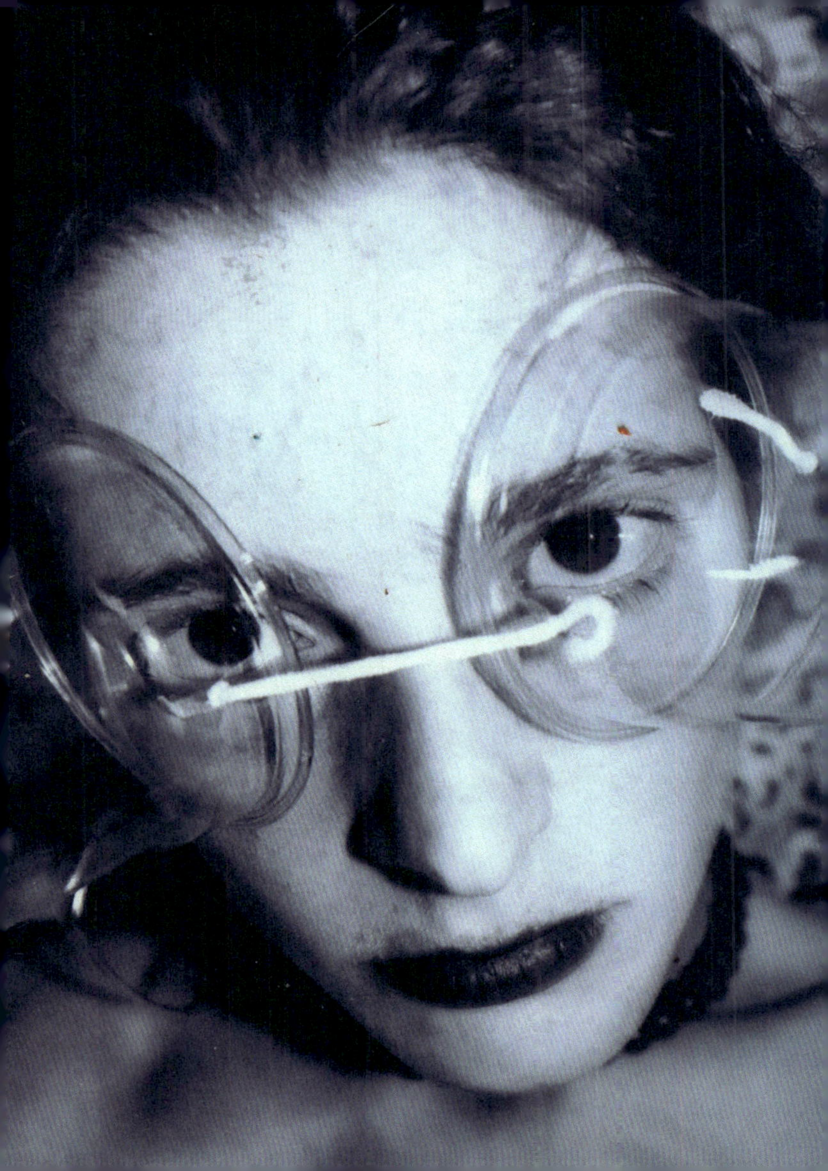

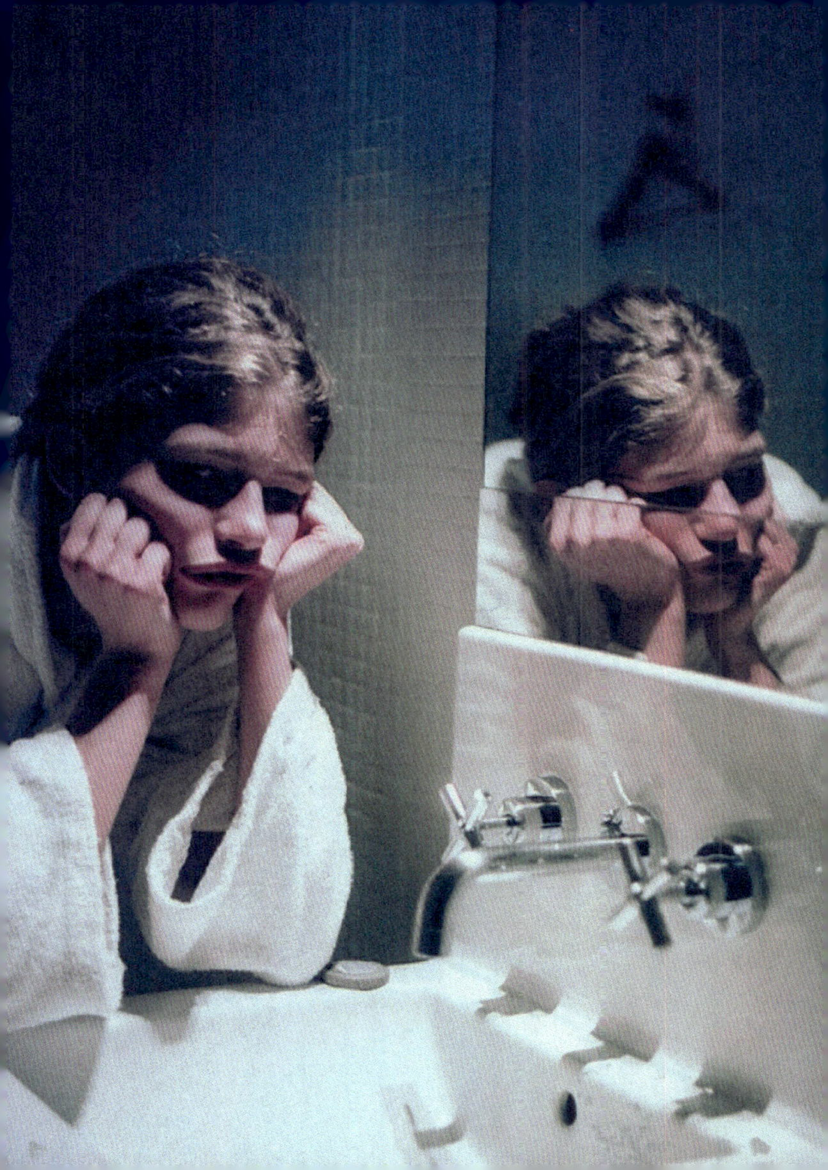

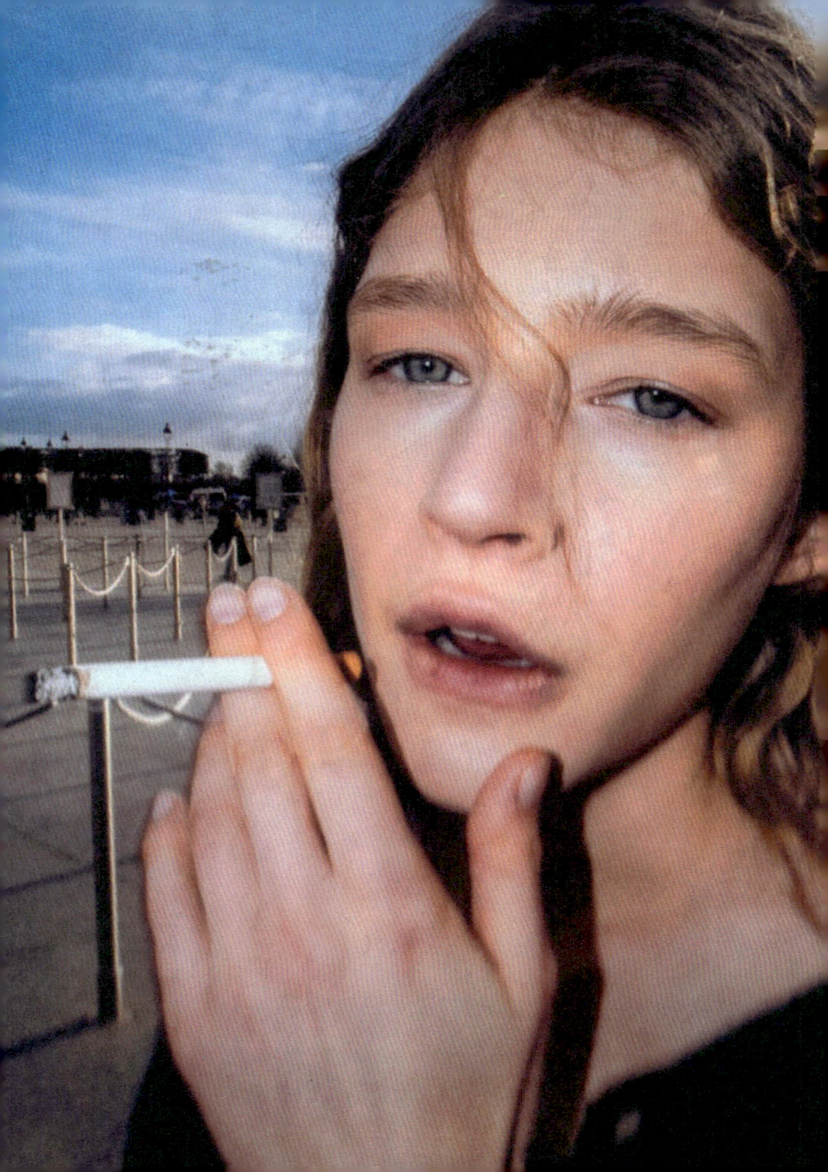

LA MAISON

DEPUIS QUE J'AI ACHETÉ MA MAISON (AVEC LES SOUS DE MON MÉTIER → MODÈLE) MA VIE S'EST ARRÊTÉE.

MA NAIVETÉE ET MON INSOUCIANCE ONT DISPARUES POUR LAISSER PLACE À UNE CLEMQUE JE NE RECONNAIS PLUS.

AJD, IL EST 00h57 ET JE SUIS SEULE SUR MON CANAPÉ, DANS MA MAISON ET JE SUIS PROFONDÉMENT TRISTE.

TRISTE D'AVOIR PERDU TOUT CE QUI NE S'INVESTIT OU NE SE COMPTE PAS.

JE NE VEUX PAS ÊTRE MANNEQUIN, RICHE OU RENTIÈRE.

J'ANGOISSE DÈS QUE JE SUIS FACE À L'INCONNU. CE DERNIER QUI M'EXCITAIS TANT AVANT..

ÇA FAIT 4 ANS ET DEMI QUE MA VIE N'A RIEN D'INTÉRESSANT.

J'AI MAL TOUS LES MATINS. JE SUIS SEULE ET J'AI 23 ANS.

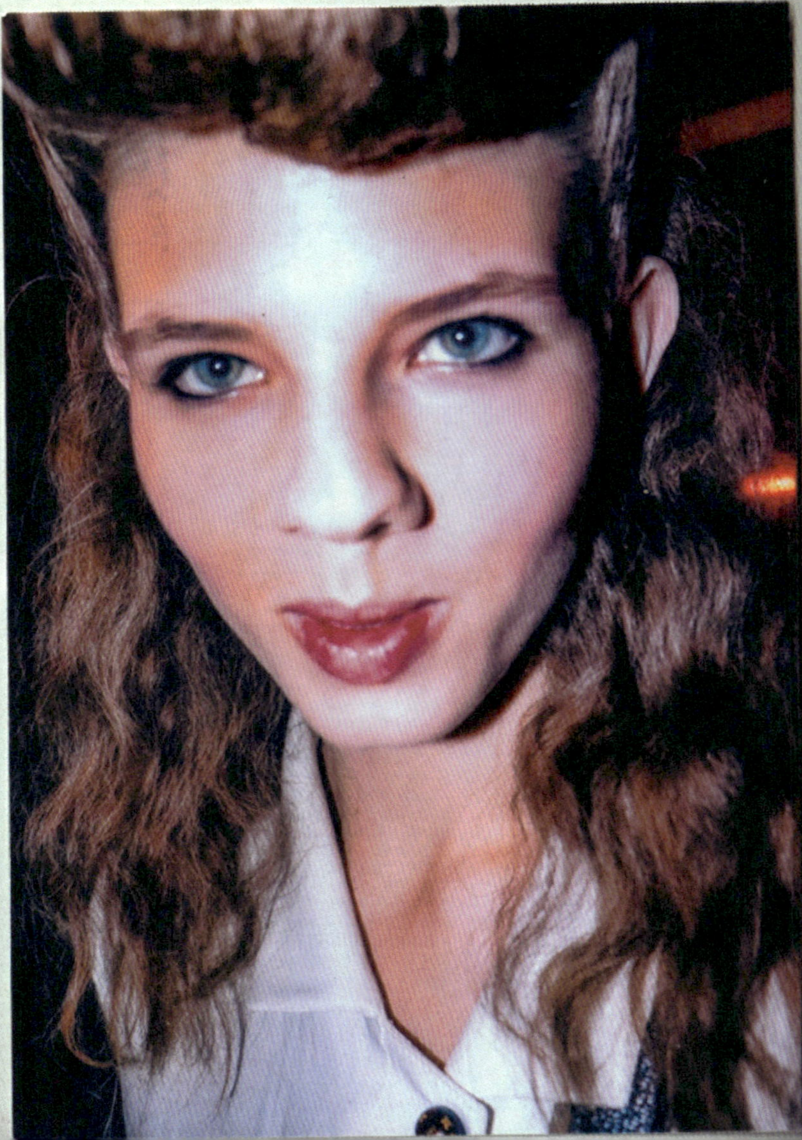

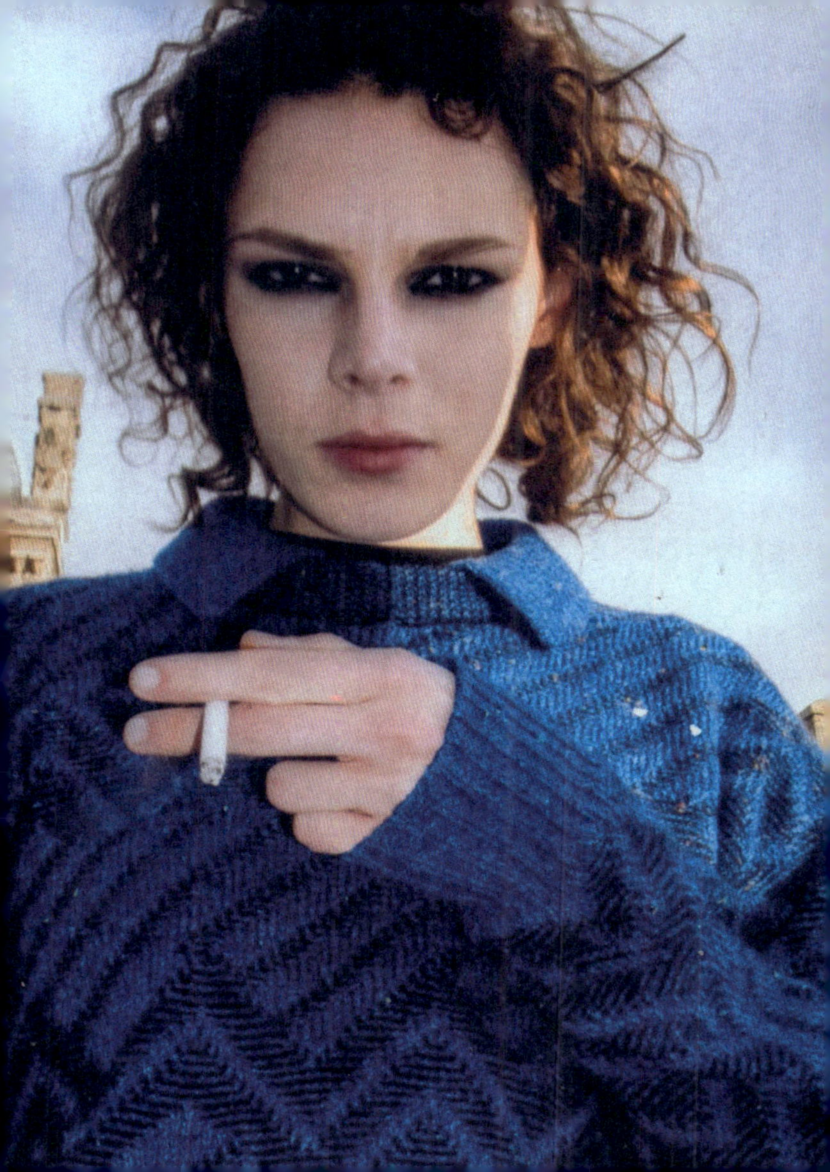

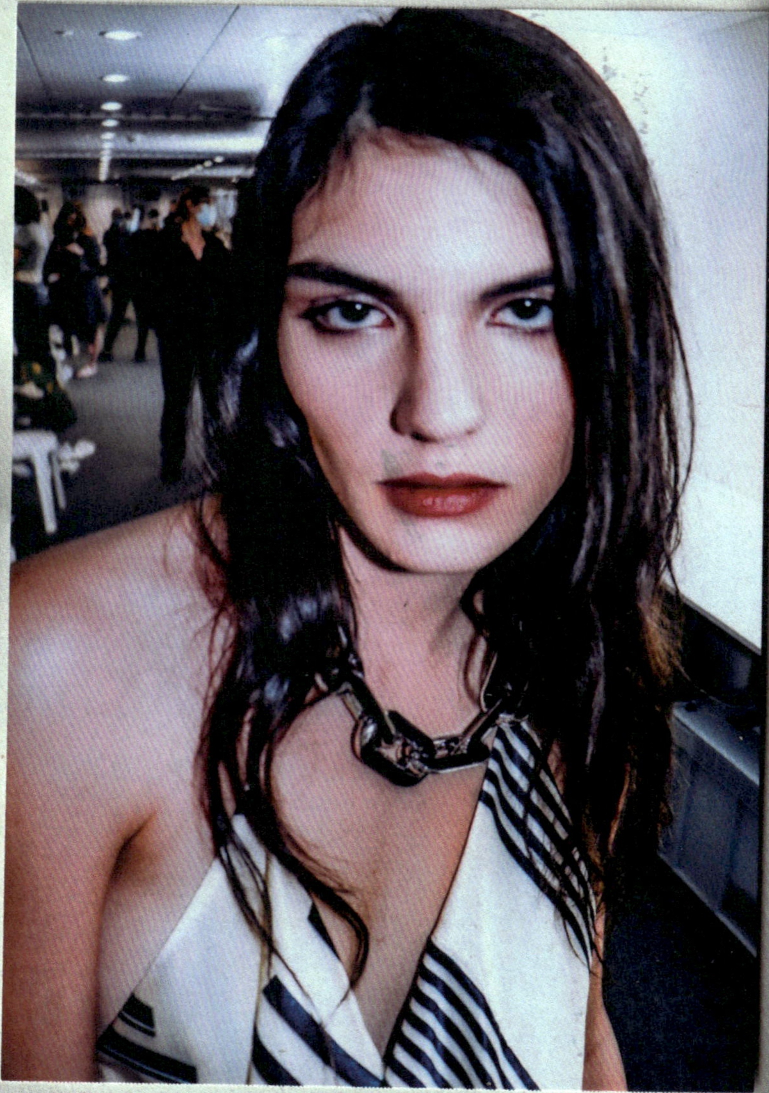

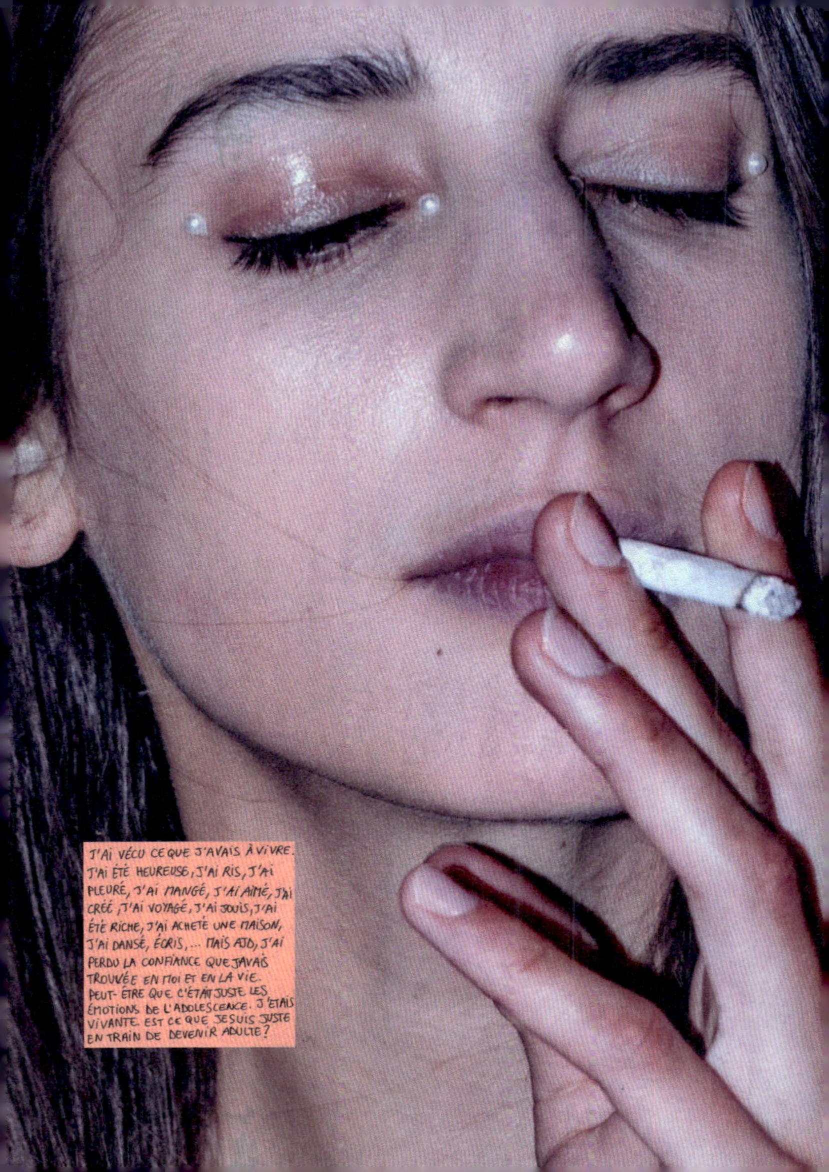
J'AI VÉCU CE QUE J'AVAIS À VIVRE.
J'AI ÉTÉ HEUREUSE, J'AI RIS, J'AI
PLEURÉ, J'AI MANGÉ, J'AI AIMÉ, J'AI
CRÉÉ, J'AI VOYAGÉ, J'AI JOUIS, J'AI
ÉTÉ RICHE, J'AI ACHETÉ UNE MAISON,
J'AI DANSÉ, ÉCRIS, ... MAIS AJD, J'AI
PERDU LA CONFIANCE QUE J'AVAIS
TROUVÉE EN MOI ET EN LA VIE.
PEUT-ÊTRE QUE C'ÉTAIT JUSTE LES
ÉMOTIONS DE L'ADOLESCENCE. J'ÉTAIS
VIVANTE. EST CE QUE JE SUIS JUSTE
EN TRAIN DE DEVENIR ADULTE?

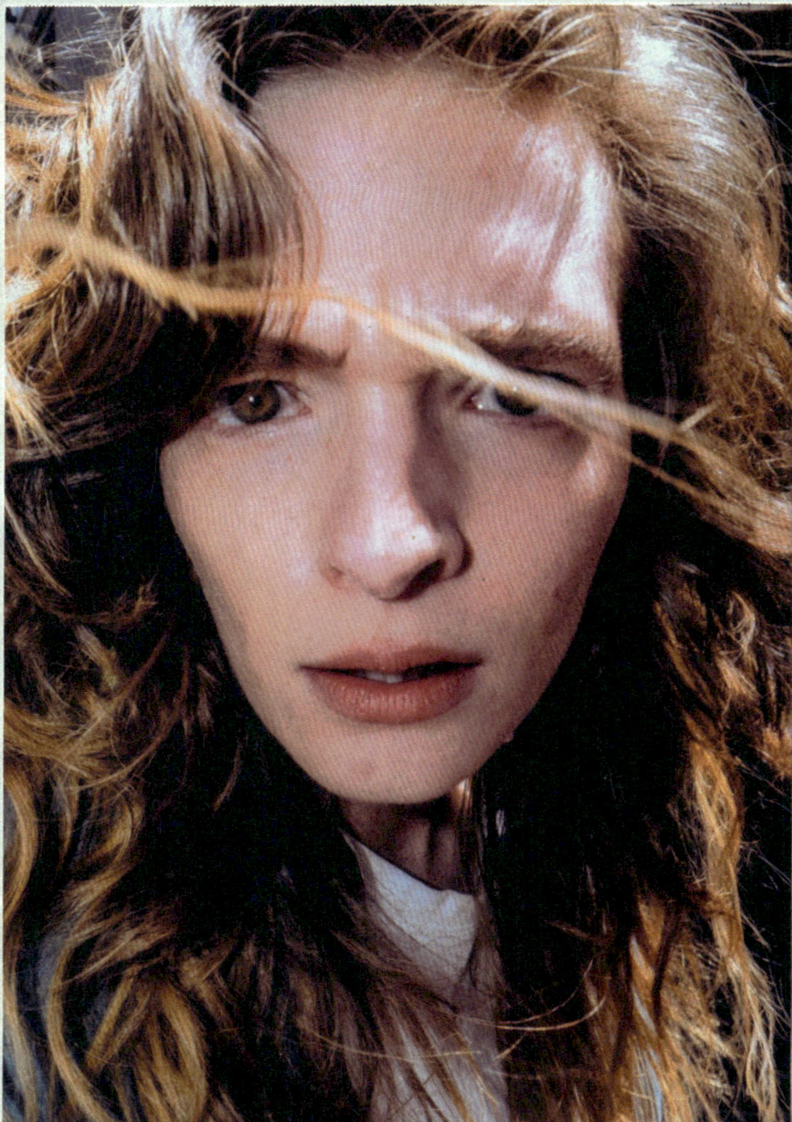

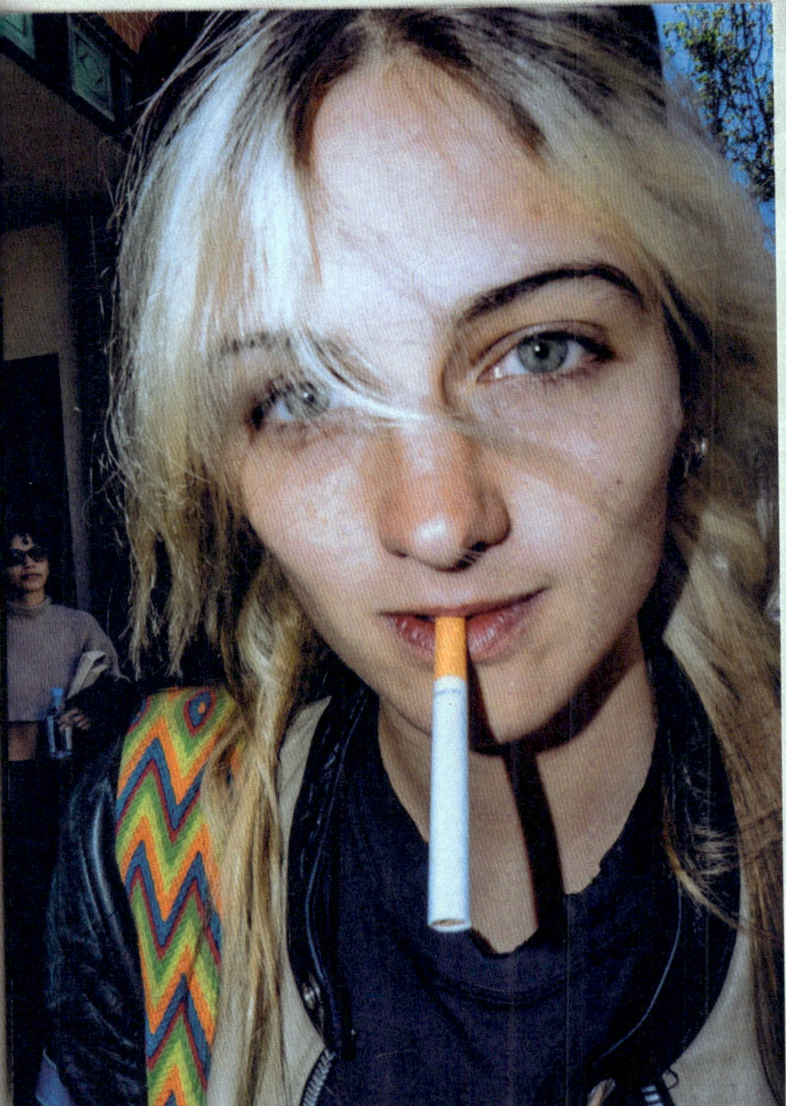

Le 30 novembre dans le taxi

JE SUIS FATIGUÉE DE PARLER QUE DE ÇA, DE VIVRE DE ÇA, D'EXISTER À TRAVERS ÇA... JE VEUX QUE ÇA SORTE DE MA VIE. MAIS JE SUIS COINCÉE. PARCE QUE J'AI UNE MAISON À PAYER, PARCE QUE MES PARENTS SONT FIERS DE MOI PARCE QUE JE SUIS MODEL. PARCE QUE JE SOIS DANS L'ENGRENAGE DE ME SENTIR PARFOIS IMPORTANTE EN ÉCHANGE DE FERMER MA GUEULE QUAND JE ME SENS COMME UNE GROSSE MERDE. L'ARGENT N'A PAS FAIT MON BONHEUR. JE VOUS ASSURE. IL M'A POURRI...

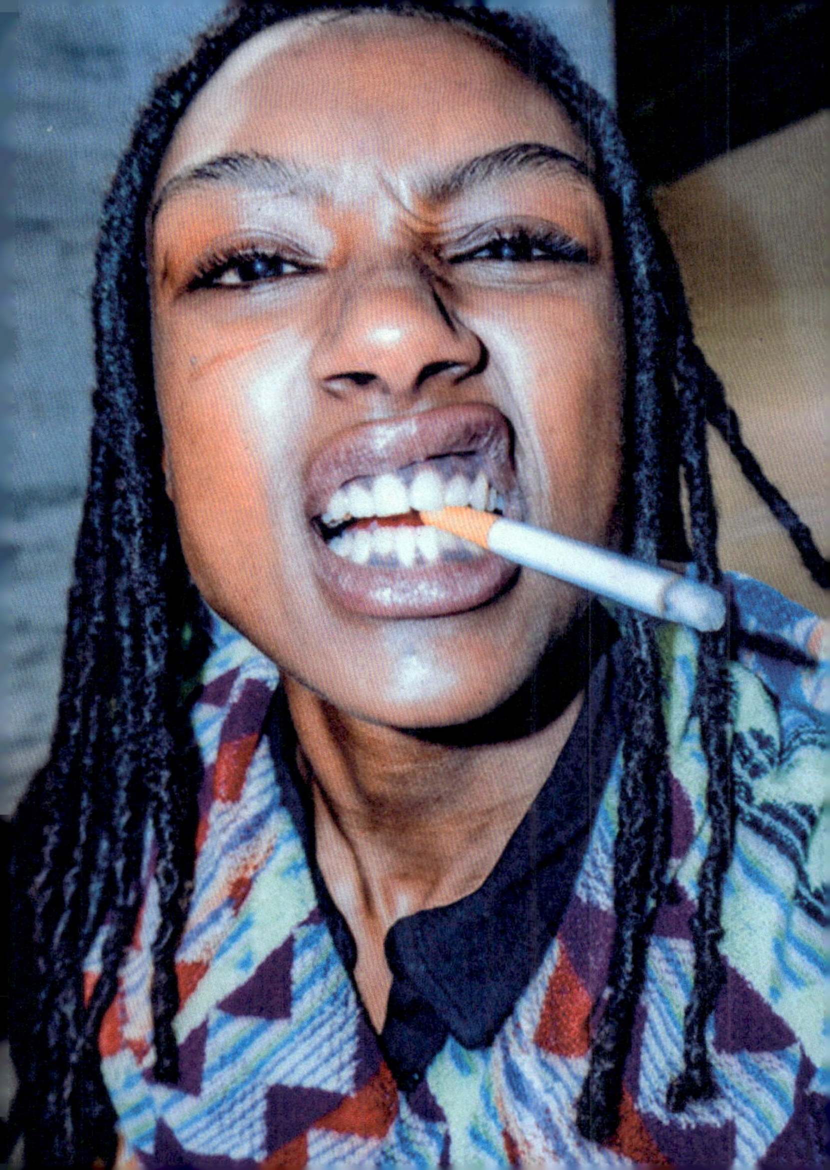

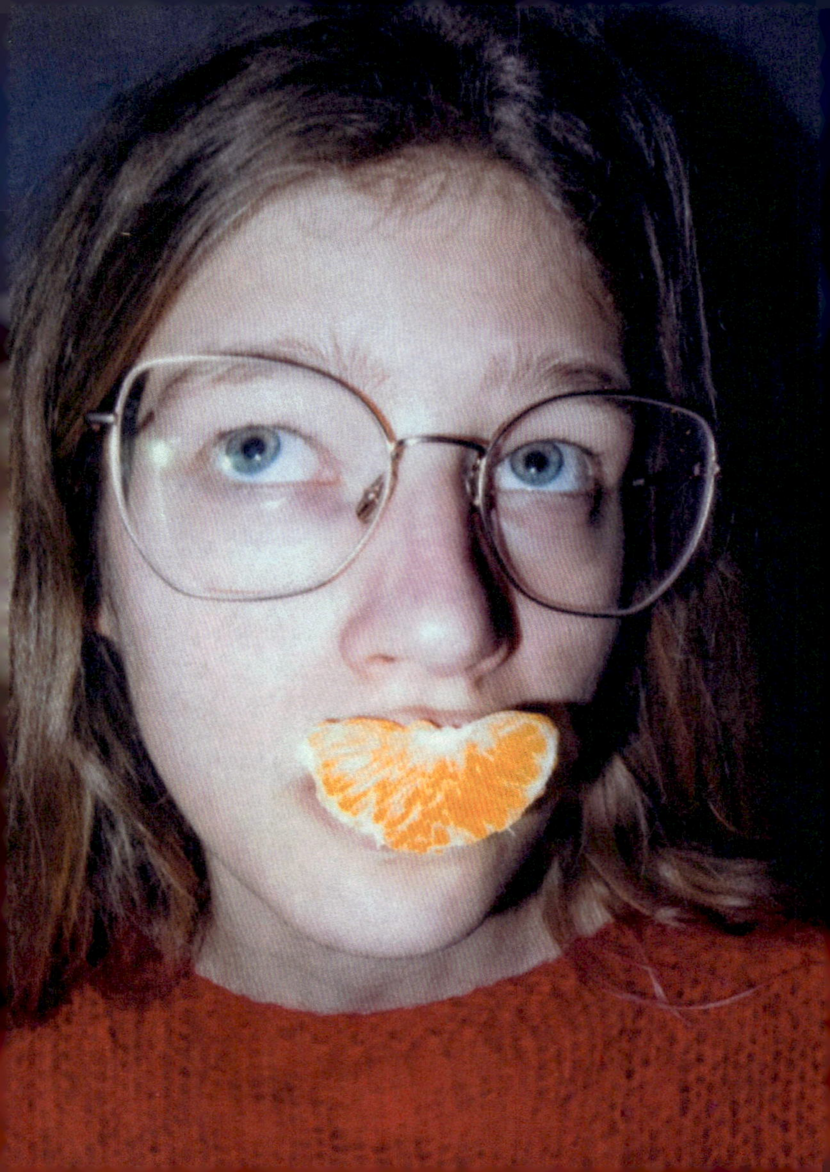

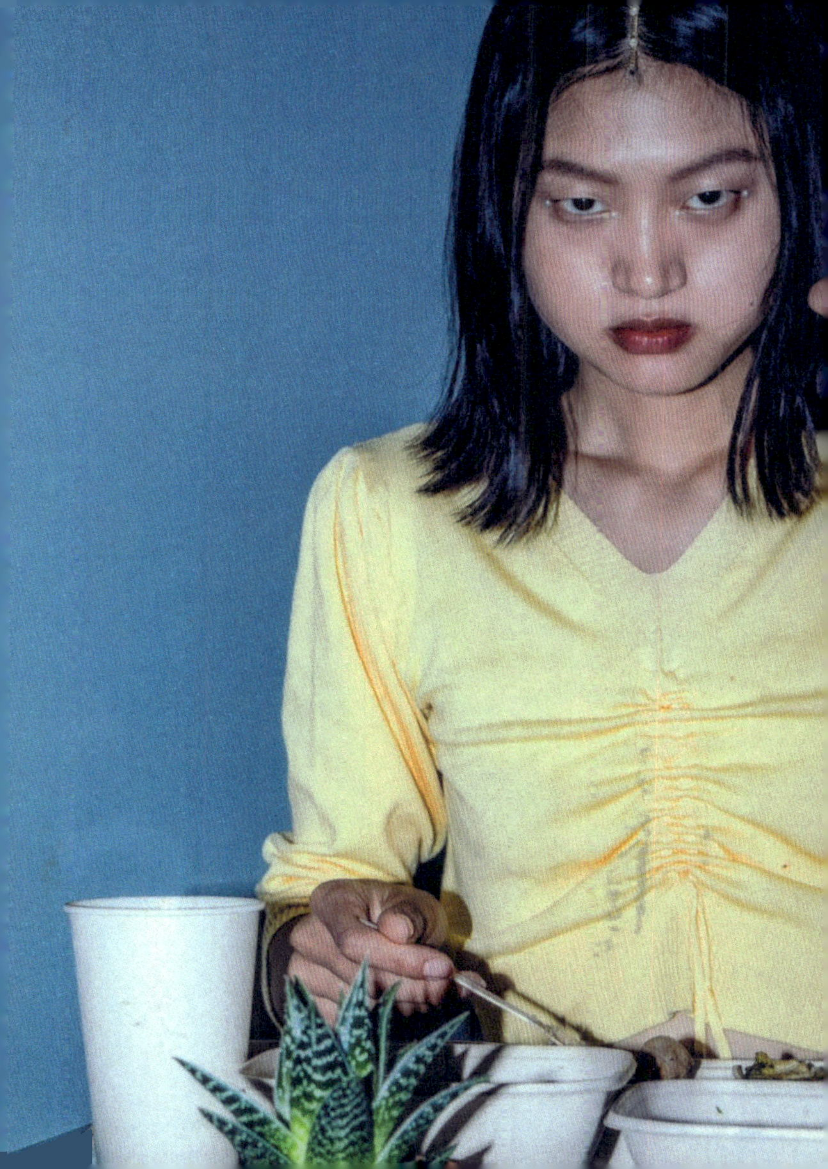

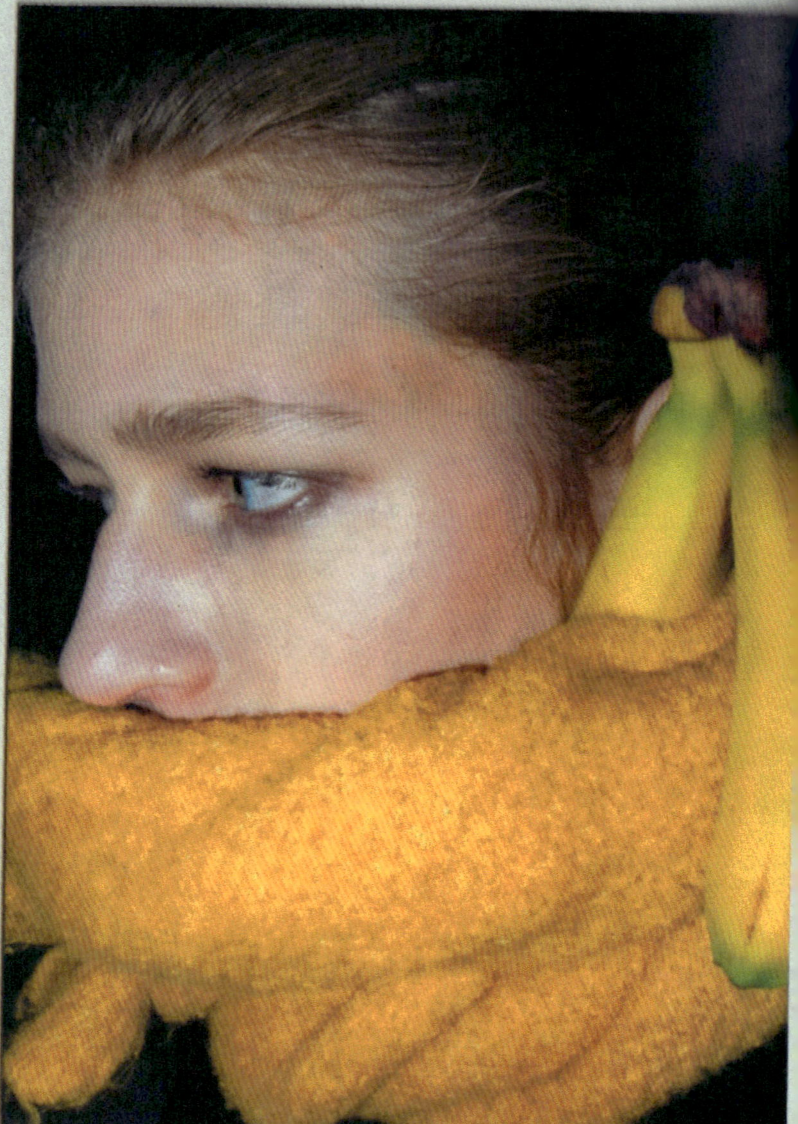

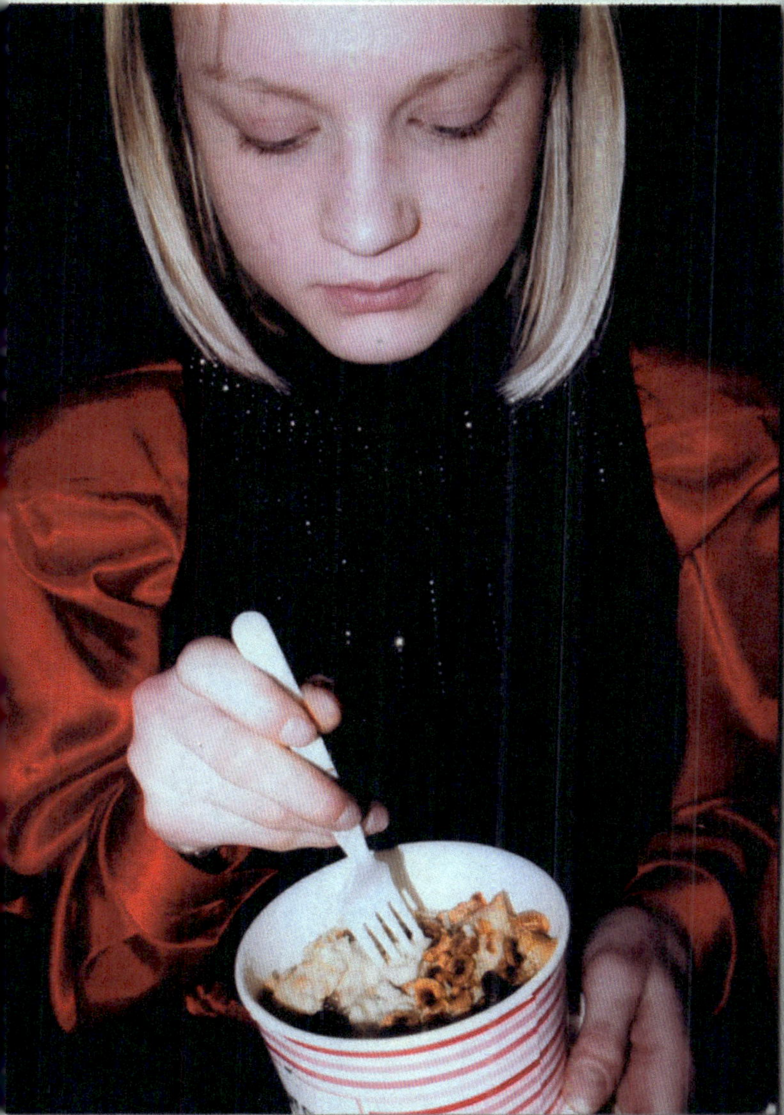

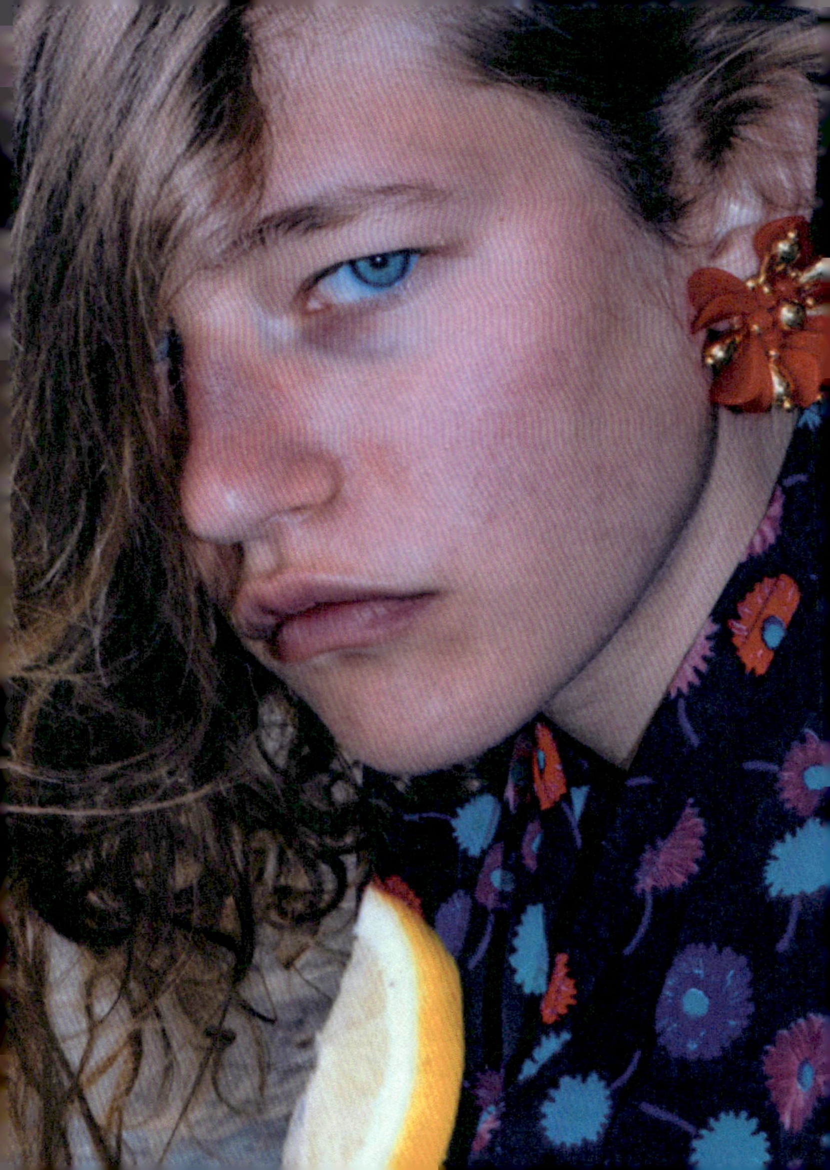

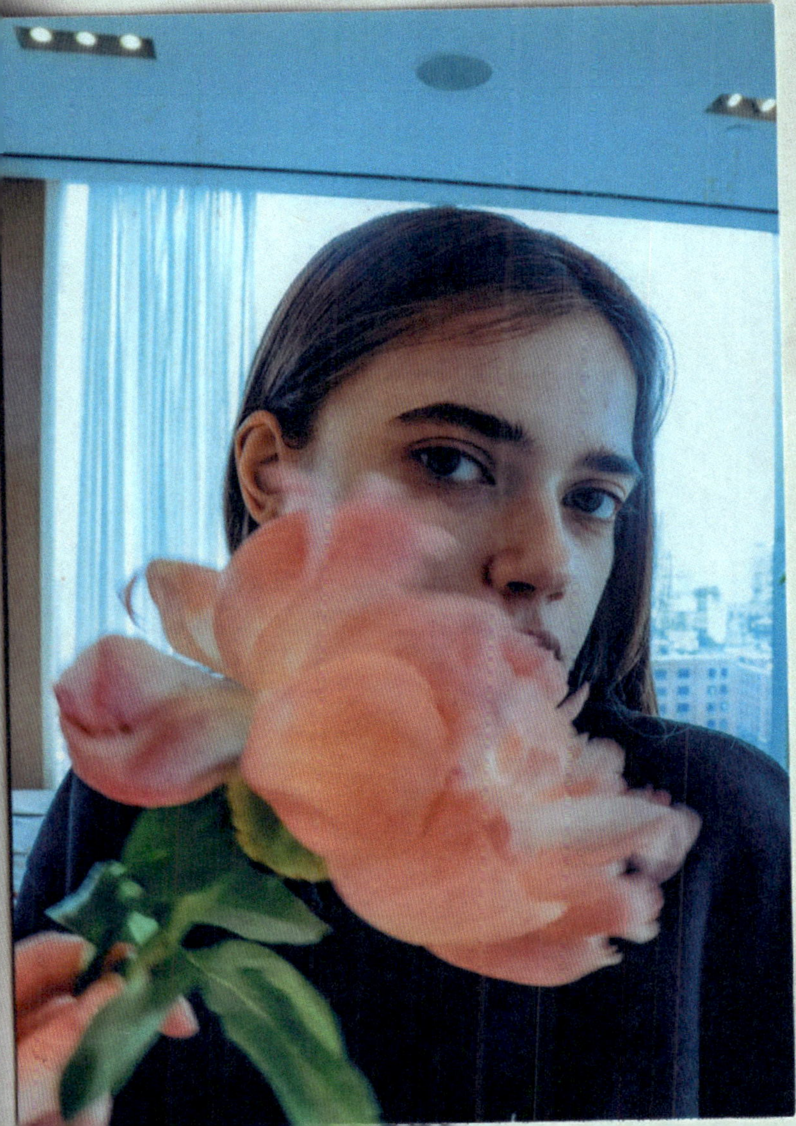

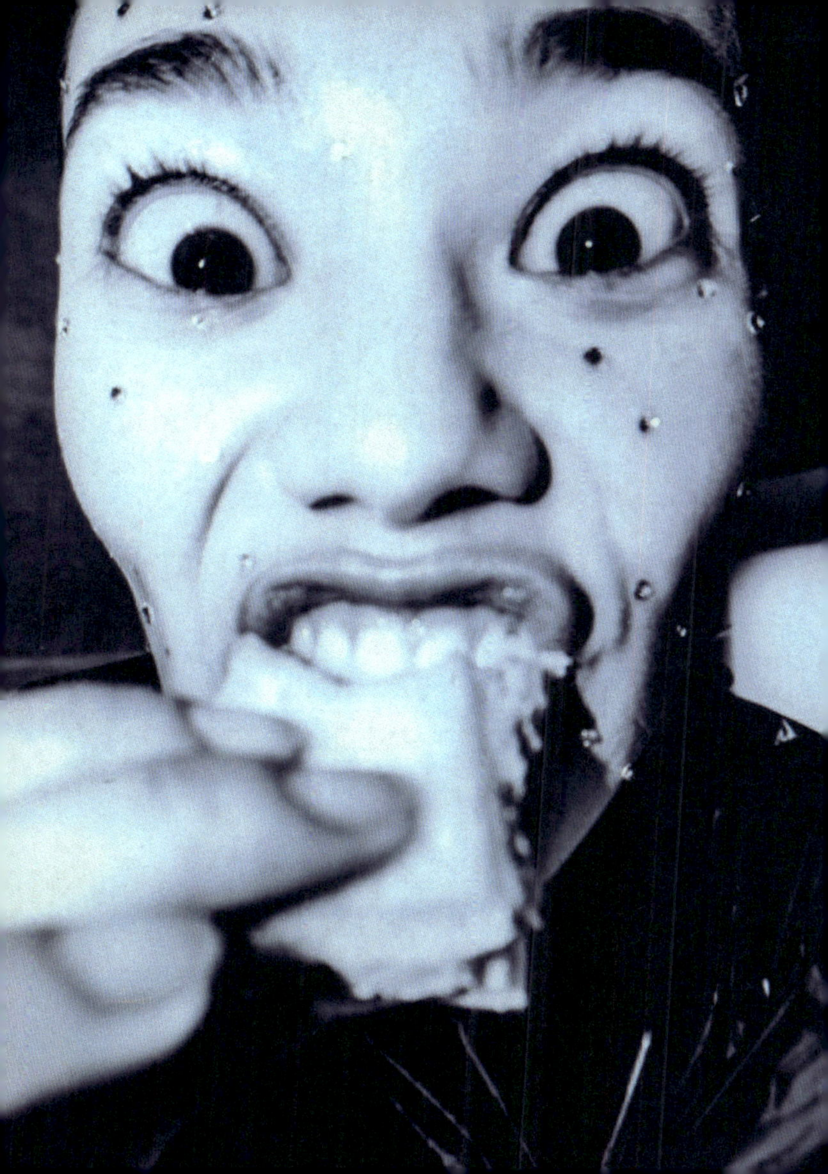

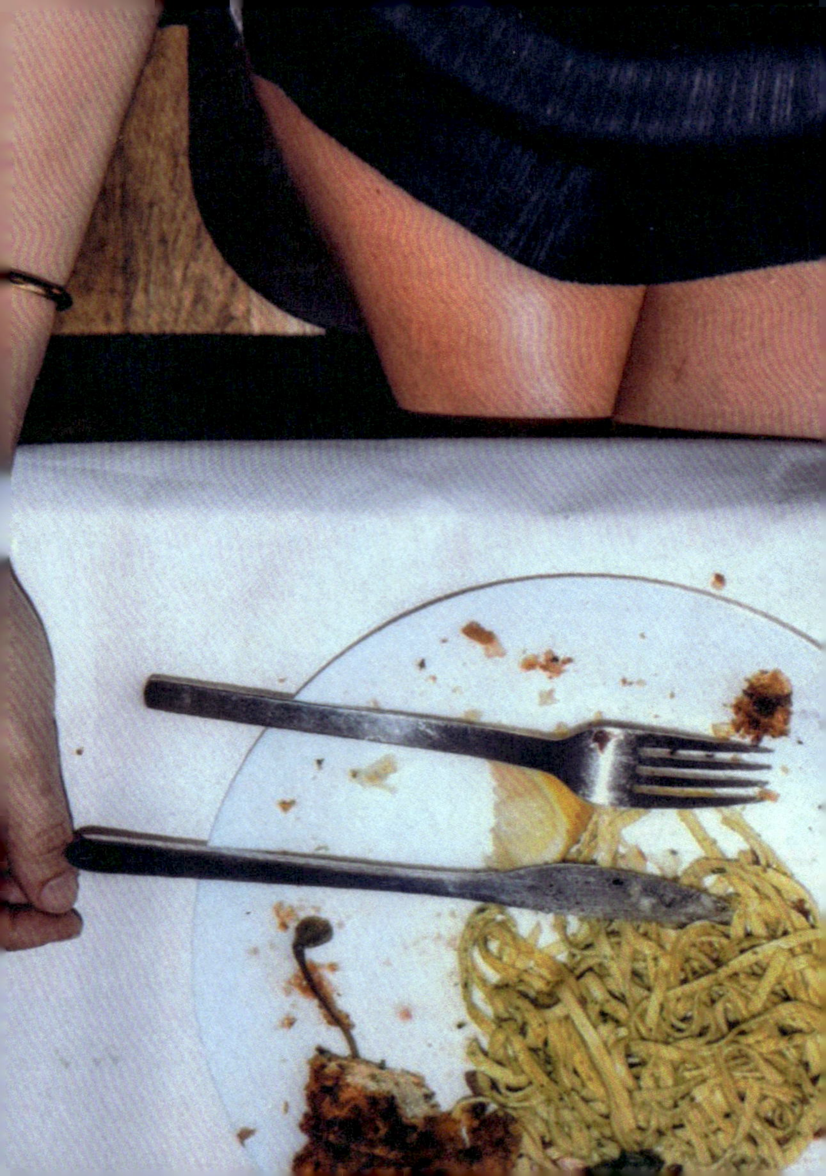

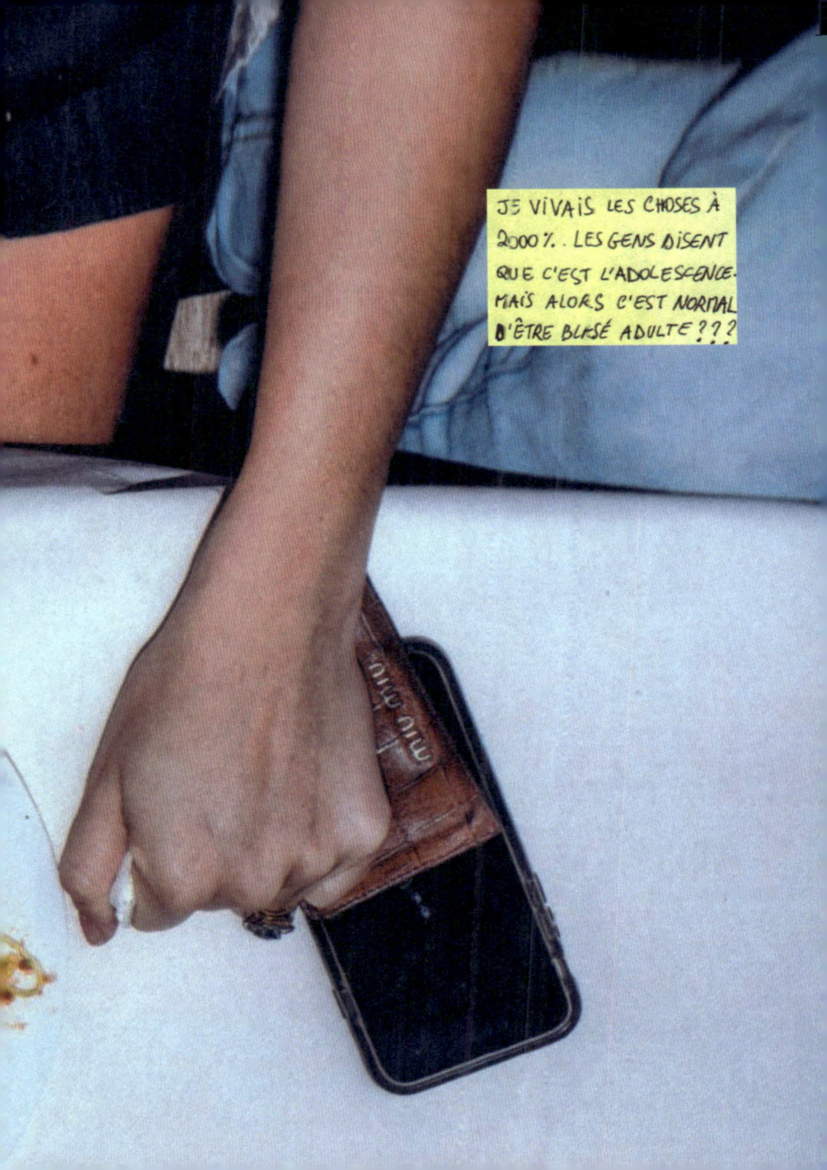
JE VIVAIS LES CHOSES À
2000%. LES GENS DISENT
QUE C'EST L'ADOLESCENCE.
MAIS ALORS C'EST NORMAL
D'ÊTRE BLASÉ ADULTE???

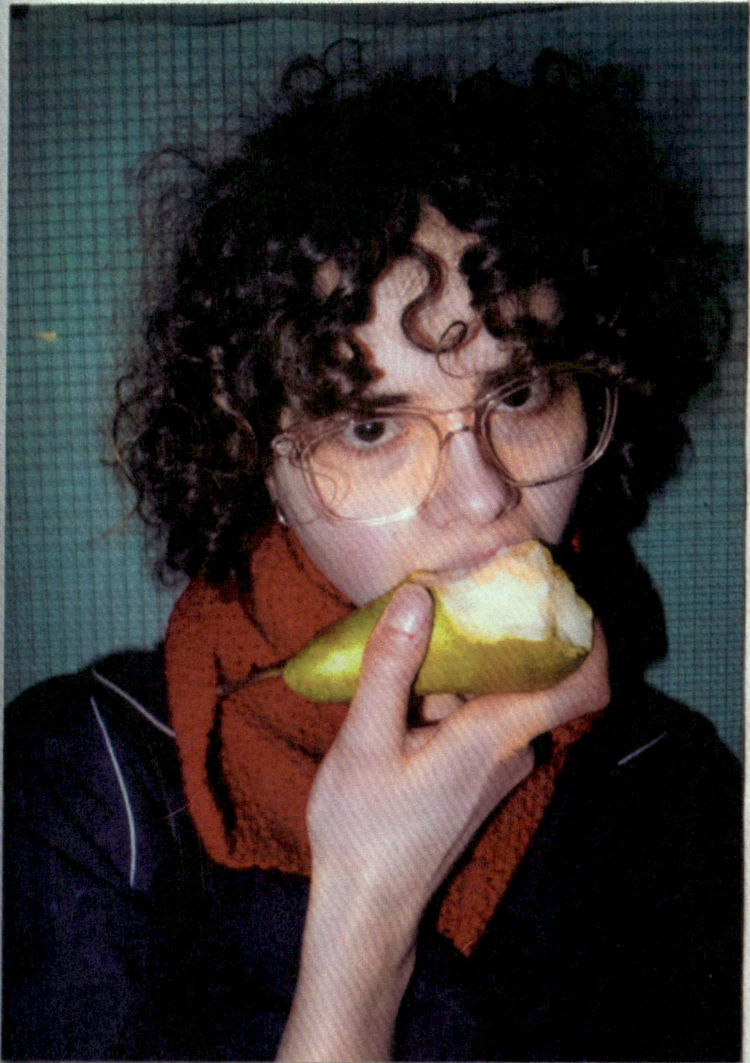

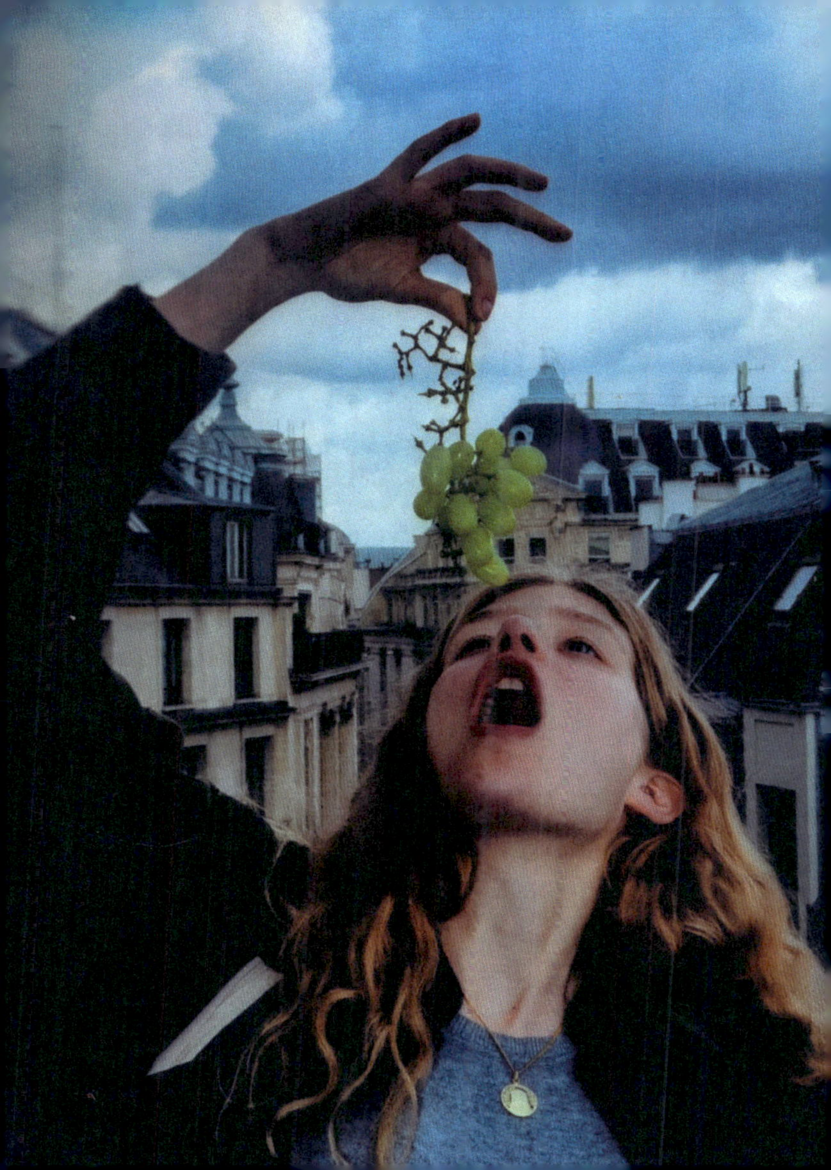

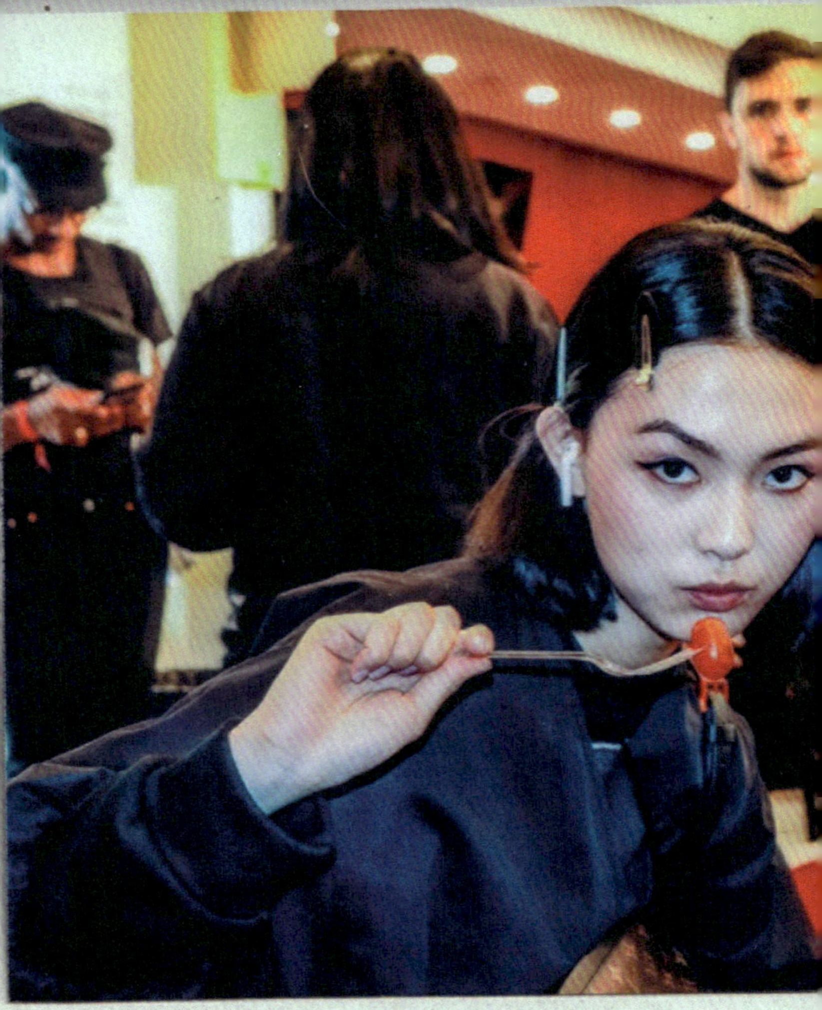

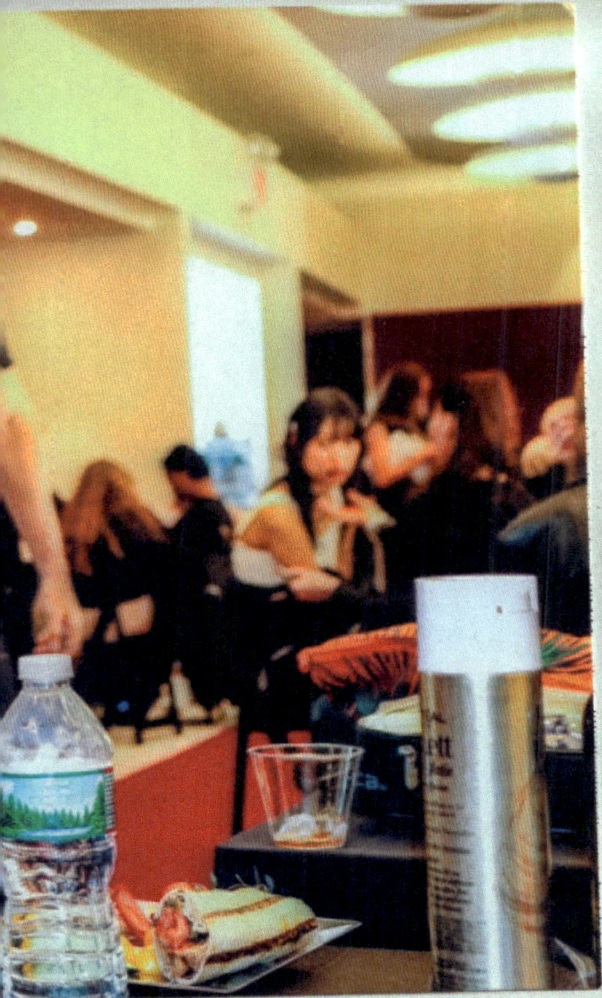

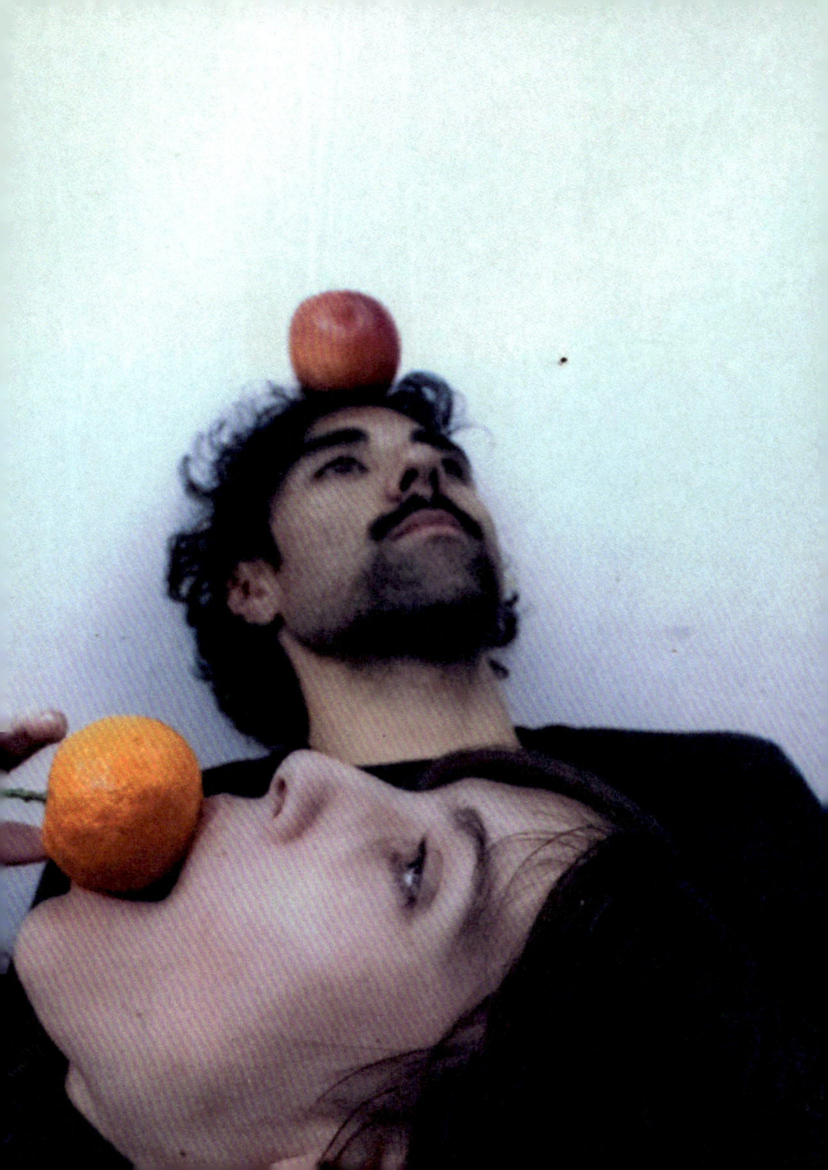

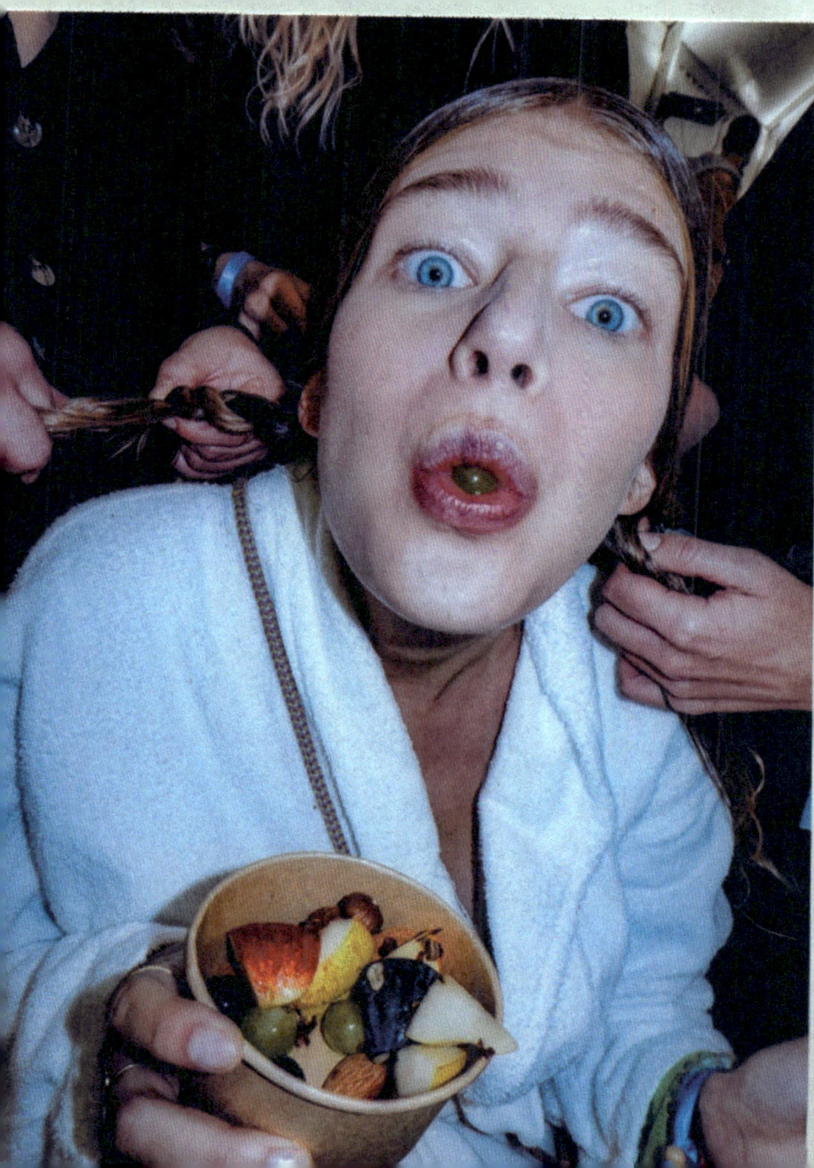

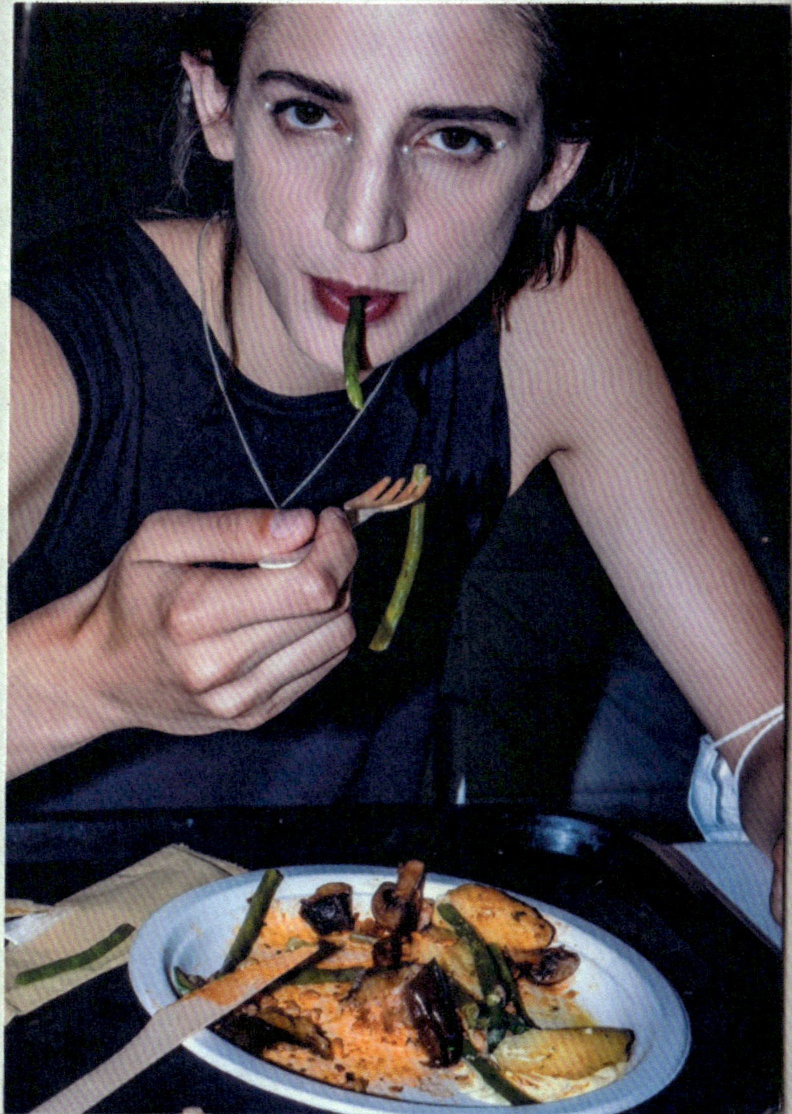

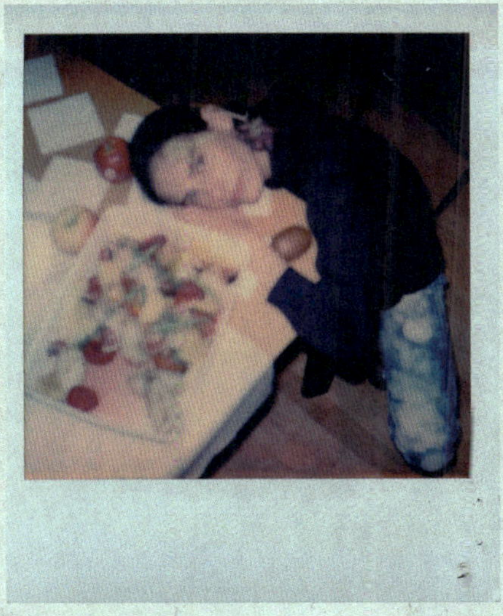

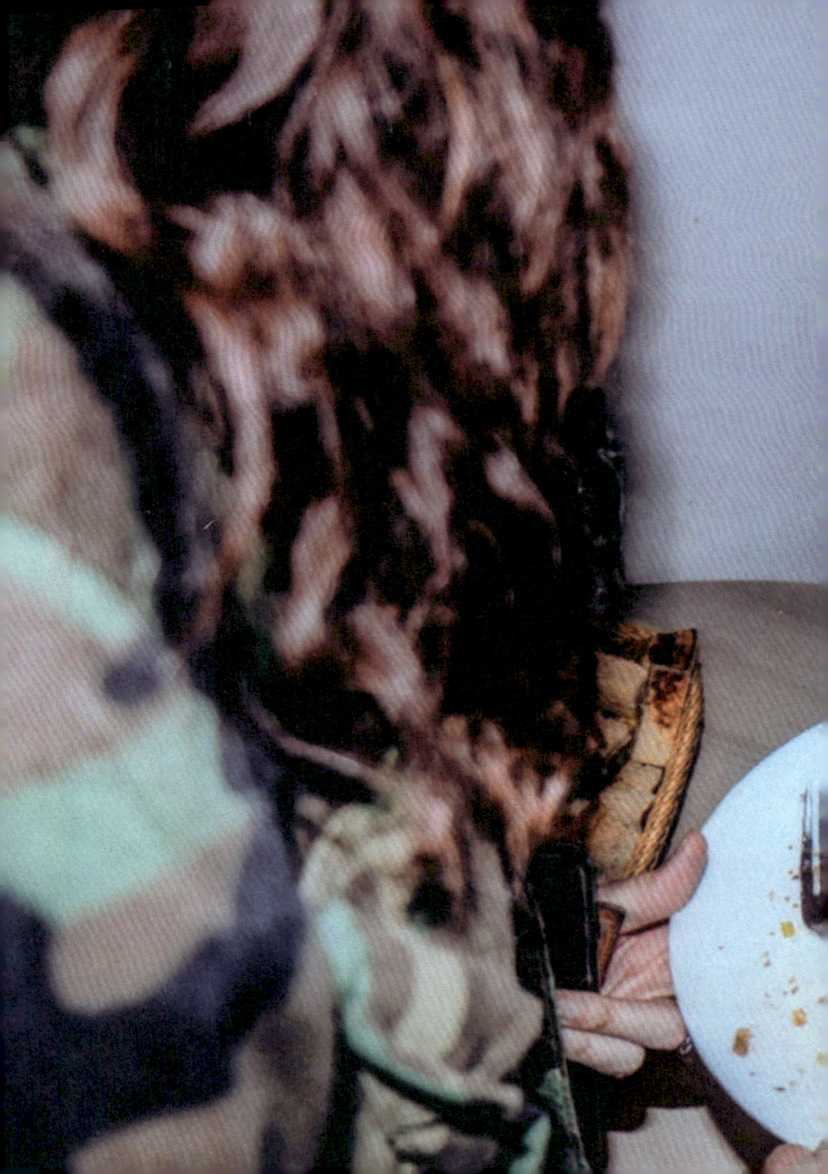

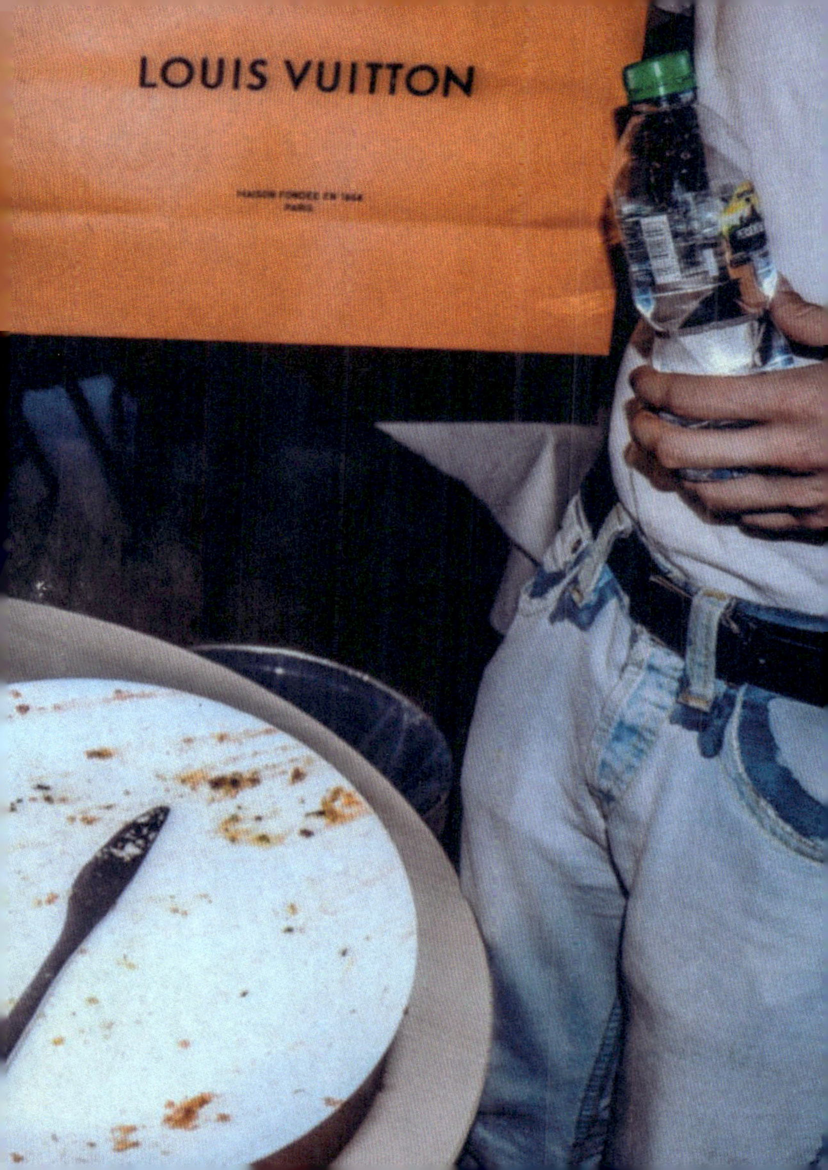
LOUIS VUITTON

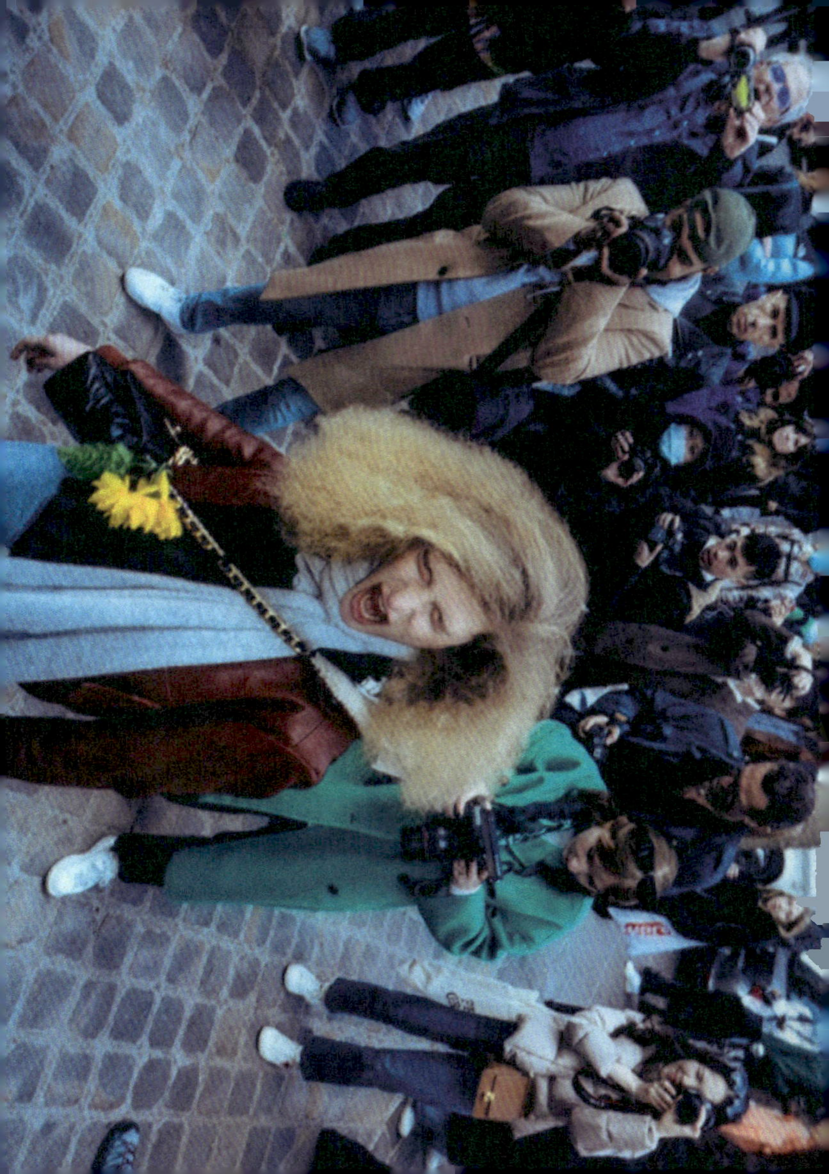

MILAN FASHION WEEK IS OVER

CETTE SEMAINE, J'AI ENCHAÎNÉ LES CASTINGS. MALHEUREUSEMENT, J'AI AUSSI ENCHAÎNÉ LES REFUS DES CLIENTS À TRAVAILLER AVEC MOI. JE ME SENS BLESSÉE ET HUMILIÉE. POURTANT IL Y A PLUS GRAVE. AUJOURD'HUI, EN ROUTE VERS ~~LA~~ BELGIQUE♡ APRÈS CETTE SEMAINE INFERNALE, JE ME SENS CASSÉE, POURRIE À L'INTÉRIEUR, VIDE. ILS M'ONT PRIS MON ÂME, MA PERSONNALITÉ, ONT CASSÉ MES FONDATIONS, ET ILS NE M'ONT MÊME PAS FAIT TRAVAILLER. LE VRAI VISAGE DE LA MODE ME DÉGOUTE.

J'AI FAIT UN SEUL DÉFILÉ: MON LOOK ÉTAIT IMMONDE. MON ESTIME DE MOI EST BRISÉE.

JE SUIS OK D'ENCHAINER AVEC PARIS, JE SUIS MOTIVÉE ET MÊME SI MAINTENANT À L'INTÉRIEUR C'EST FRAGILE, JE VEUX CONTINUER À CROIRE EN MOI, EN LA CLÉMENTINE, LA VRAIE. ESSAYER QU'ELLE SURVIVE À CE MONDE DE FOU.

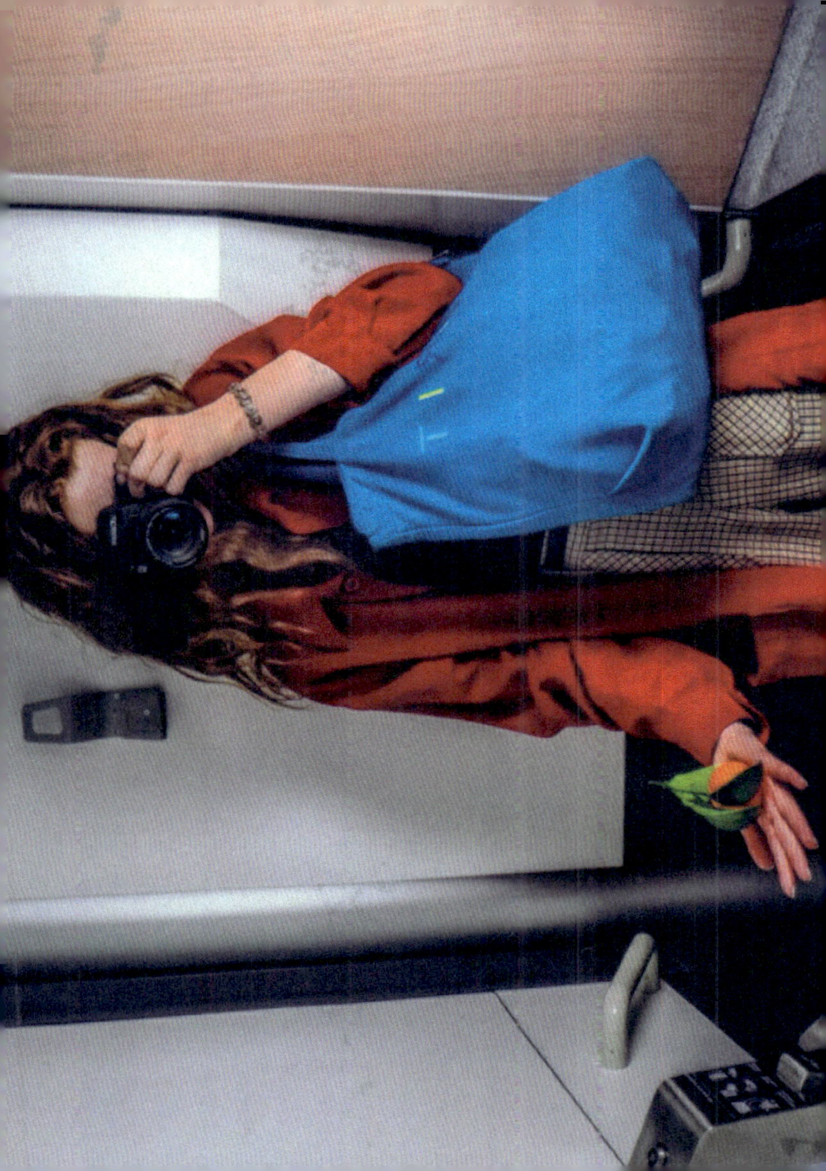

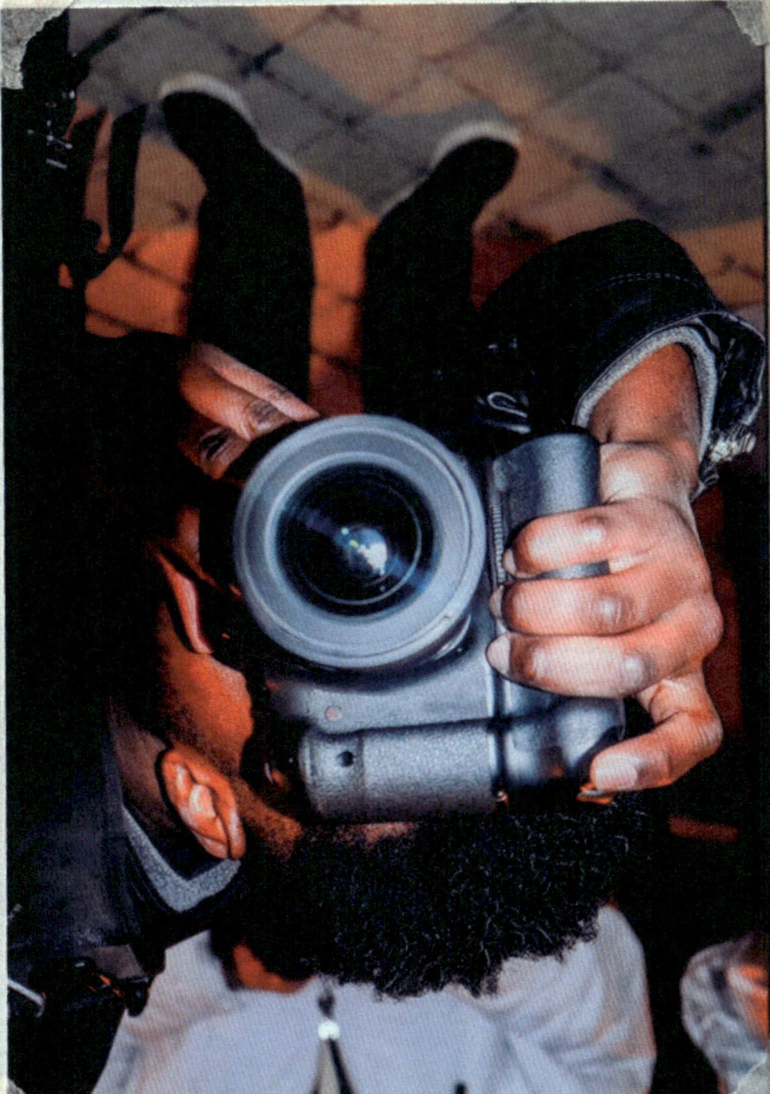

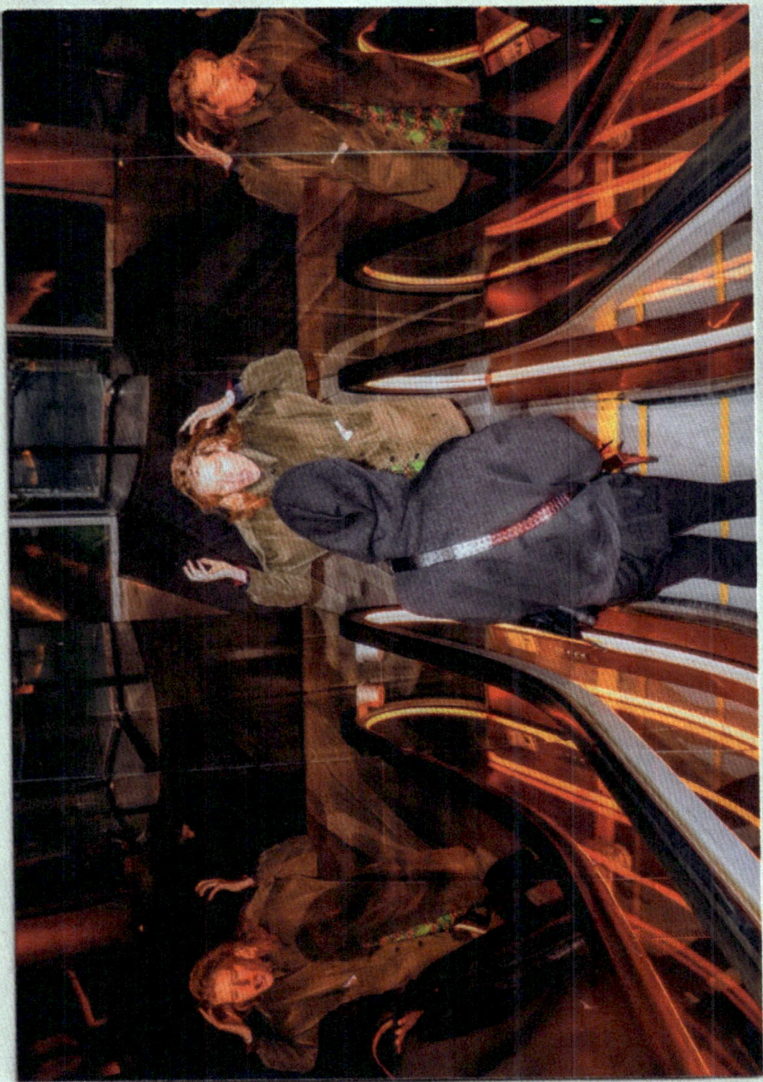

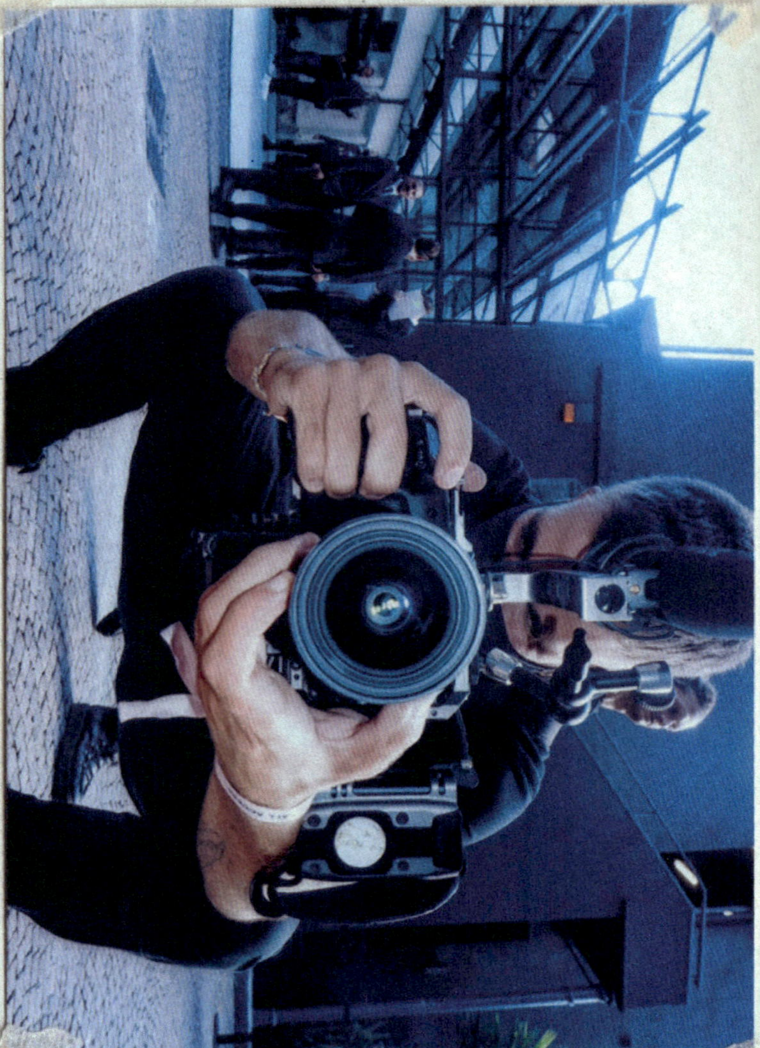

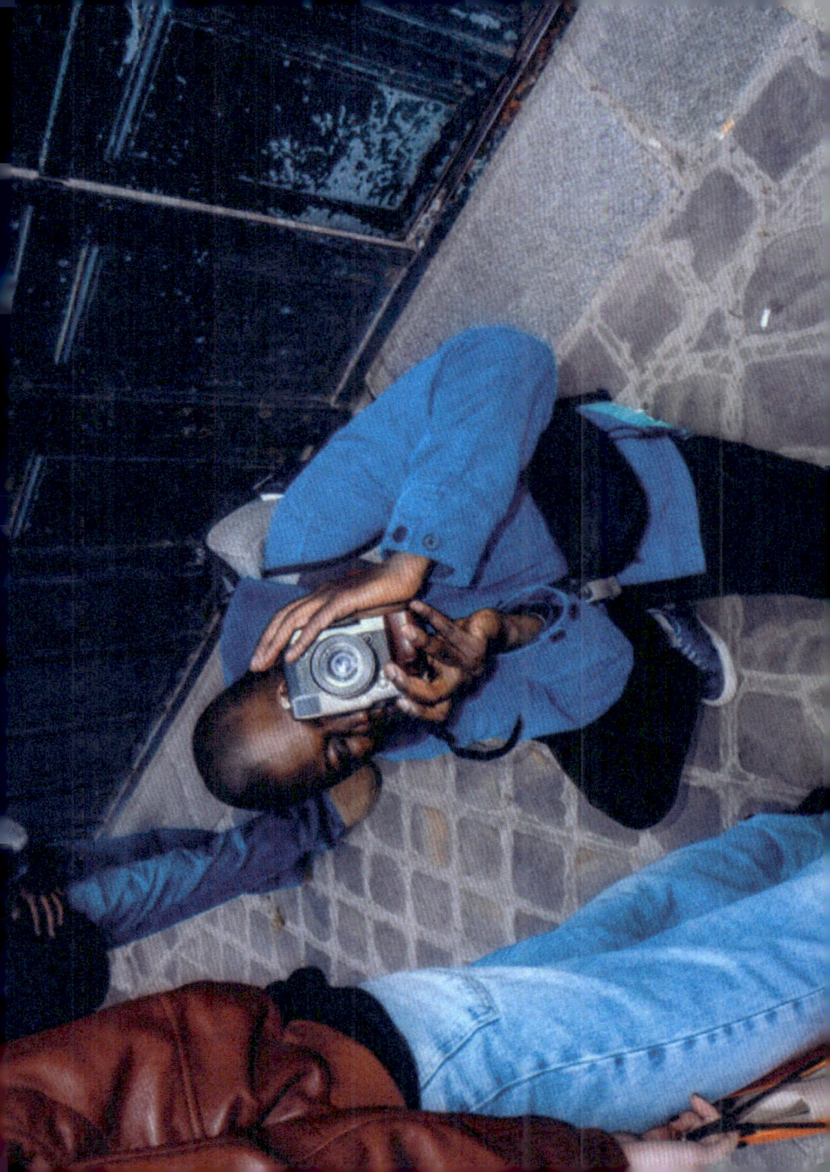

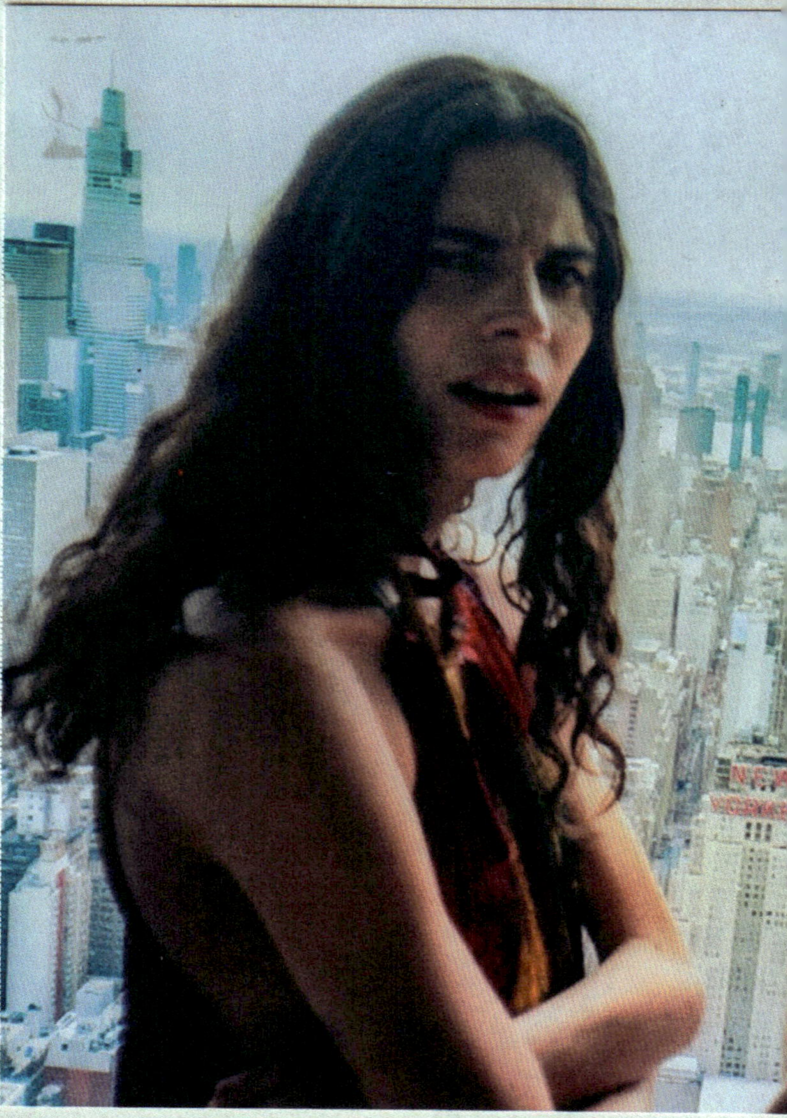

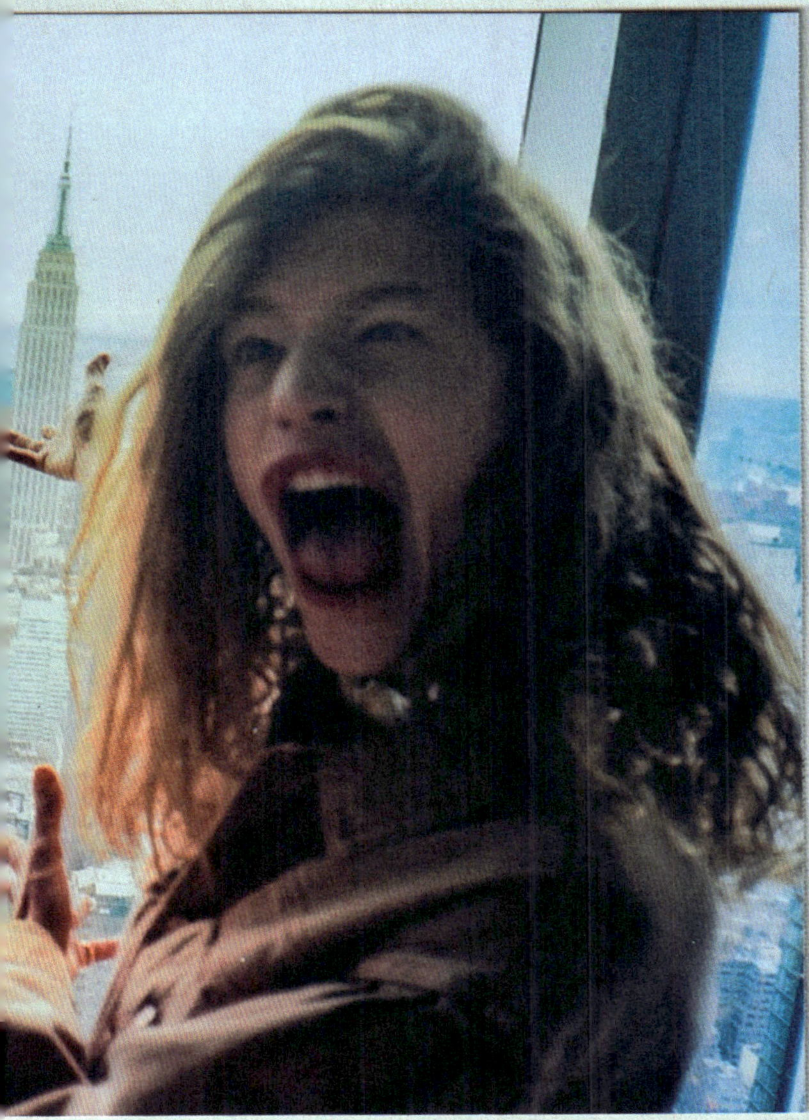

JE PENSAIS
ENCORE
POUVOIR TENIR
UN AN.
SÉRIEUSEMENT
LÀ JE SAIS PLUS.

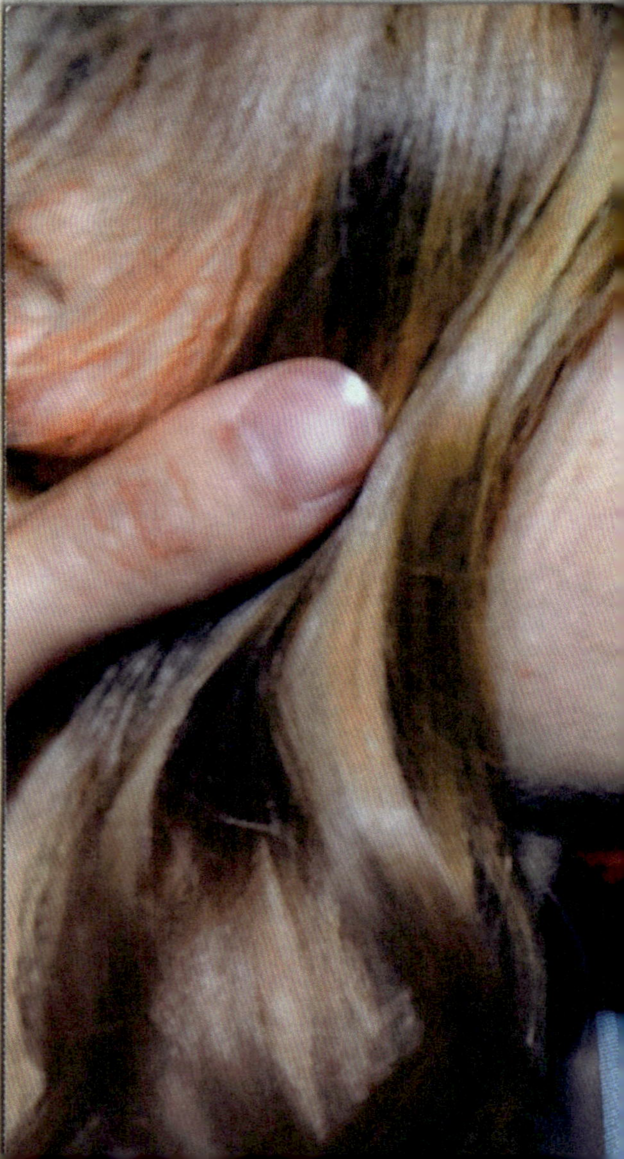

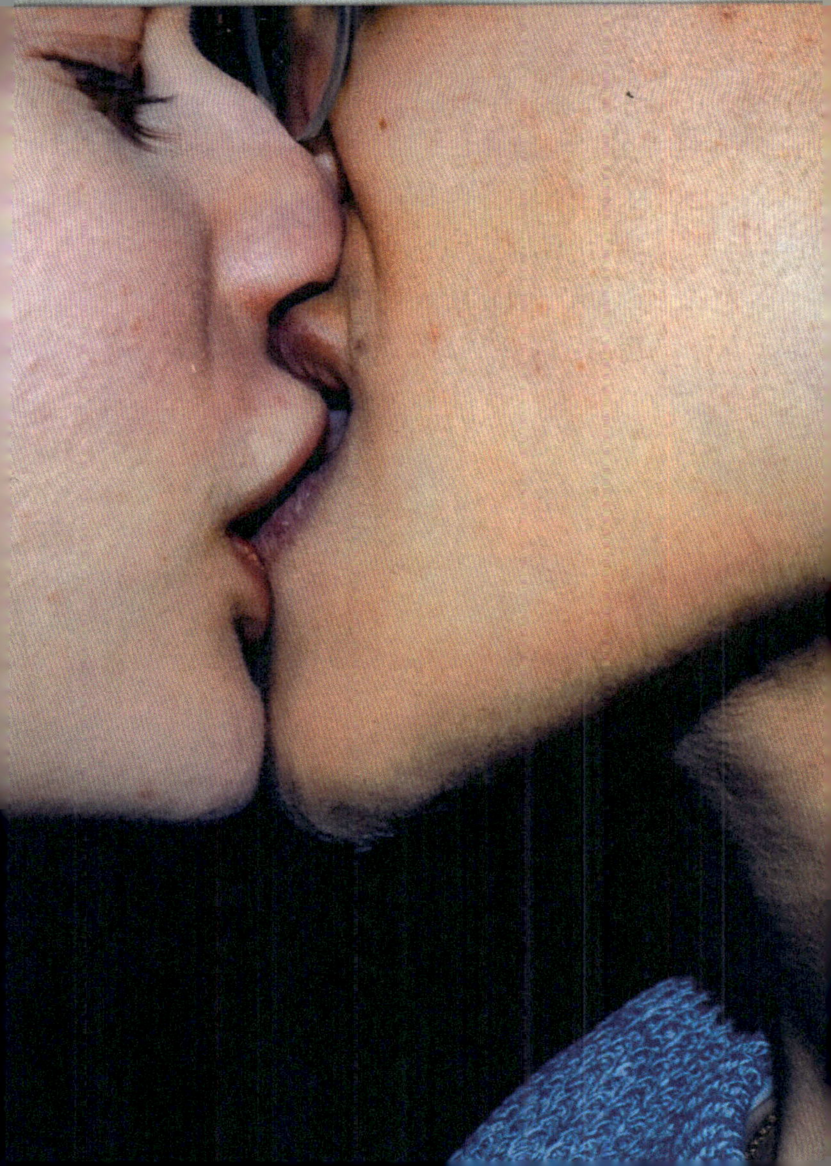

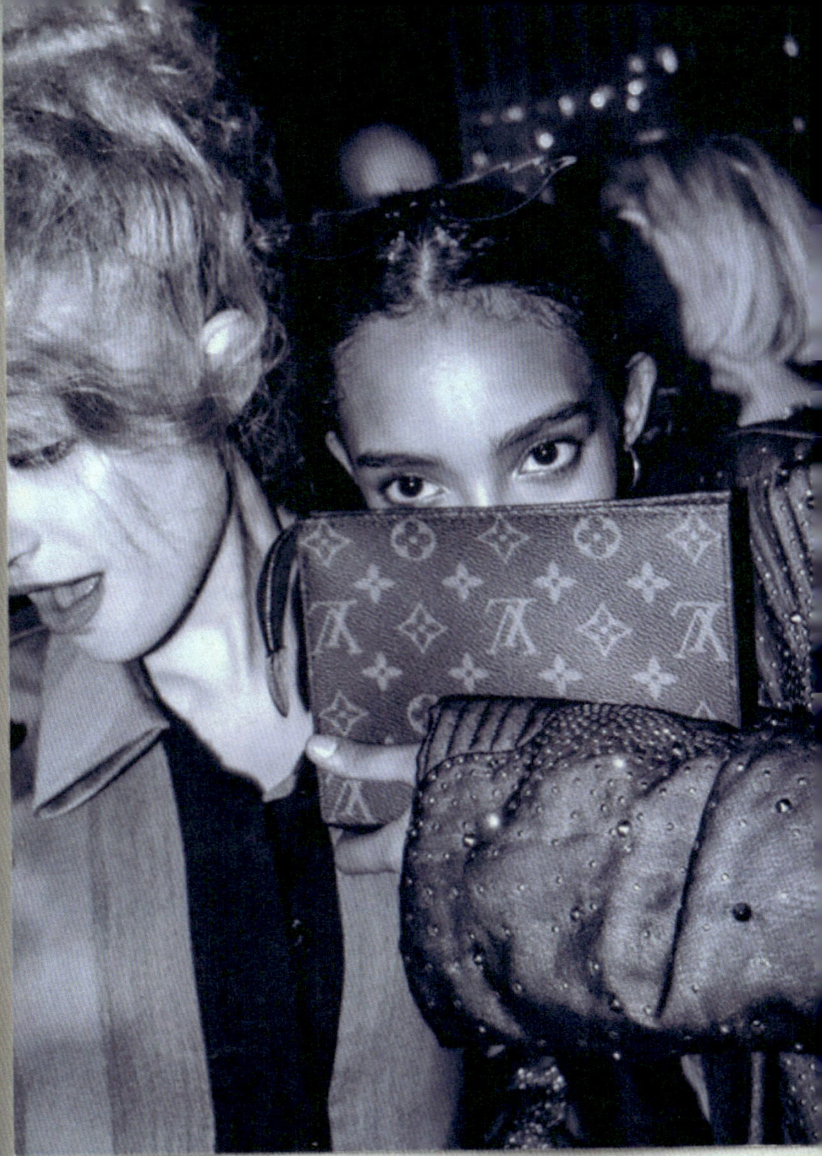

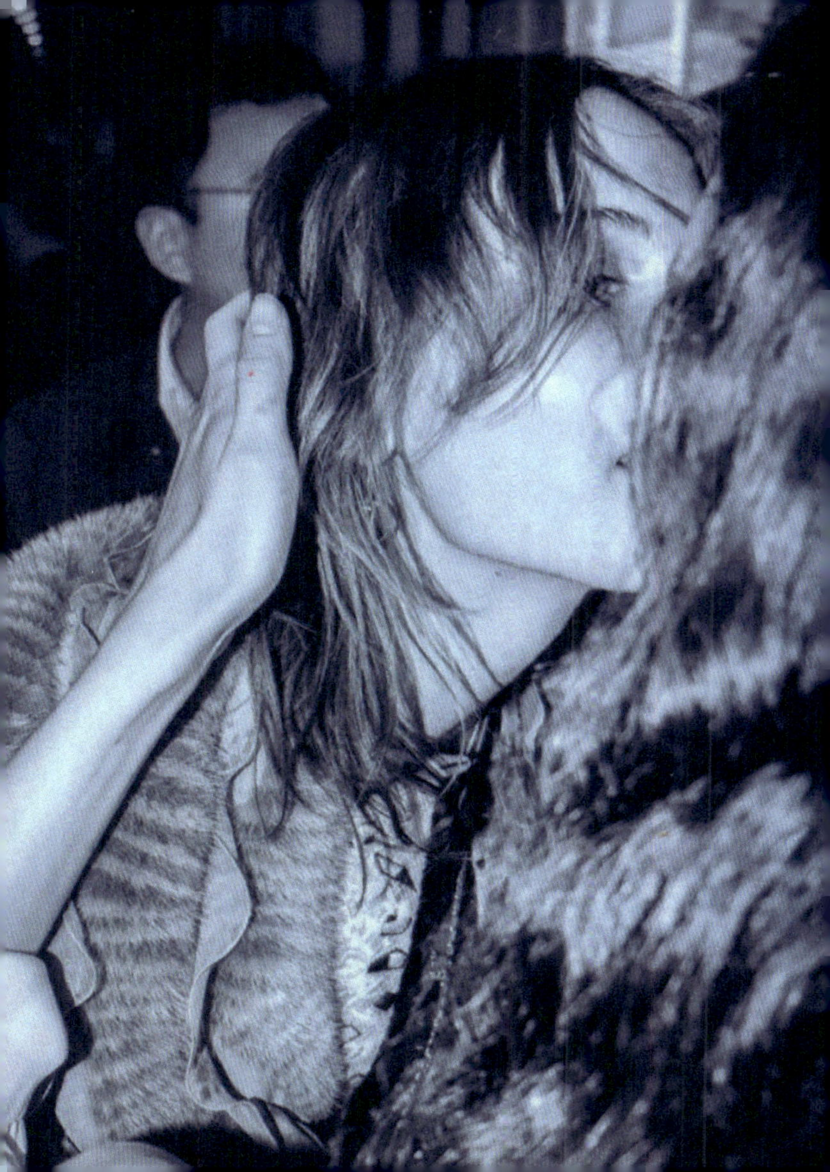

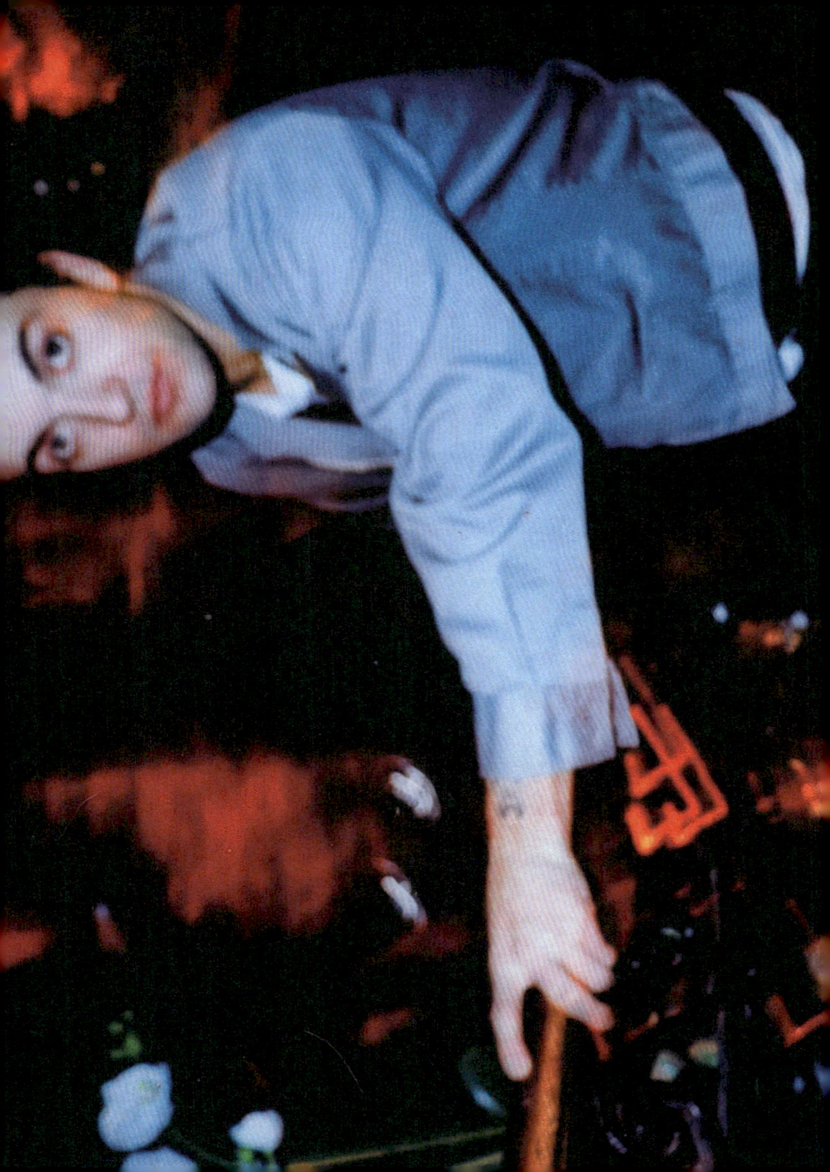

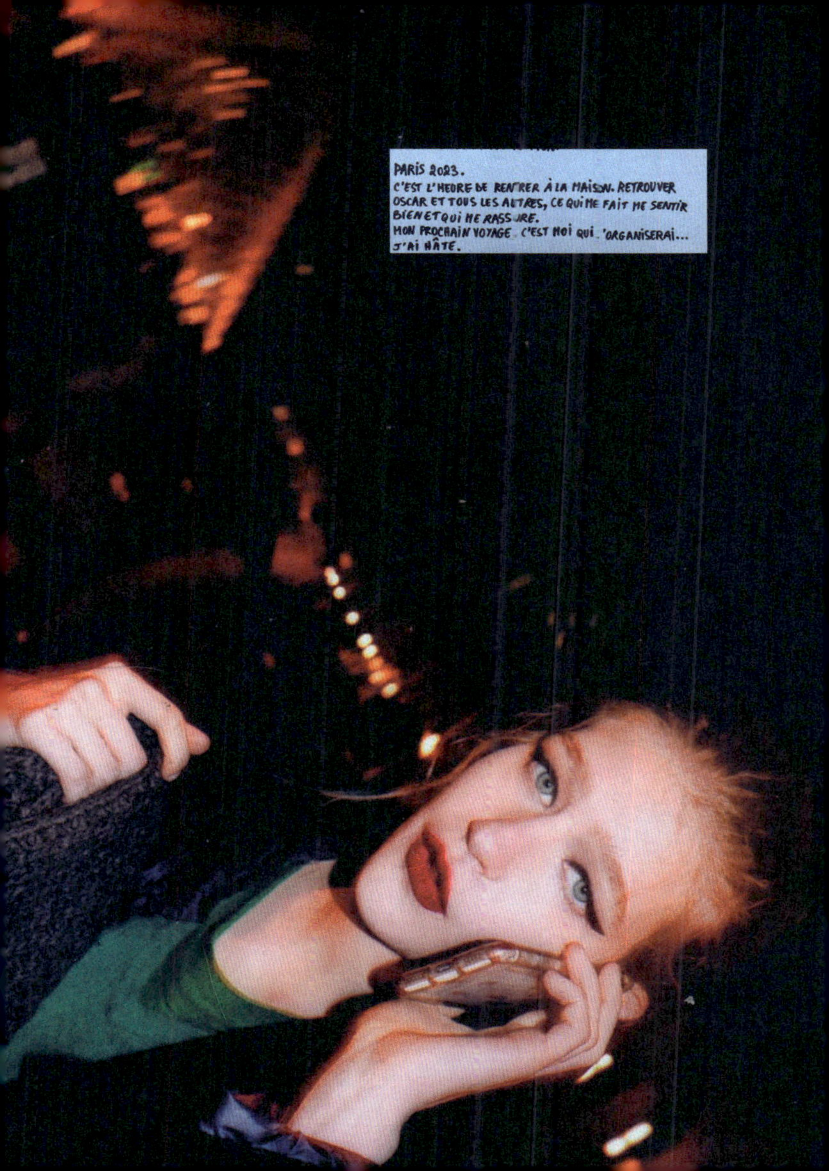
PARIS 2023.
C'EST L'HEURE DE RENTRER À LA MAISON. RETROUVER OSCAR ET TOUS LES AUTRES, CE QUI ME FAIT ME SENTIR BIEN ET QUI ME RASSURE.
MON PROCHAIN VOYAGE C'EST MOI QUI 'ORGANISERAI...
J'AI HÂTE.

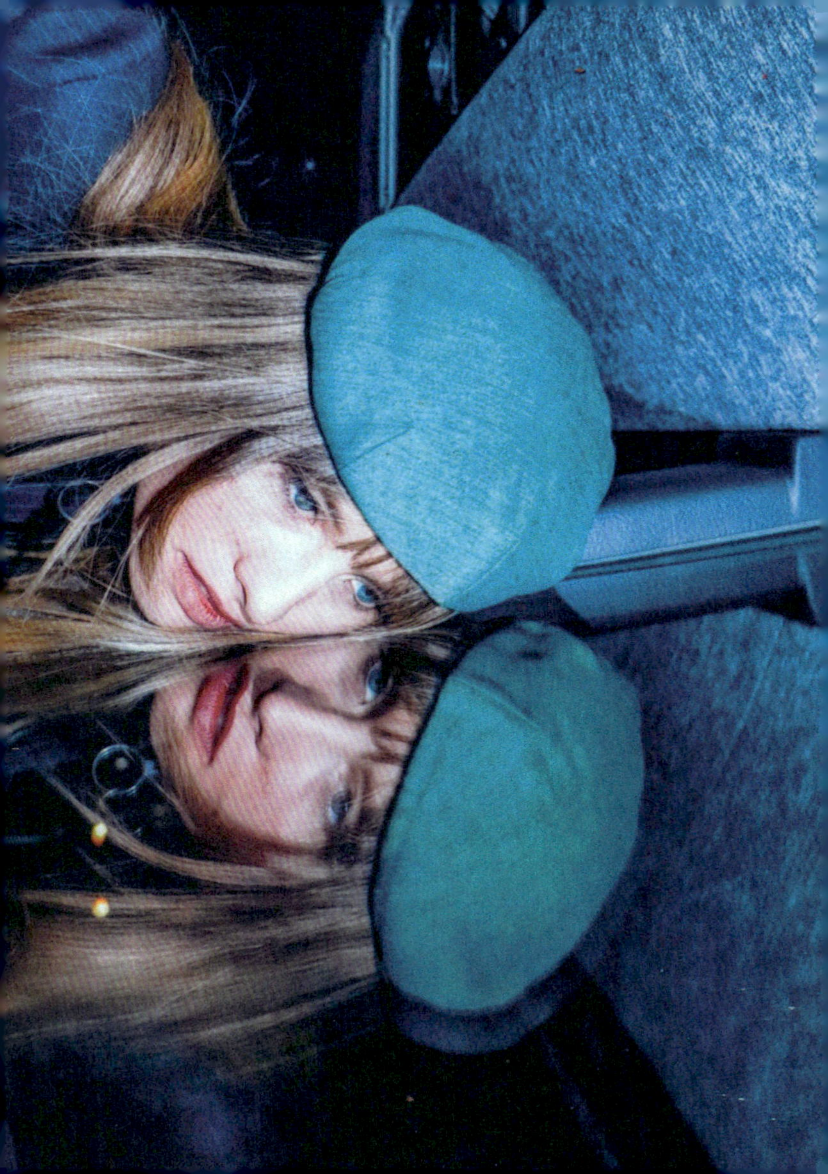

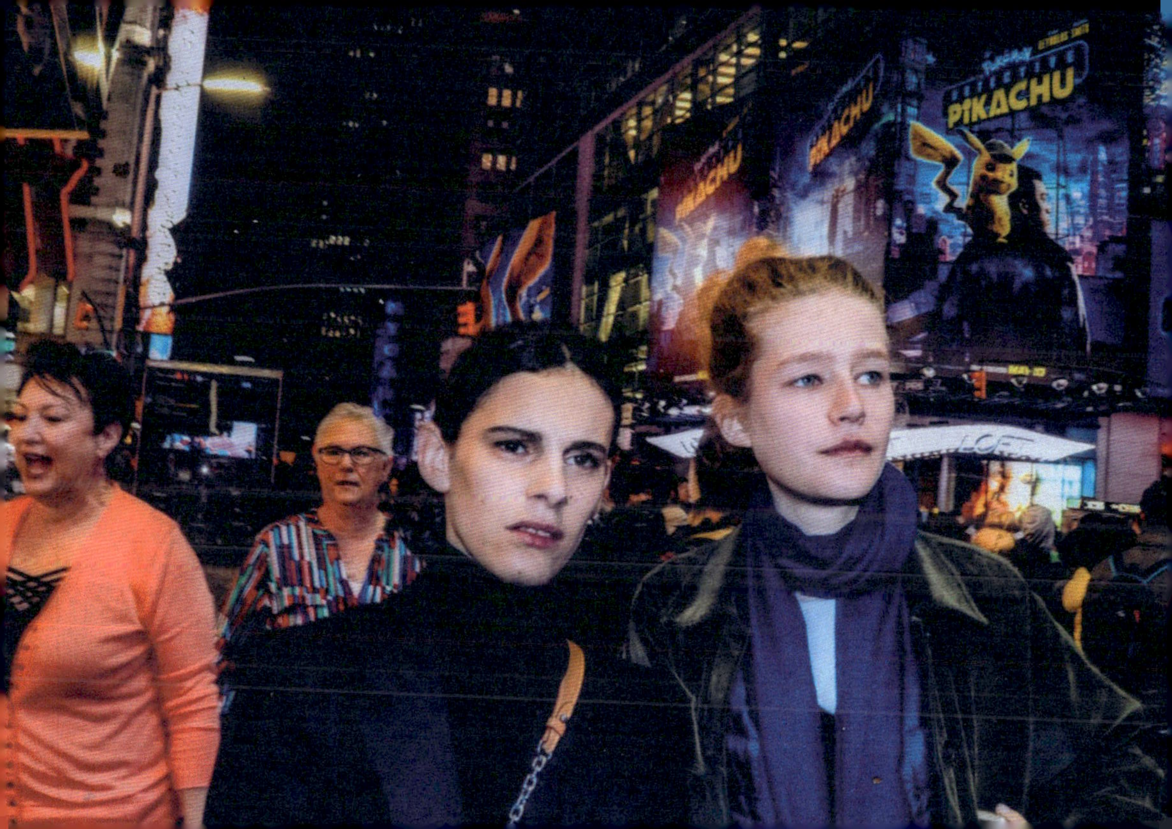
PIKACHU

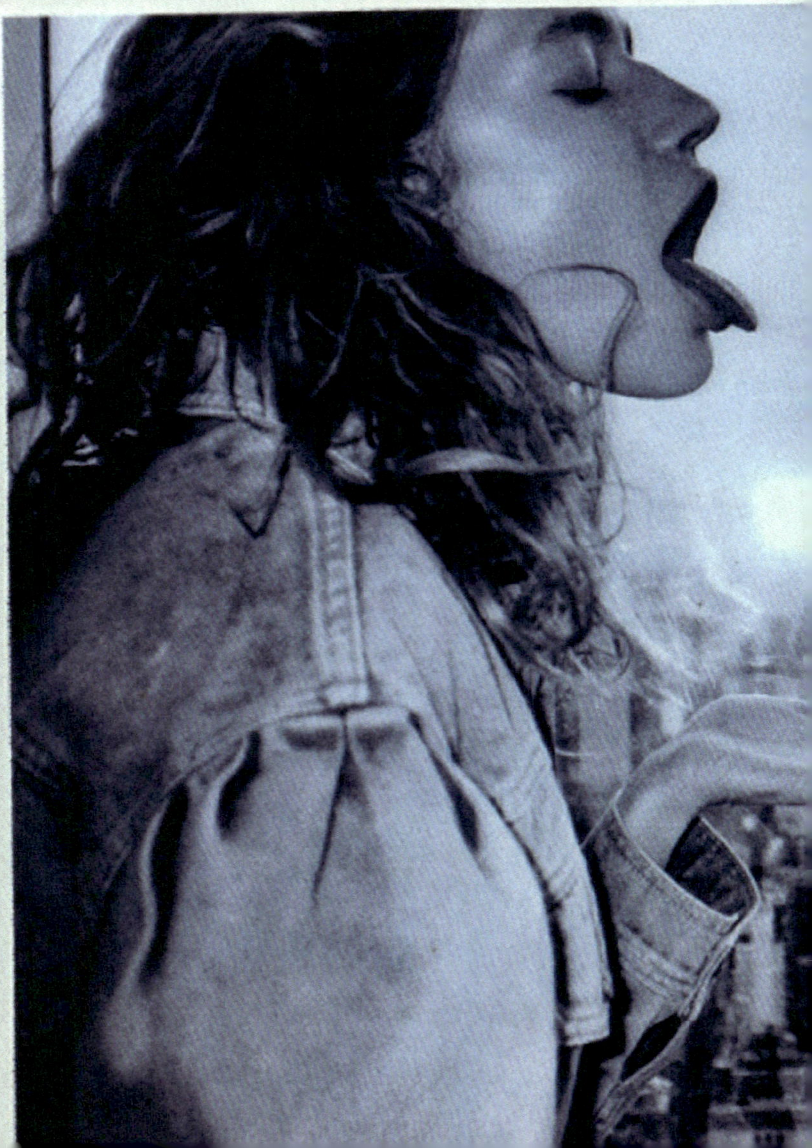

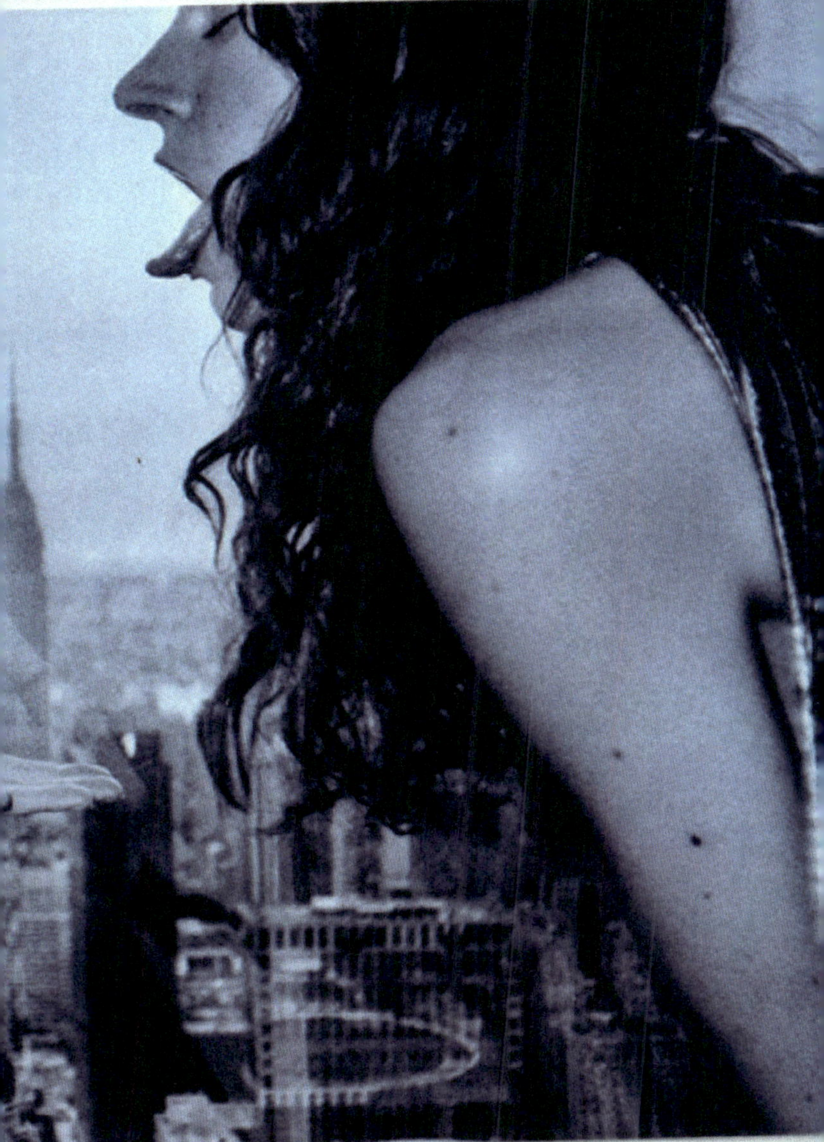

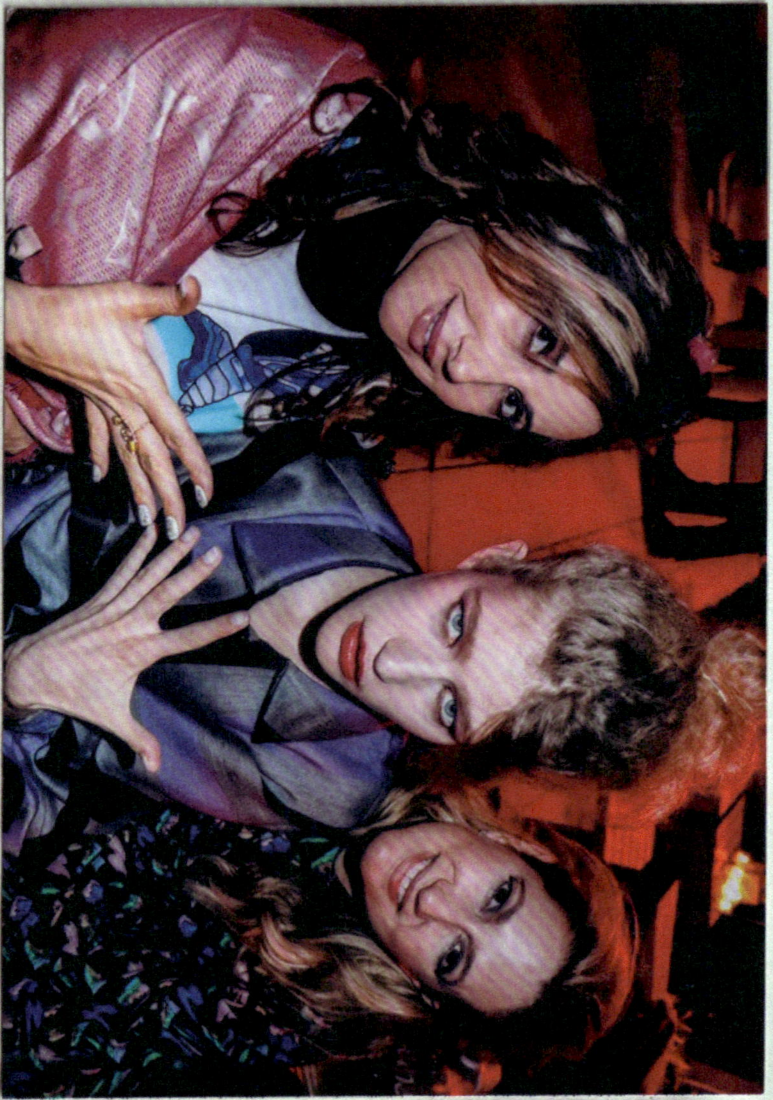

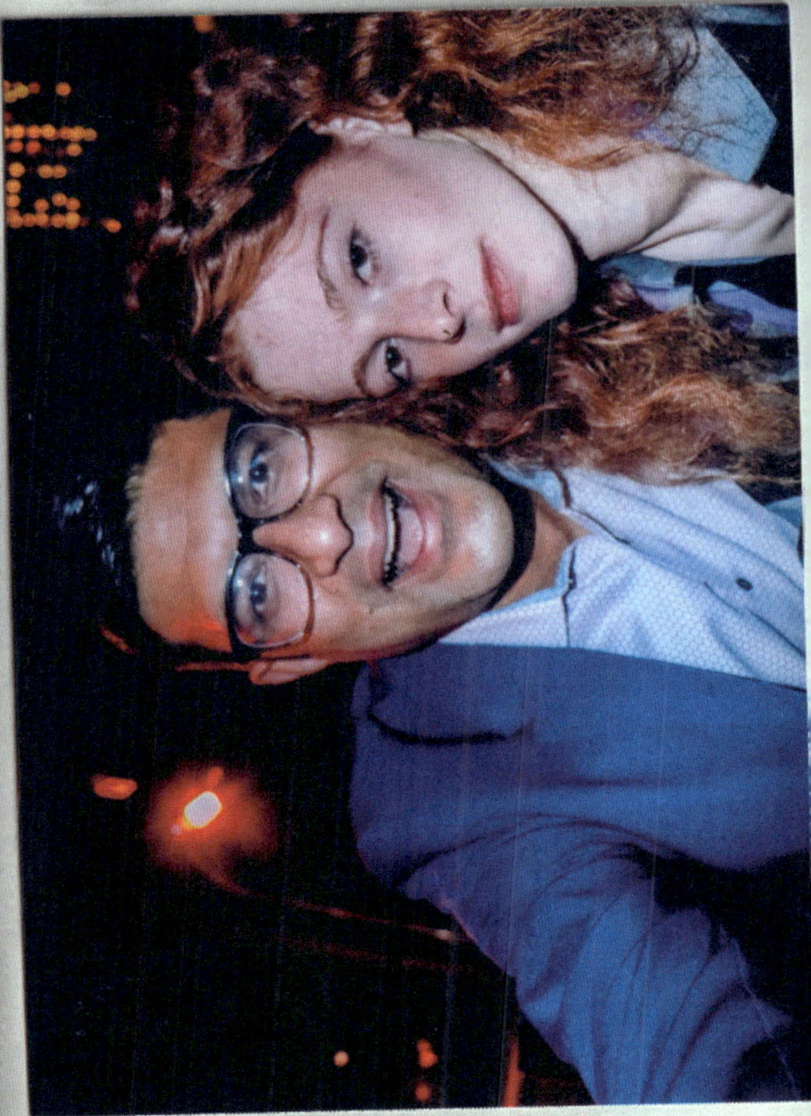

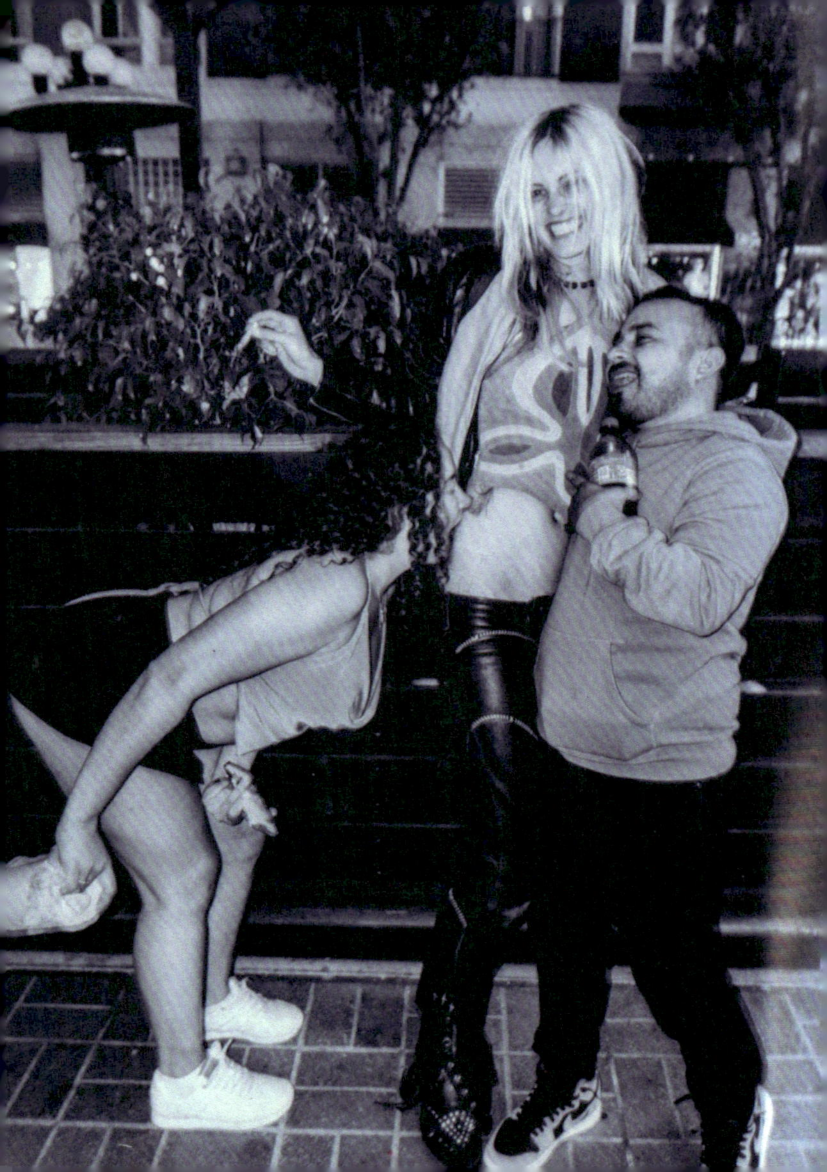

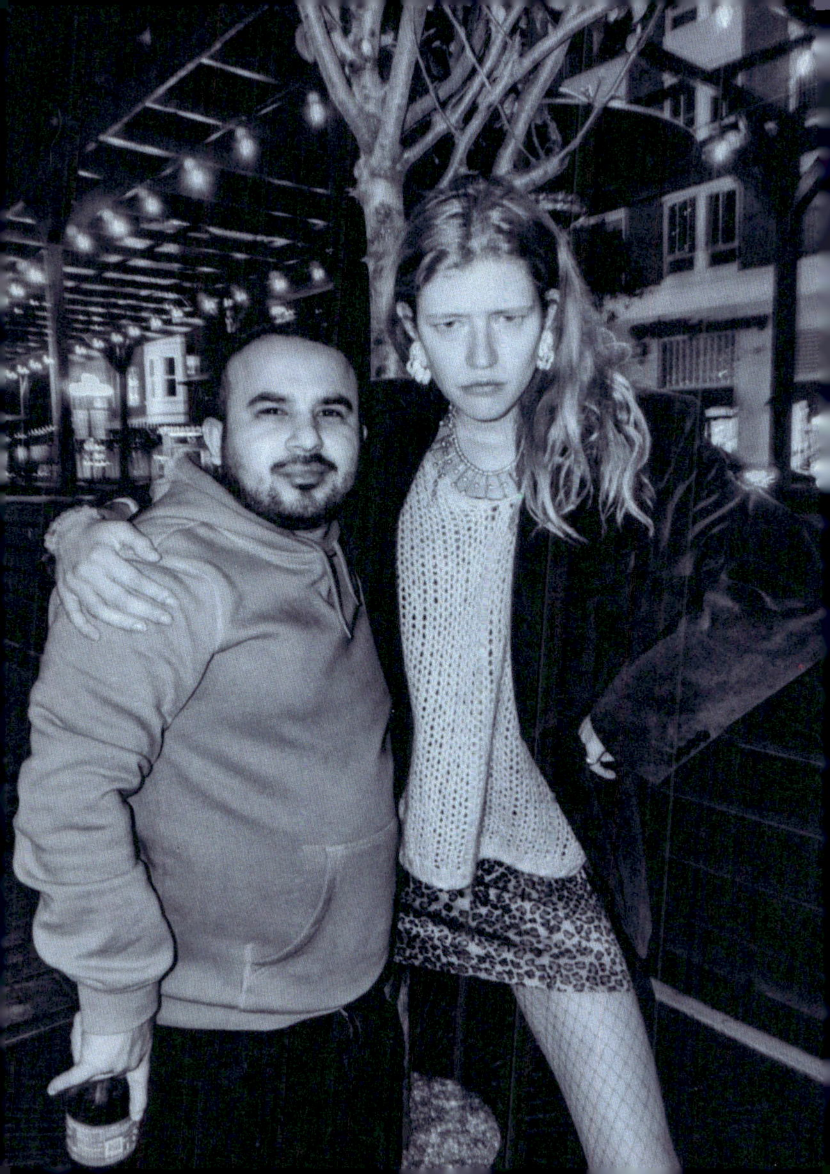

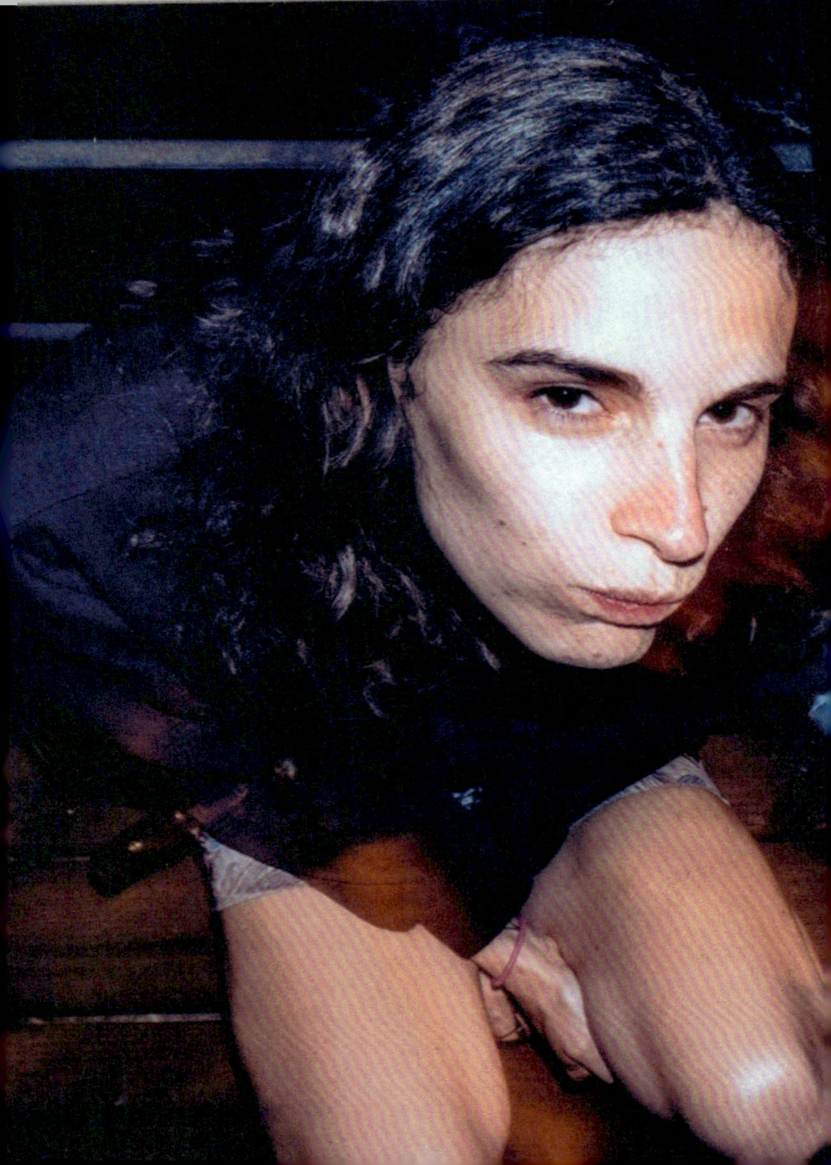

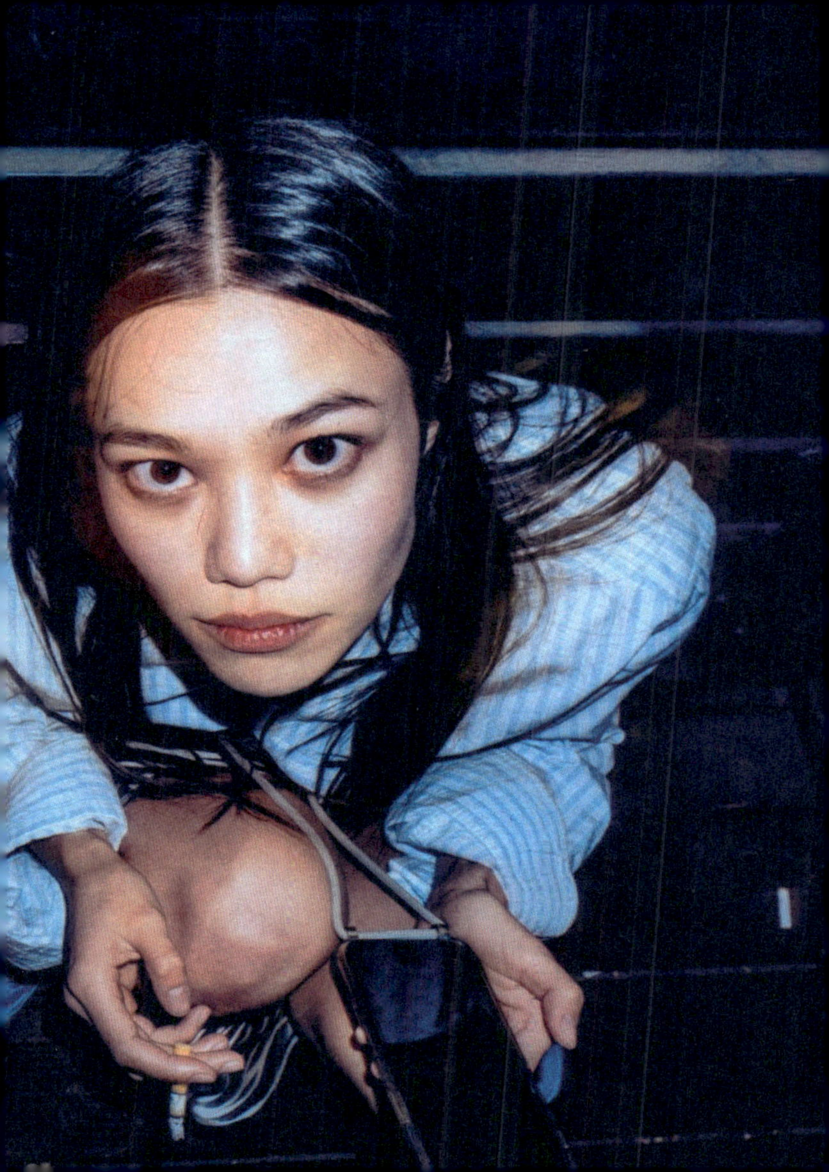

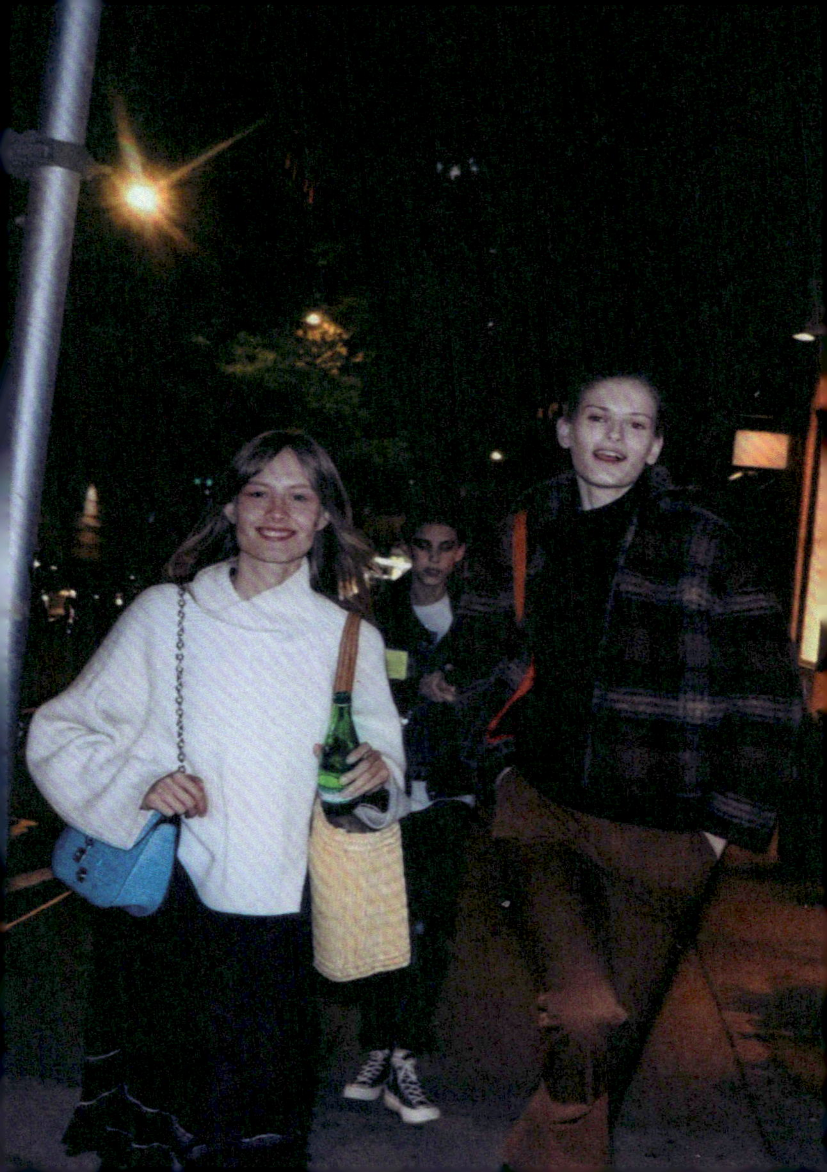

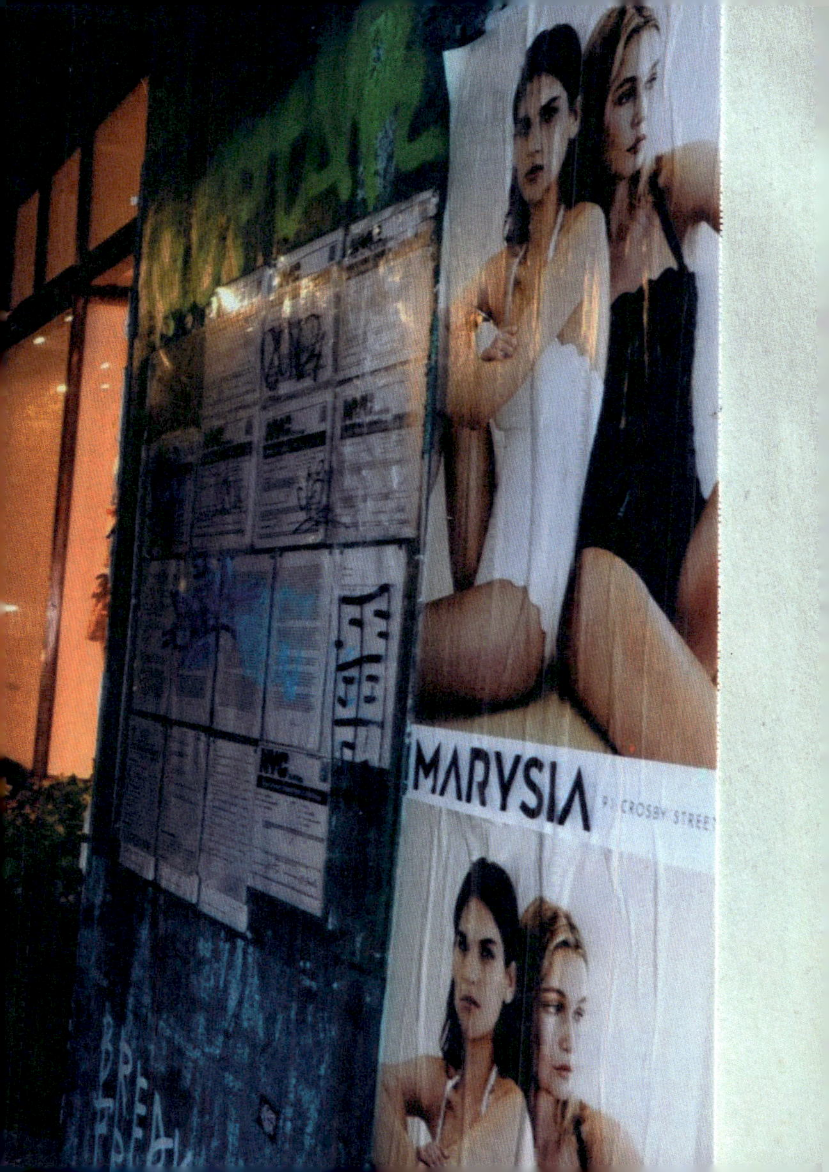
MARYSIA

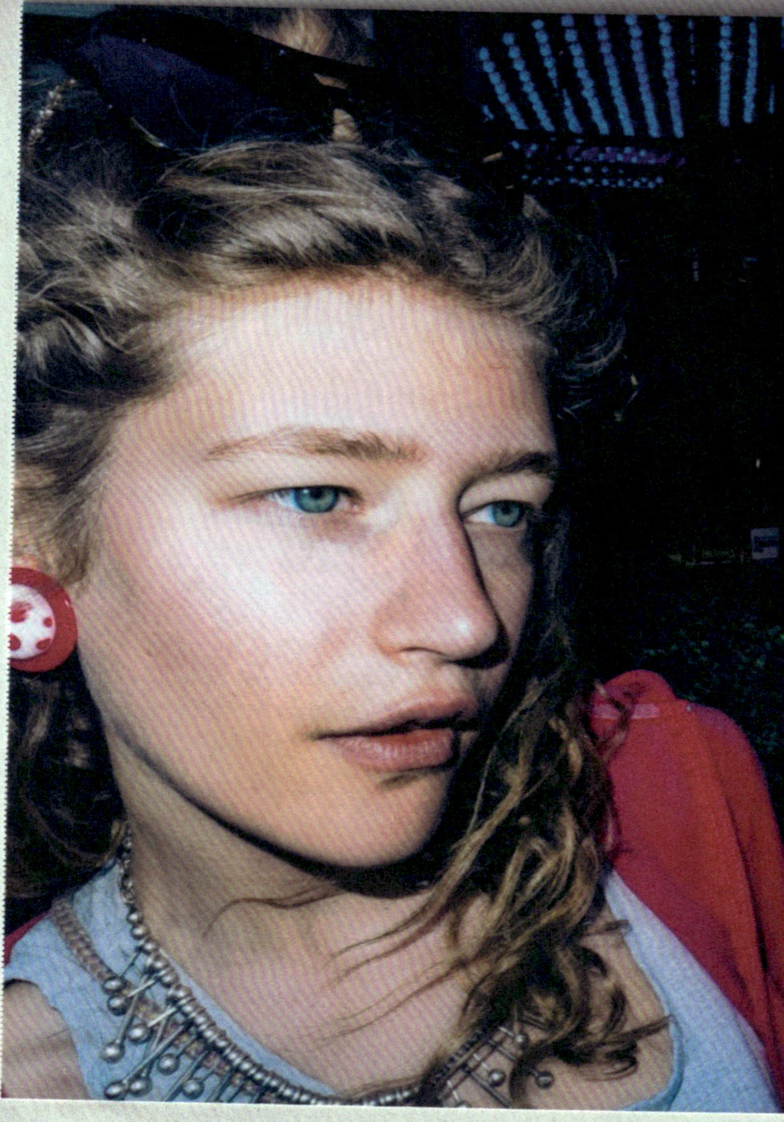

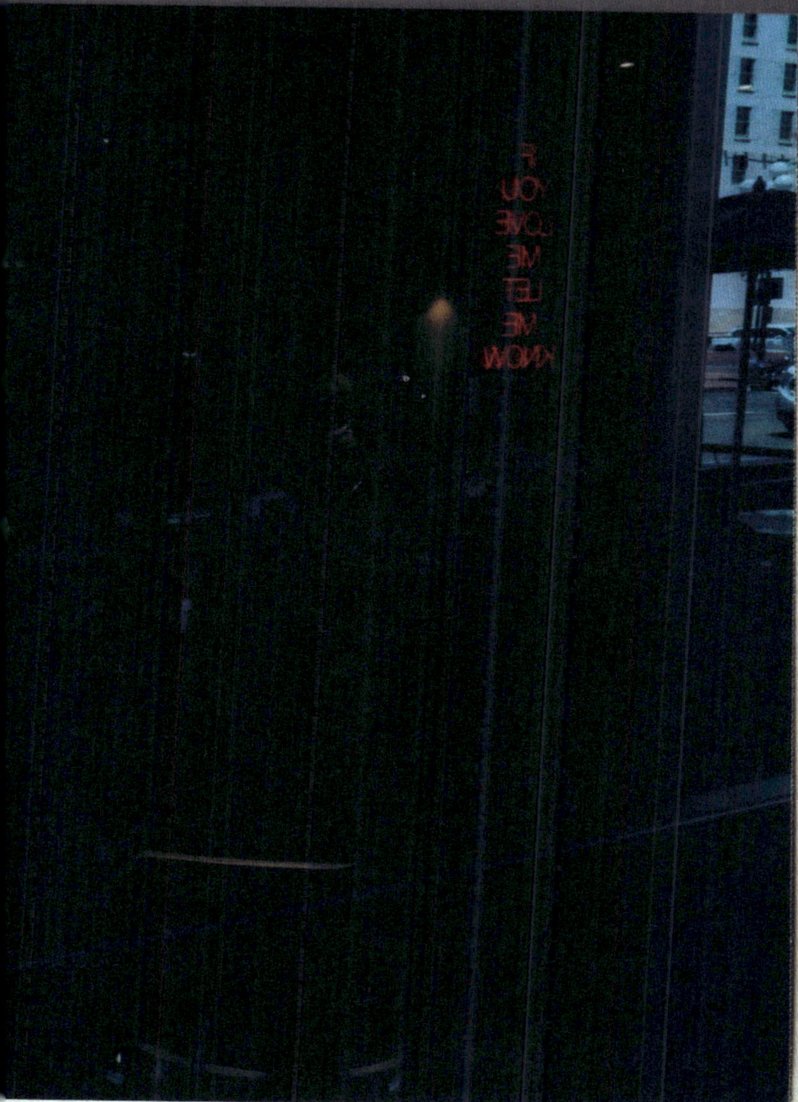

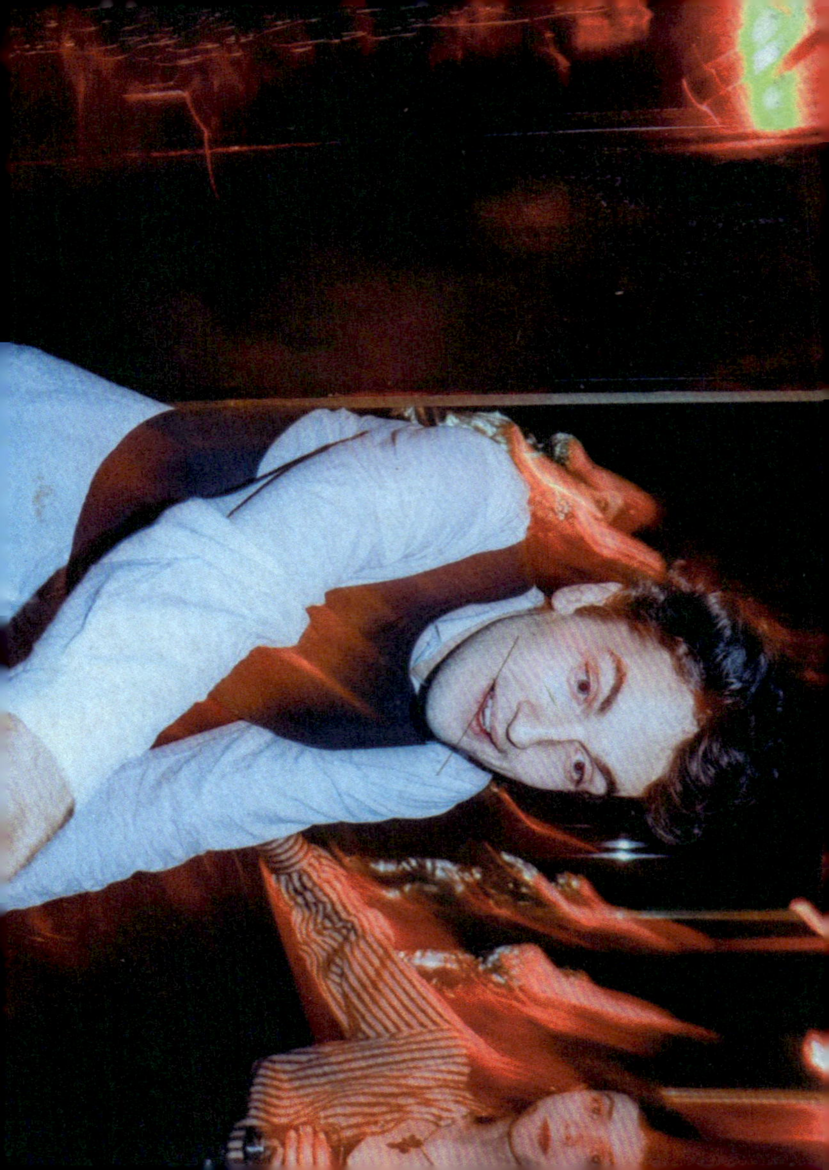

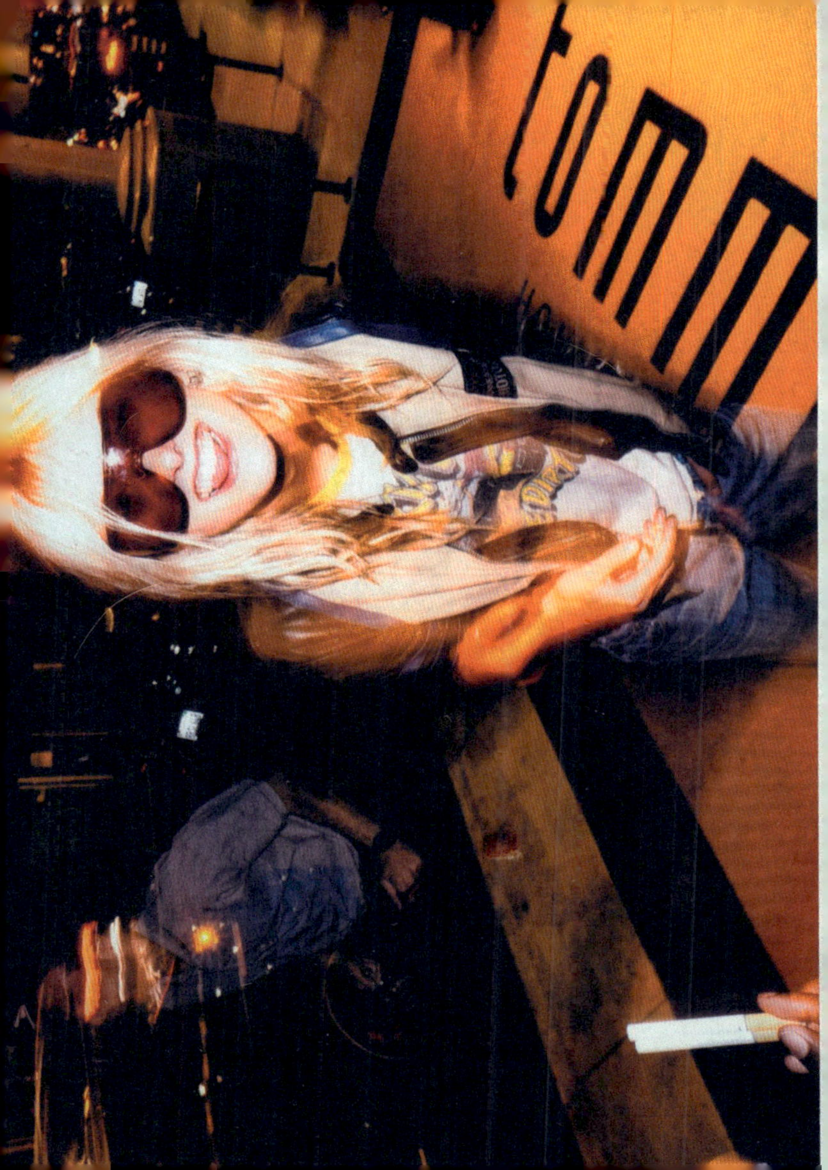

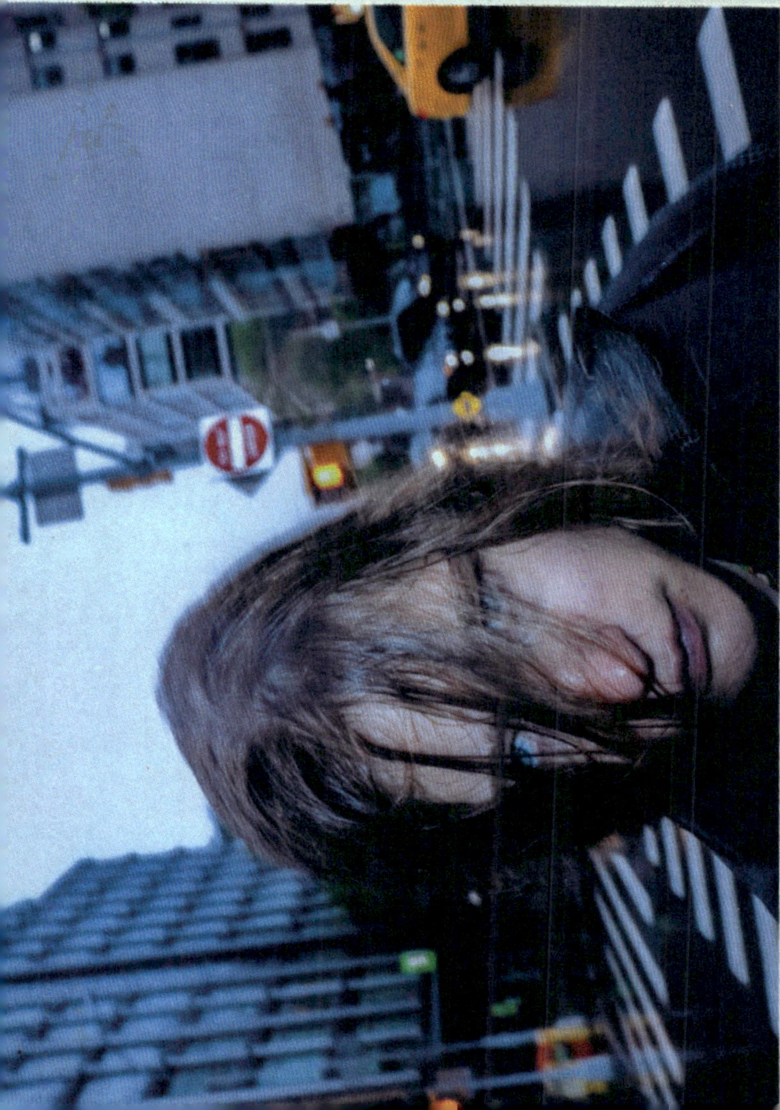

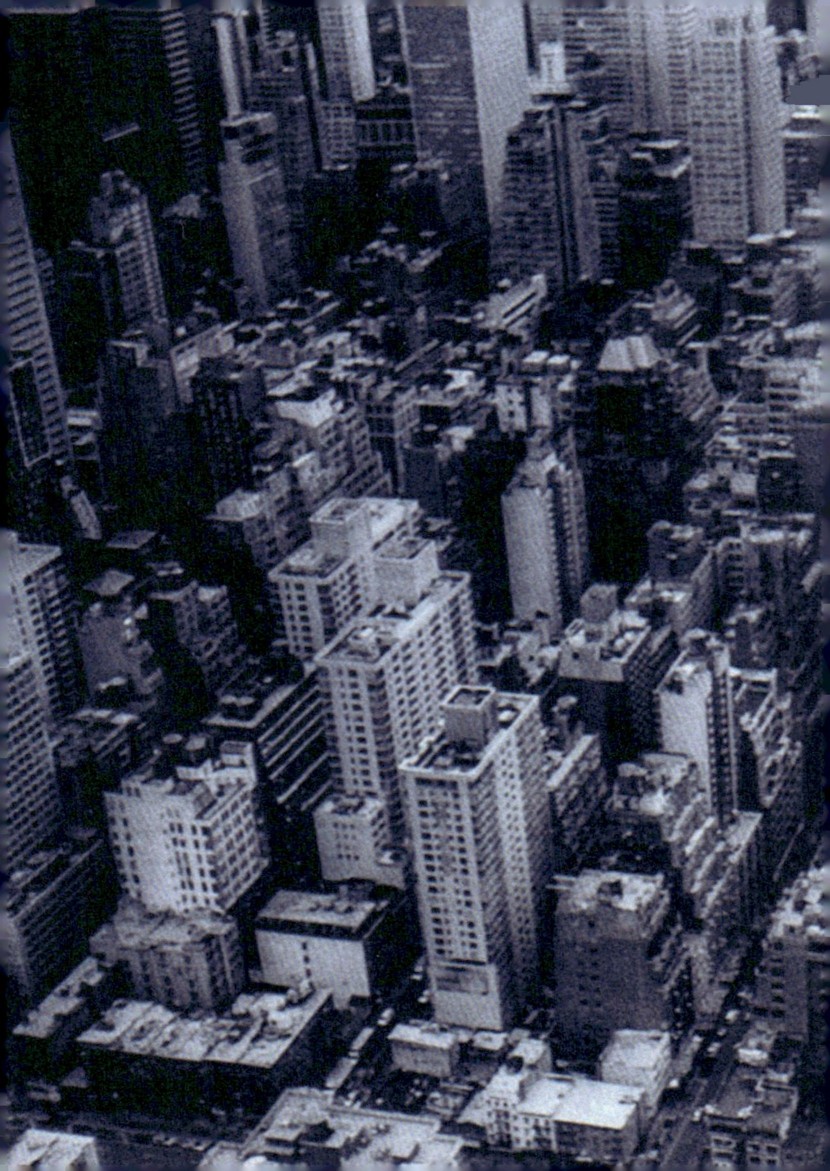

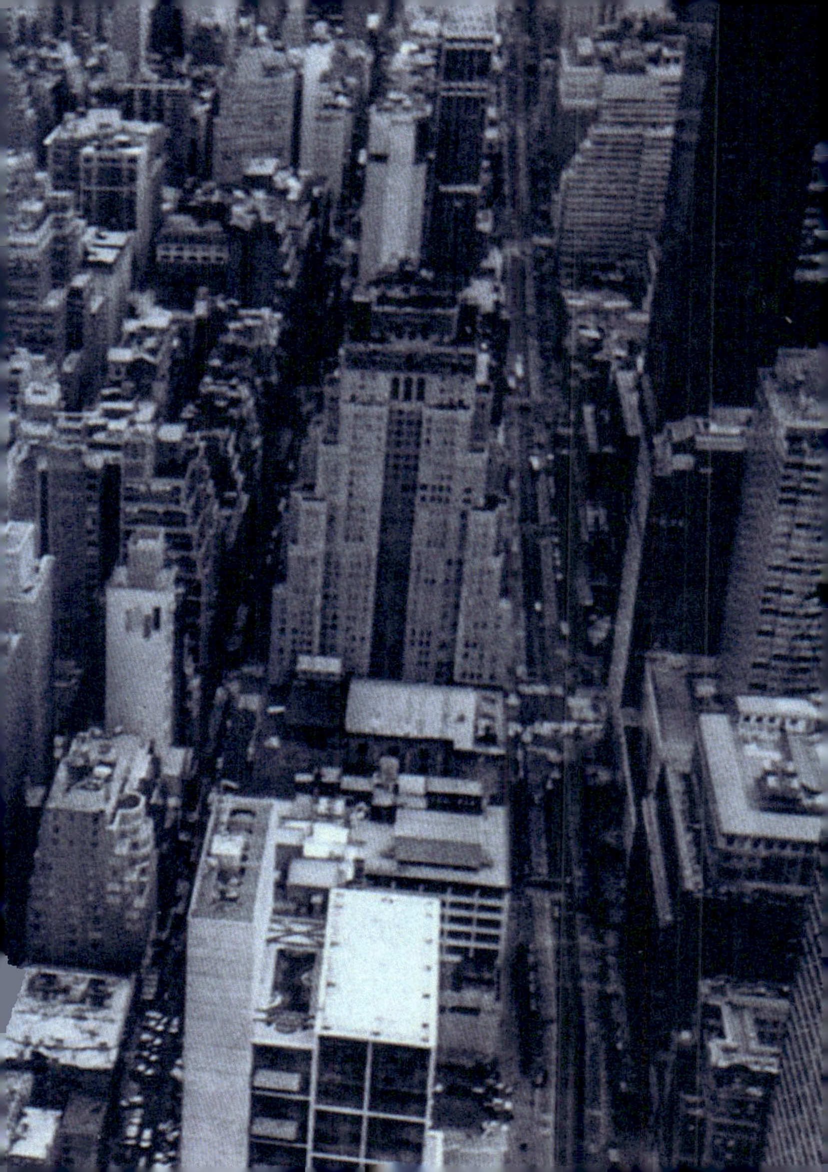

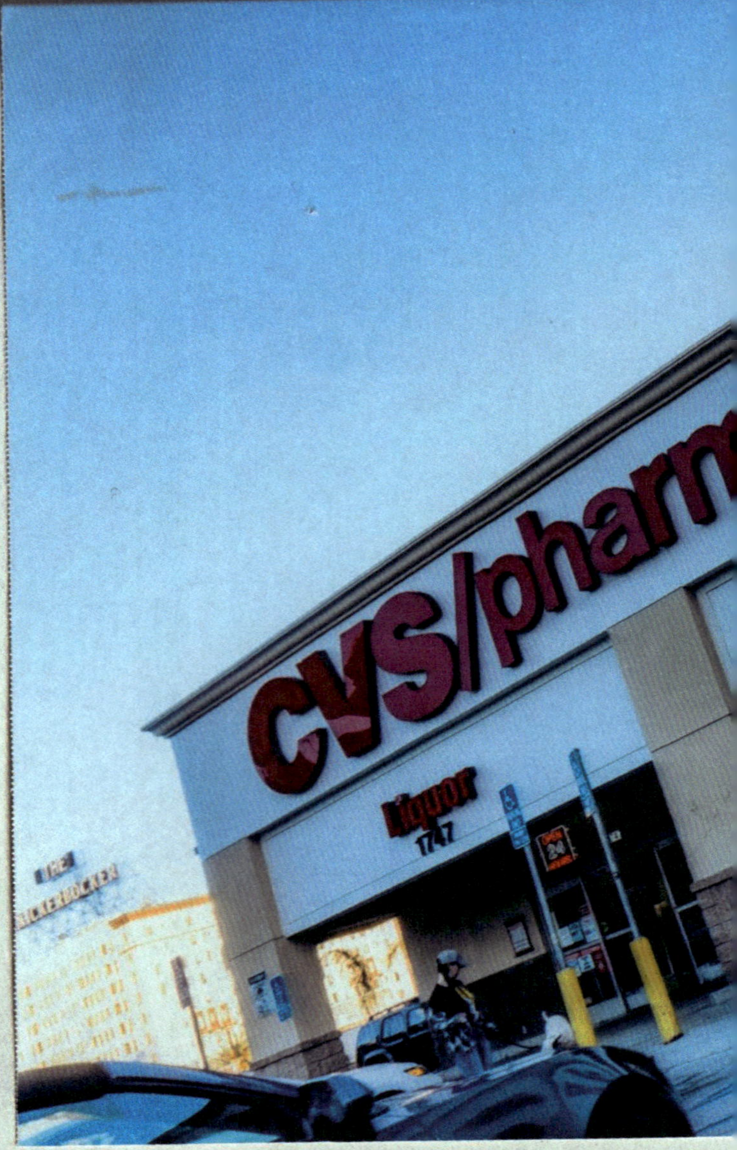
CVS/pharm
Liquor
1747
THE

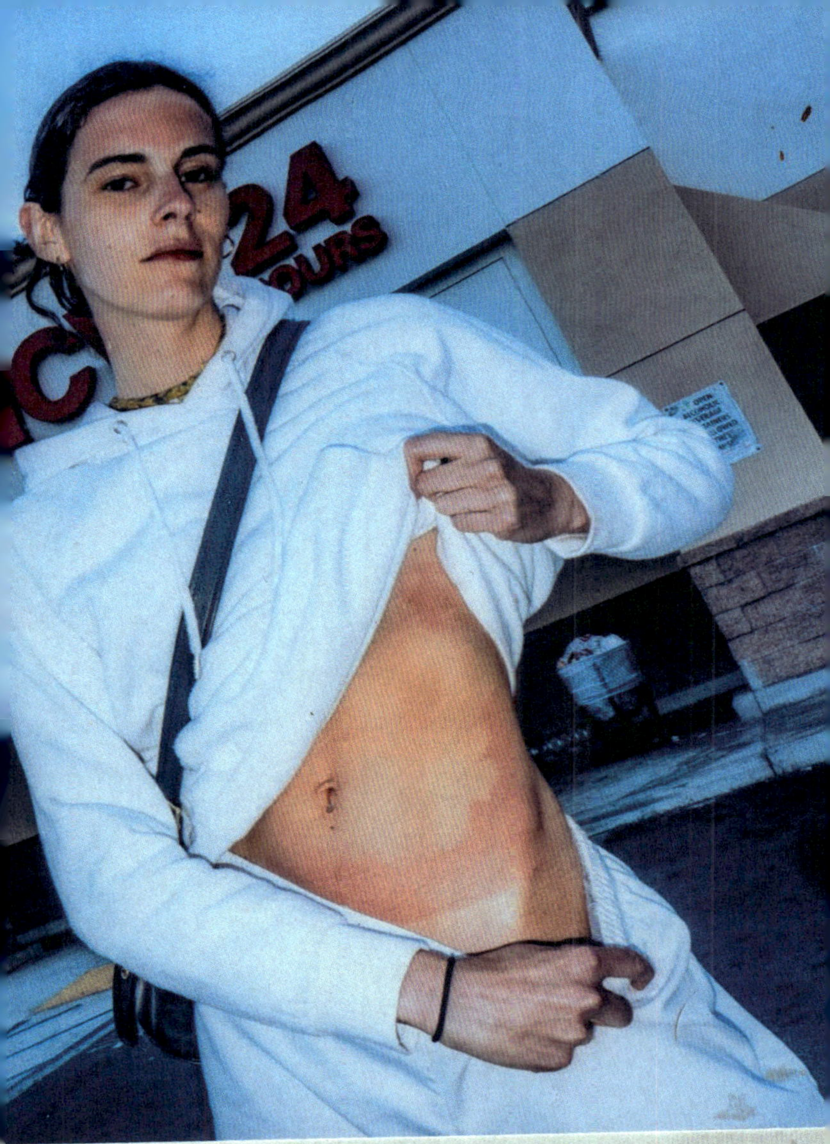
24

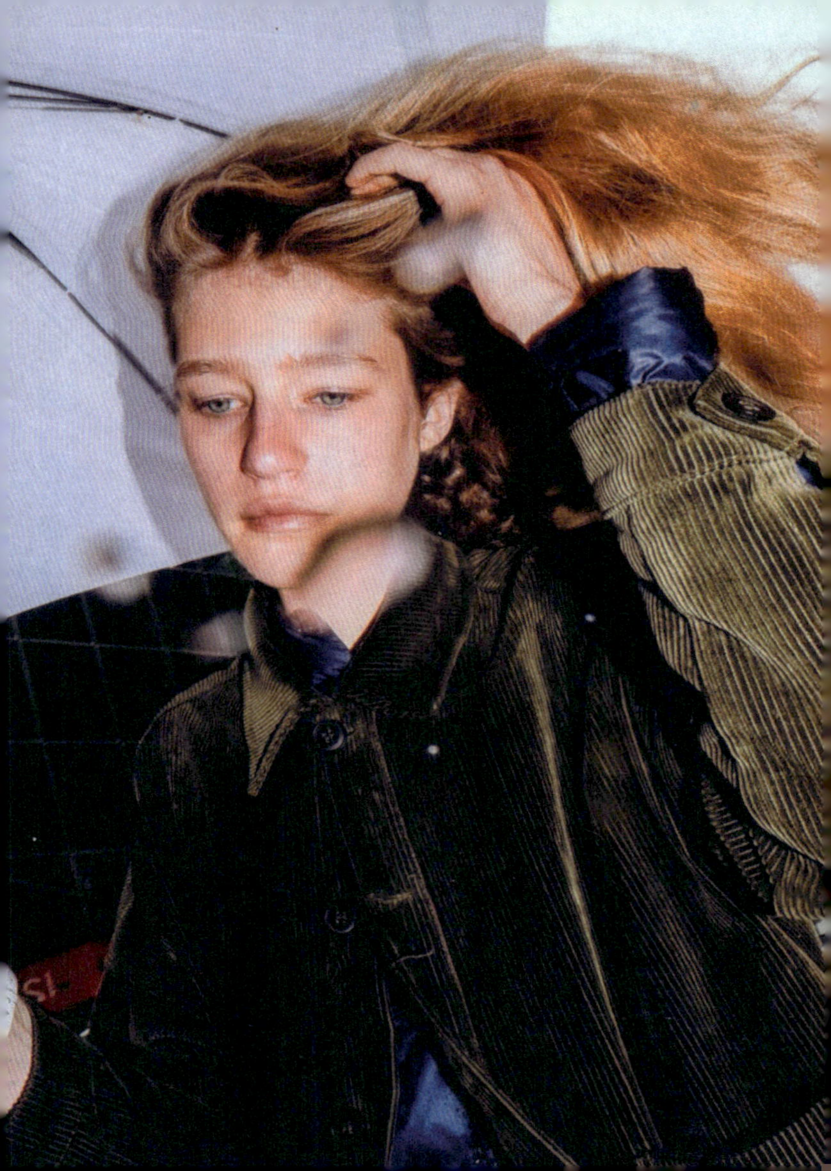

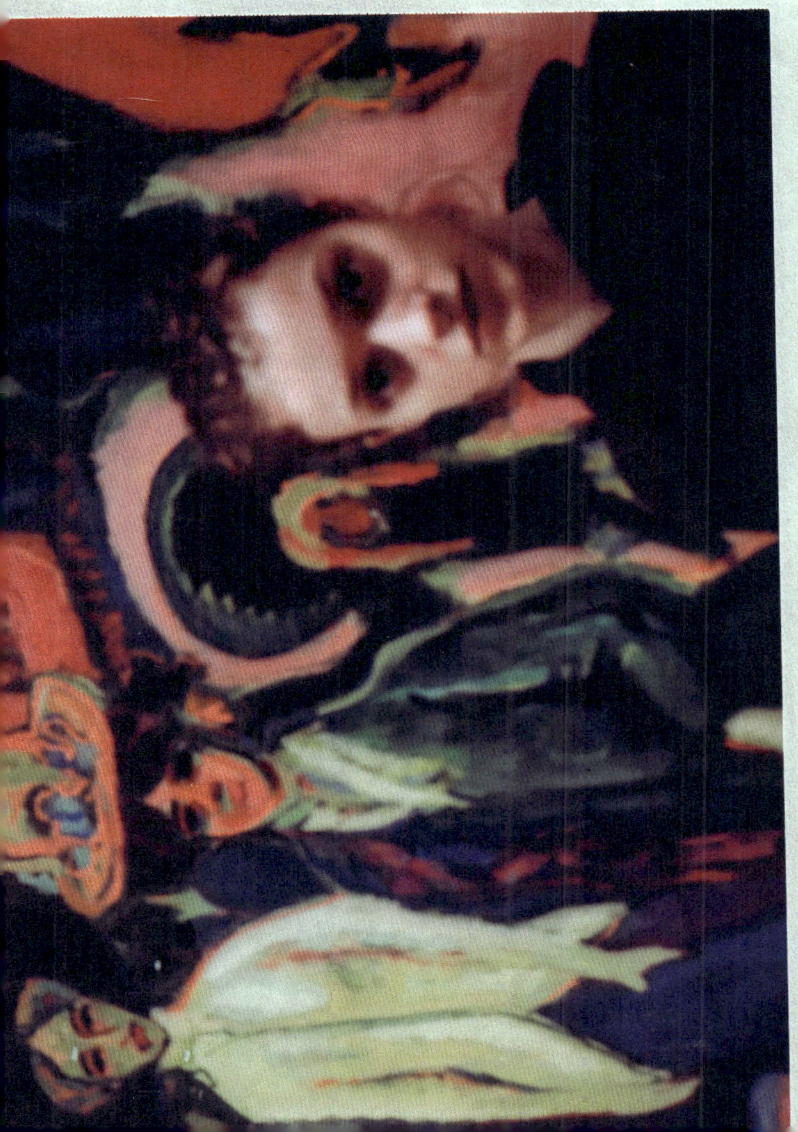

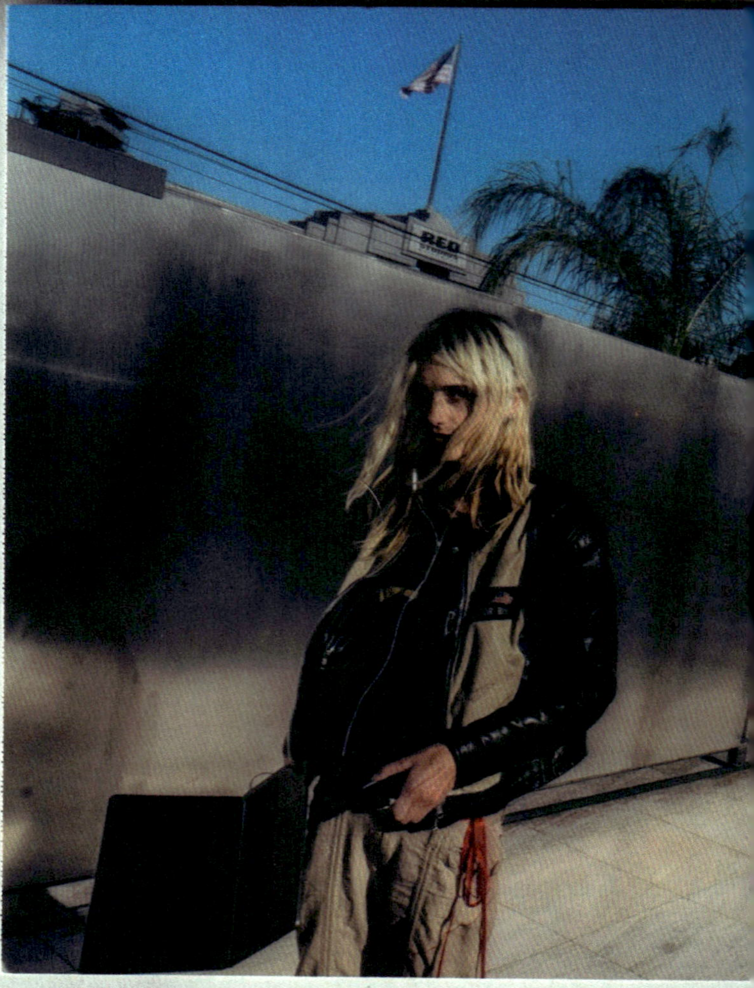
RED

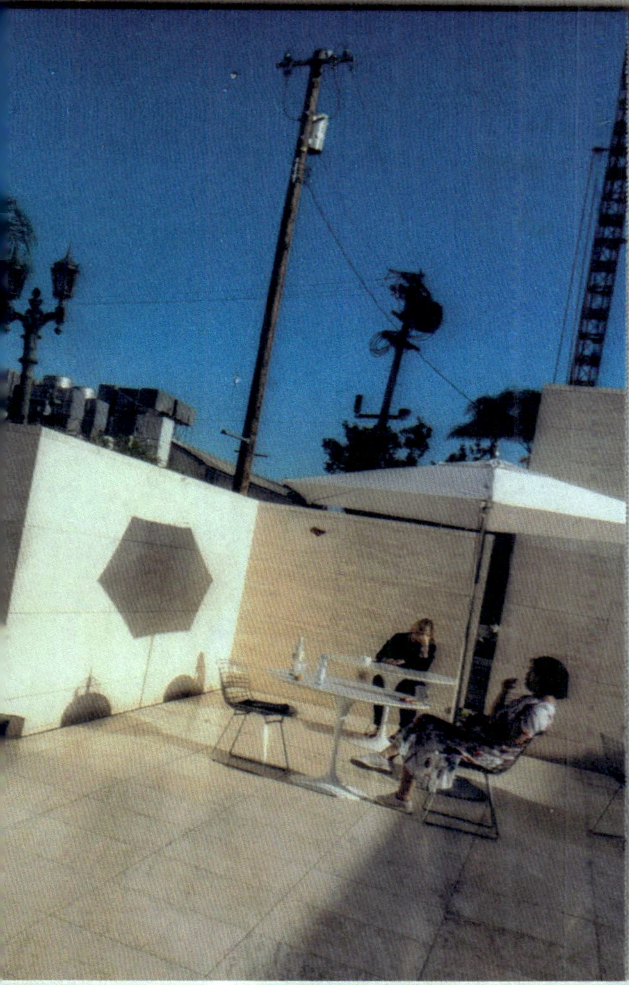

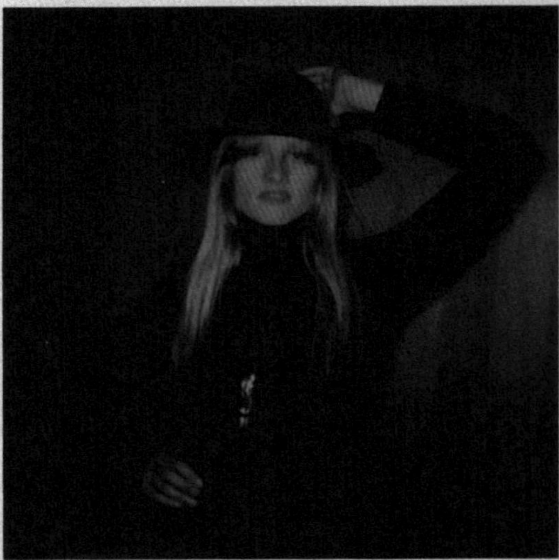

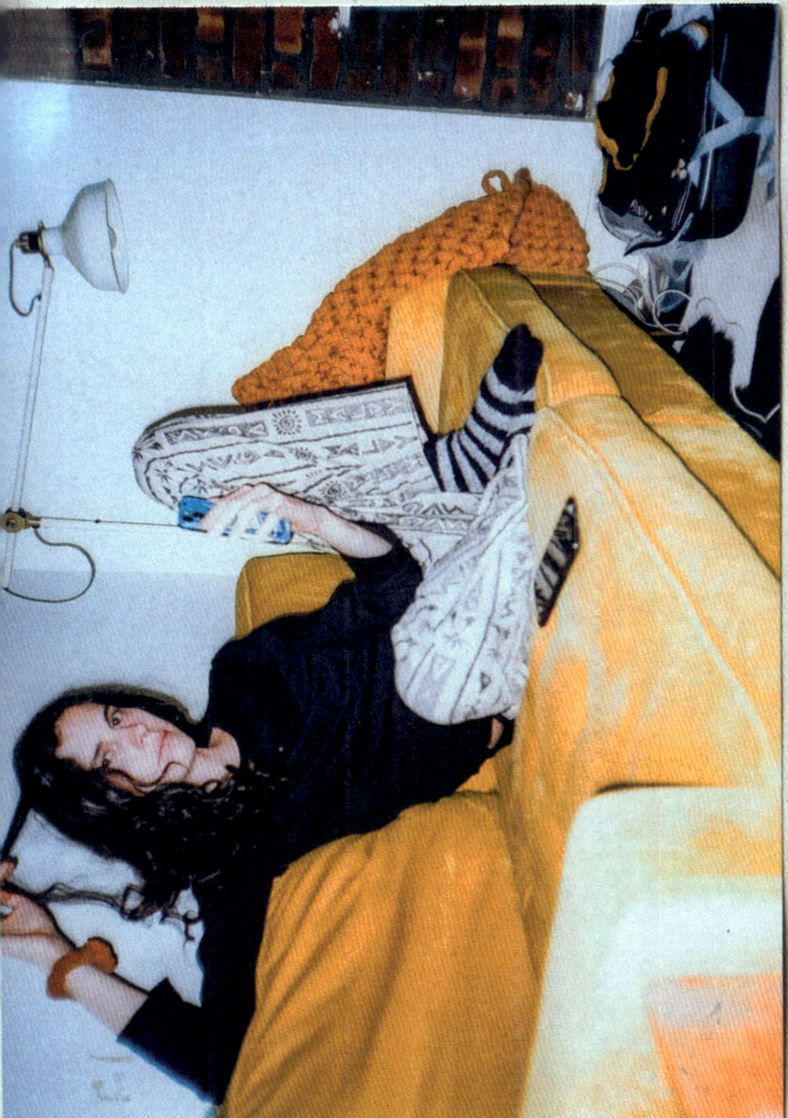

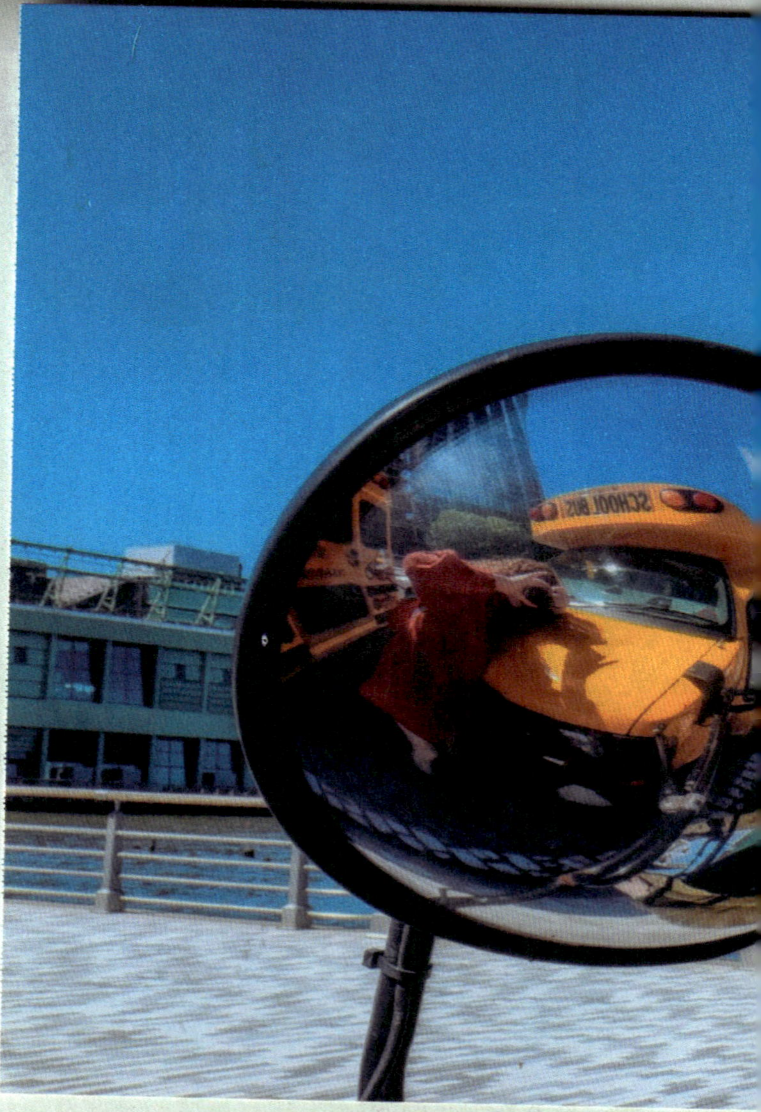

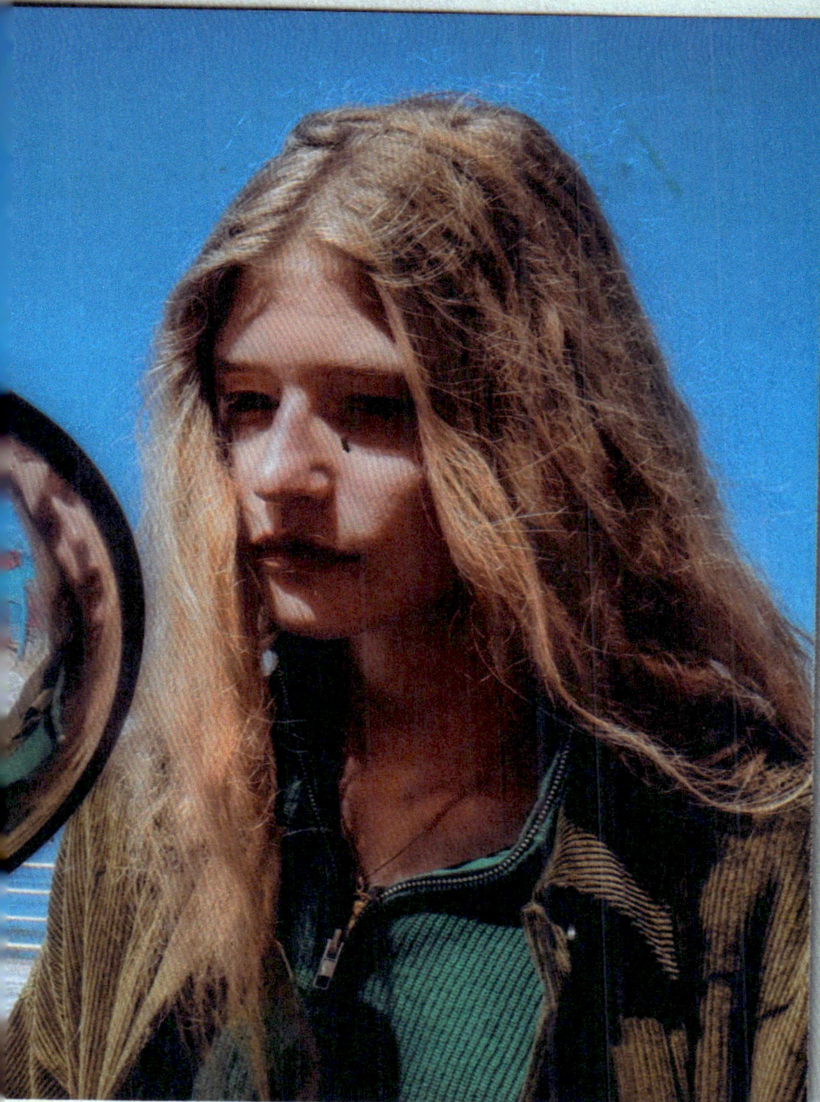

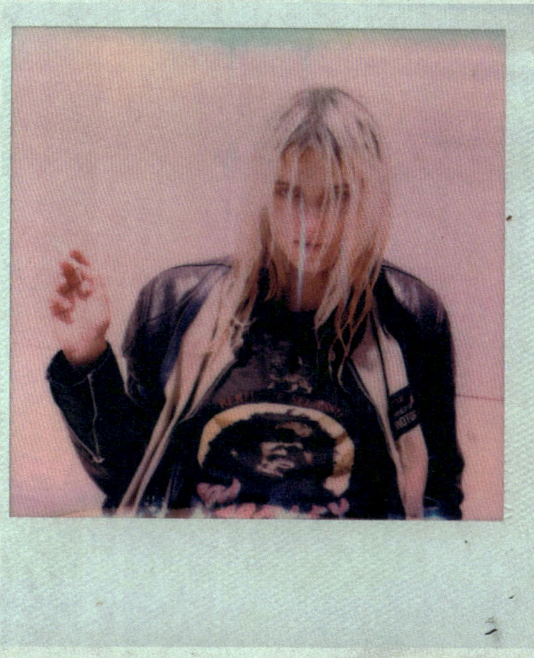

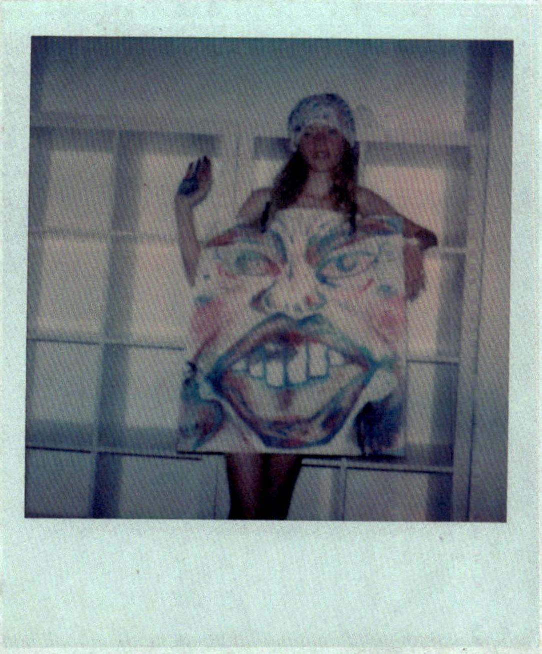

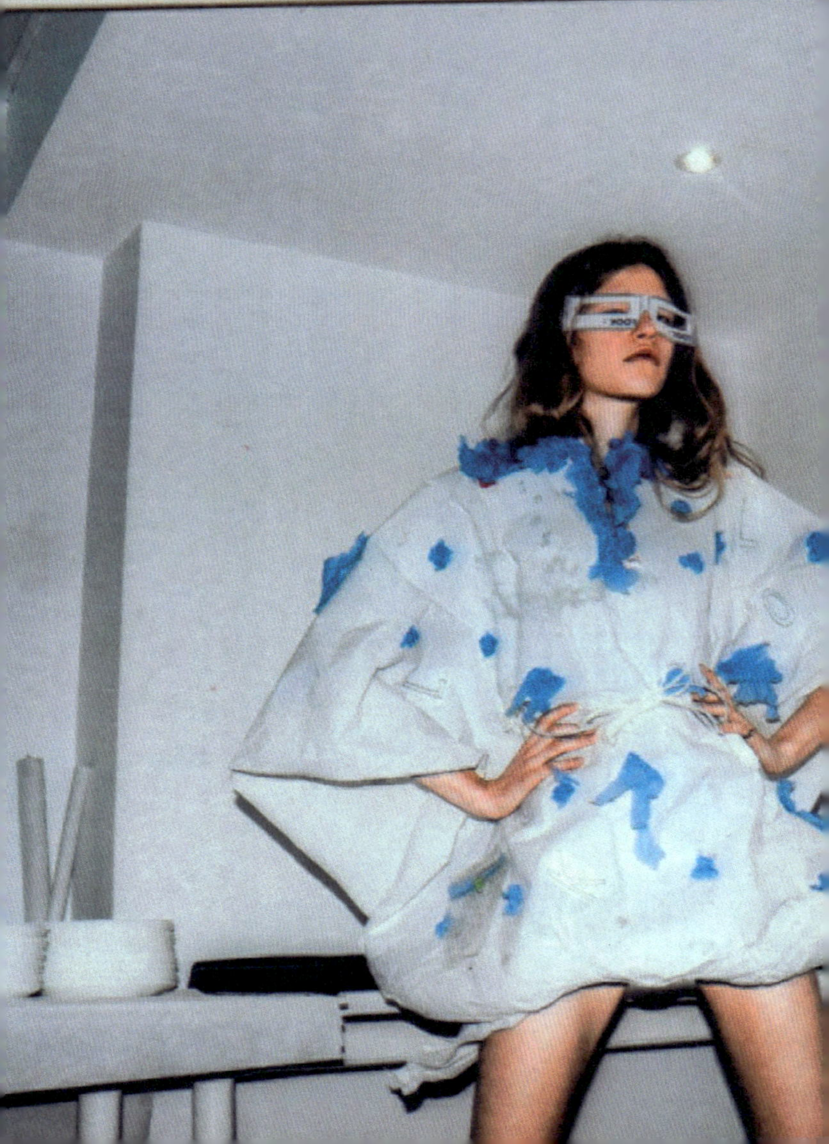

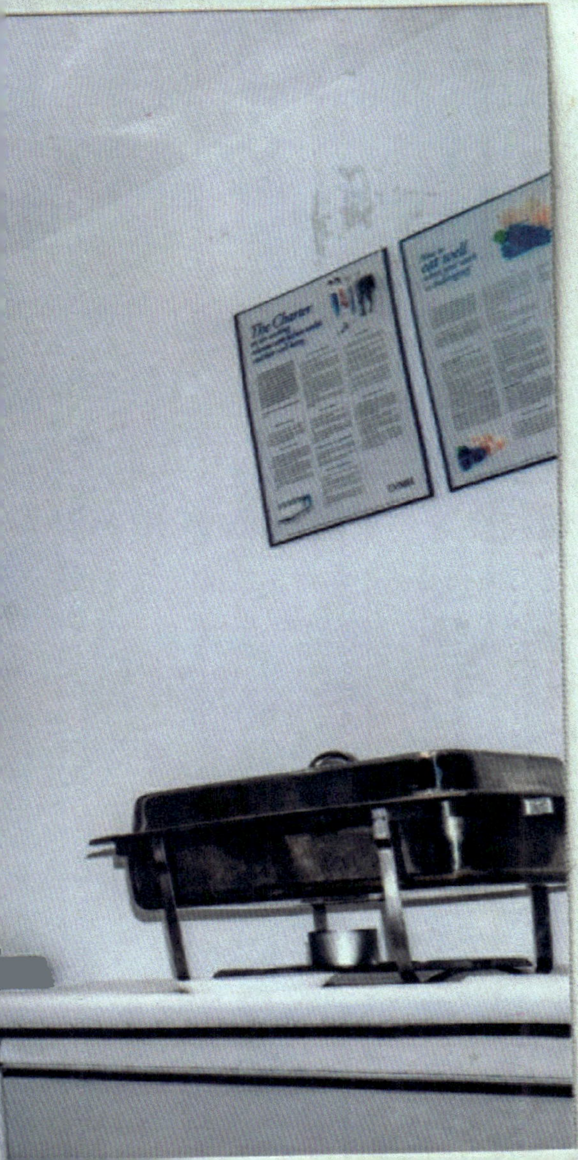

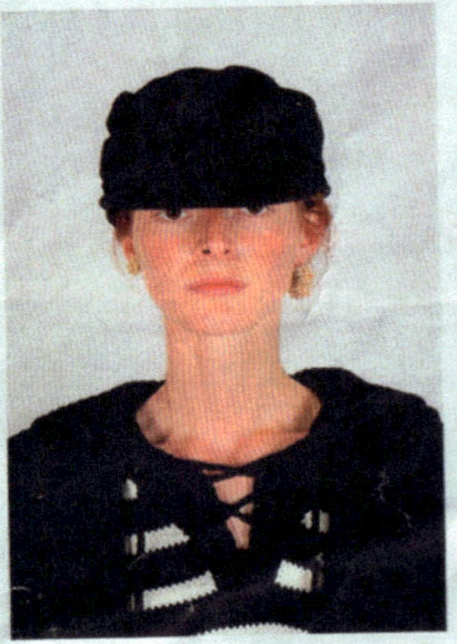

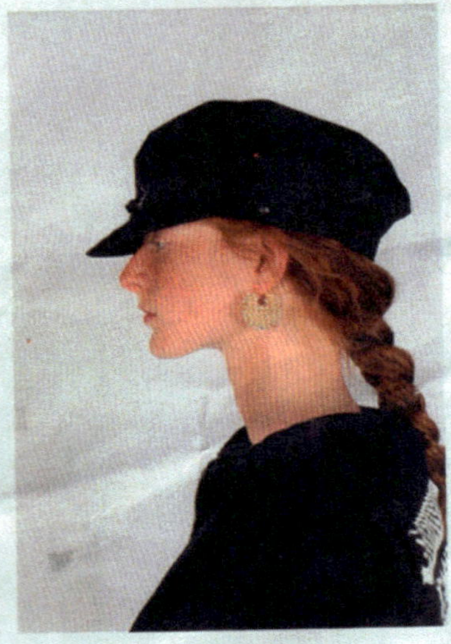

Long braid / Beret hat

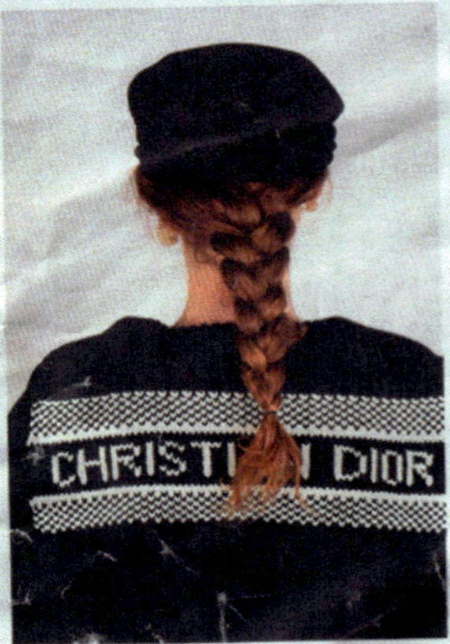

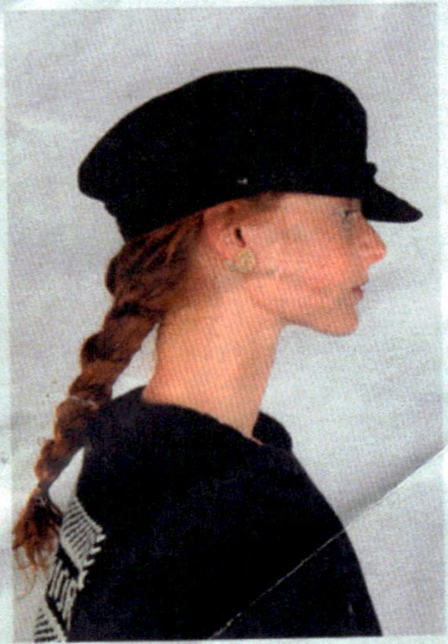

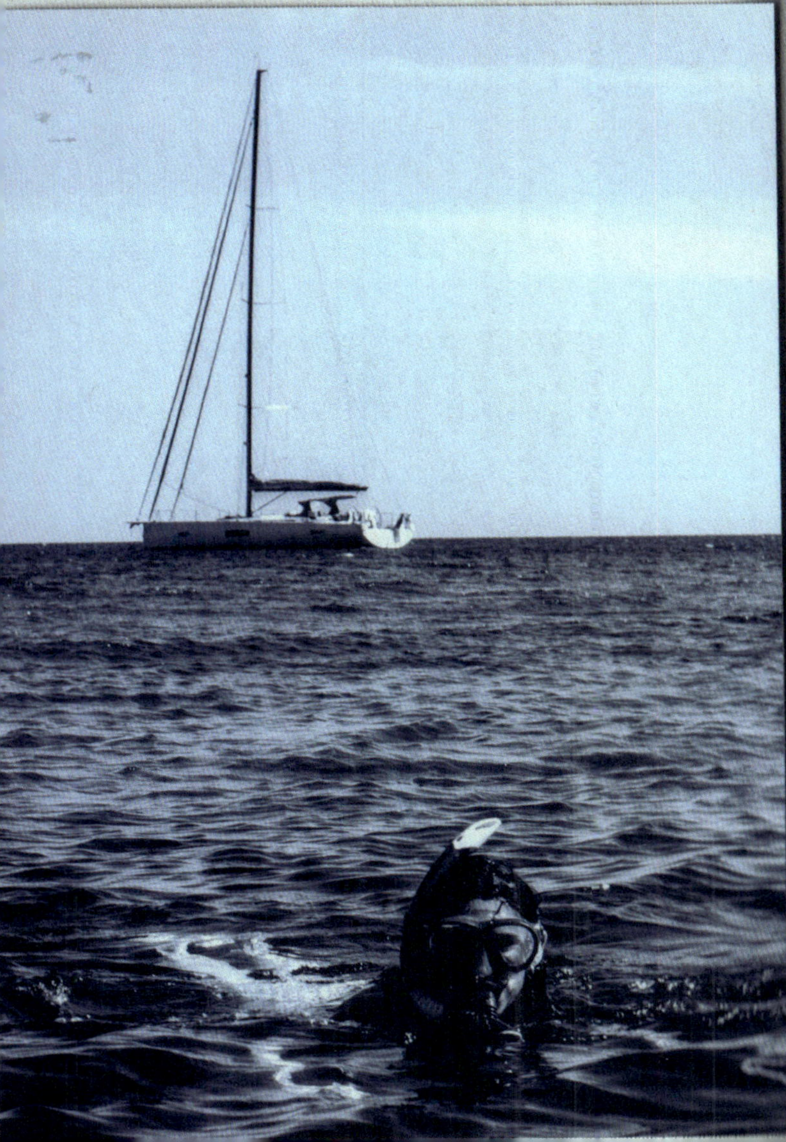

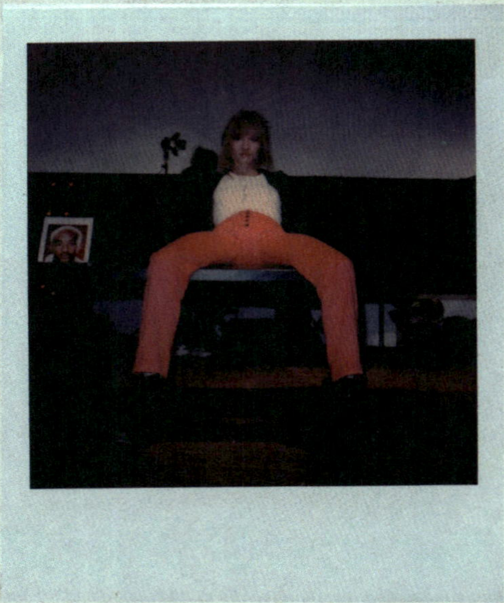

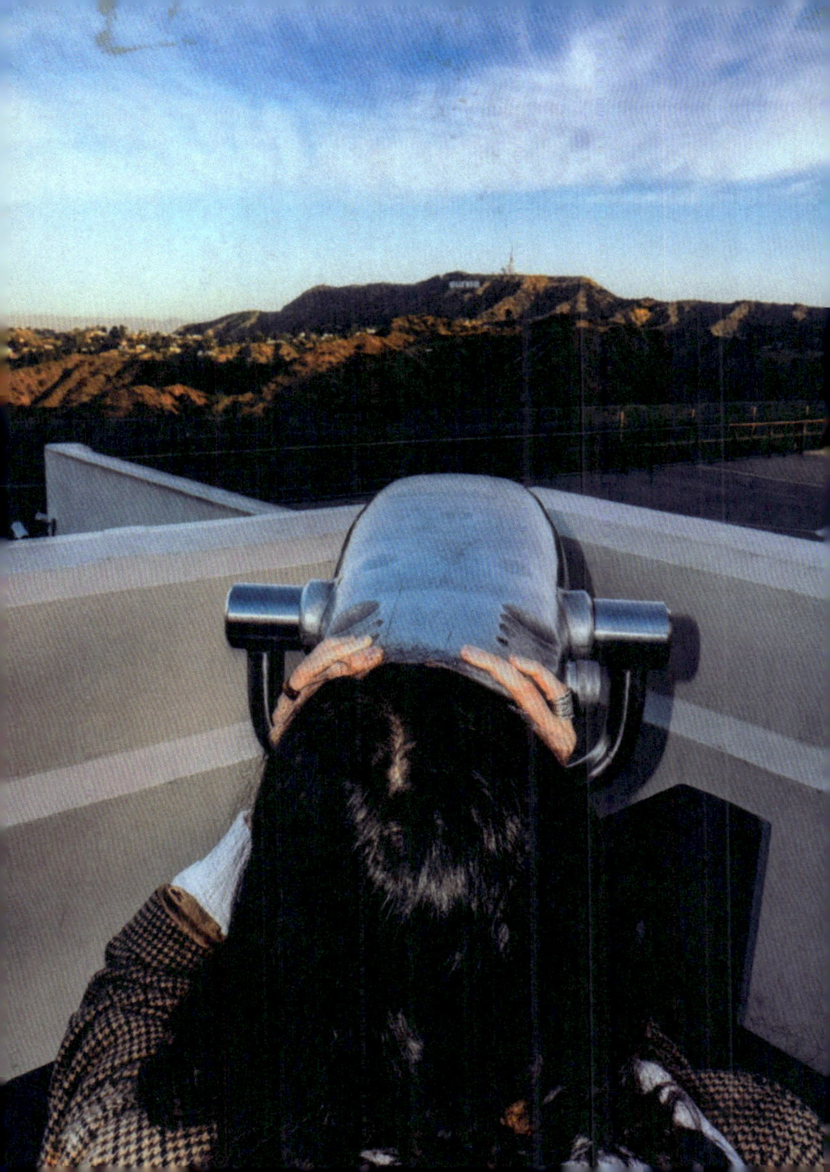

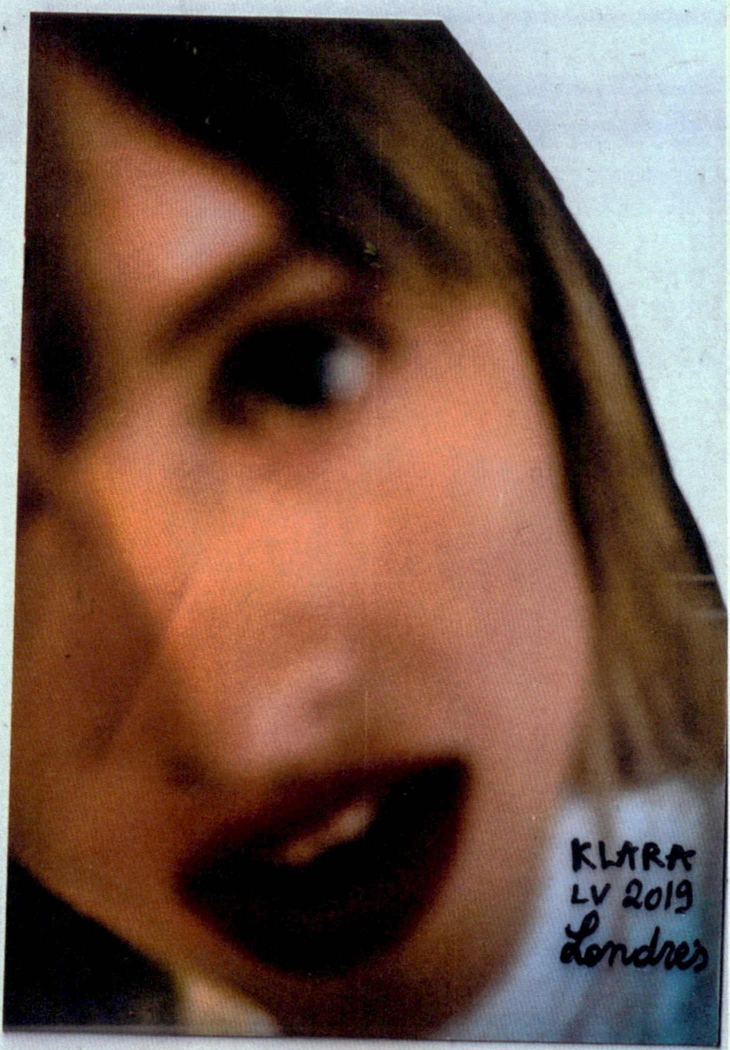
KLARA
LV 2019
Londres

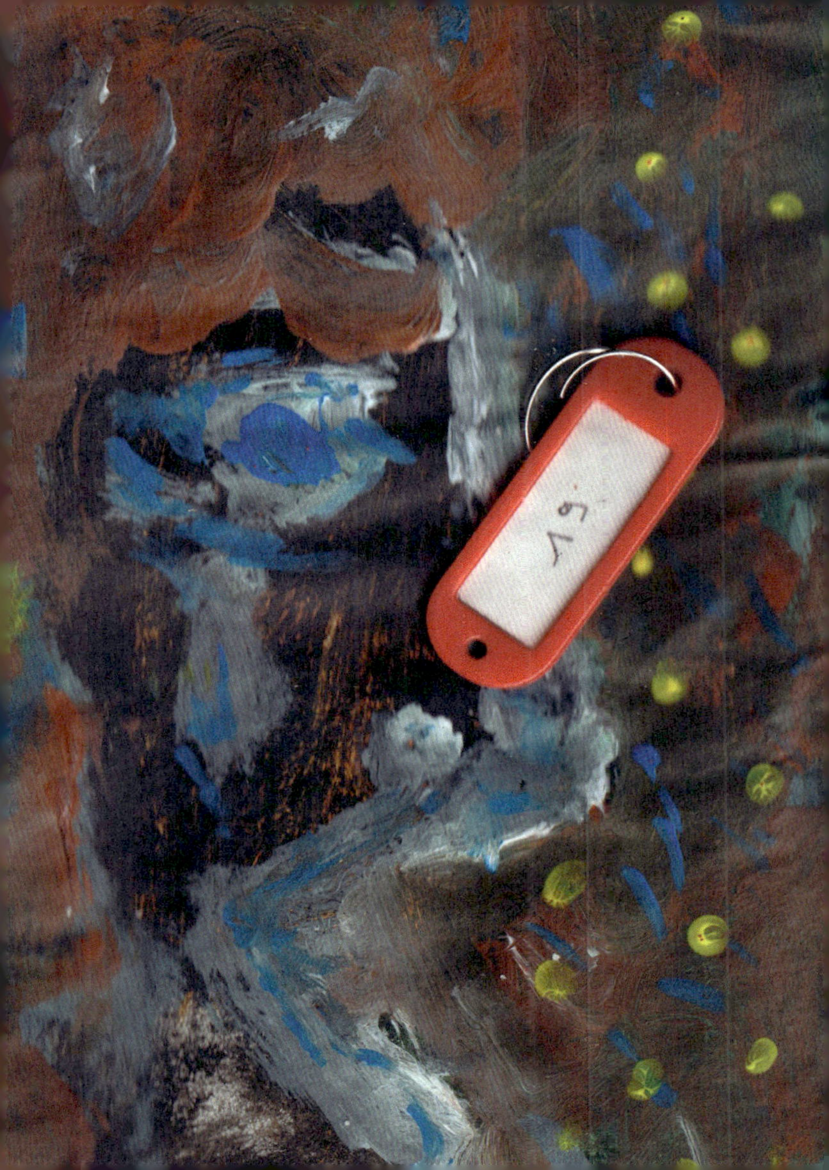

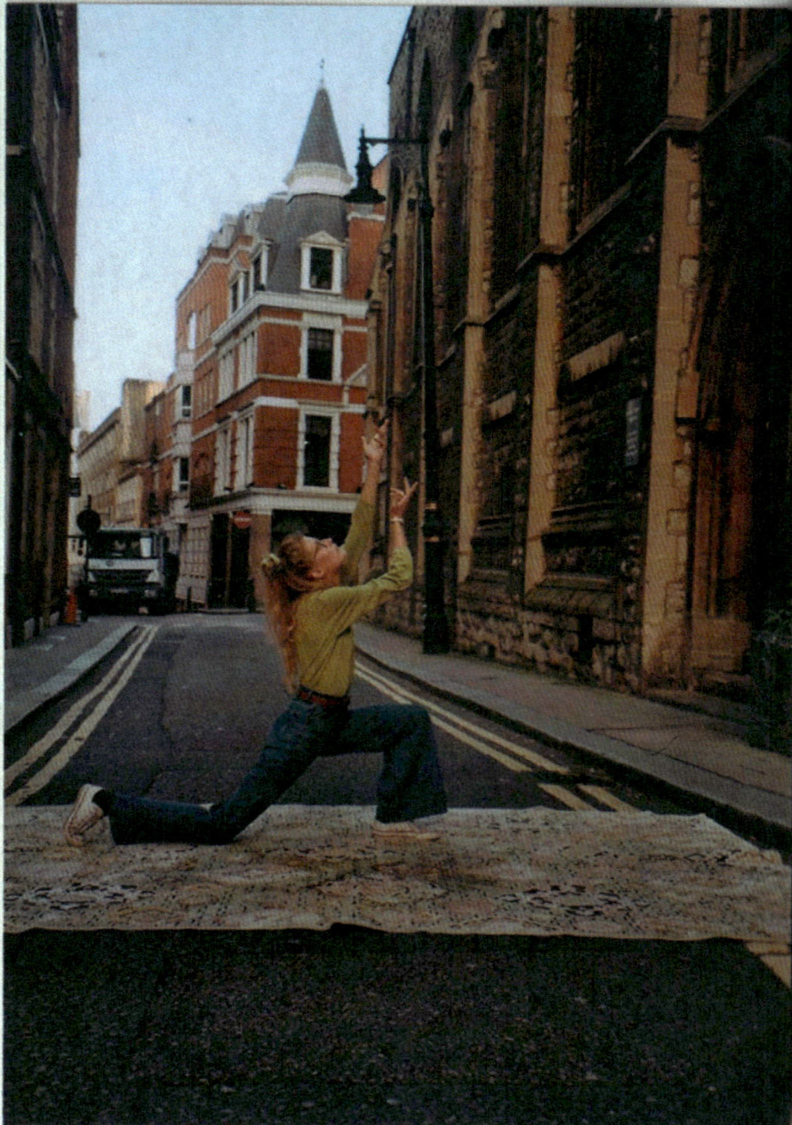

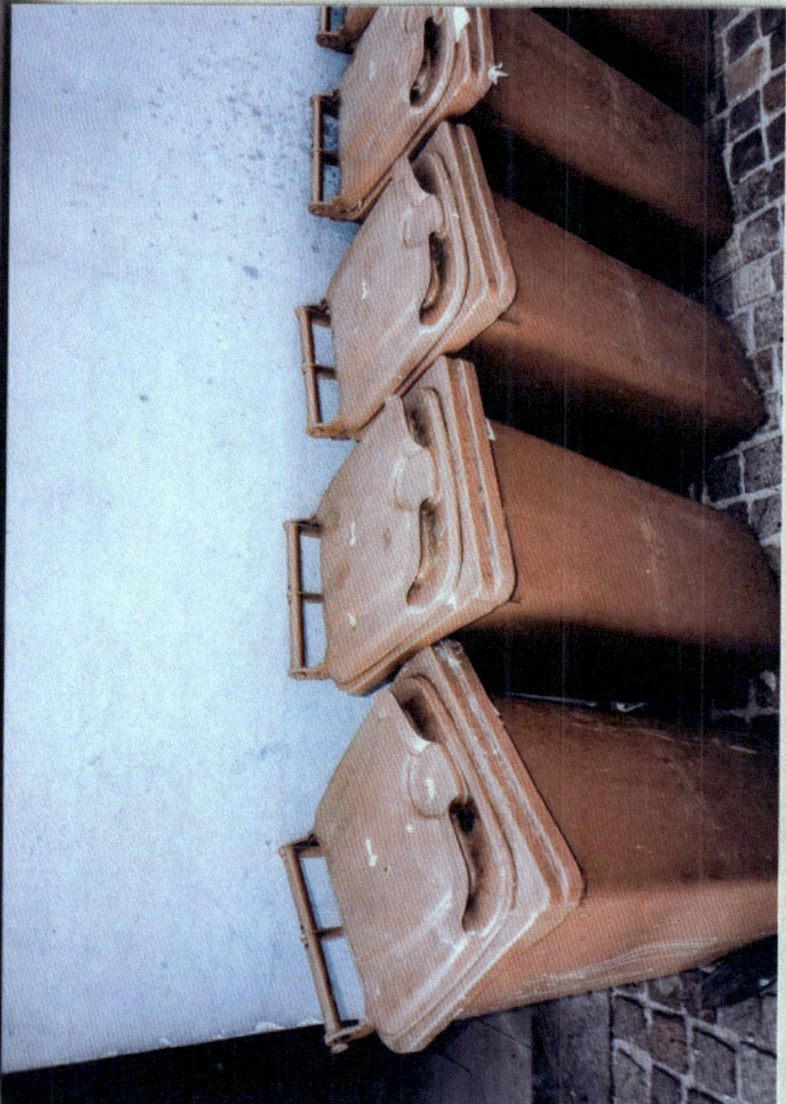

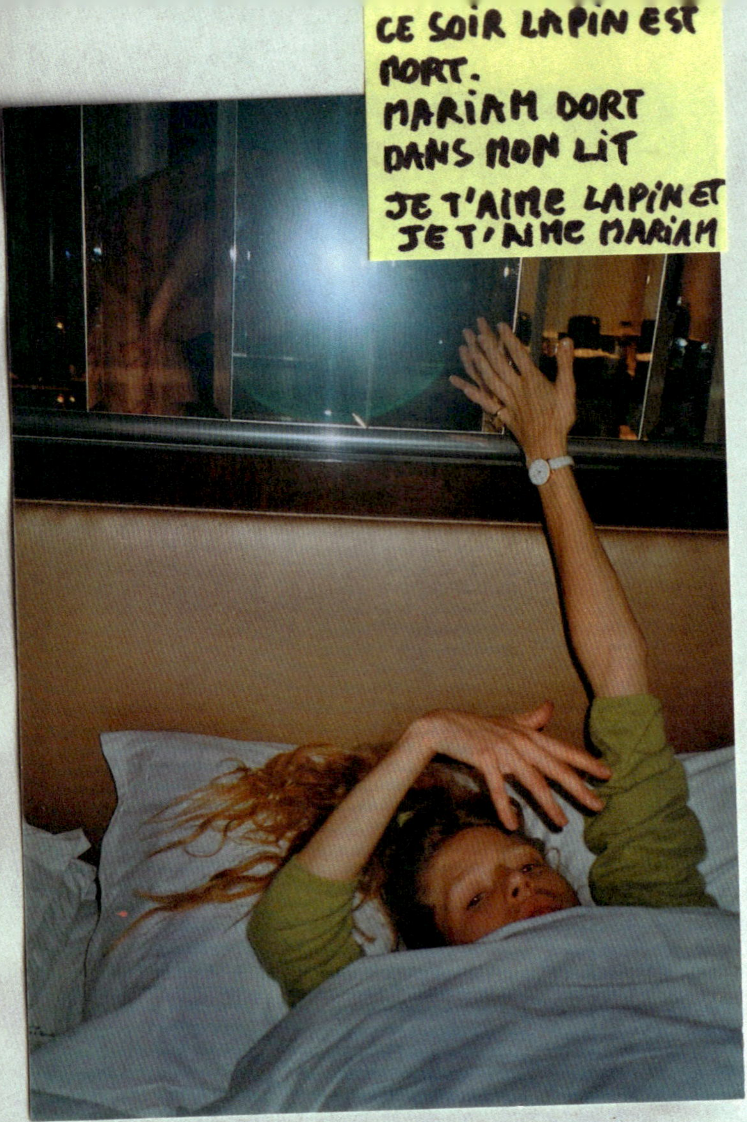
CE SOIR LAPIN EST
MORT.
MARIAM DORT
DANS MON LIT
JE T'AIME LAPIN ET
JE T'AIME MARIAM

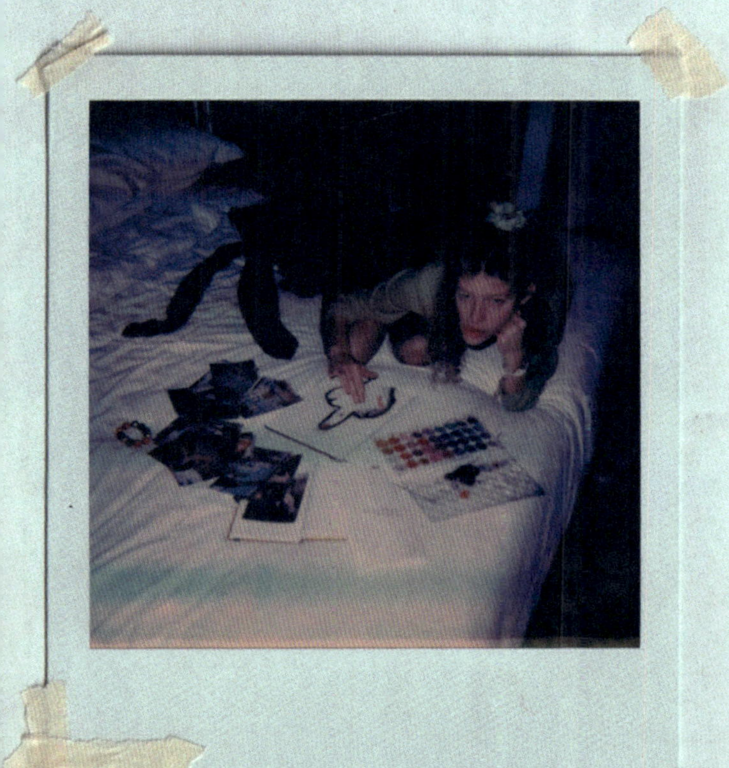

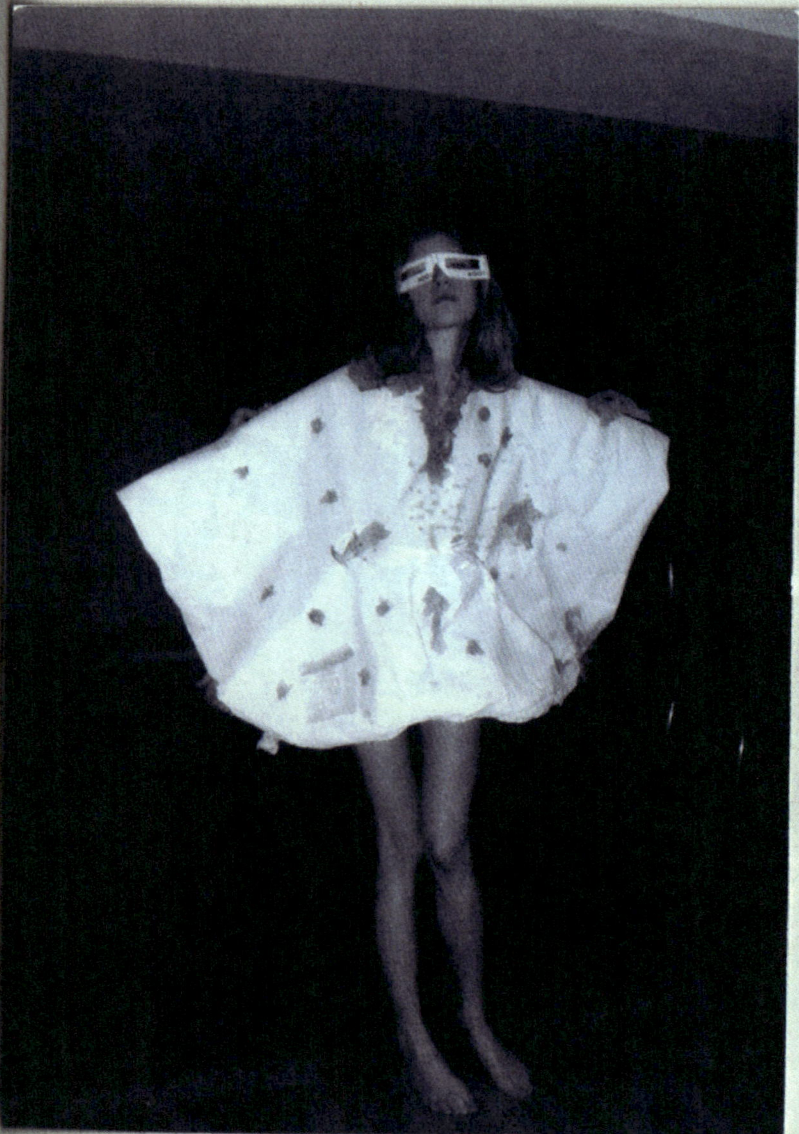

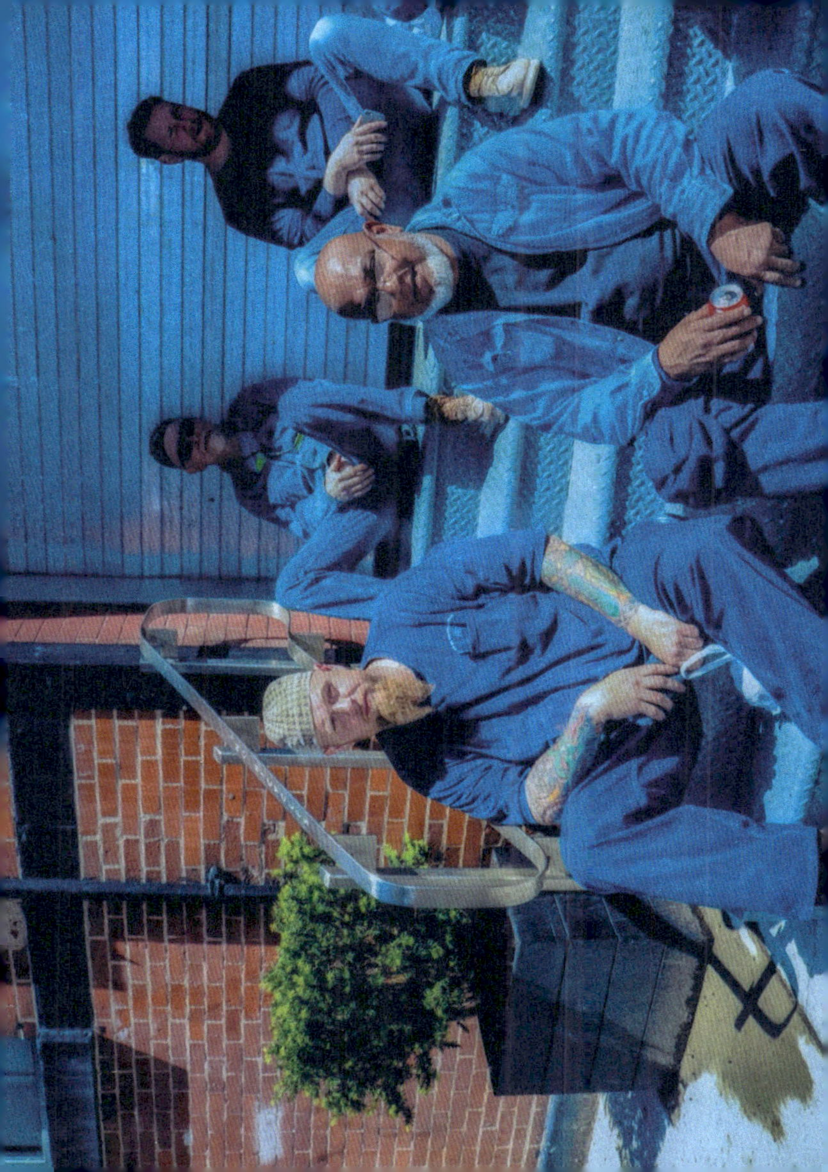

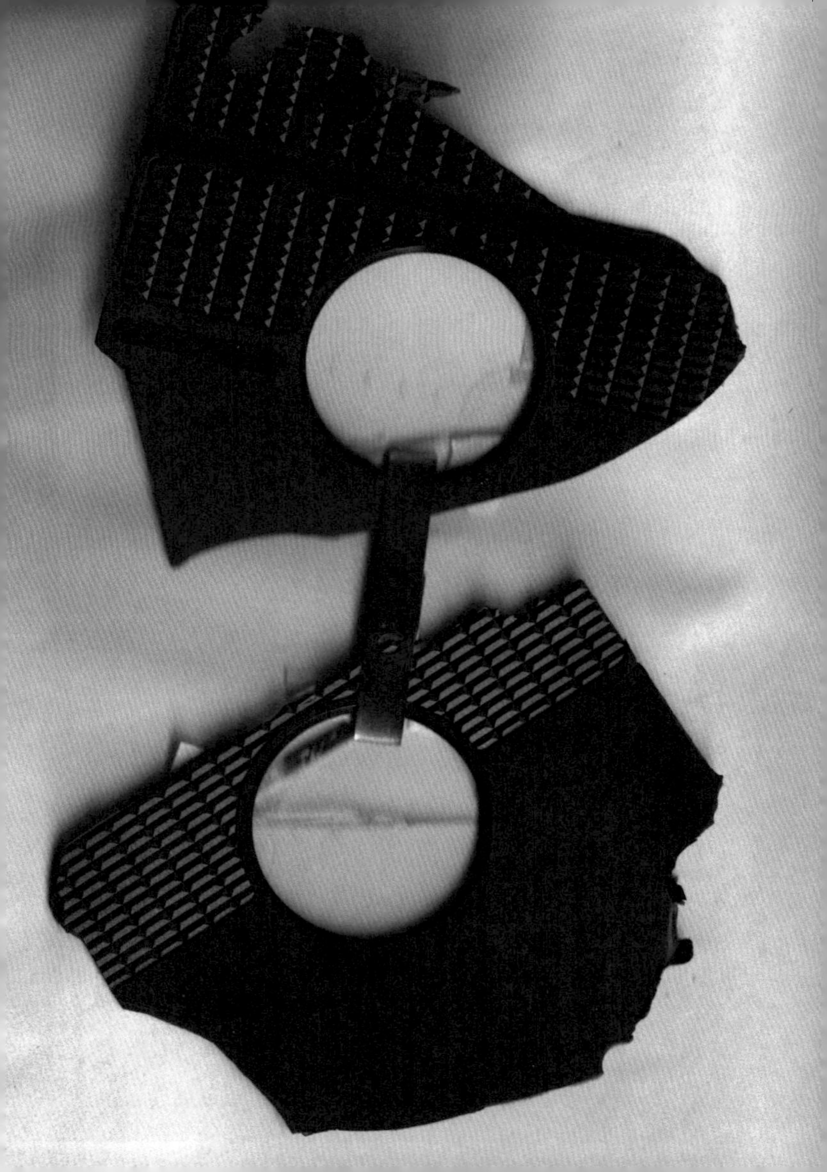

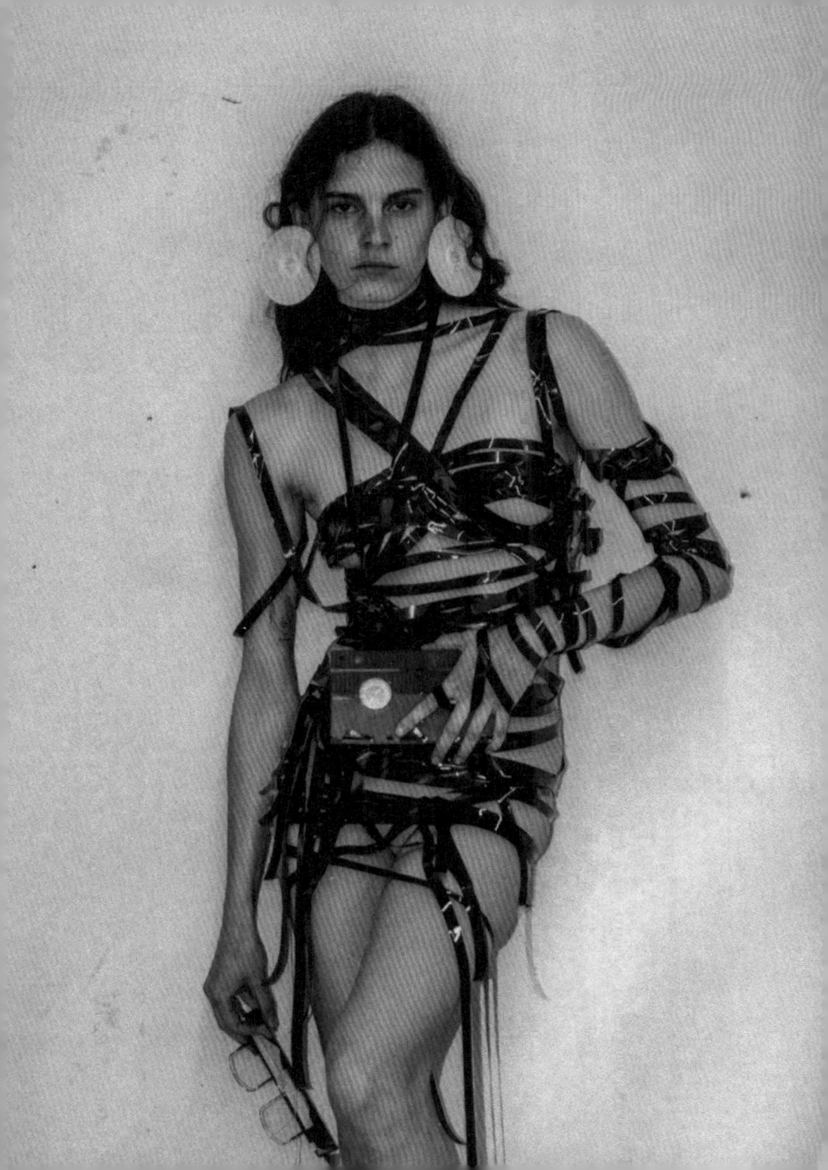

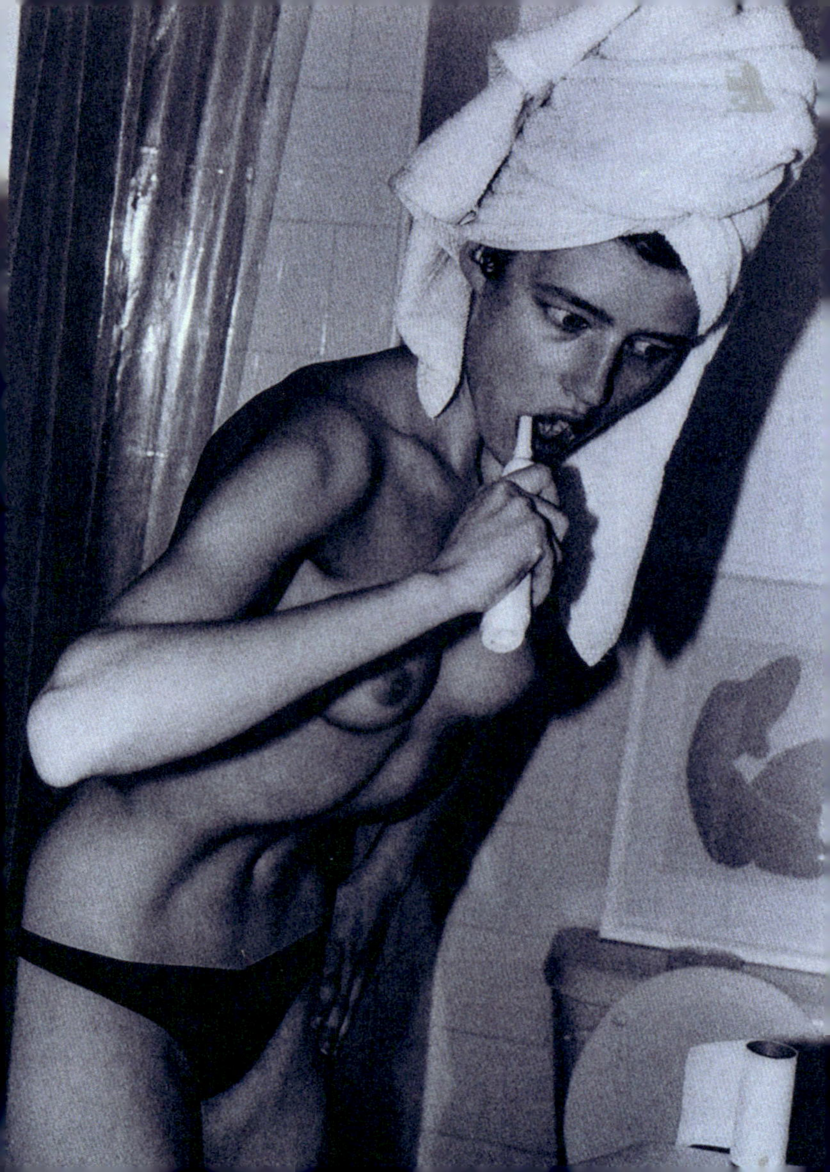

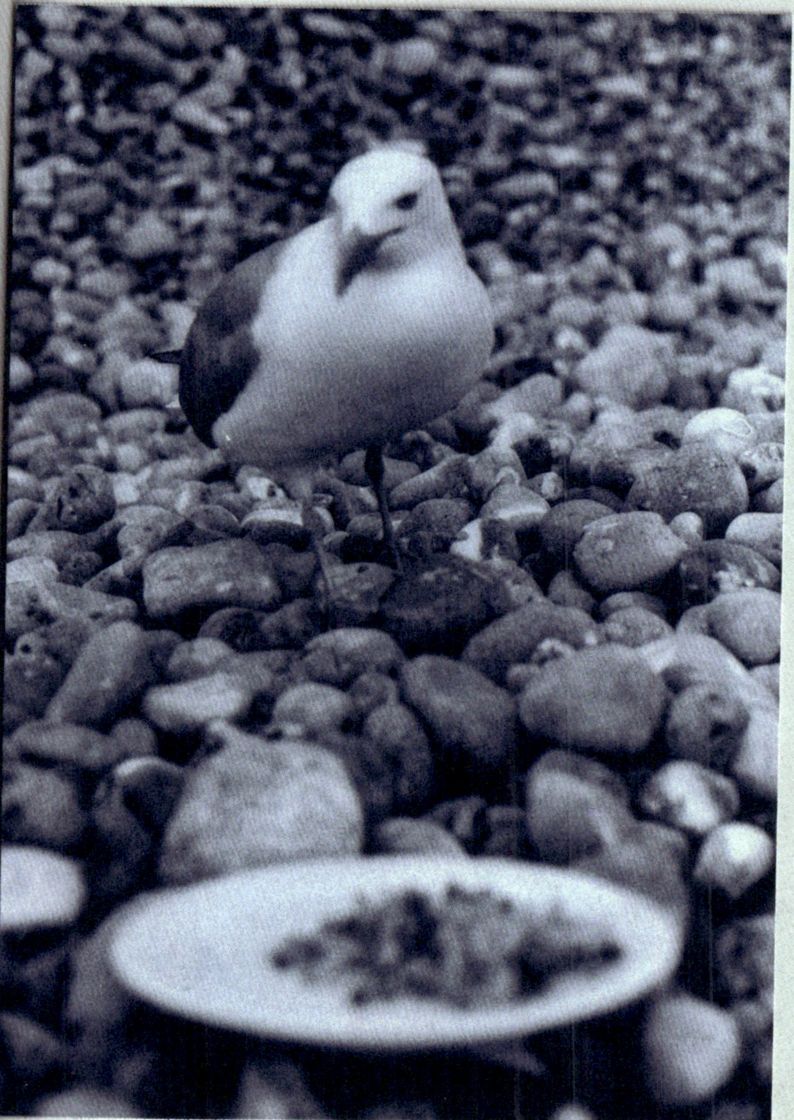

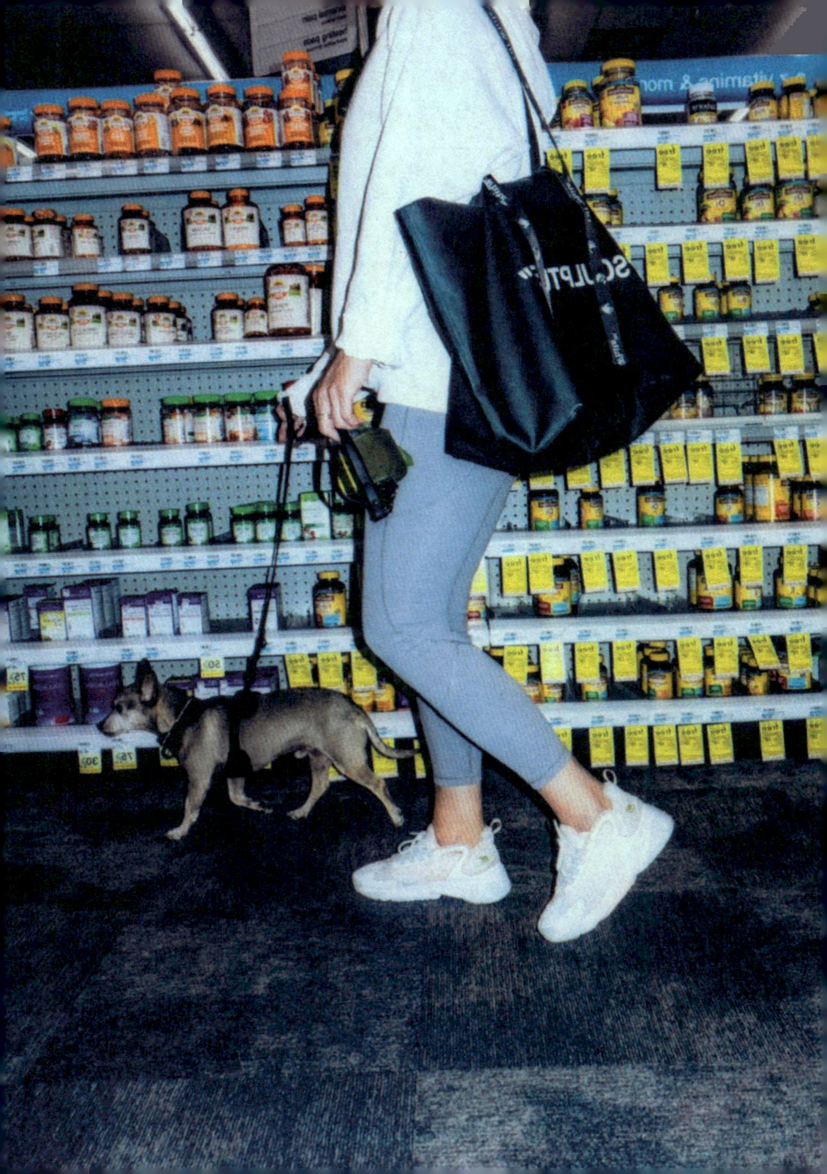

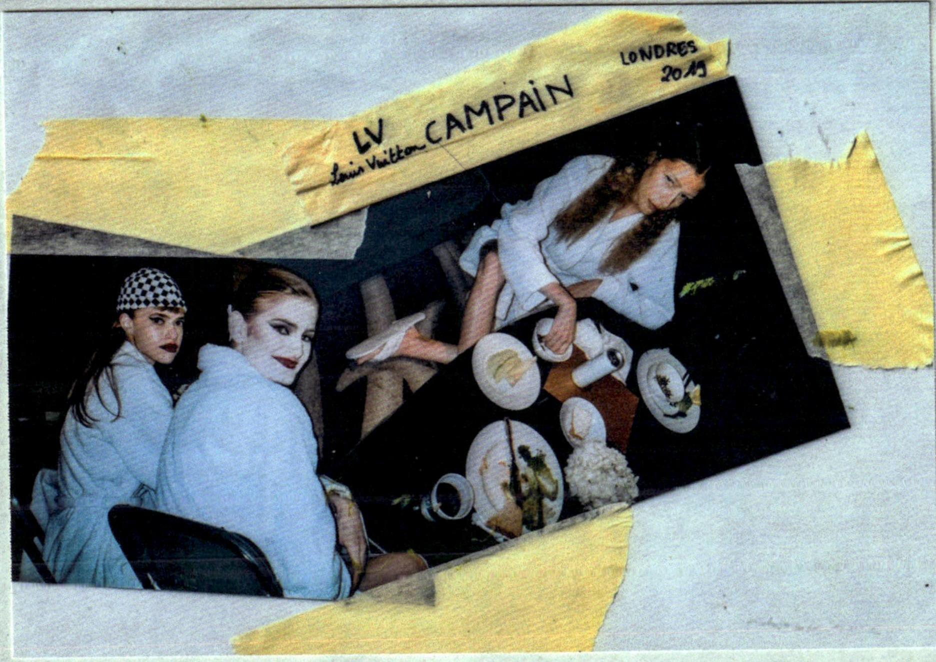
LV
Louis Vuitton CAMPAIN
LONDRES
2019

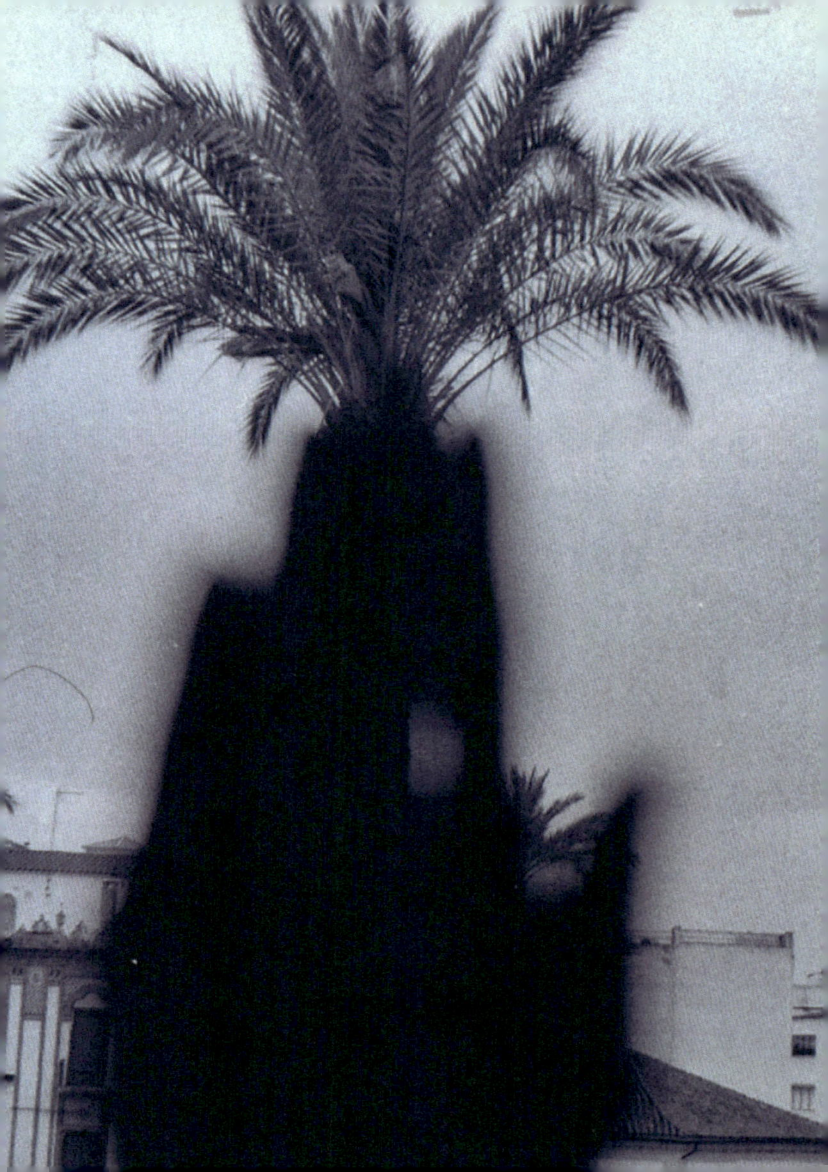

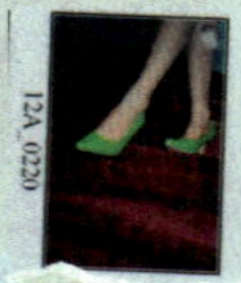
12A_0020

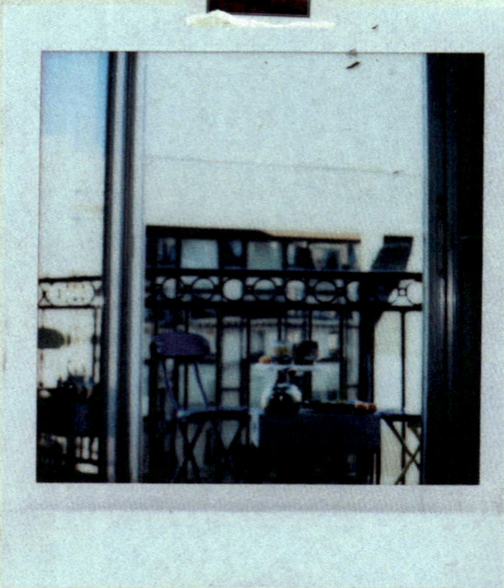

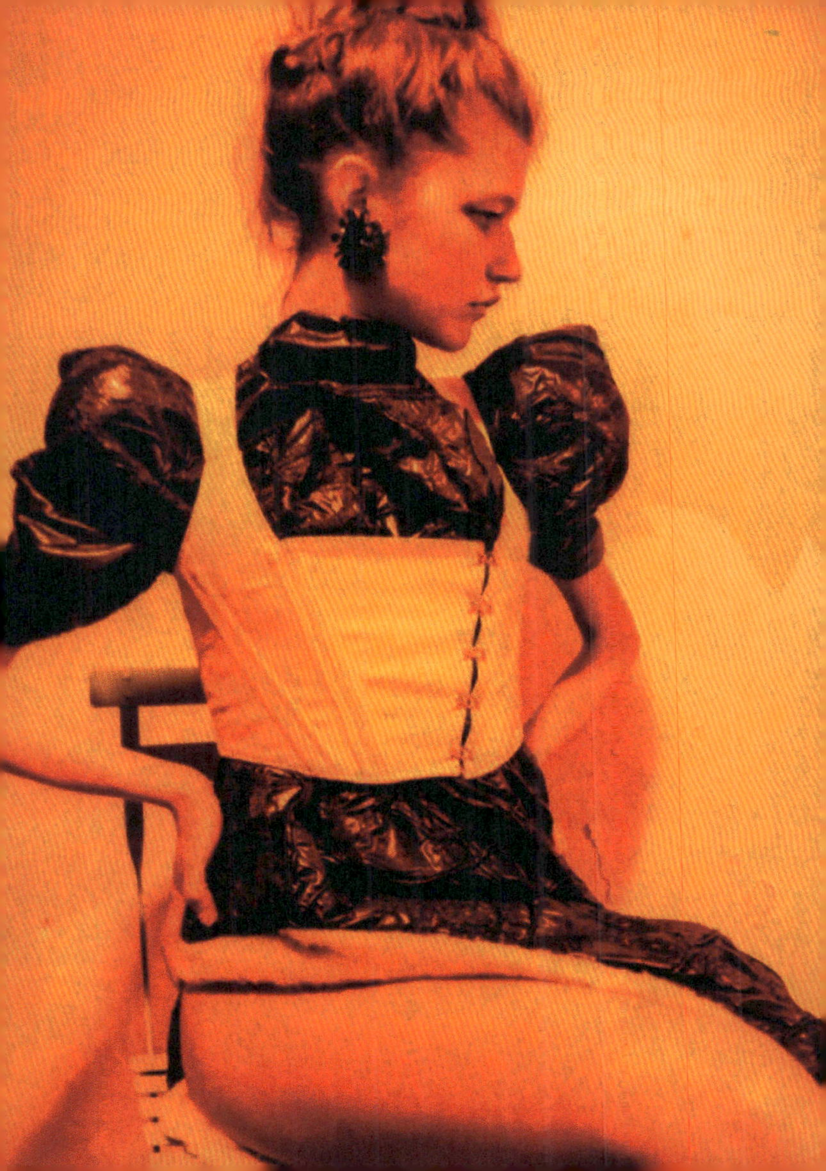

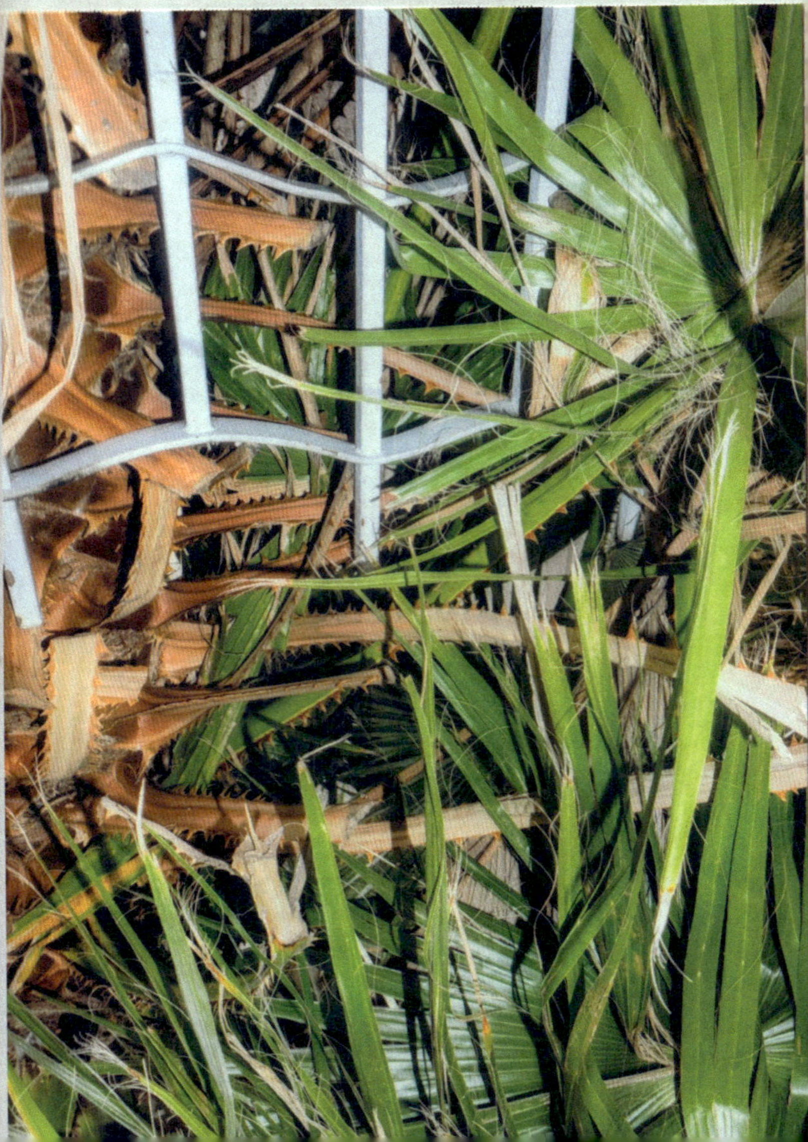

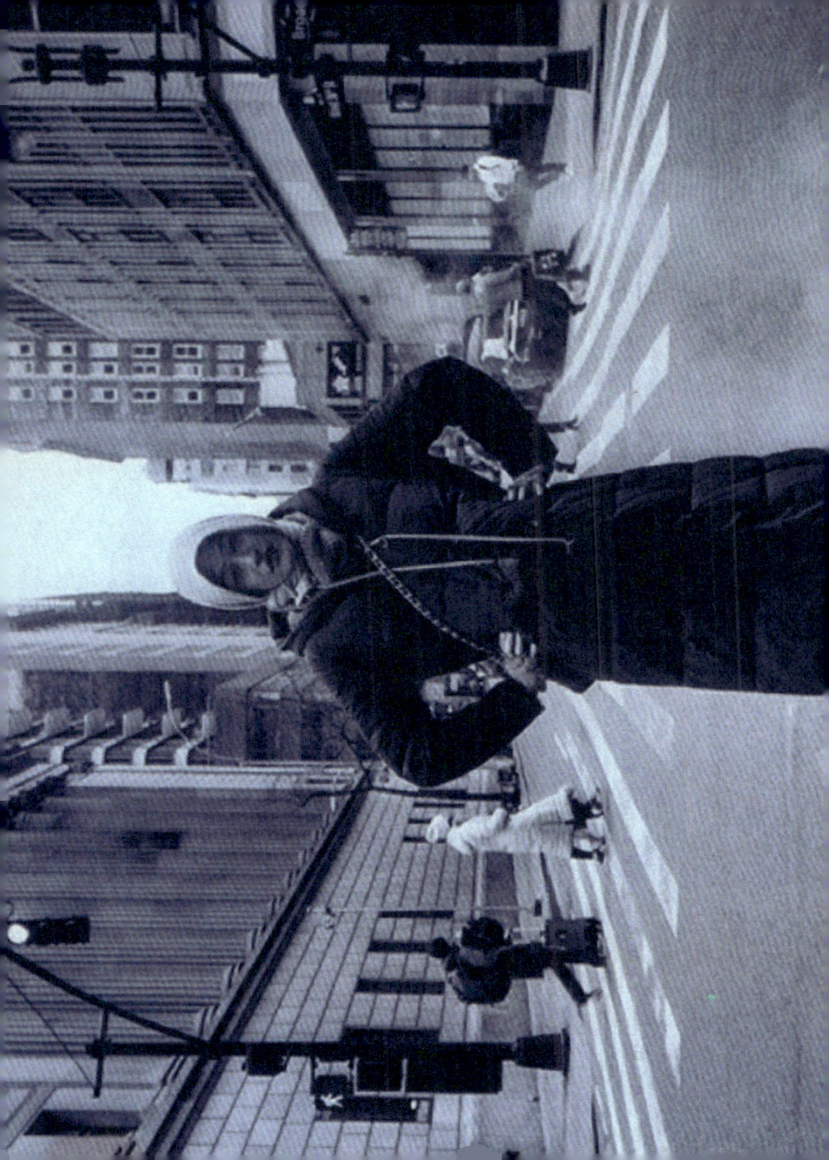

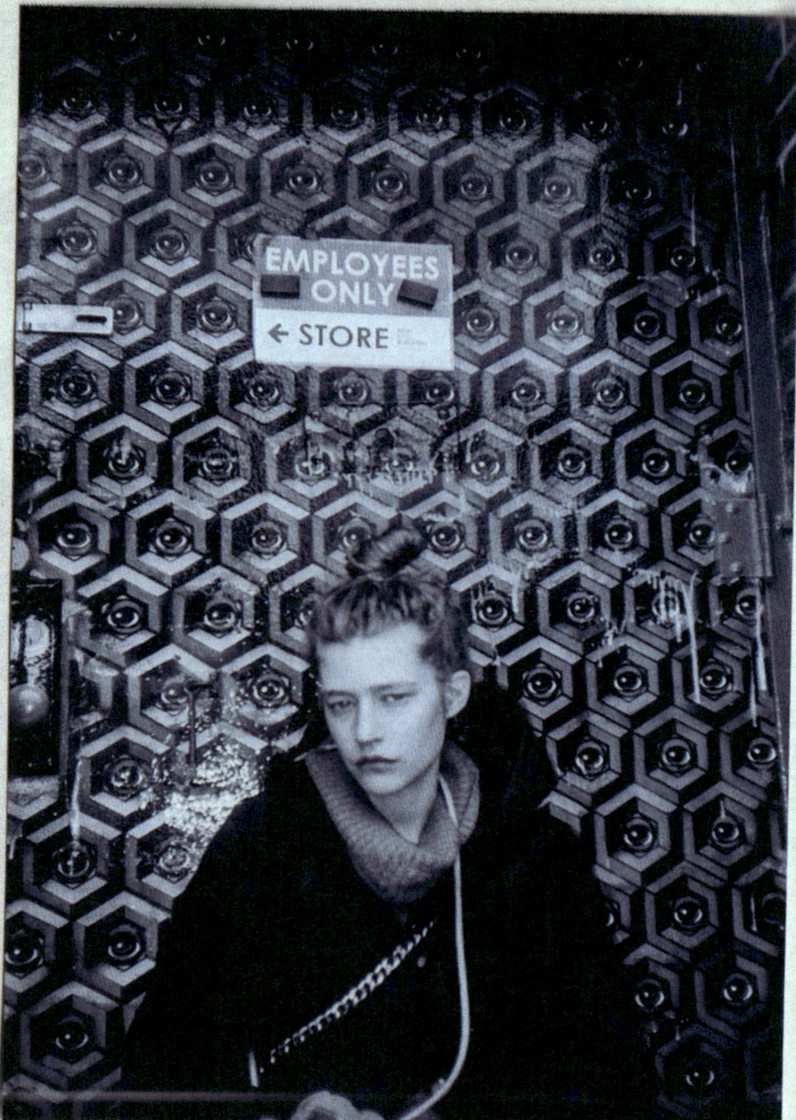
EMPLOYEES
ONLY
← STORE

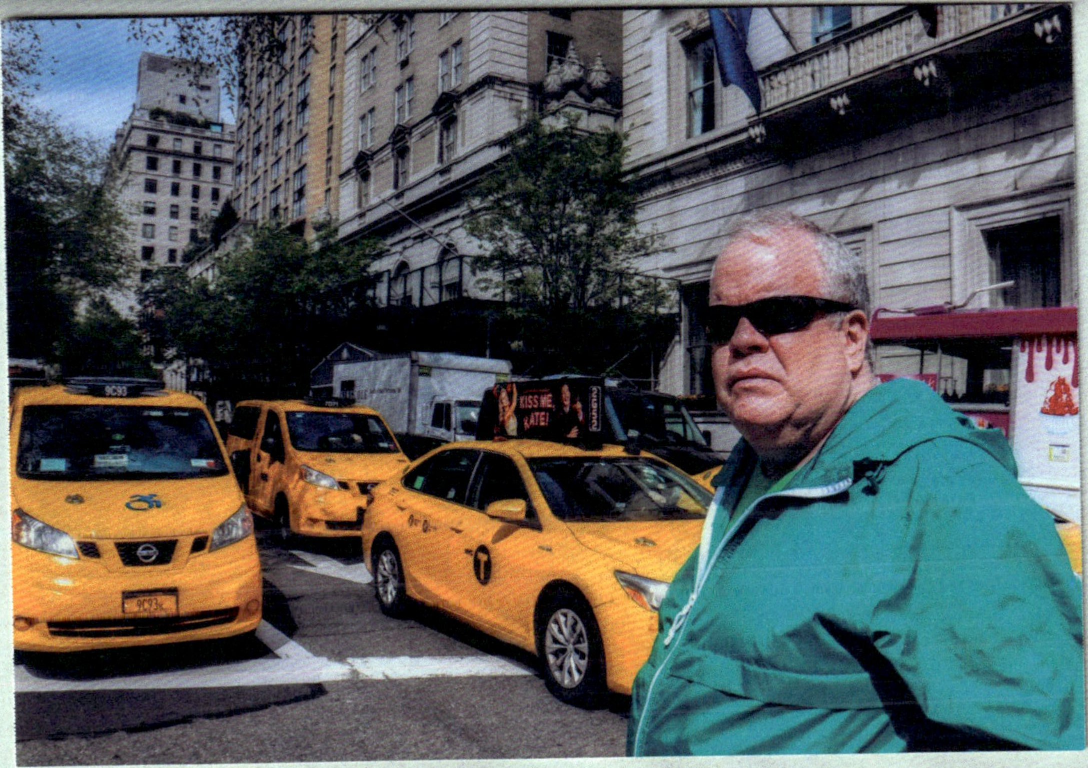
KISS ME, KATE!

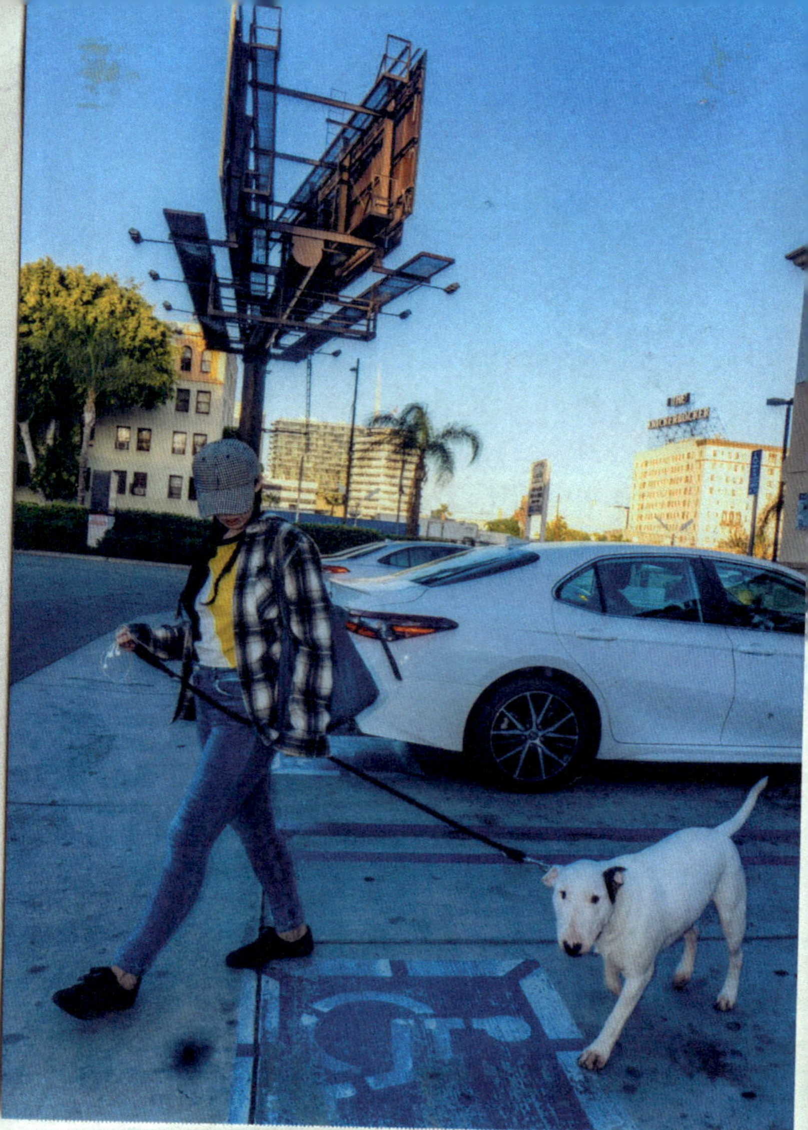

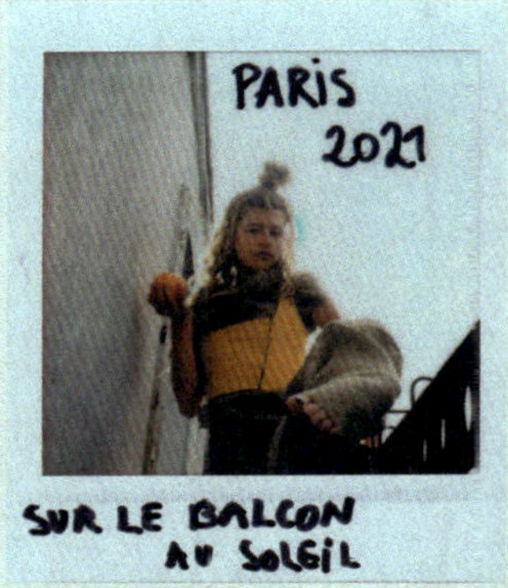
PARIS
2021
SUR LE BALCON
AU SOLEIL

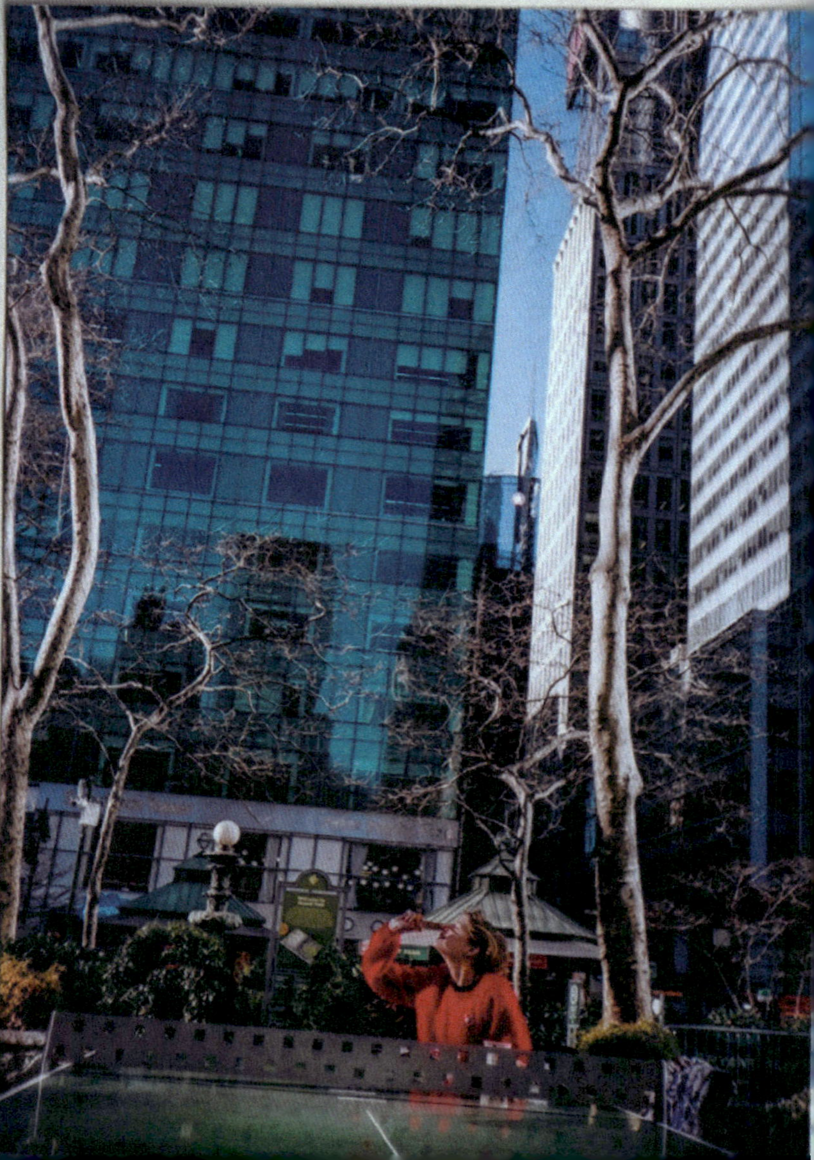

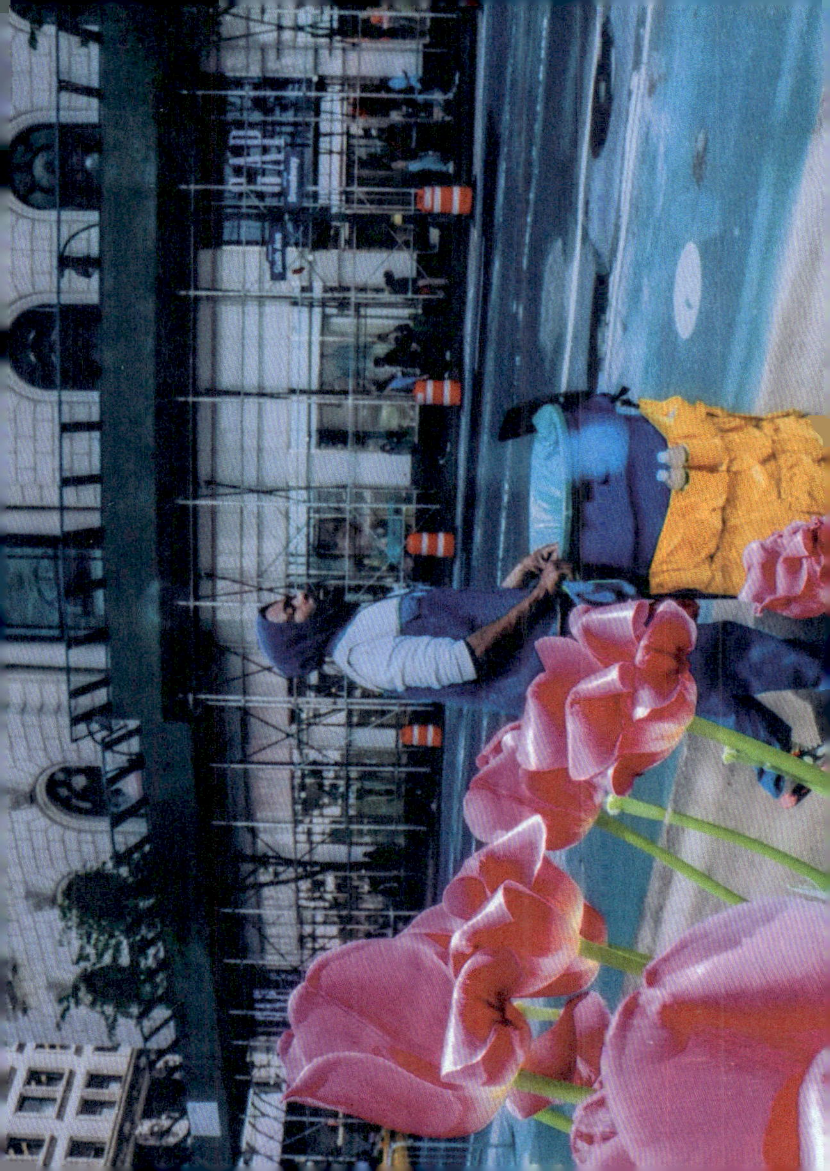

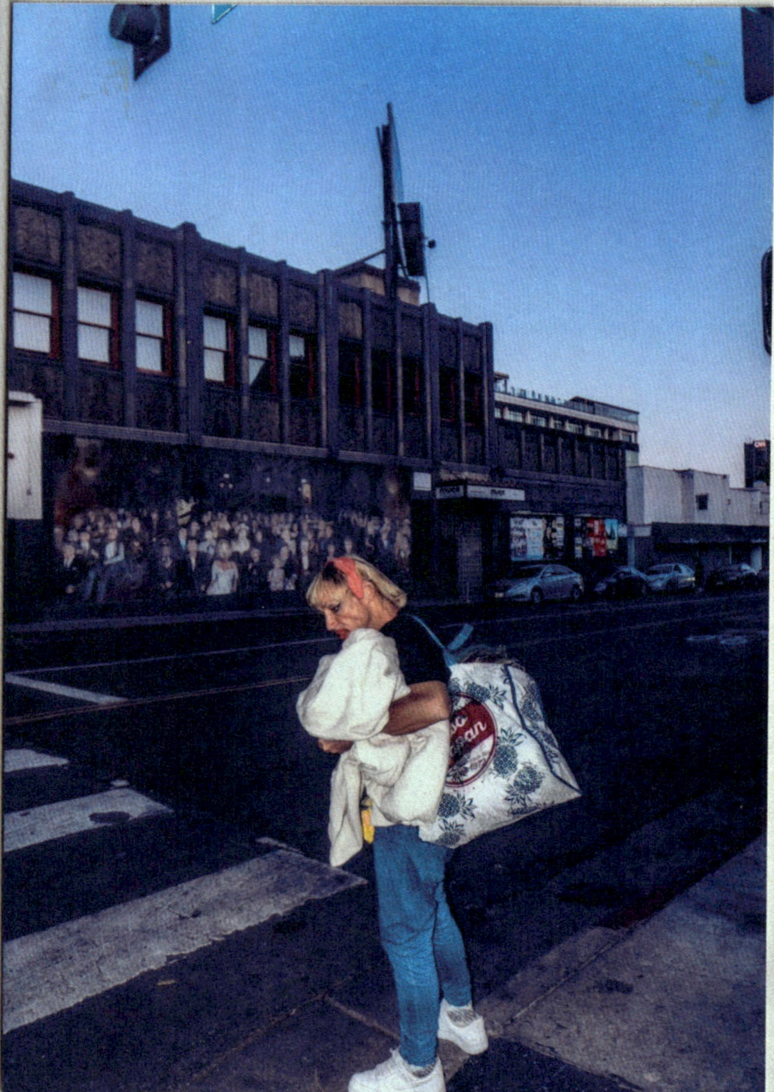

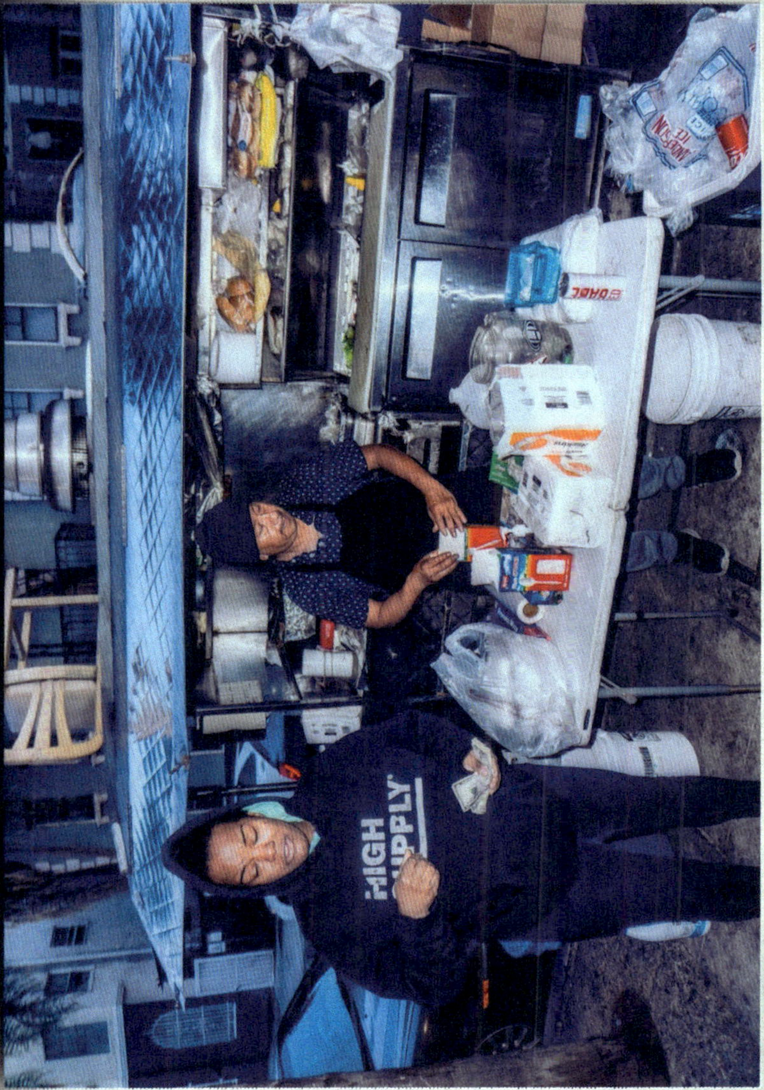
HIGH SUPPLY

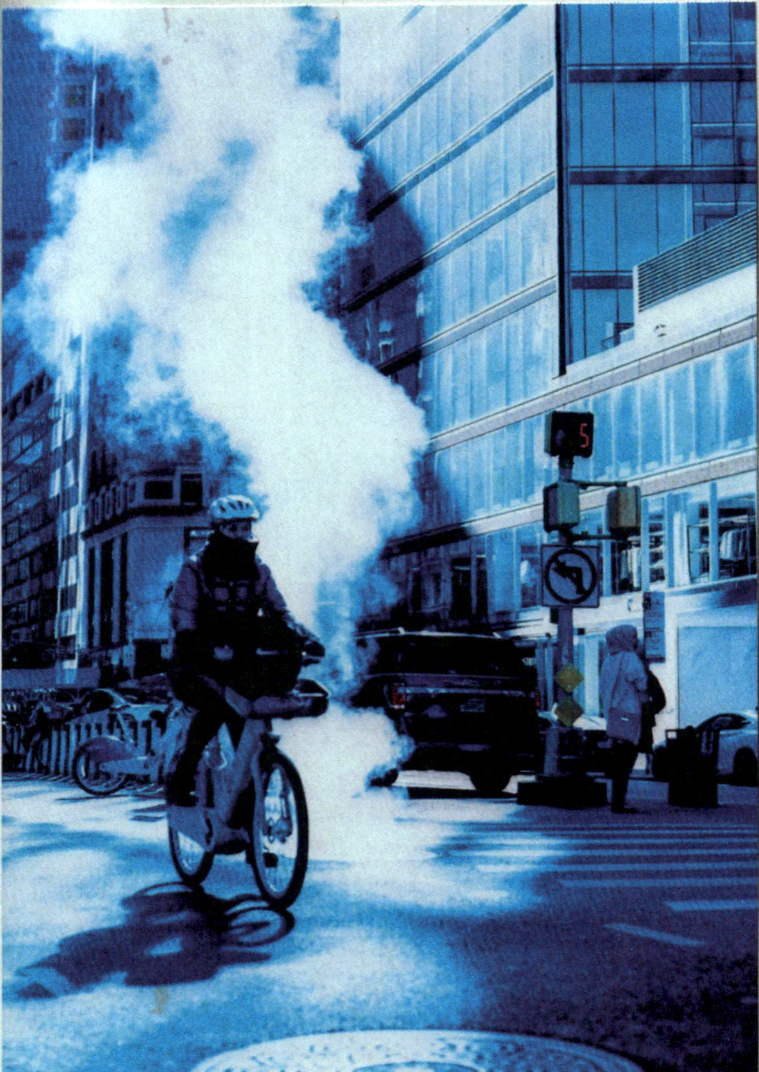

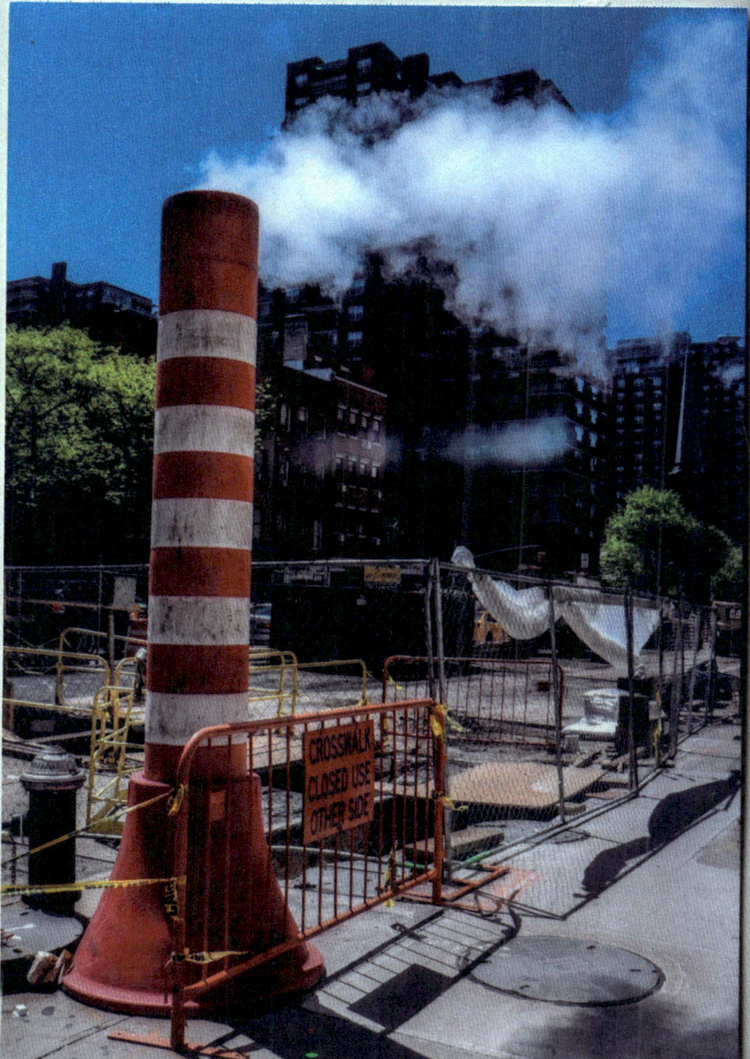
CROSSWALK
CLOSED USE
OTHER SIDE

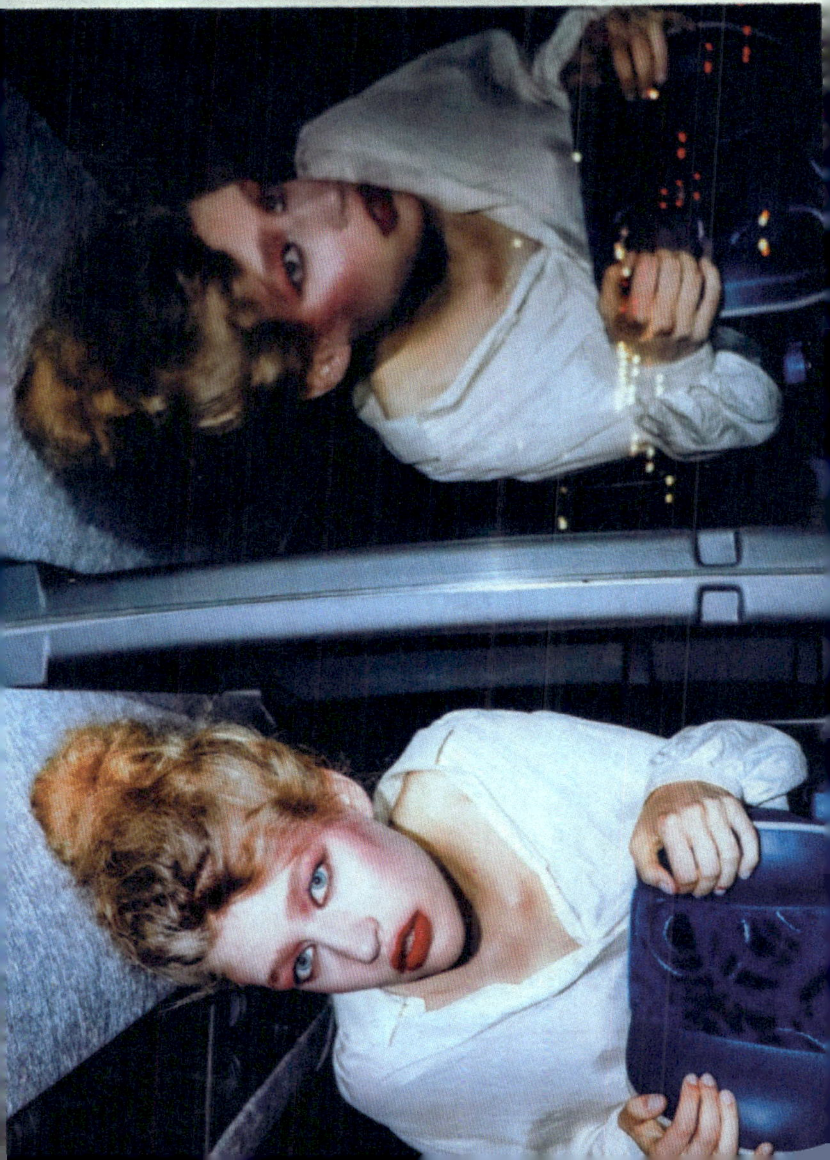

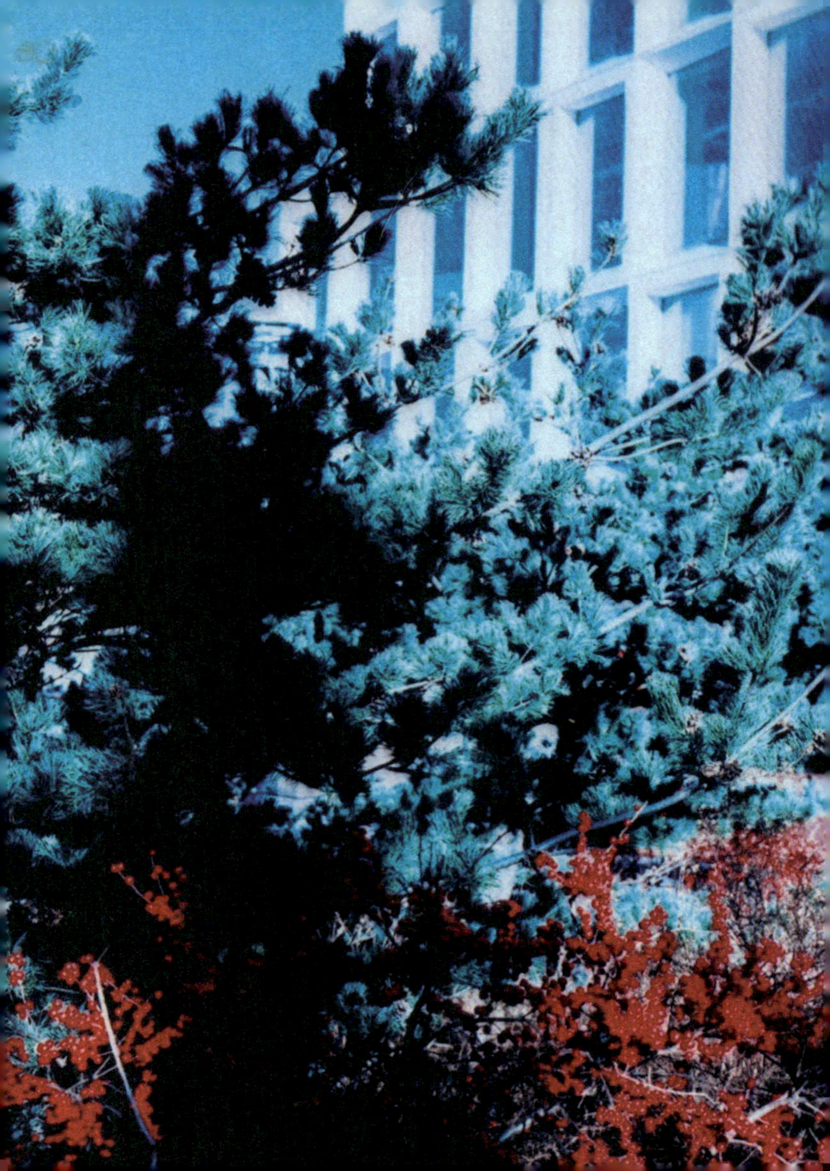

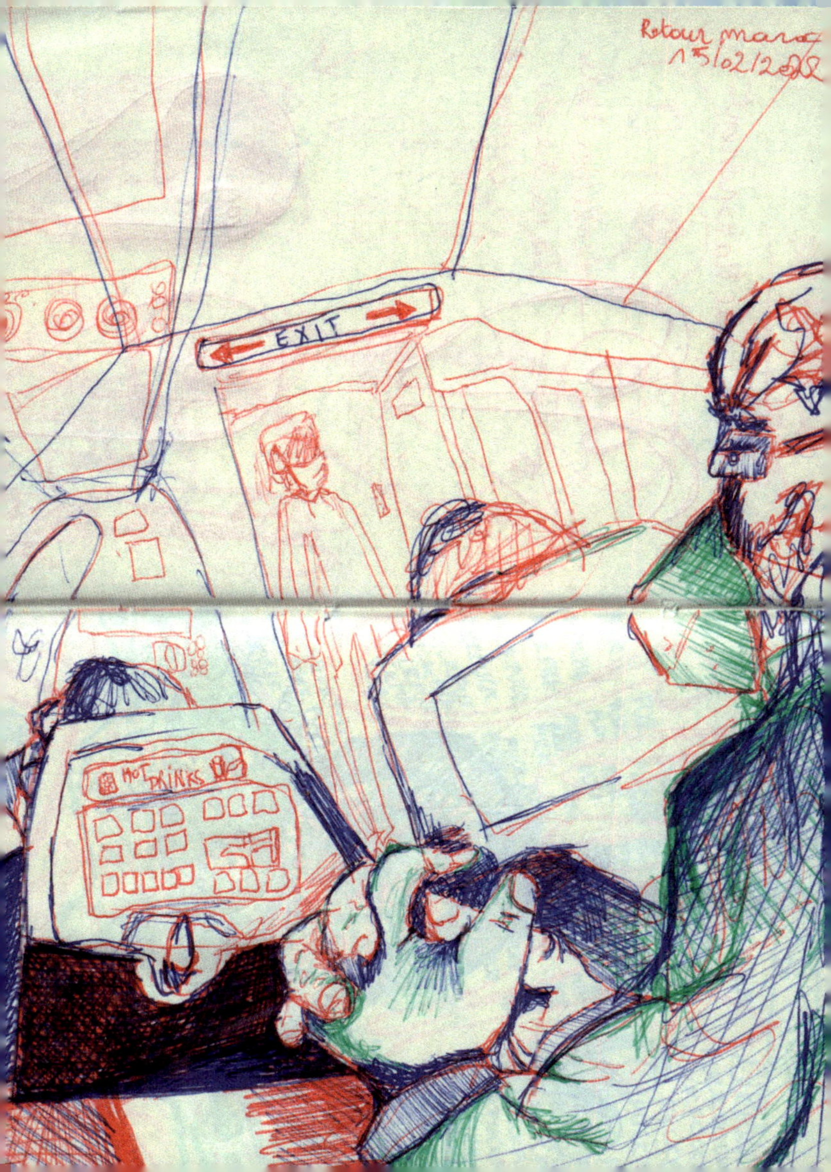
Retour maroc
15/02/2022
EXIT
HOT DRINKS

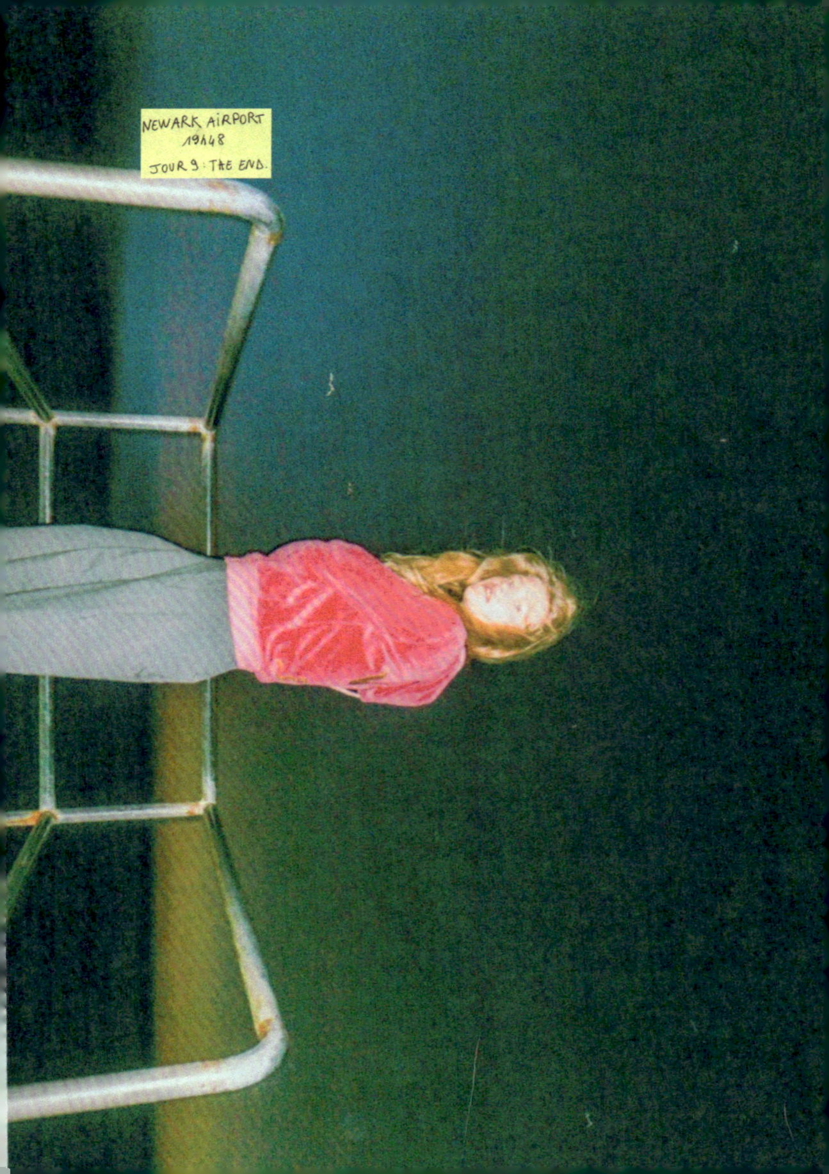
NEWARK AIRPORT
19h48
JOUR 9 : THE END.

AUJOURD'HUI JE SUIS ÉMUE. COMME APRÉS CHAQUE PASSAGE DE MARIAM ET JADE DANS MA VIE. JE TROUVE ÇA FOU À QUEL POINT ON EST COMPATIBLES. ON GALÈRE DANS NOS TÊTES ET ENSEMBLE ÇA REND LE TRUC MAGNIFIQUE. J'AI CONFIANCE EN MOI. JE SUIS ± FIÈRE À NOUVEAU DE QUI JE SUIS. LET'S GO ALLER MIEUX QU'AVANT

YOU ARE NOT OVER
DARK
BEAUTIFUL
PHENOMENAL
OH YEAH
LUCIOLE
STRONG
CHUT
DRAMATIC
MOTHER
MAJOR
LOVE
I try to be
myself
with
what
I expect
FREEDOM
AMAZING
DEPRESSION
It's too much
It's over
leave me alone
IMPOSSIBLE
BECOME
COMPLICATED
SIMPLES THINGS
PFFF
DANCE ALONE
EXTENSION
COMING BACK TO LIFE
INCREDIBLE
It's too much
FRUITS
BURN OUT
INCONSISTENCY
FUCKING BITCH
FED UP
LOVE
WORK
LOOK
CAMPAIGN

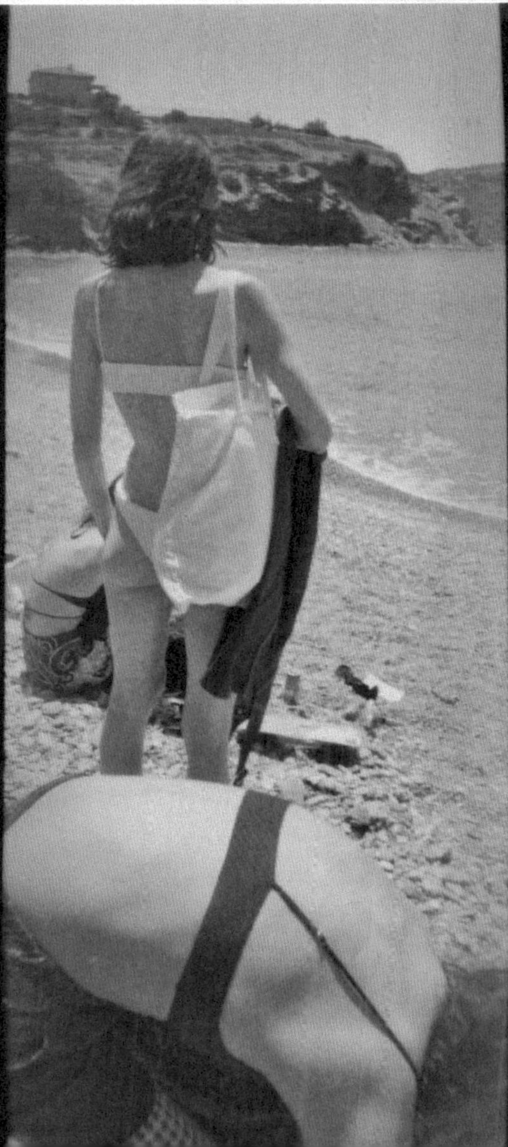

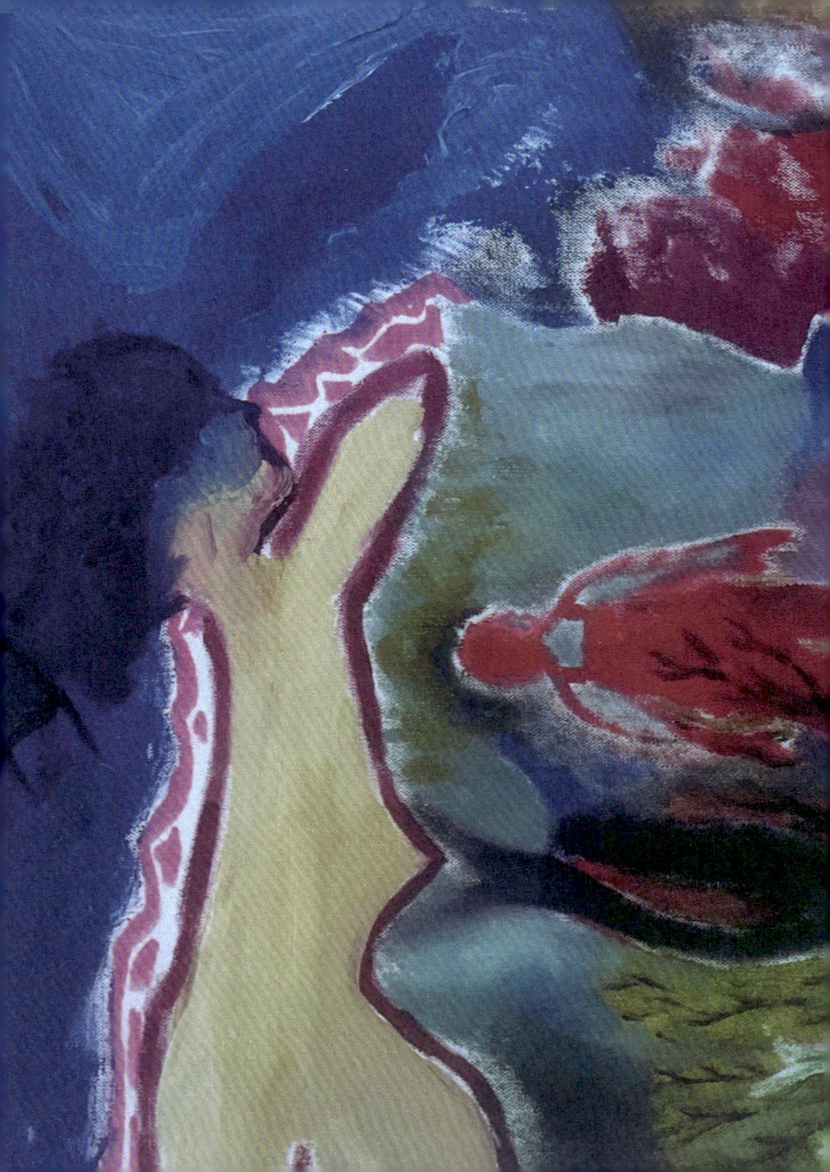

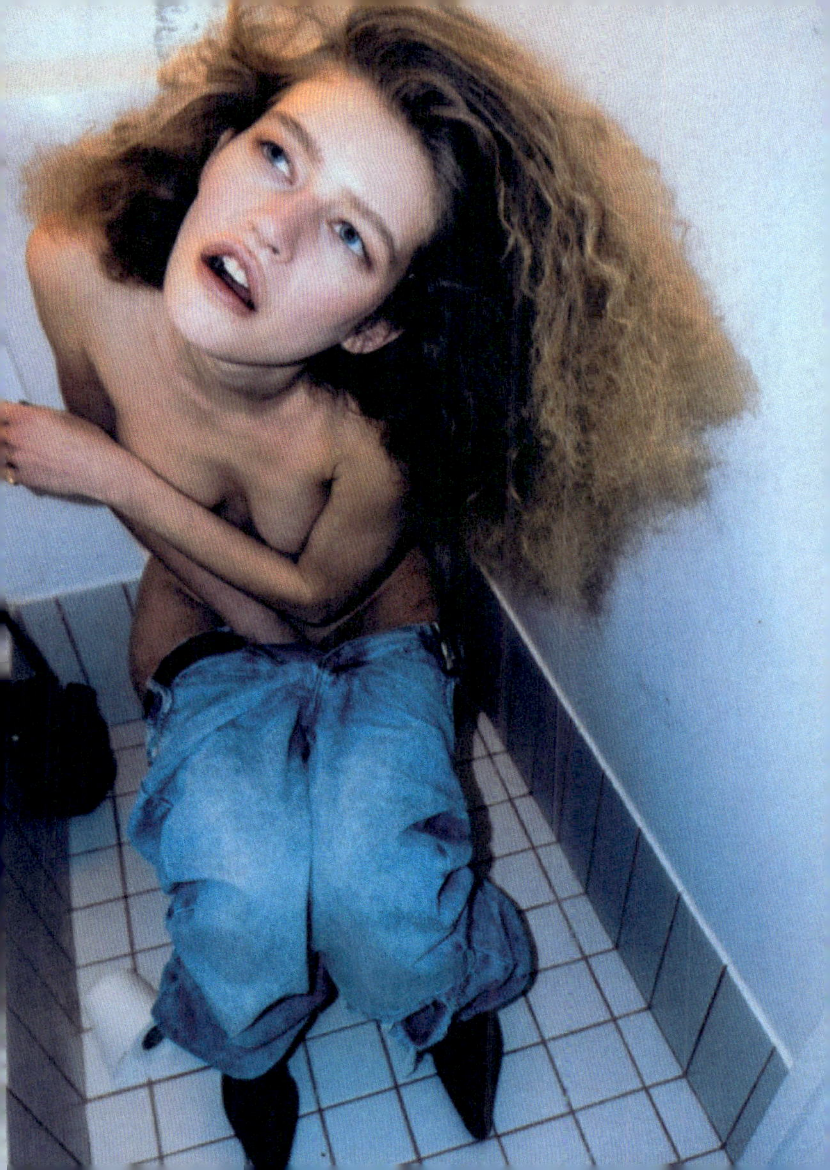

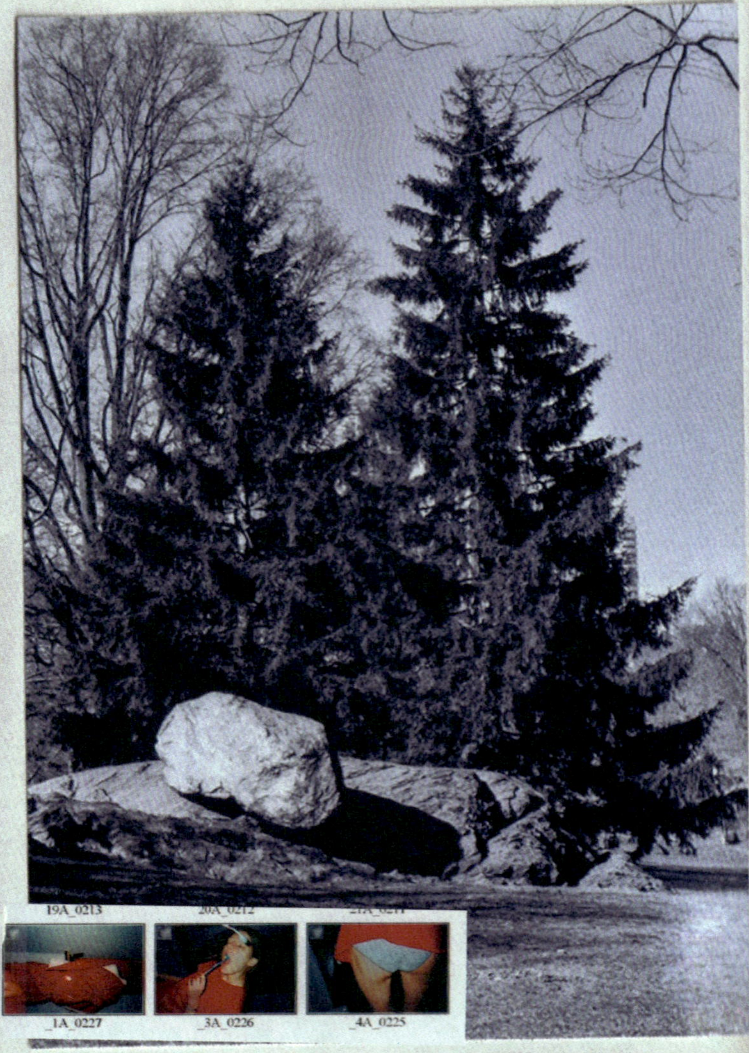
19A_0213
20A_0212
_1A_0227
_3A_0226
_4A_0225

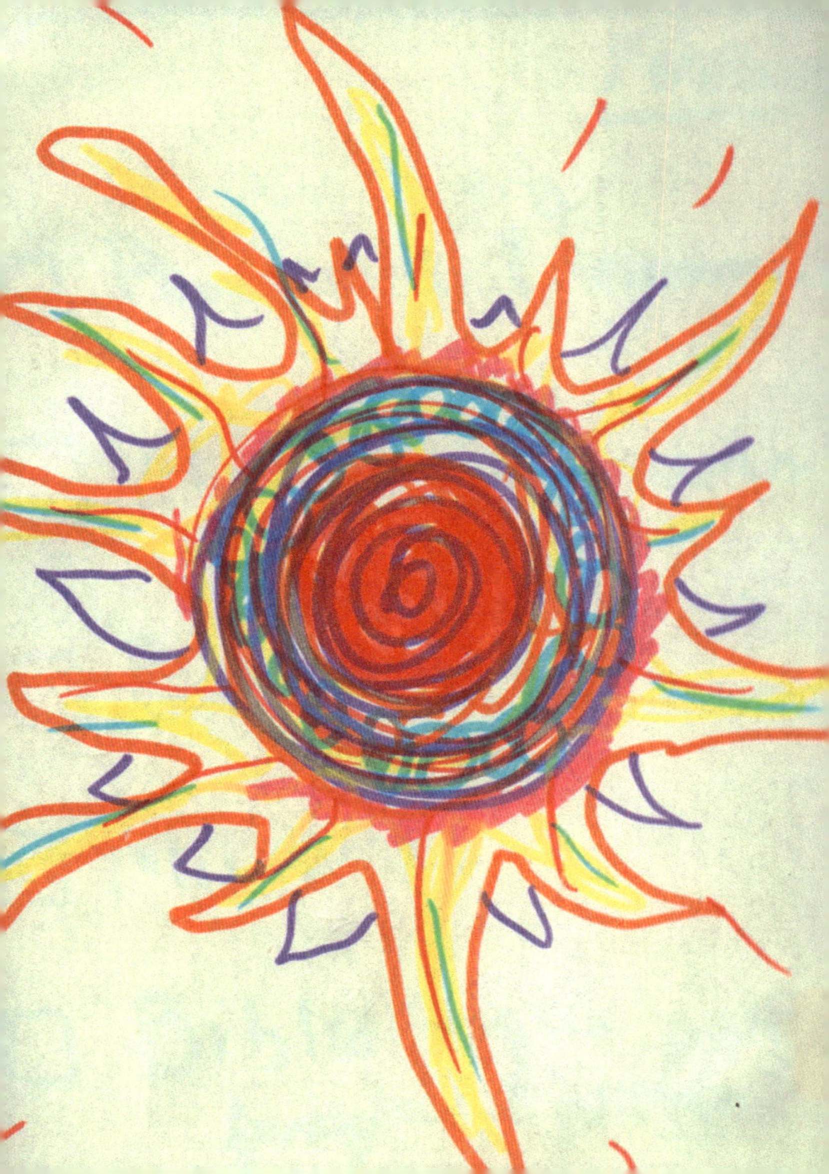

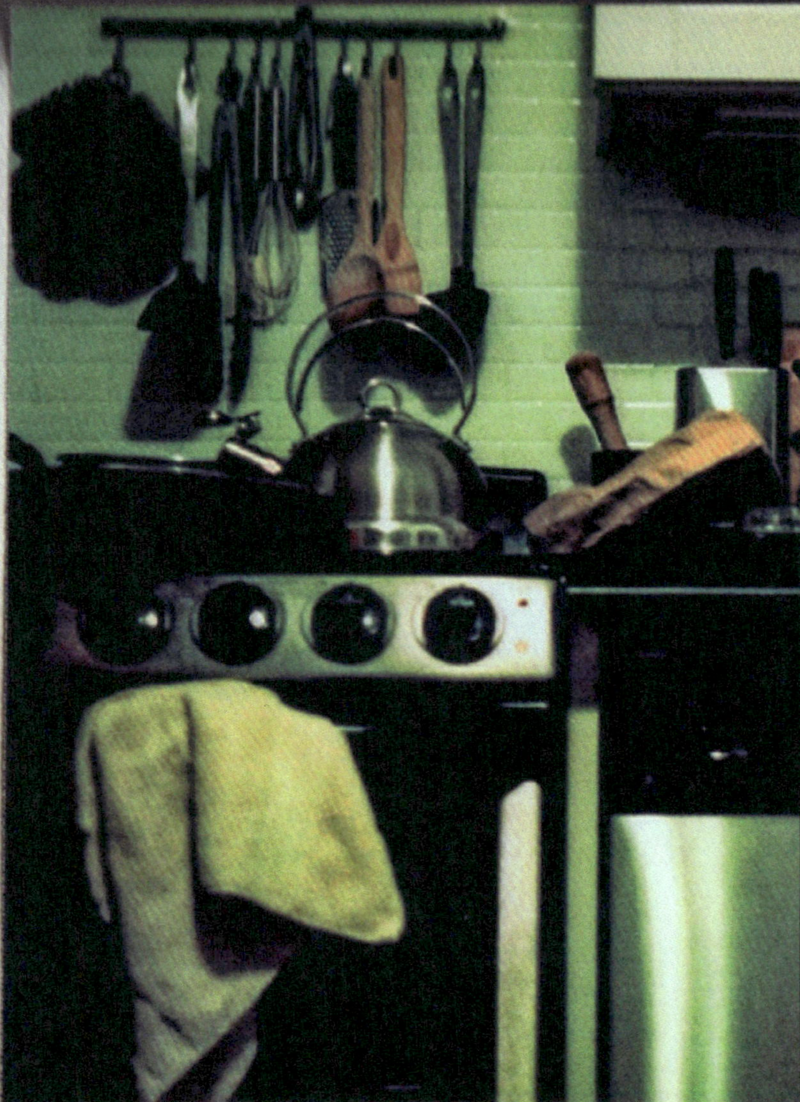

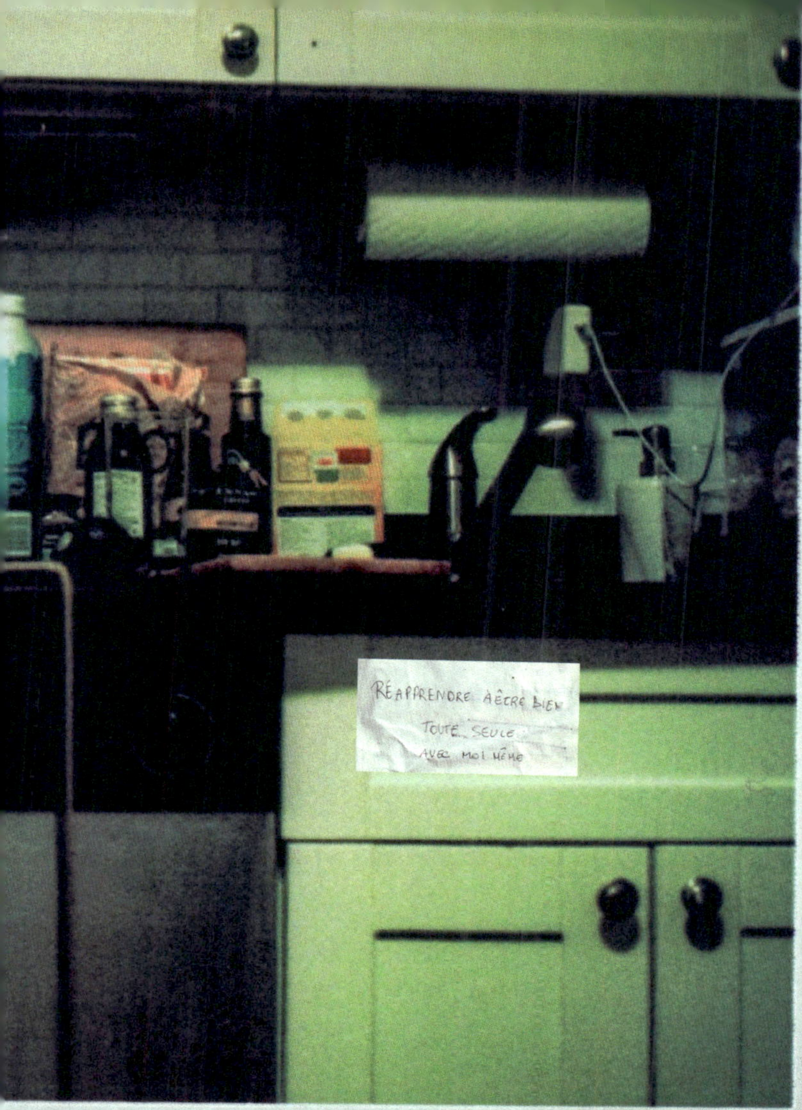
RÉAPPRENDRE ÀÊTRE BIEN
TOUTE SEULE
AVEC MOI MÊME

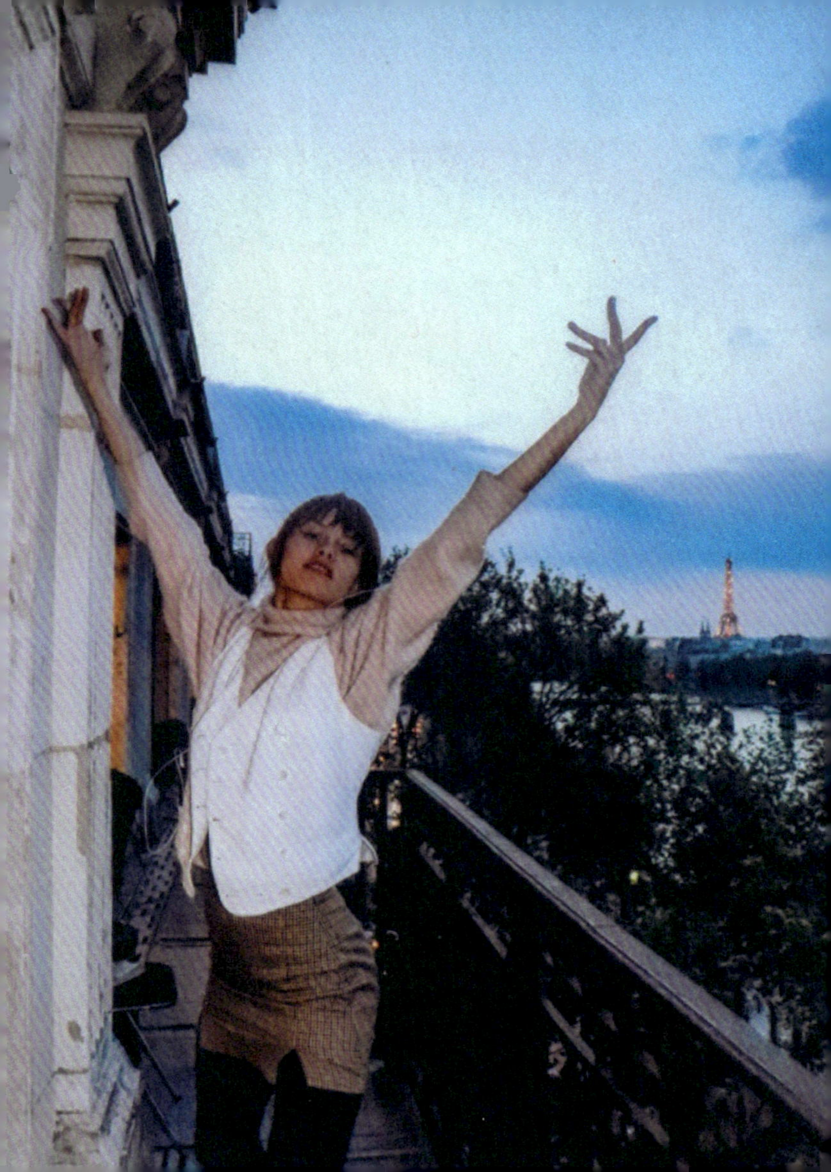

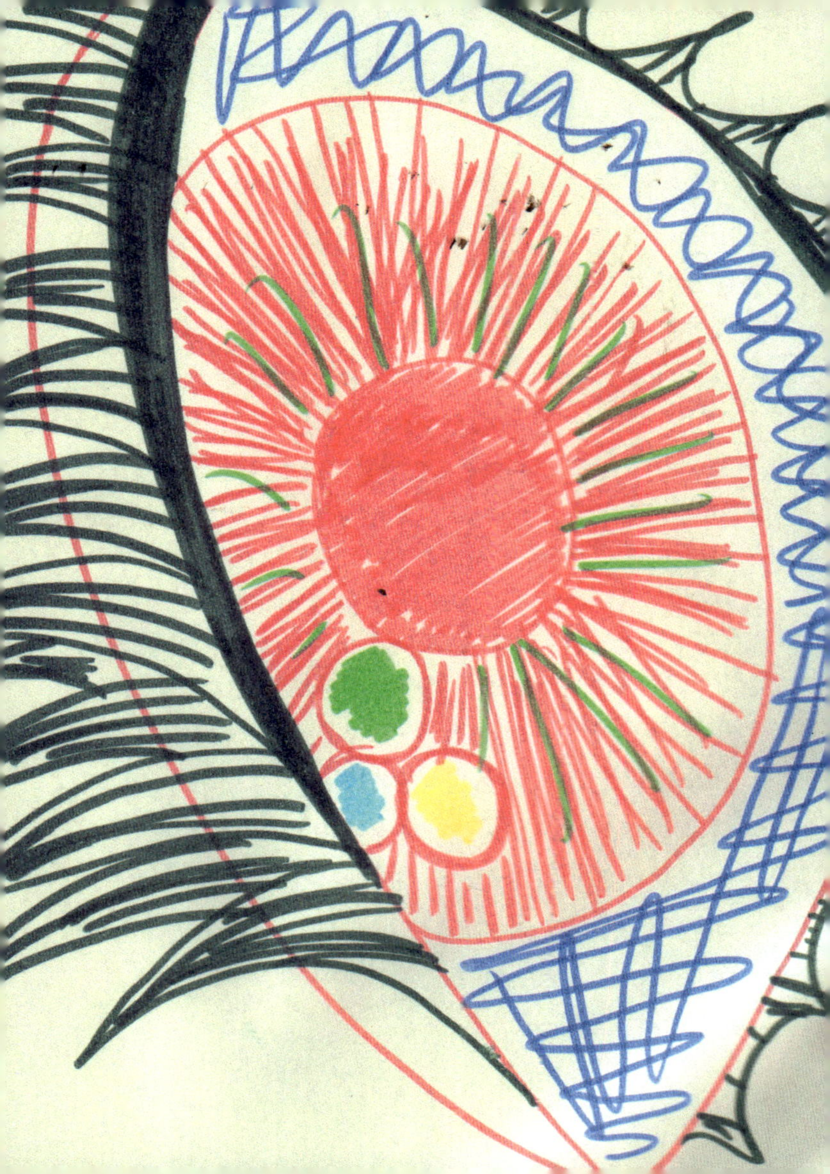

VENDREDI 13 MAI 8h À SAN DIEGO.

JE SUIS DANS L'AVION DU RETOUR. 5h DE VOL EN ECONOMIE. ÇA FAIT MAL PARCE QUE JE N'AI PAS DORMI CETTE NUIT.

IL VA ME FALLOIR UN PEU DE TEMPS POUR REDESCENDRE MAIS C'EST AUSSI ÇA QUI EST BEAU. LE CONTRASTE ENTRE 2 VIES COMPLÈTEMENT OPPOSÉES VÉCUES EN ESSAYANT DE S'ADAPTER À CHAQUE CHANGEMENT DE L'UNE VERS L'AUTRE EN ESSAYANT DE NE PAS SE PERDRE.

C'EST TELLEMENT DUR DE PARTIR DE BELGIQUE ET POURTANT QUAND JE SUIS ENTOURÉE DES PLUS BELLES PERSONNES (PERSONNALITES) TOUT N'EST PLUS QU'EUPHORIE, INSOUCIANCE, ÉMOTION, AMOUR, FRISSONS ET PLAISIR. PLEINNNN D'INSPIRATION GRÂCE À TOUTES CES FILLES TELLEMENT INTÉRESSANTES. AVEC QUI J'AI PASSÉ DES MOMENTS INOUBLIABLES.

LOVE YOU VRAIMENT FORT. BYE SAN DIEGO ♡
À JAMAIS GRAVÉ DANS MES SOUVENIRS.

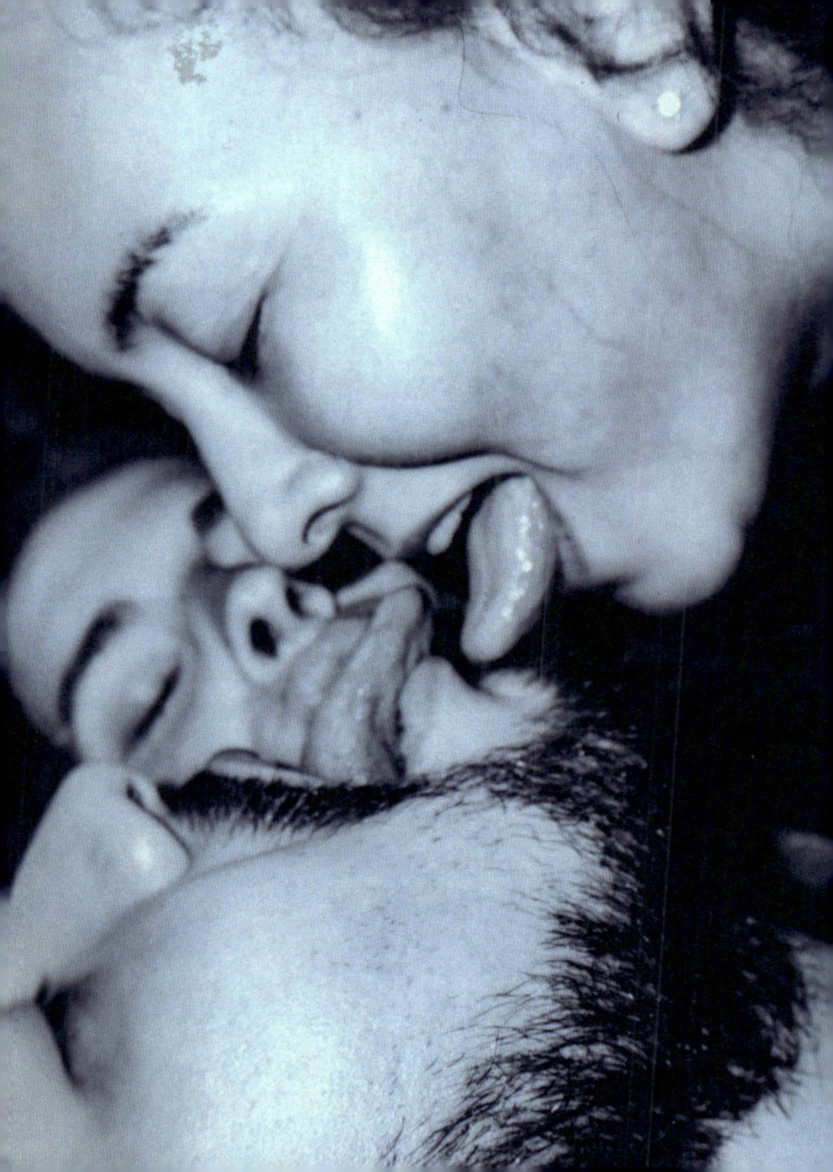

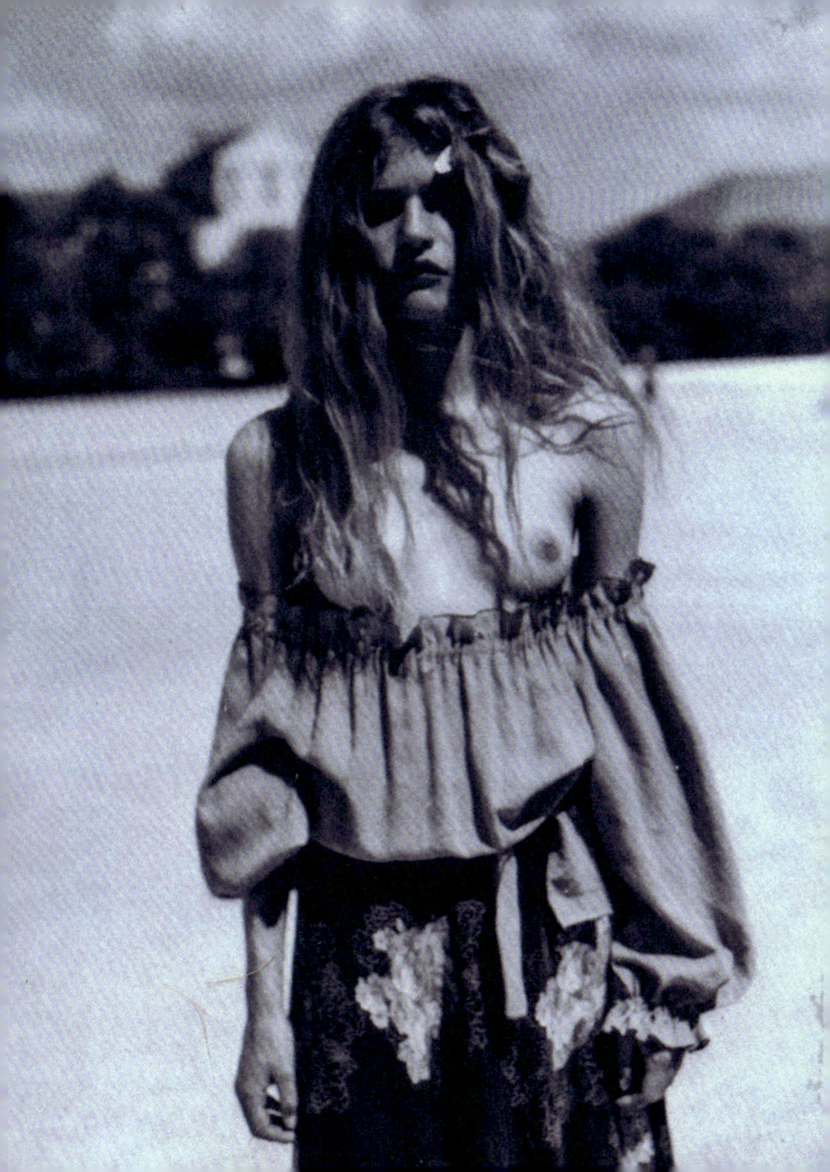

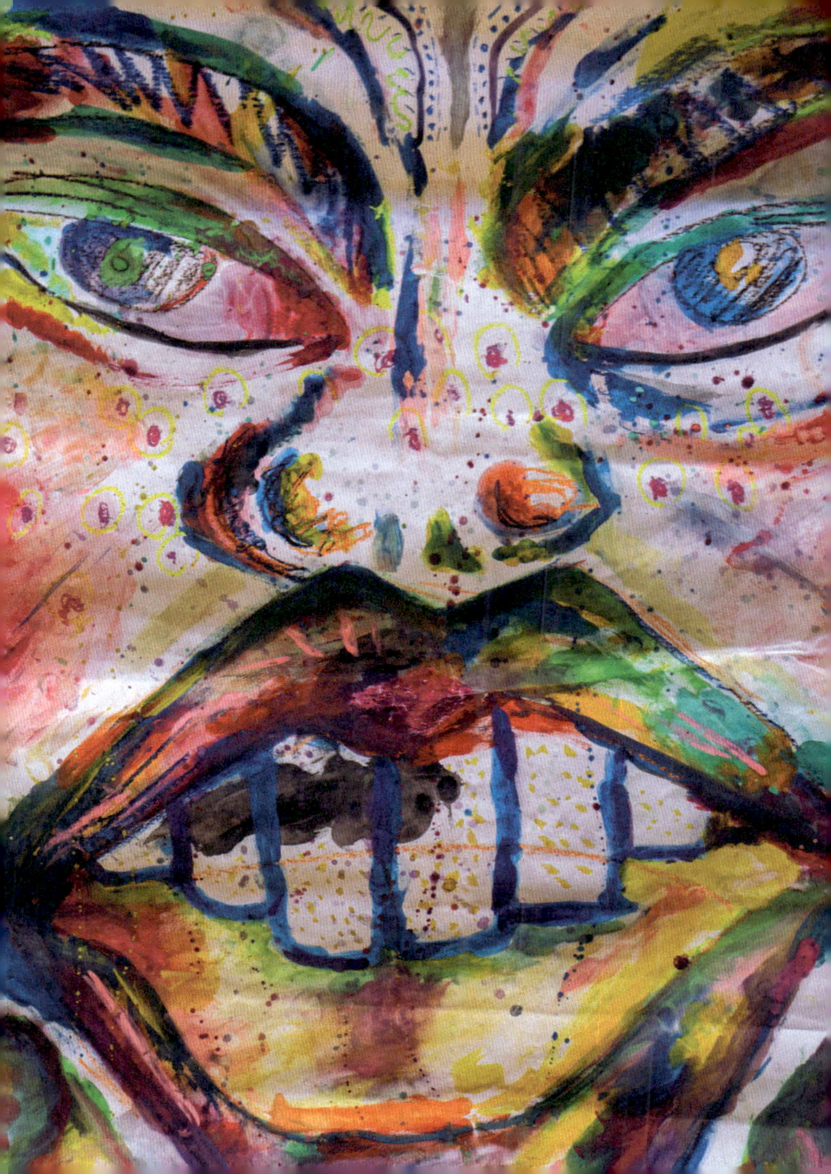

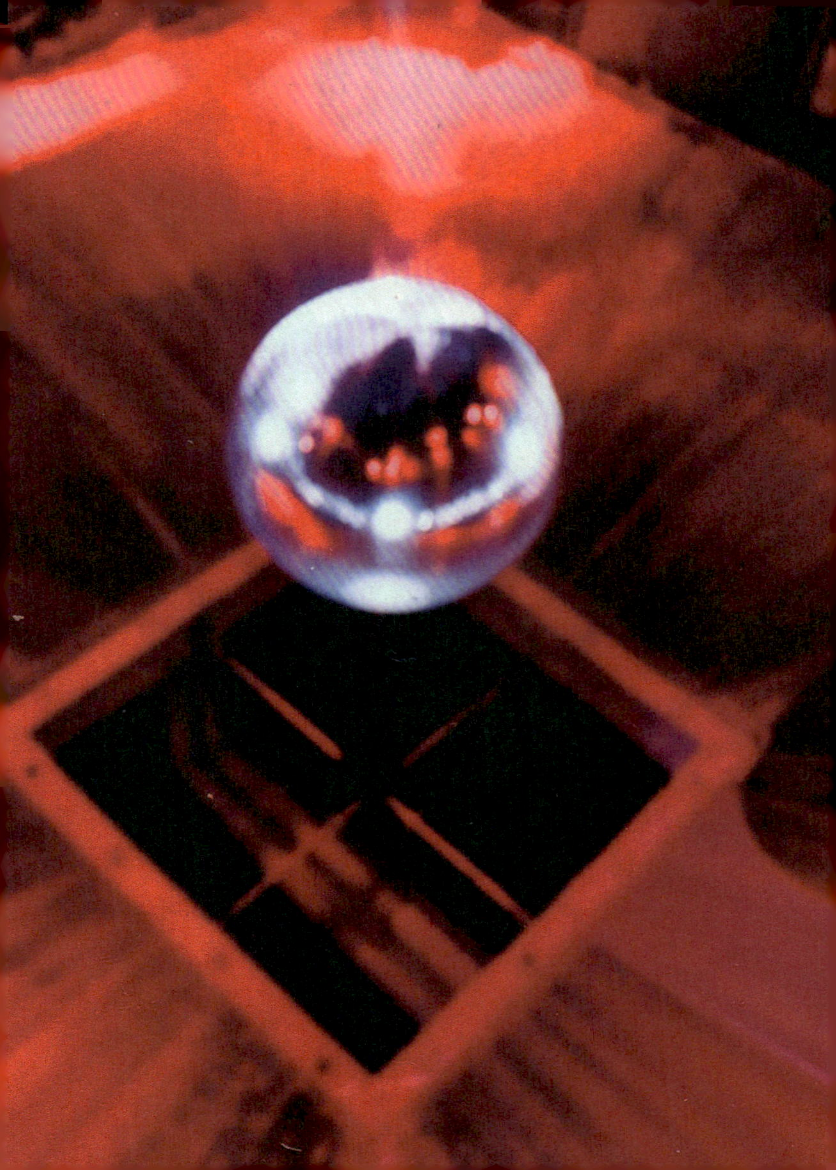

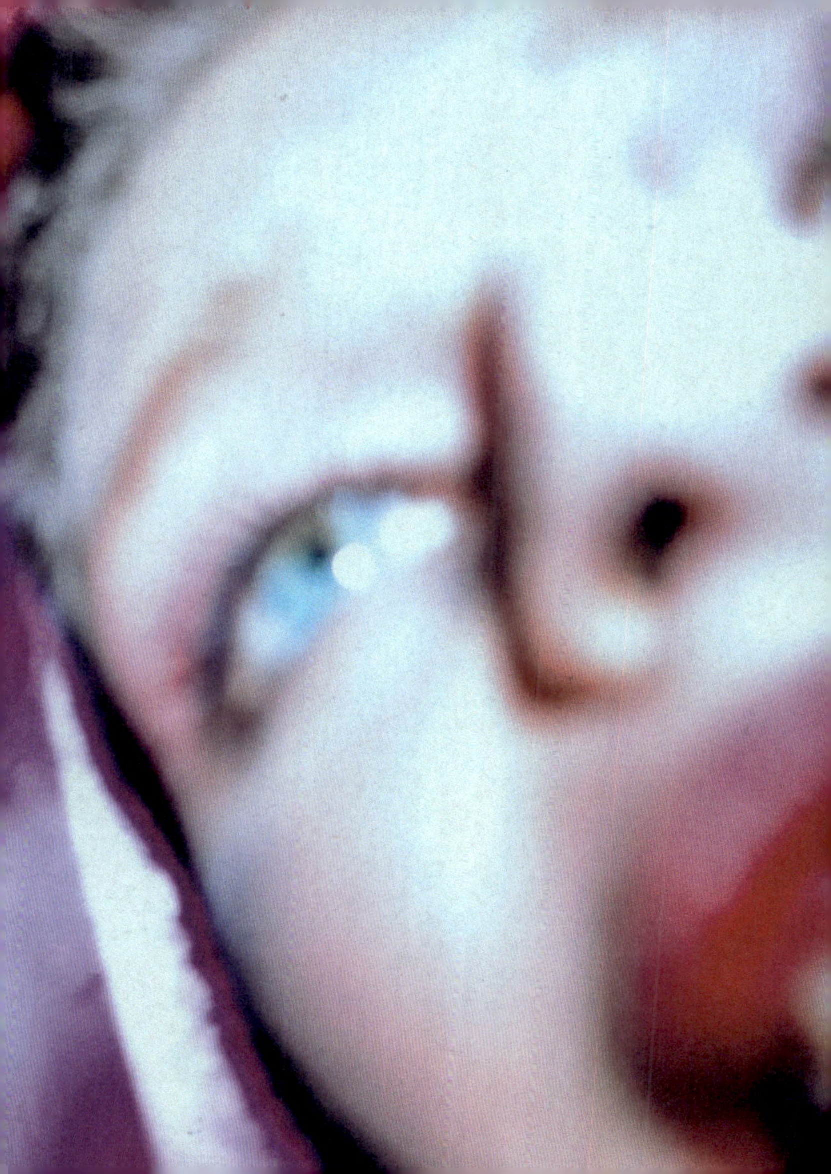

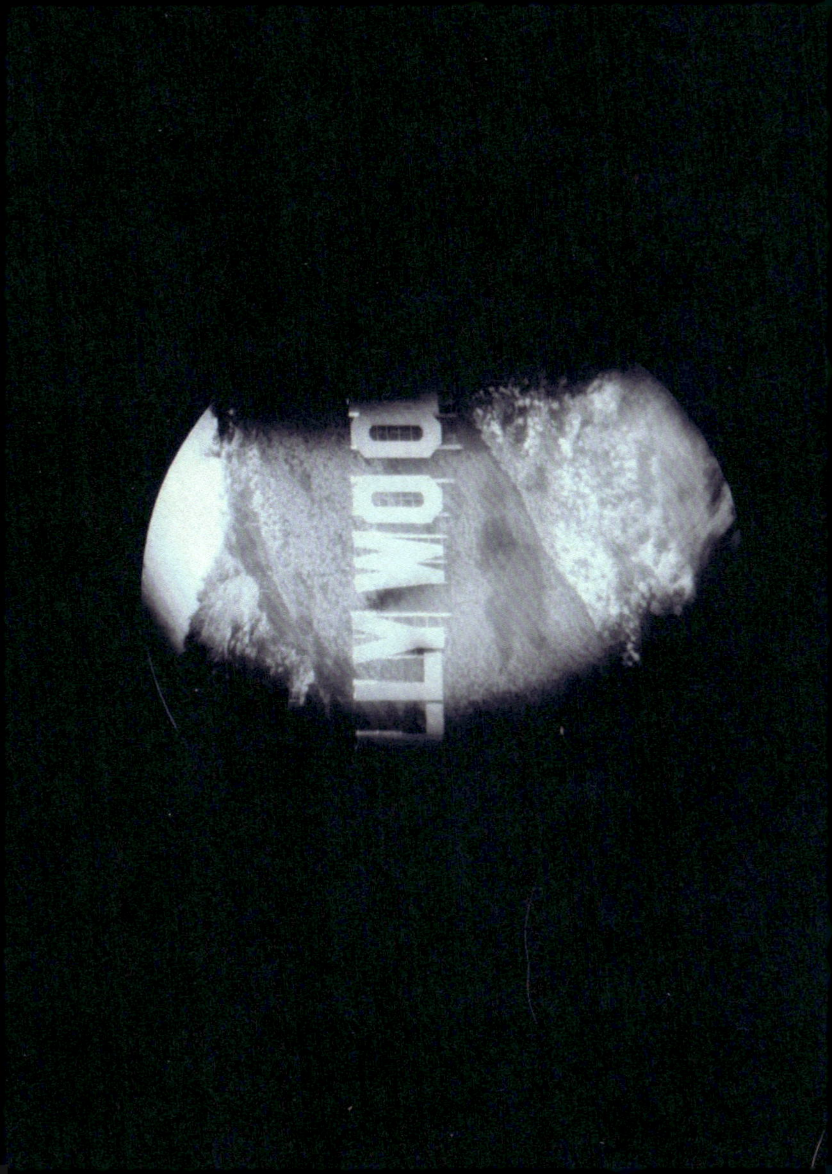

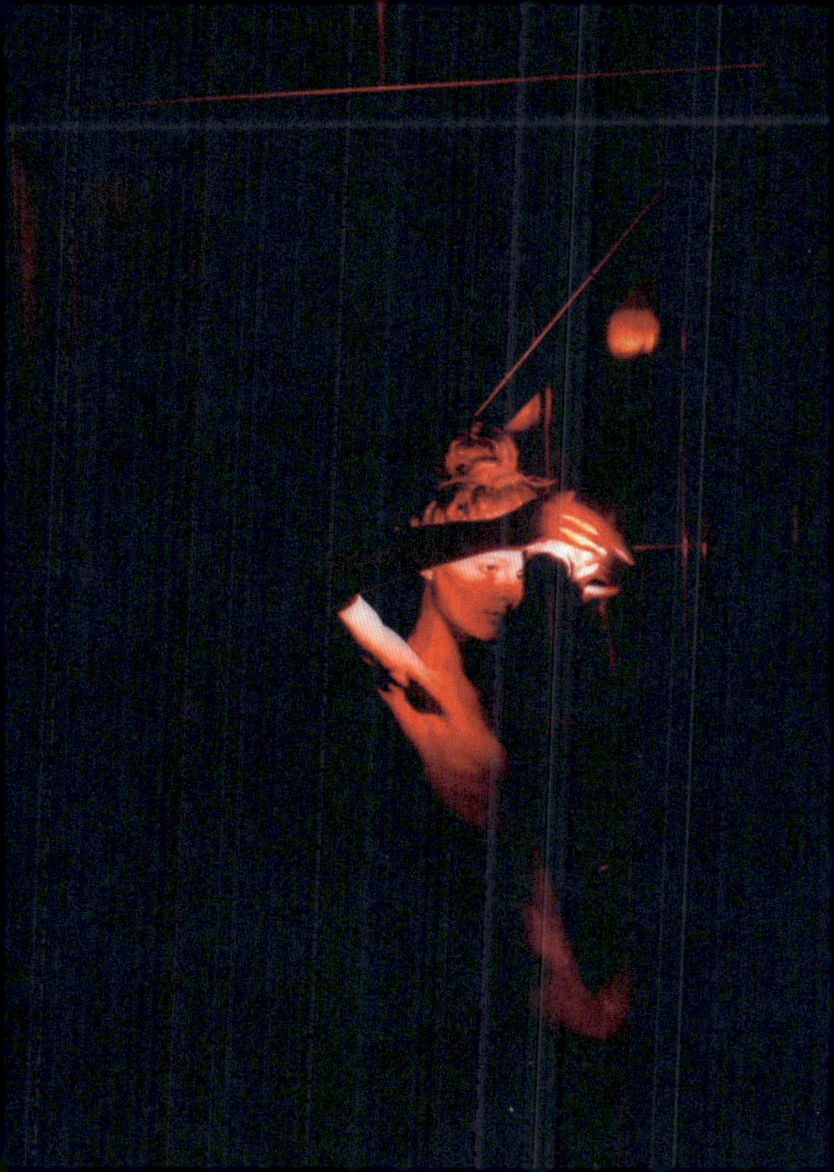

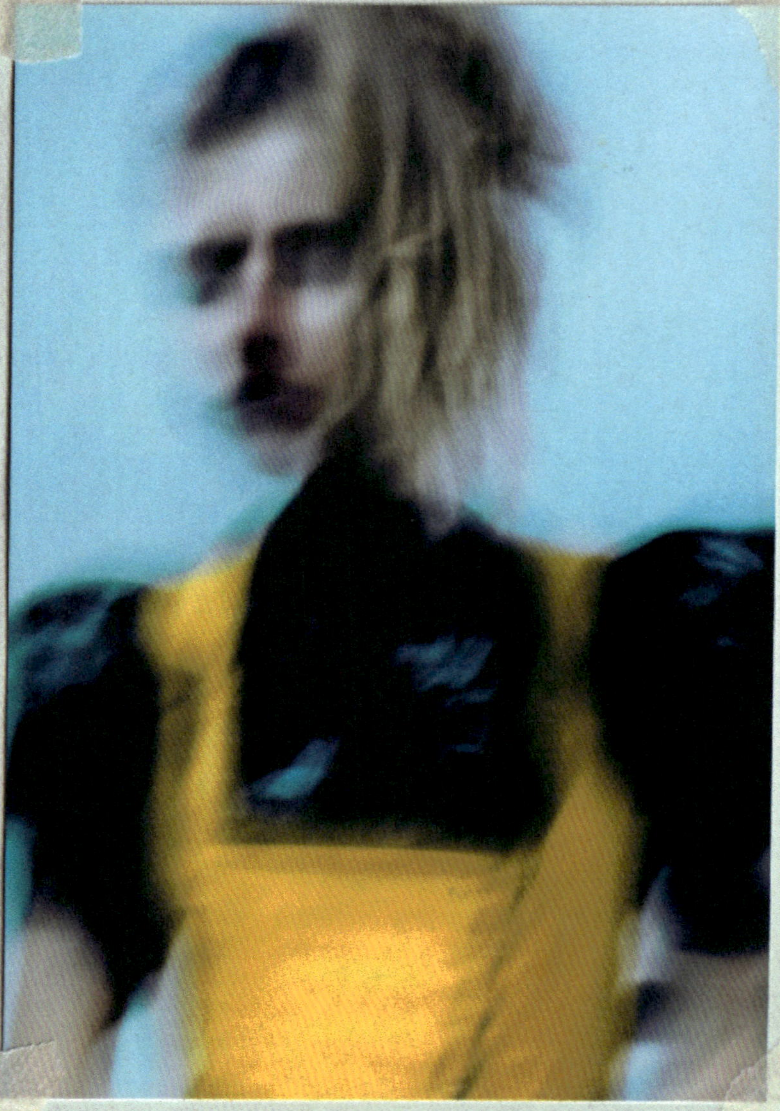

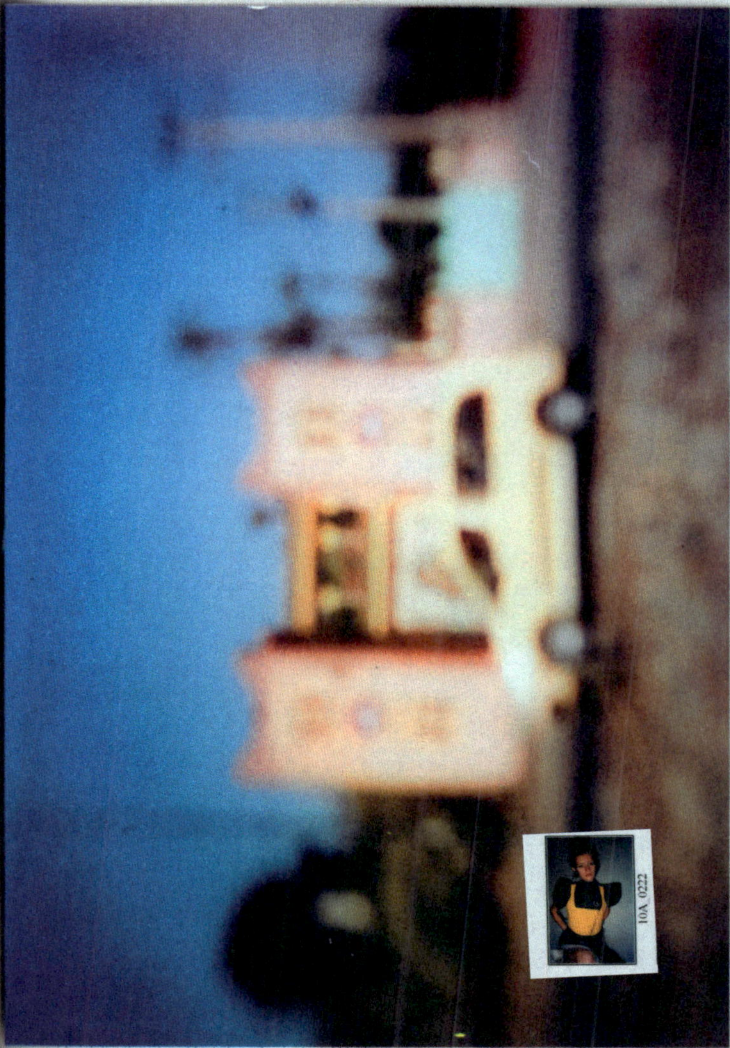
10A_0222

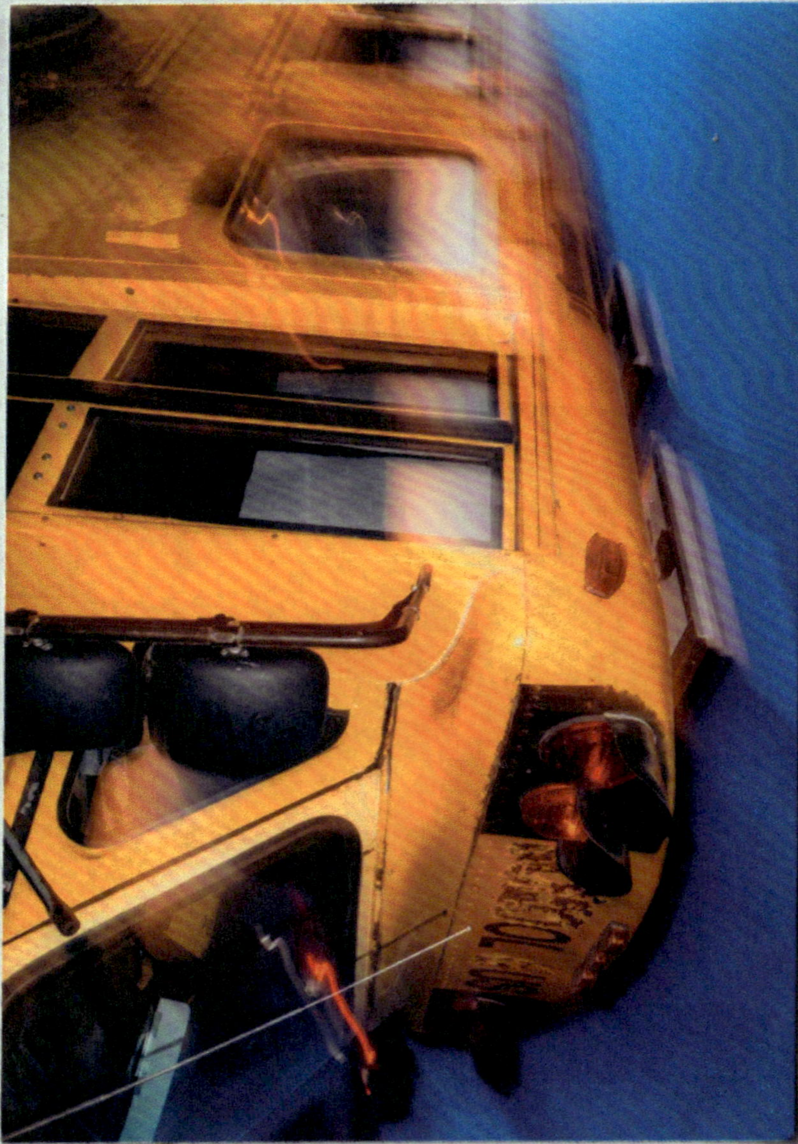

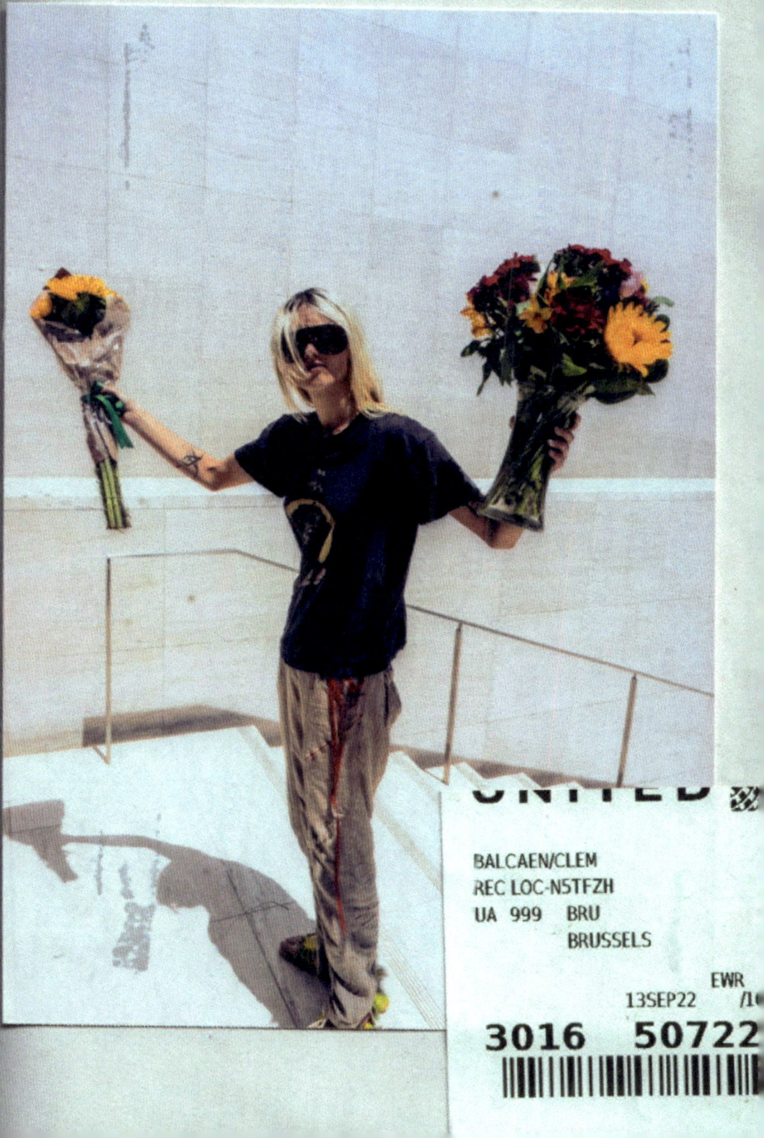
BALCAEN/CLEM
REC LOC-N5TFZH
UA 999 BRU
BRUSSELS
EWR
13SEP22
3016 50722

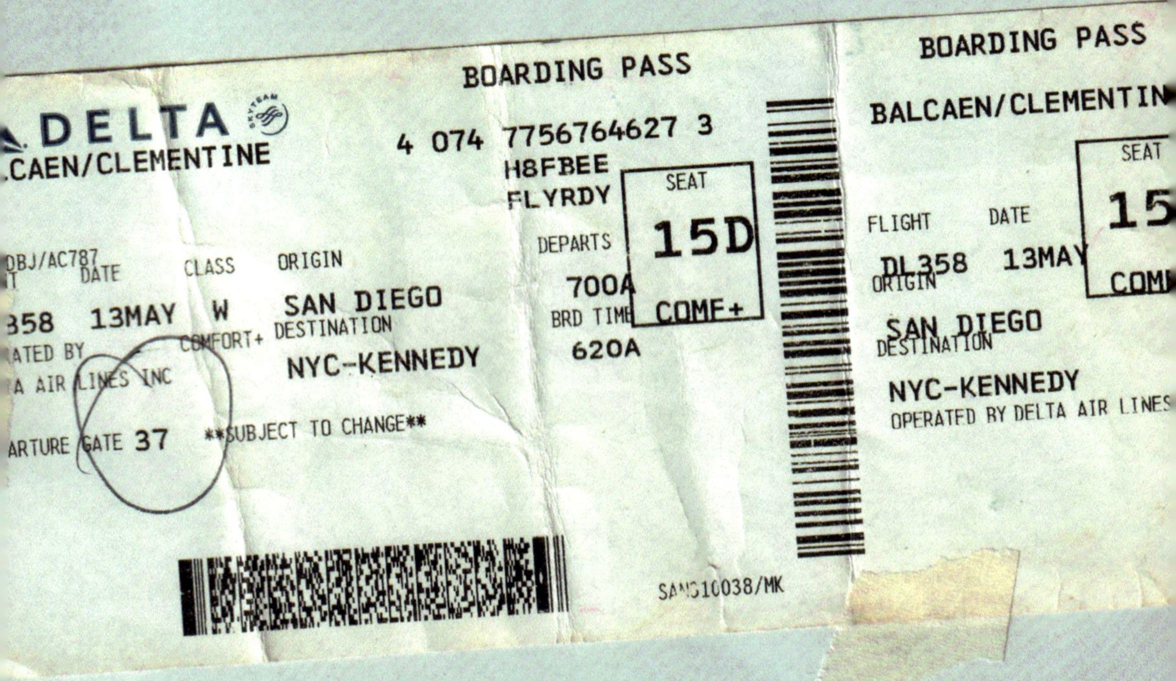

BOARDING PASS

DELTA

.CAEN/CLEMENTINE

4 074 7756764627 3

H8FBEE

FLYRDY

SEAT 15D COMF+

DBJ/AC787

T	DATE	CLASS	ORIGIN	DEPARTS
358	13MAY	W	SAN DIEGO	700A
		COMFORT+	DESTINATION	BRD TIME
			NYC-KENNEDY	620A

ATED BY A AIR LINES INC

ARTURE GATE 37 **SUBJECT TO CHANGE**

SAN310038/MK

BOARDING PASS

BALCAEN/CLEMENTIN

SEAT 15 COM

FLIGHT	DATE
DL358	13MAY

ORIGIN

SAN DIEGO

DESTINATION

NYC-KENNEDY

OPERATED BY DELTA AIR LINES

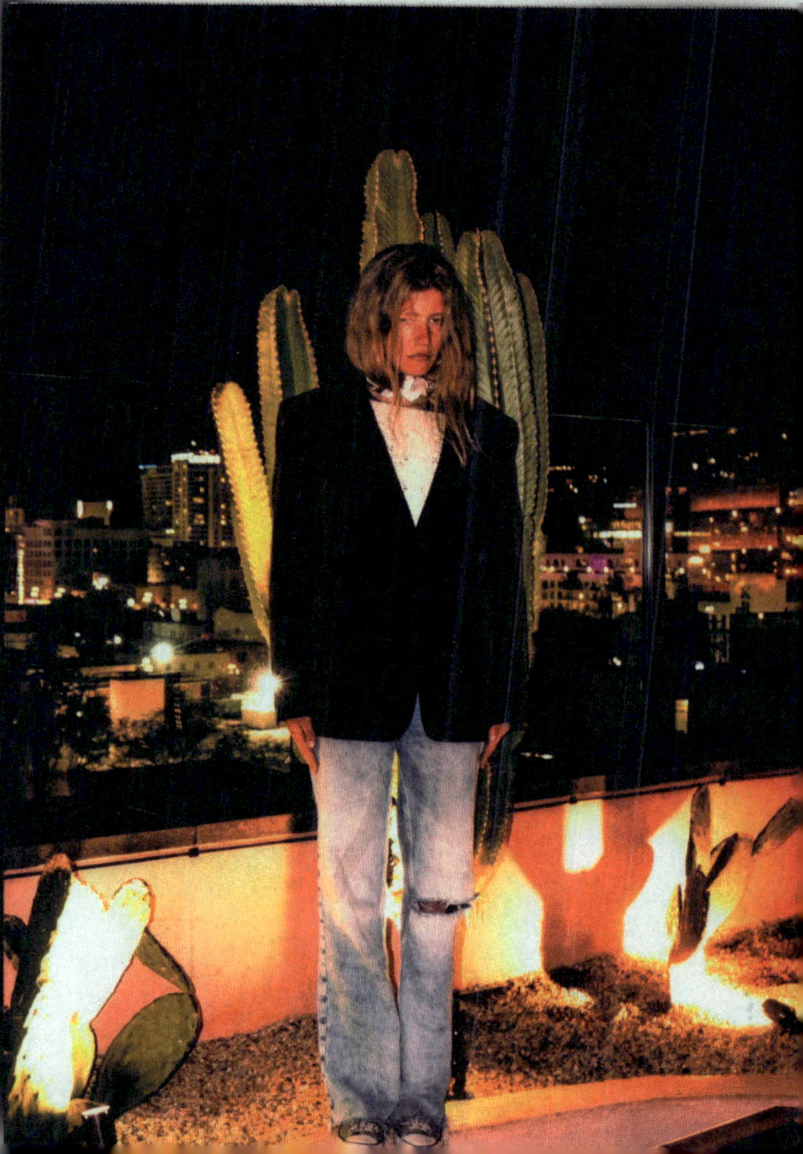

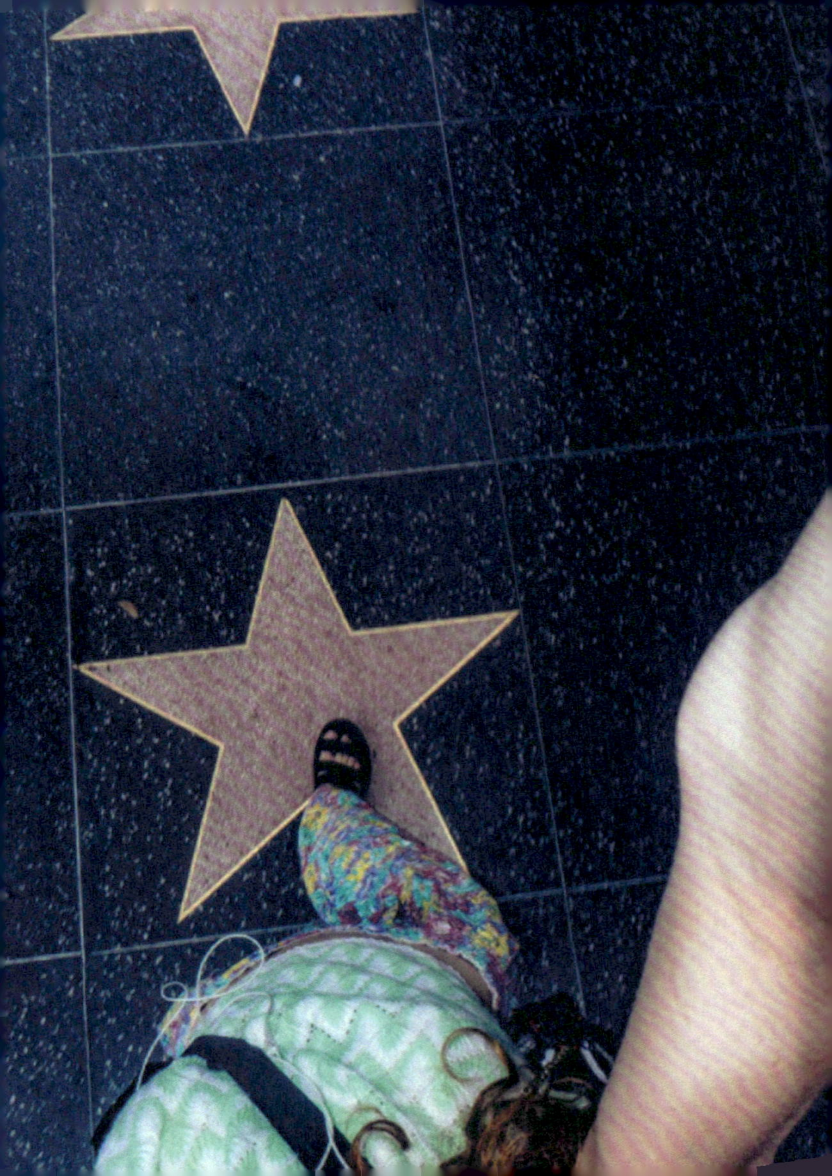

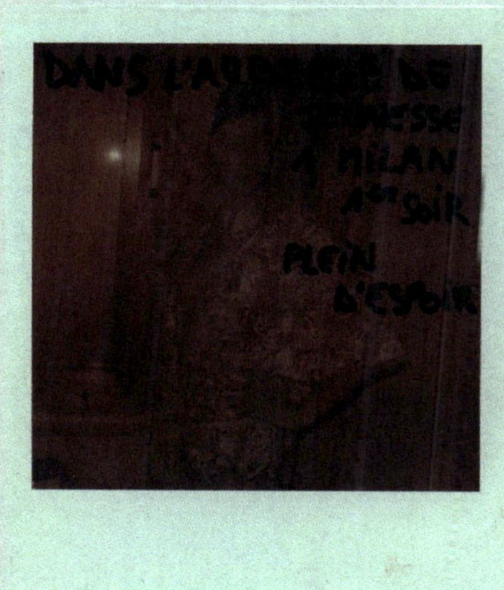
MILAN
1er SOIR
PLEIN
D'ESPOIR

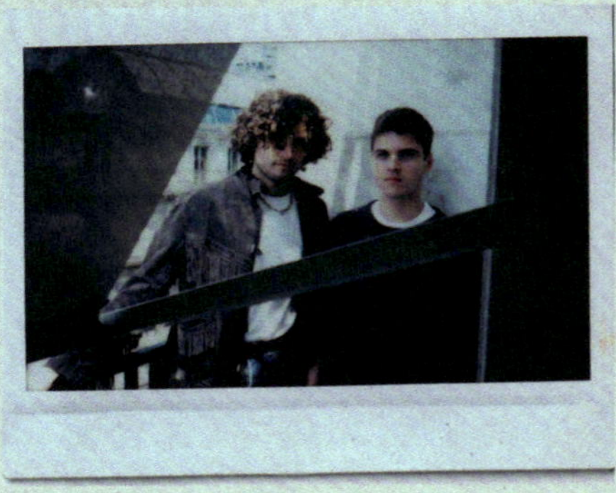

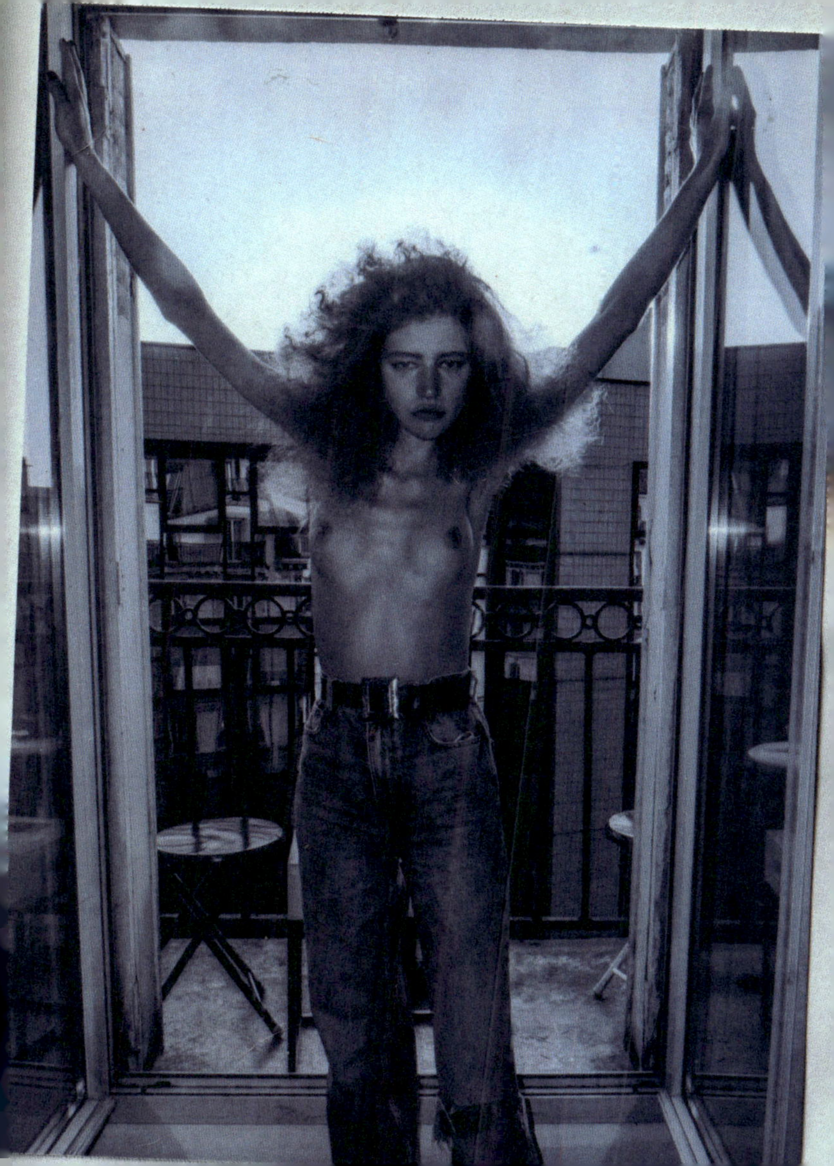

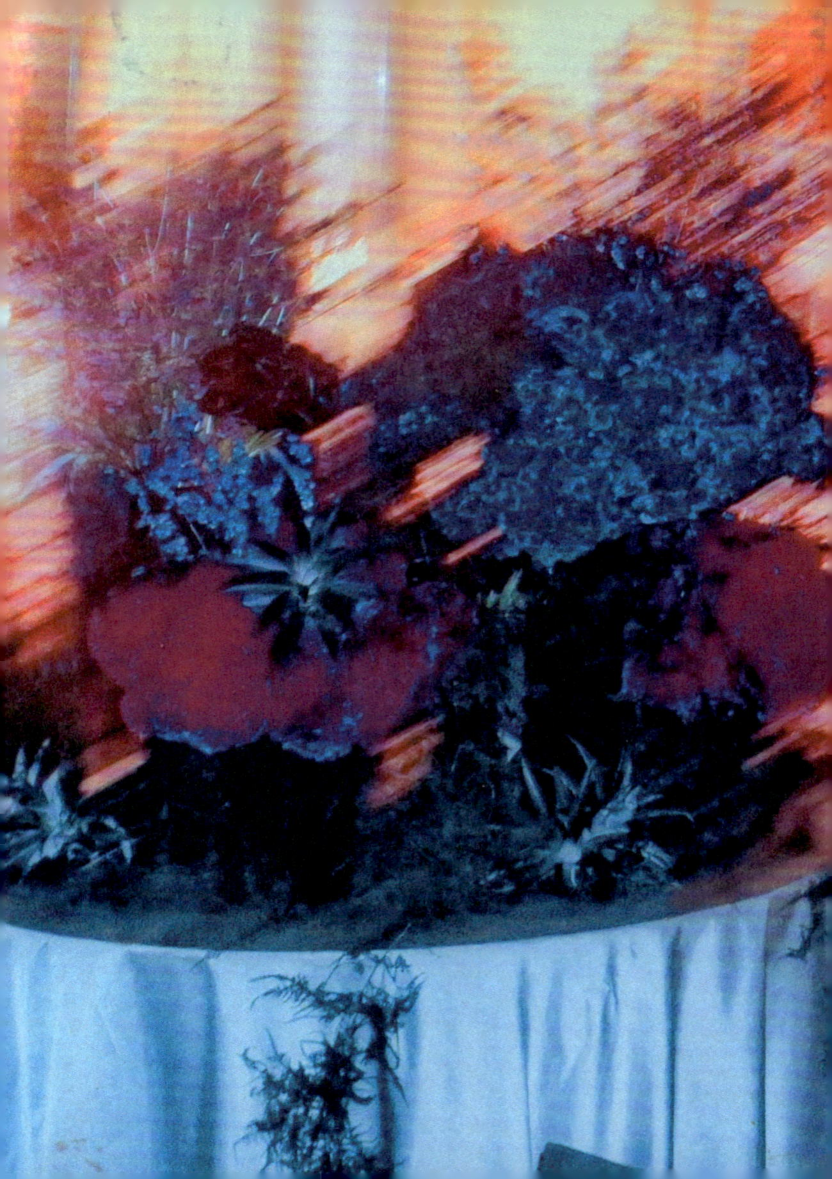

UNITED

BALCAEN/CLEMENTINEMRS

Newark-Liberty Intl to ~~Brussels~~

UA 999

	GATE	BOARDING BEGINS
EWR-BRU	C125	5:45PM

TUE 13 SEP 2022

Gate May Change

Boarding Ends: 6:2[illegible]

Flight Departs: 6:3[illegible]

Flight Arrives: 7:4[illegible]

Confirmation: N5TFZH

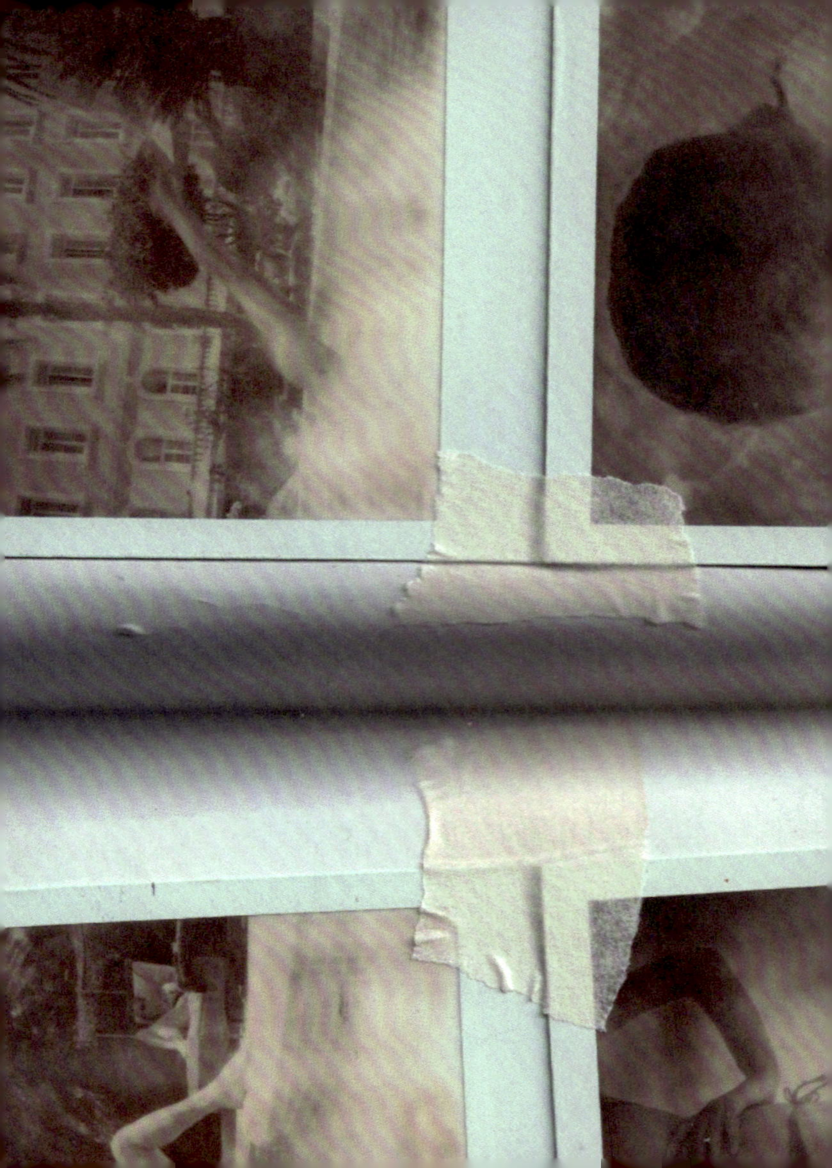

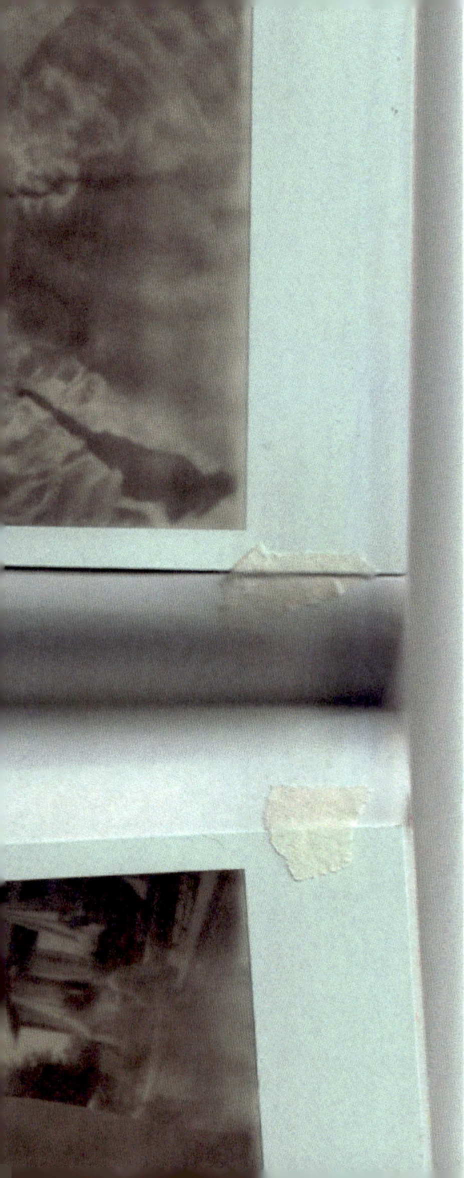

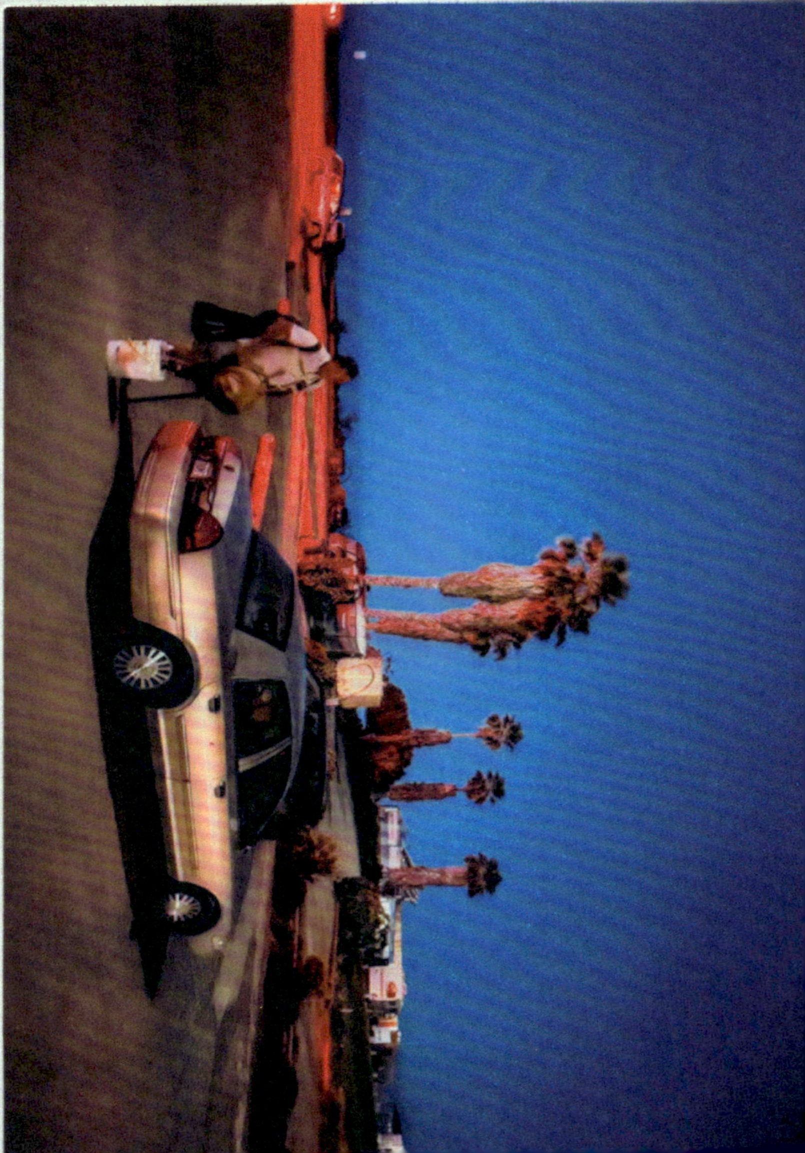

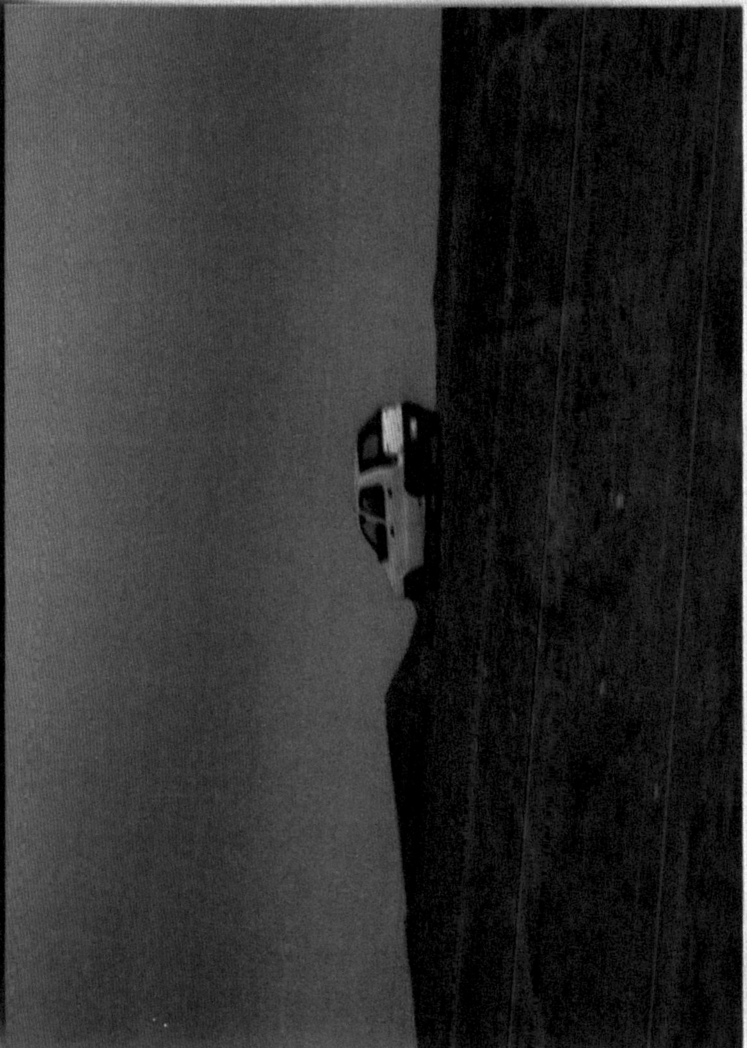

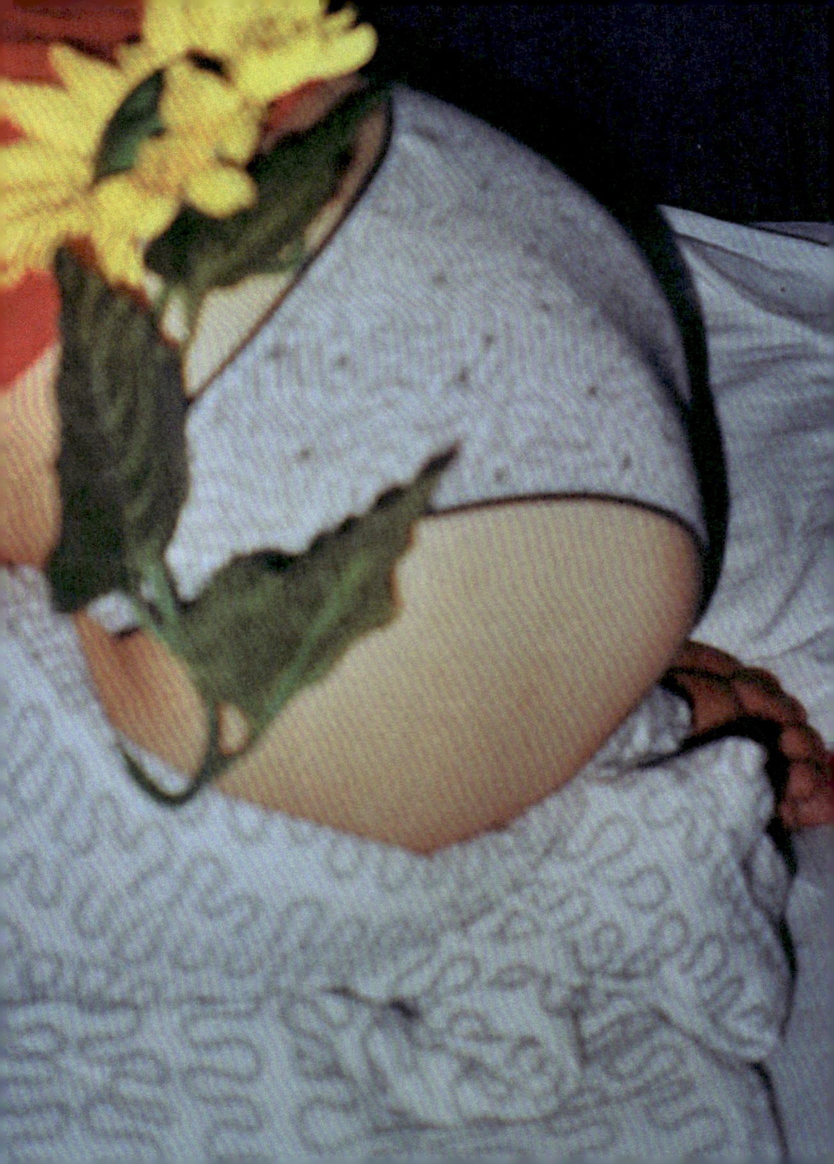

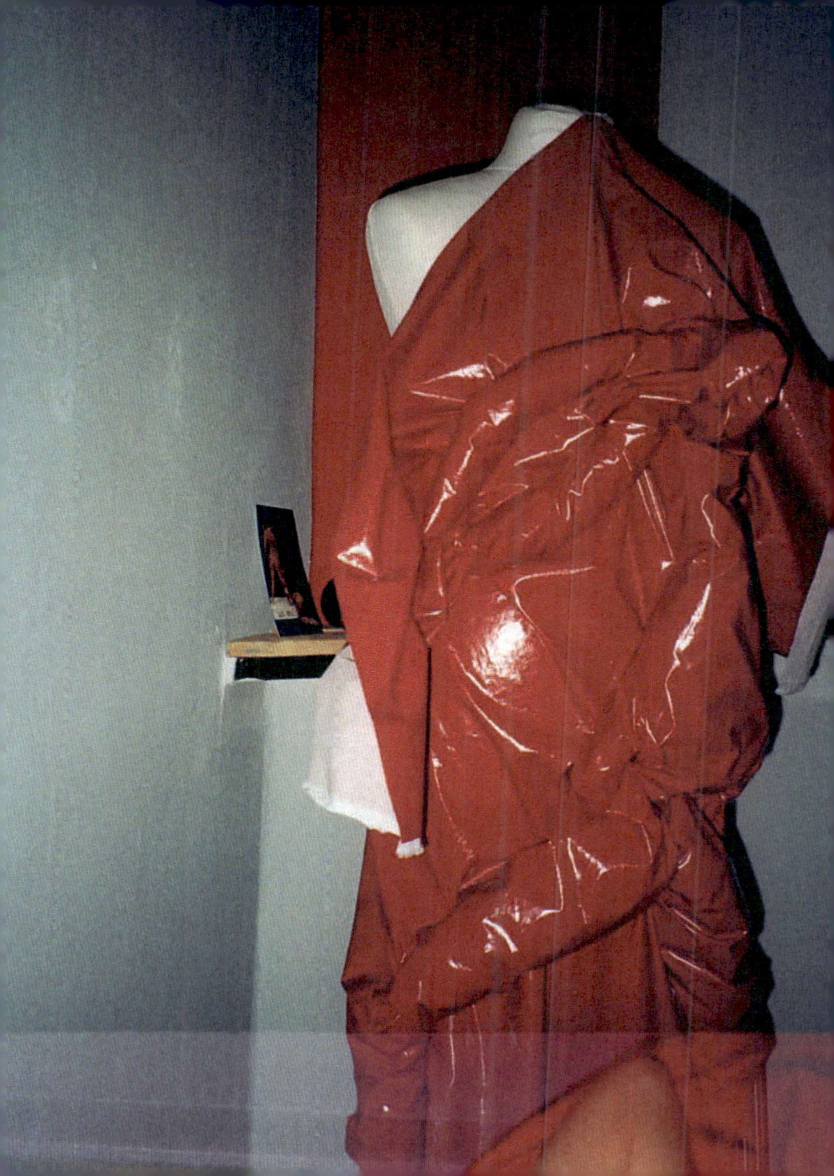

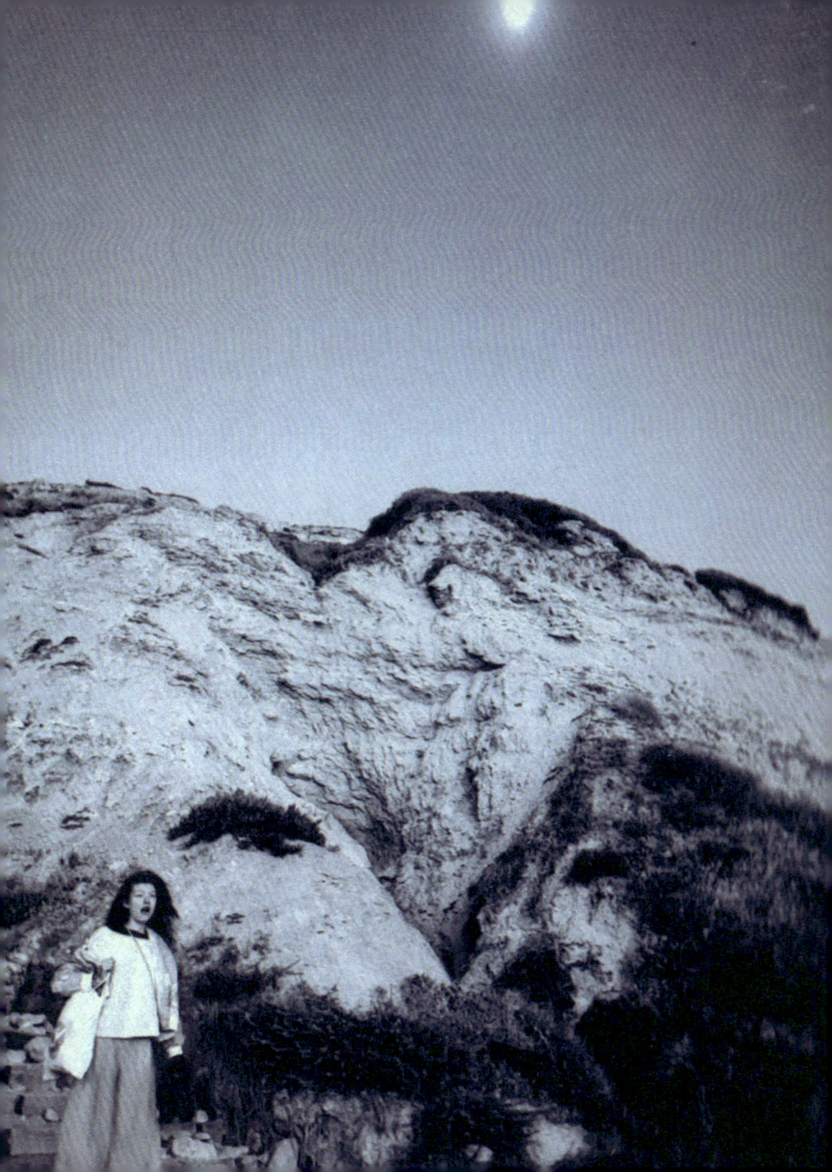

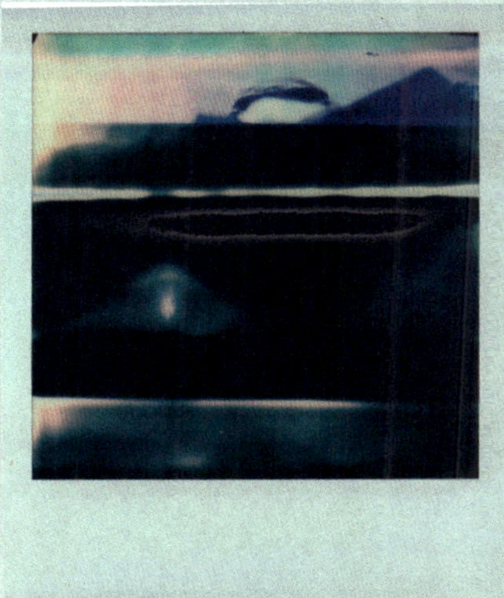

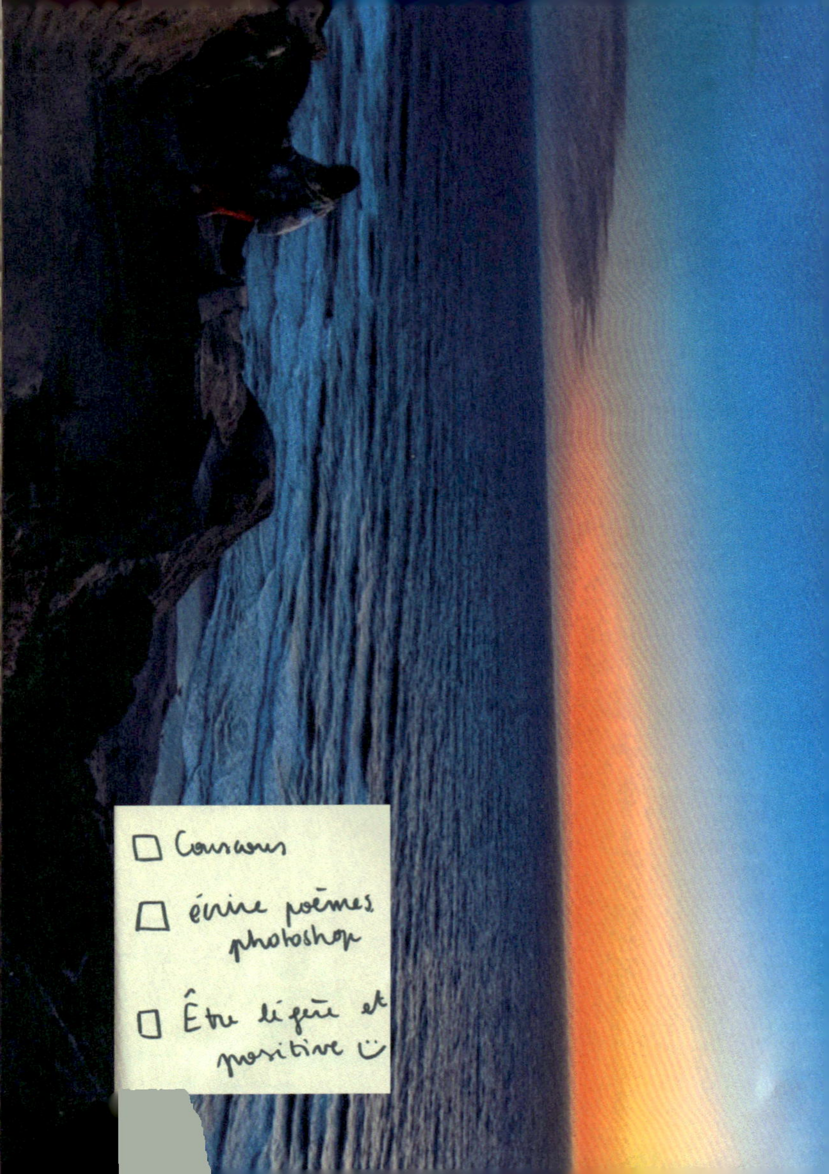
☐ Couscous
☐ écrire poèmes photoshop
☐ Être légère et positive :)

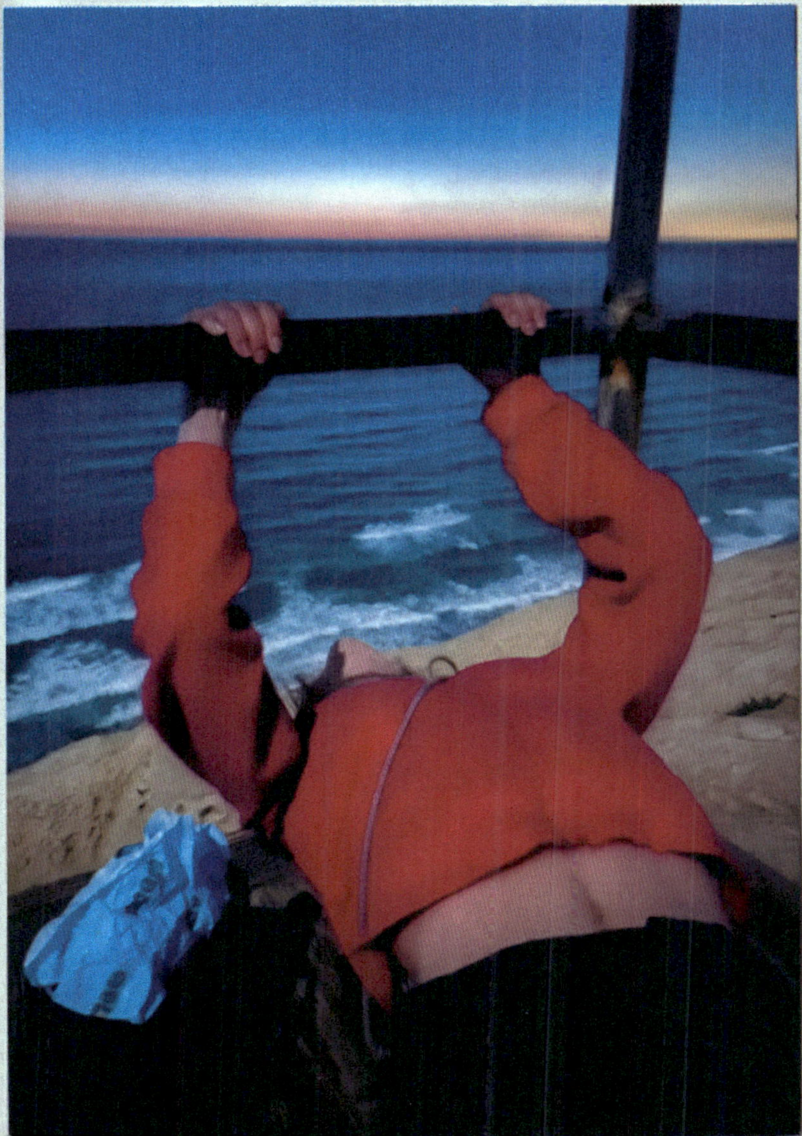

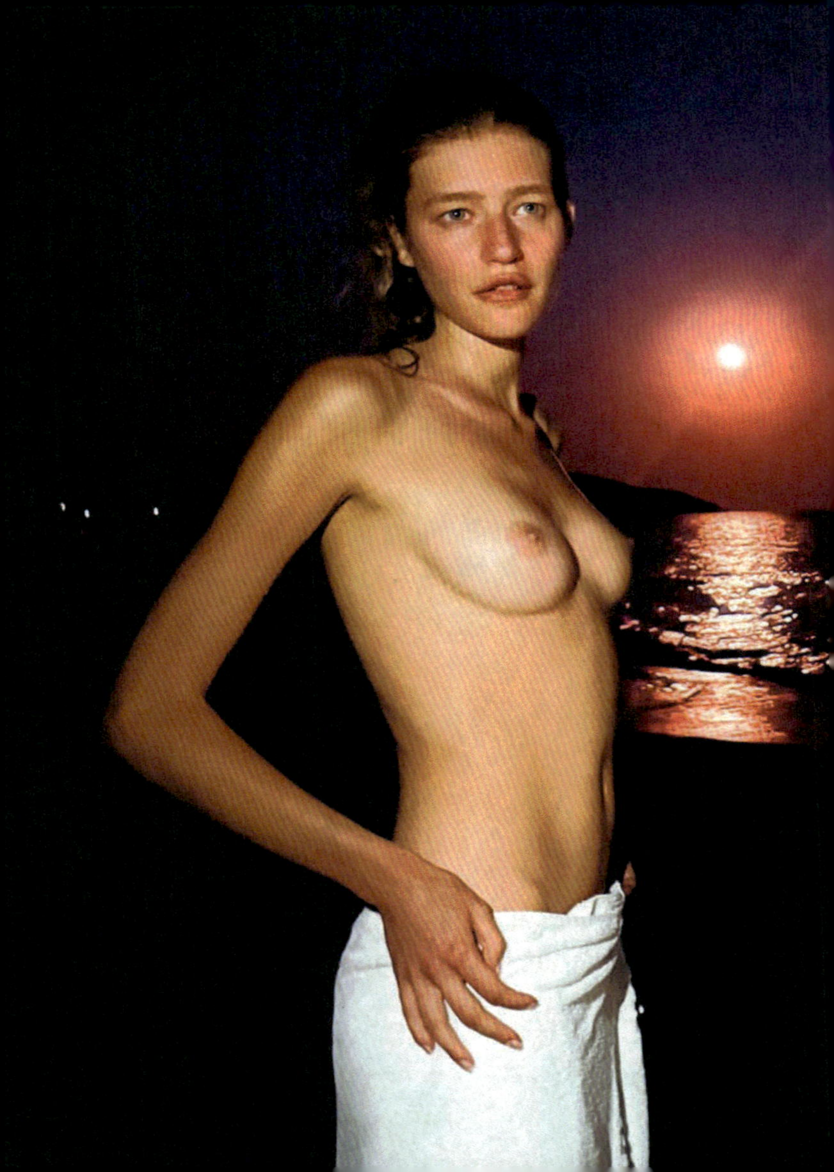

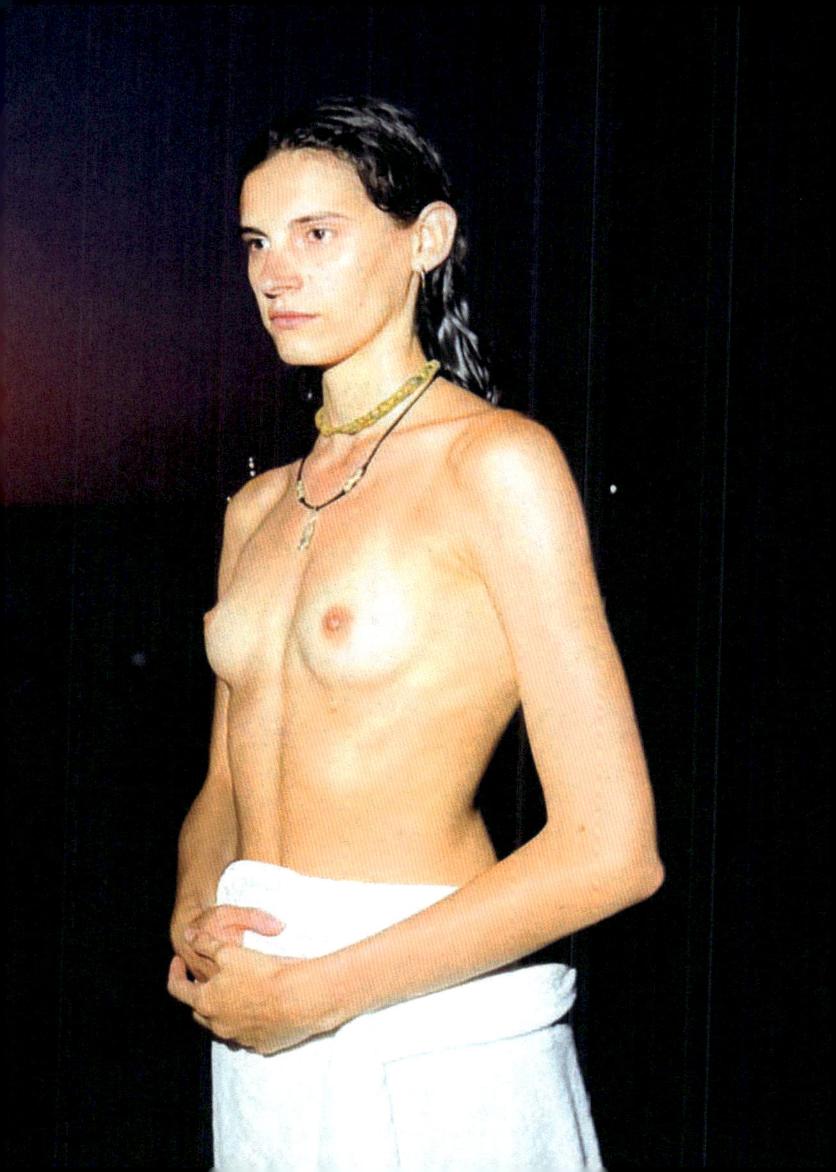

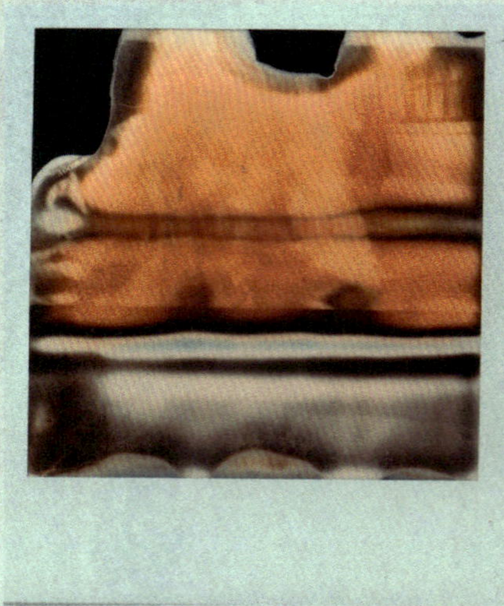

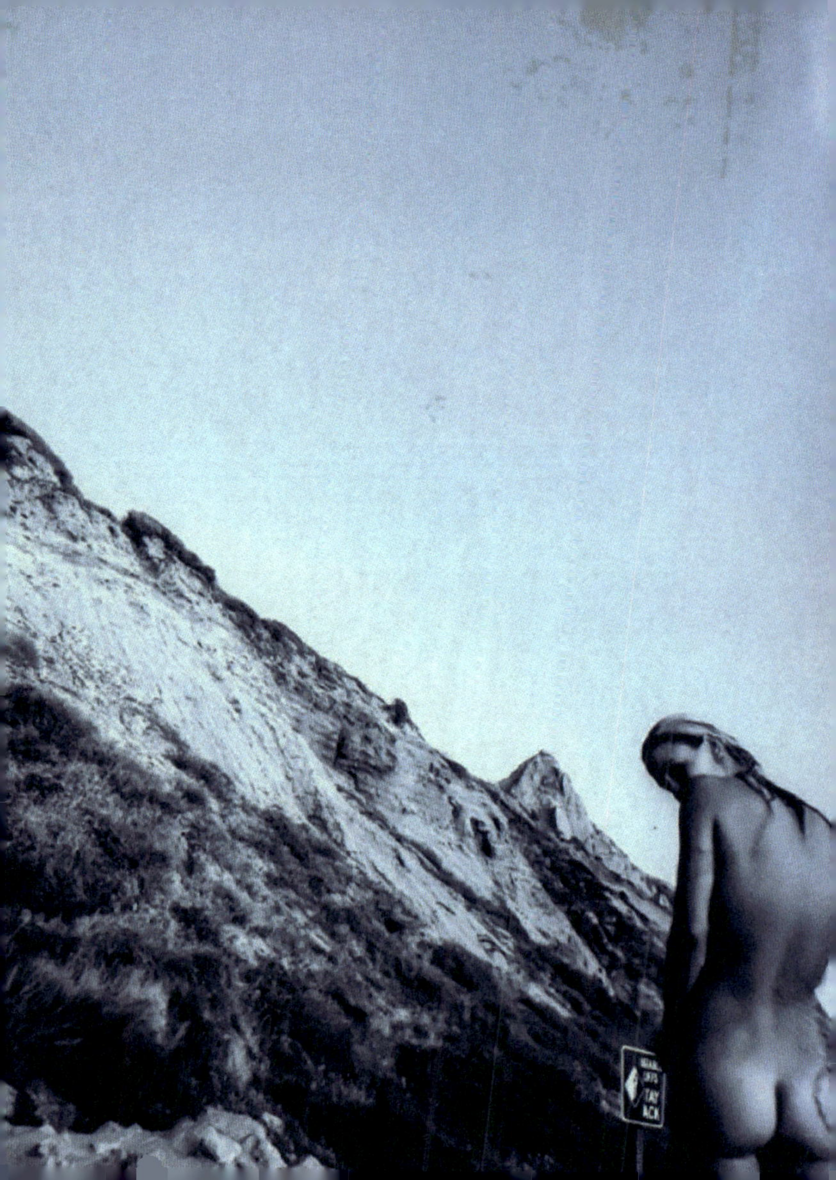

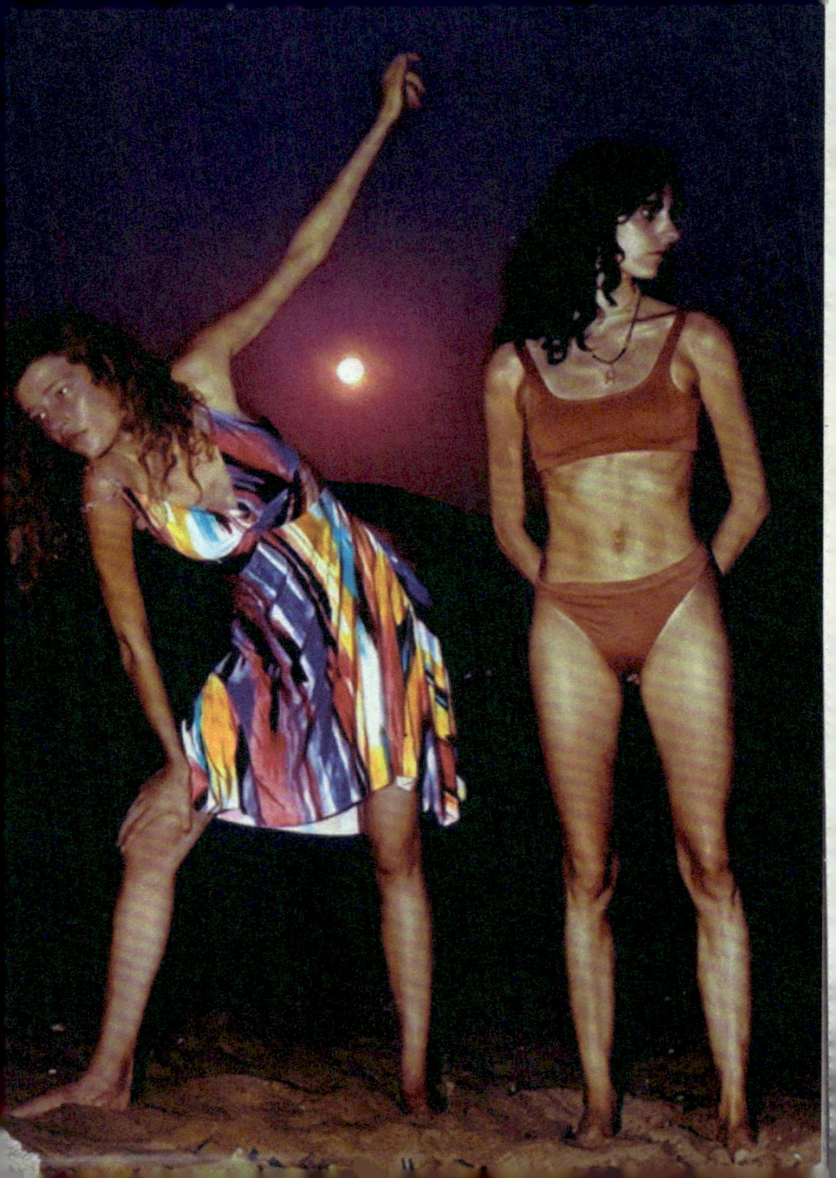

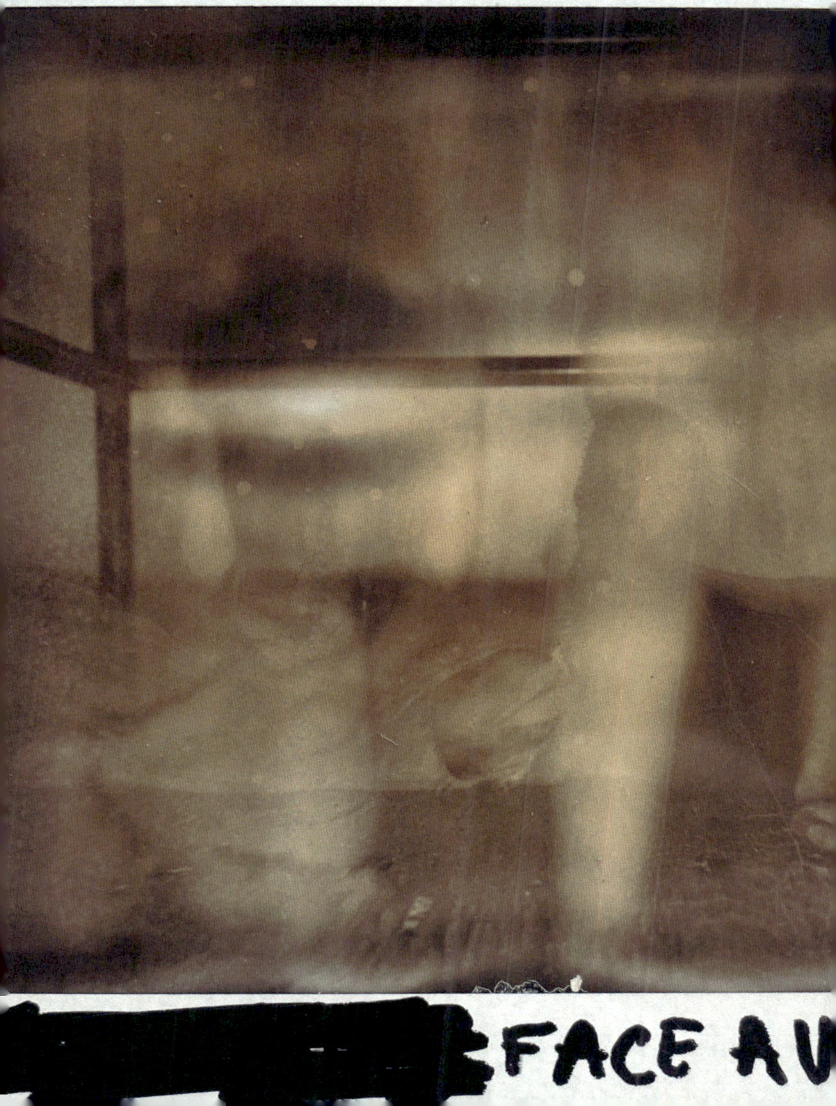
FACE A

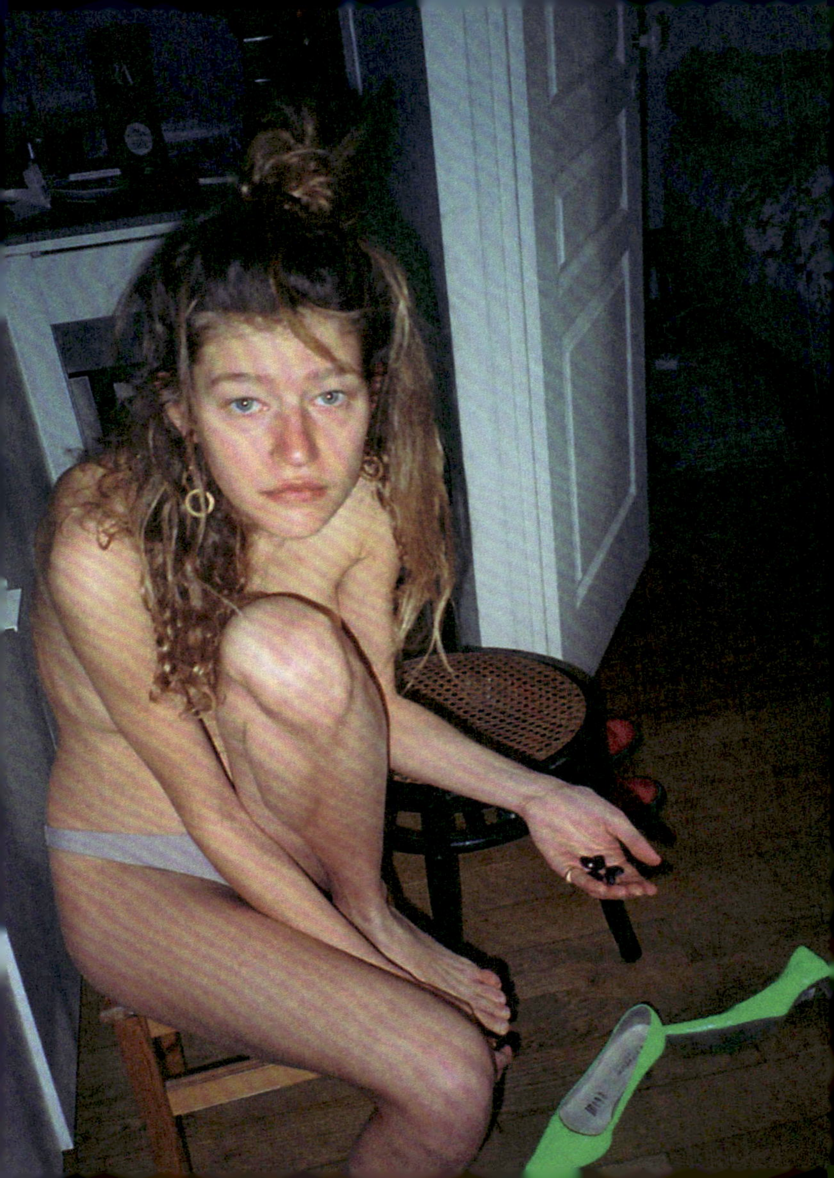

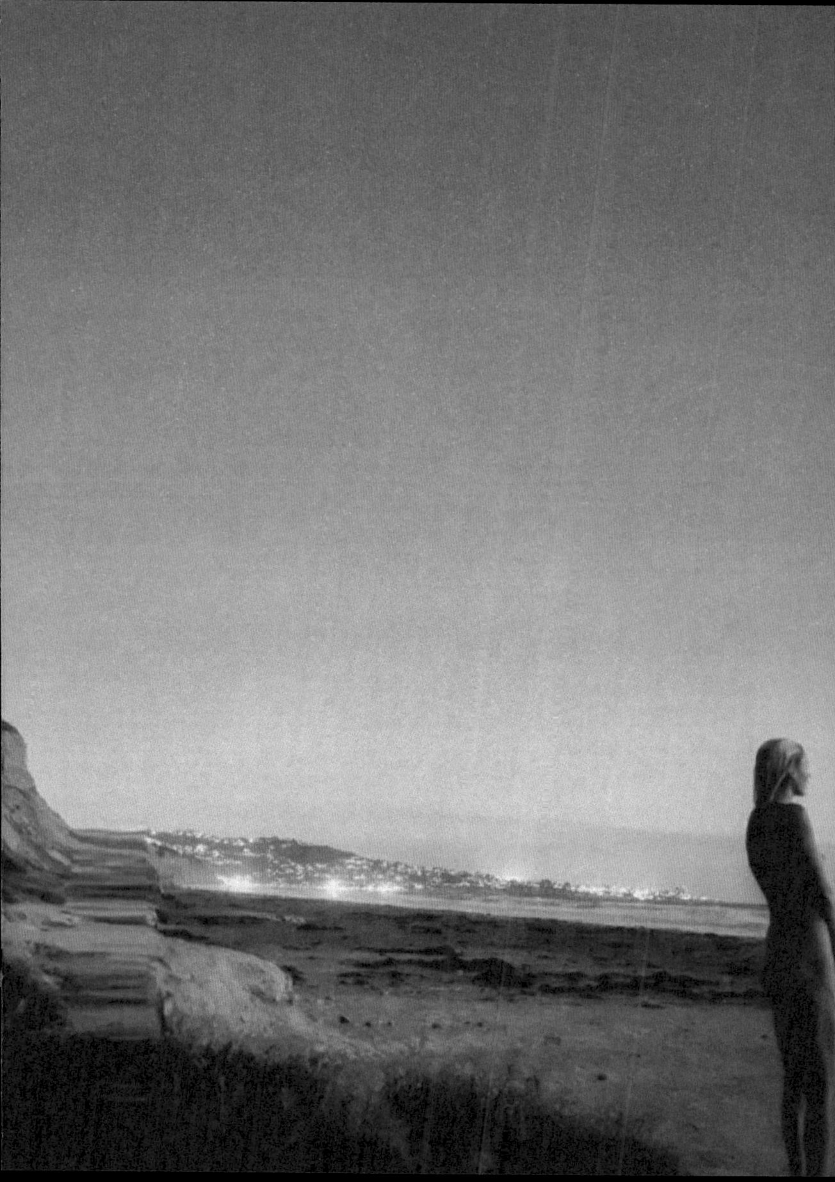

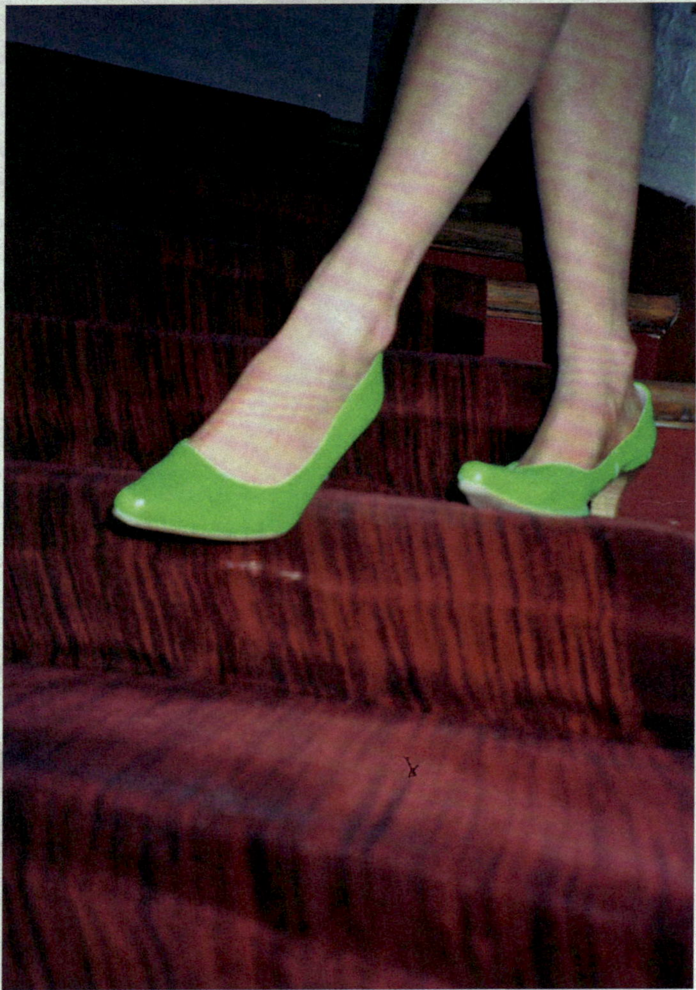

INDEX

CASTING: Presentation of a hundred or so models to a casting director, who selects a few to present to clients. (Artistic directors, high-powered photographers, well-known stylists)

ATTRIB: After the casting stage. It consists of trying on several looks one after the other to validate one or more of them.

FITTING: After the attribution stage IF you are CONFIRMED. It consists of adapting the chosen look to the model so that it suits her best. There are also fittings before shooting.

GO&SEE: Express one-to-one 'appointments' with a casting director, photographer or stylist before, during or after fashion weeks, so all the time in fact.

CHART: We receive it by email the day before the job. It's a document that sets out our schedule for the following day (address, time and sometimes a special note: clean nails or hair, obviously).

CALL TIME: The time the job starts.

LOOK: Includes all the attributes of the outfit, from the clothes to the earrings or fake piercing.

COMCARD: A model's CV: photo, size, agency, etc.

POLAS: Plain, unadorned photos of models for casting directors and clients in general.

HAIR AND MAKE-UP TEST: Not systematic. Before shows. Test of different hairstyles and make-up on a few models to validate the looks of the show.

SHOW: Fashion show. (Paid)

EDITORIAL: Shooting for a magazine, big day, creative but very rarely (never) paid.

FASHION WEEK: A month-long series of catwalk shows that begins in New York, continues in London and Milan and ends in Paris. Two times a year (September SS, February FW) with the addition of men's, couture*, cruise*. So it's almost all year round, in fact. Months during which there's no respite between casting, fittings and shows for those who are booked. Travel costs (planes, visas, hotels, Airbnb, food) are not covered. At best you win, at worst you go into debt.

CAMPAIGN: Shooting well paid thanks to image rights. Brand advertising, good for CV. (Very very very well paid)

E-COMMERCE: shooting for online sales sites, paid, also image rights. (Well paid)

CHAPERONE: Agent who accompanies underage models everywhere.

AGENT: Person who personally manages one or more models.

NEW FACE: Young model who has just entered the fashion game.

EXCLUSIVE CONTRACT: The right to work with a single brand until the contract is terminated. Well paid. (Best plan but rare) (Very very well paid)

MANNEQUIN CABINE: Model who works in a fashion house and on whom the collections are "produced".

CASTING DIRECTOR: Manages castings.

DRESSERS: They dress the models and stay in the dressing rooms or backstage. Most of the time they have to dress discreetly (e.g. in black) to go unnoticed.

COUTURE: Haute Couture Collection.

FW: Fall Winter Collections.

SS: Spring Summer Collections.

CRUISE : Cruise collections between summer and winter for going on holiday on boats.

VISA: Document required to work abroad. (At our expense and very expensive)

BOARD: Polyester plate on which our photo is pinned, used to sort the models for the final casting of a fashion show: ex: yes board, no board, maybe board.

THANK YOU BYE

Mariam
Jade
Cyrielle
Robin & Gauthier
John
Gaspard
Oscar
Mon papa
Ma petite sœur
Toutes les modèles du livre
Les gens gentils de la fashion
Saint-Luc Tournai (mon incroyable école)
Mon professeur de vidéo Pierre Henri

Photography and book concept by *Clémentine Balcaen*

Published by *Bruno Devos* at HOPPER&FUCHS

Edited by *Sarah Stone* & *Marie Nicaise*

Printed by *Stockmans Art Books*

First edition April 2024, printed in an edition of 500 copies

ISBN 9789464002317